그들의 생각을 바꾸는 방법

**일러두기**

· 인명, 지명 등 고유명사의 표기는 국립국어원 외래어표기법을 따랐으나 일부는 관례와 원어 발음을 존중해 그에 따랐다.

· 국내 번역 출간된 책은 한국어판 제목으로 표기하였으며, 미출간 도서는 원어를 병기하였다.

· 각주는 원서에 표기된 것이며, 역주는 각주에 '―옮긴이'라고 표시했다.

극단의 시대, 견고한 믿음에 균열을 내는 설득의 과학

# HOW
# MINDS
# CHANGE

# 그들의 생각을
# 바꾸는 방법

**데이비드 맥레이니** 지음 | 이수경 옮김

웅진 지식하우스

# 이 책을 향한 찬사

타인의 마음을 바꾸고 설득하는 것. 우리 모두의 소망이지만 가장 어려운 일이기도 하다. 지금껏 수많은 고수들이 자신들의 비법을 소개해왔다. 하지만 어딘가 허전하고 부족했다. 실제로 마음을 바꾼 이들을 직접 찾아가 그 과정을 처음부터 끝까지 지켜본 성실한 추적자가 없었기 때문이다. 그 변화의 순간을 설명해낼 탄탄한 이론가는 더더욱 없었다. 이 두 과정이 합쳐져야 우리는 스스로를 돌아보며 타인의 마음을 근본적으로 변화시킬 수 있다. 이를 놀라우리만큼 완벽히 해낸 사람이 등장했다. 그런데 전혀 놀랍지 않다. 그가 데이비드 맥레이니이기 때문이다.

_김경일(아주대학교 심리학과 교수, 『김경일의 지혜로운 인간생활』 저자)

"저들은 글렀어." 우린 너무 쉽게 대화를 포기했다. 서로를 설득하려는 노력 한번 해보지 않은 채 자기 진영의 답답한 반향실에 갇혀 살아가고 있다. '소통'마저 거추장스러운 허울이 되어버린 시대, 이 책은 말한다. 사람의 마음을 변화시킬 수 없다는 생각 자체가 확증 편향이라고, 우리 자신부터 마음의 빗장을 풀고 그들의 이야기에 귀 기울일 때 '열려라 참깨'의 순간은 시작된다고, 좋은 세상을 향한 꿈을 접지 못한 이들에게 이 책은 더없이 소중한 위로와 격려가 될 것이다.

_권석천 (전 중앙일보 칼럼니스트, 『사람에 대한 예의』 저자)

설득의 기술과 과학에 관한 흡입력 높은 책이다. 이 책을 읽으면, 사람들이 견해를 재고하도록 이끄는 방법이 무엇인가에 관한 당신의 견해를 재고하게 될 것이다. 사람들의 마음이 꽉 닫힌 시대에 이 책은 그 마음을 여는 방법을 훌륭하게 분석하고 있다.

_애덤 그랜트(펜실베이니아대학교 와튼스쿨 교수, 『싱크 어게인』 저자)

저자가 이끄는 여정을 따라 사회운동가, 과학자, 증오 단체 신도들까지 만나고 나면 당신은 생각지도 못한 종착점에 이를 것이다. 그는 편견 없는 대화가 제로섬 게임일 뿐인 논쟁을 대체할 수 있음을, 진정한 공감이 깊은 분열을 해결할 수 있음을 알려준다. 이 책은 위기에 처한 이 시대를 위한 처방전이다.

_다니엘 핑크(미래학자, 『후회의 재발견』 저자)

데이비드 맥레이니를 처음 만났을 때 나는 그가 설명하는 모든 내용을 미친 듯이 메모했다. 그가 이 책을 내줘서 얼마나 다행인지 모른다. 이제 여유롭게 앉아서 마음껏 읽을 수 있으니까!

_사이먼 시넥(컨설턴트, 『스타트 위드 와이』 저자)

우리 사회를 마비시키는 광기가 영원하지는 않을 것이라는 희망을 가져도 되는 이유를 알려주는, 시기적절하고 유익하며 고무적인 책이다. 우리 자신의 변화를 위한 실천 가능한 제안.

_더글러스 러시코프(『대전환이 온다』 저자, 팟캐스트 '팀 휴먼' 진행자)

흥미로운 현실 사례와 심리학을 비롯한 과학 분야의 최신 연구 결과로 가득한 이 책은 인간의 마음을 바꾸는 일이 그토록 어려운 이유를 일깨워준다. 하지만 적절한 전략만 있다면 마음을 변화시키는 일이 가능하다는 반가운 소식도 들려준다.

_로리 산토스(예일대학교 심리학 교수, 팟캐스트 '해피니스 랩' 진행자)

이 책은 너무나도 중요한 주제를 다룬다. 맥레이니는 그 주제의 완벽한 안내자다. 그는 다정하고 재치 있으며 전염성 강한 호기심의 소유자다.

_줄리아 갈렙(『스카우트 마인드셋』 저자, 팟캐스트 '래셔널리 스피킹' 진행자)

데이비드 맥레이니는 마음을 바꾸는 것에 관한 내 마음을 바꿔놓았다. 더 지혜롭게 생각하는 사람이자 더 성숙한 시민이 되고 싶다면, 그리고 세상에 희망이 없다고 단념할 생각이 아직은 없다면, 이 책을 반드시 읽어라.

_A. J. 제이콥스(『성경 말씀대로 살아본 1년』 저자)

사람들의 마음을 쉽게 변화시킬 수 있는 방법을 찾는 일보다 더 어려운 문제는 없을 것이다. 도처에서 논쟁이 들끓는 이 시대에 맥레이니의 책이 있어 위안이 된다. 그는 효과적으로 마음을 움직이는 법에 관한 풍부한 연구를 소개할 뿐 아니라, 특정한 맥락과 상황에서는 타인을 설득하는 일이 생각보다 더 쉬울 수 있음을 일깨워준다.

_마야 샹카(전 백악관 행동과학 팀 책임자)

인간이 의견을 형성하고 수정하는 원리를 신경과학과 심리학의 관점에서 파헤치는 흥미진진한 여정. 지금 우리 사회에 절실히 필요한 책이다. 데이비드 맥레이니는 우리 자신과 타인이 지닌 변화의 잠재력을 찾아내는 법을 알려준다.

_스콧 배리 카우프만(인간잠재력과학센터 설립자, 『트랜센드』 저자)

이 책을 반드시 끝까지 읽길 바란다. 인간관계에서 가장 어려운 문제 하나를 해결하는 방법에 대한 생각이 바뀔 것이다. 그 문제란 관계를 망가뜨리지 않으면서 우리가 좋아하는 이들의 마음을 바꾸는 일이다.

_테사 웨스트(뉴욕대학교 심리학 교수, 『일터의 악당들Jerks at Work』 저자)

인간이 지닌 강점 중 손꼽히는 것은 자신의 믿음을 수정하는 능력과 타인의 마음을 바꾸는 능력이다. 데이비드 맥레이니는 강요하지 않고 타인을 설득하는 방법에 대한 걸작을 썼다.

_제이 반 베이블(뉴욕대학교 사회적정체성과도덕연구소 소장, 『우리의 힘The Power of Us』 저자)

이런 책은 몹시 드물다. 굉장히 중요한 주제를 놀랍도록 흥미진진하게 풀어냈다.

_로리 서덜랜드(오길비 UK 부회장, 『잘 팔리는 마법은 어떻게 일어날까?』 저자)

데이비드 맥레이니의 글을 좋아하지 않았던 독자라면 이 책이 마음을 바꿔놓을 것이며, 왜 그런 일이 일어나는지도 설명해줄 것이다.

_딘 버넷(『엄청나게 똑똑하고 아주 가끔 엉뚱한 뇌 이야기』 저자)

정치 양극화와 부족주의로 분열이 극심한 이 시대에, 데이비드 맥레이니는 학문적 개념을 뛰어넘어 관점을 변화시키고 사람들을 연결하는 의미 깊은 대화를 이끌어낼 수 있는 구체적인 전략을 알려준다.

_존 리비(『당신을 초대합니다』 저자)

데이비드 맥레이니는 우리를 좌지우지하는 뇌의 놀라운 속임수를 오랜 시간 탐구해왔다. 그는 흥미로운 스토리로 심리학의 중요한 법칙을 가르치는 데 귀재다.

_스펜서 그린버그(스파크 웨이브 창립자 겸 CEO)

최고의 과학 커뮤니케이터의 최고 걸작이다. 놀랍도록 지적이면서 재미도 있고 시기적절한 책이다. 읽고 나면 세상을 보는 눈이 바뀔 것이다. 그리고 타인의 마음을 바꾸는 비결도 알게 될 것이다.

_윌 스토(저널리스트, 『지위 게임The Status Game』 저자)

아무래도 불가능할 것 같은 일, 즉 타인의 마음을 바꾸는 데 관심이 있는 사람이라면 반드시 읽어야 할 책. 믿음과 태도, 가치관이 형성되는 과정, 그리고 사람들의 견해를 바꾸는 놀랍도록 간단한 방법에 숨겨진 과학을 만나보라.

_로건 유리(『사랑은 과학이다』 저자)

이 책을 사랑하지 않을 수 없다. 인상 깊은 이야기와 놀라운 과학적 사실로 가득하다. 맥레이니는 천부적 재능을 지닌 과학 작가다.

_클라이브 톰슨(『은밀한 설계자들』 저자)

탄탄한 설명과 실용적 전략의 조합. 시기적절한 이슈에 대한 설득력 높은 조언이 담겨 있다.

_《커커스 리뷰》

데이비드 맥레이니의 주장에는 설득력이 있다. 그리고 그 주장을 '과거의 무지를 새로운 지혜로 대체'하는 마음의 변화에 관한 과학적 근거로 뒷받침한다. 인간에 대한 애정이 가득한 훌륭한 교양서.

_《퍼블리셔스 위클리》

차례

HOW
MINDS
CHVNGE

## 10장 사회 변화의 순간 _진정한 변화를 이끄는 네트워크의 조건

# 나는 아버지의 마음을 바꾸고 싶었다

지금부터 마음이 어떻게 바뀌는지 이해하기 위한 여정을 시작할 것이다. 이 여정이 끝나면 당신은 배운 것을 활용해 타인의 마음을 움직일 수 있을 것이다. 또 당신 자신의 마음도 변화시킬 수 있기를 바란다. 내가 그랬듯이 말이다.

나는 인지 편향과 논리적 오류에 관한 책 두 권을 집필하고 수년 간 그것을 주제로 팟캐스트를 진행하면서 오랫동안 마음 편한 비관주의자로 살았다. 어쩌면 당신도 그럴지 모른다. 강연이나 방송과 글을 통해 나는 정치나 미신, 음모론에 대한 사람들의 생각을 바꾸려는 시도가 소용없다고 말하곤 했다. 특히 그 셋이 합쳐진 경우라면 더욱 말할 필요도 없다.

최근 누군가의 마음을 바꾸려고 했던 일을 떠올려보라. 어땠는가? 잘됐는가? 오늘날은 인터넷 덕분에 우리가 관심 갖는 이슈에 대해 반대하는 사람들을 그 어느 때보다 쉽게 접할 수 있다. 아마 당신도 관점이 다른 타인과 논쟁을 해봤을 테고, 그들의 오류를 증명하는 분명한 증거를 들이밀었음에도 십중팔구 그들은 자기 생각을 고집했다. 오히려 화를 내면서 자신이 옳고 당신이 틀렸다며 더 강하게 우겼을 것이다.

나는 미시시피주에서 자라면서 늘 그런 종류의 논쟁을 목격했다. 인터넷을 통해 세상의 온갖 의견 불일치와 논쟁을 접하기 훨씬 전부터 말이다. 어른들은 우리에게 남부 지역이 부활할 것이라고, 동성애는 죄악이라고, 진화론은 그저 하나의 이론에 불과하다고 말했지만 영화나 TV 속 사람들은 다른 의견을 지닌 것 같았다. 이곳 사람들은 다른 시대에 갇혀 있는 듯했다. 과학적 사실이든 사회적 규범이든 정치적 입장이든, 먼 외부 세계에서 기인했거나 나와 친구들이 맞다고 여기는 생각이나 사실은 집안에서 갈등과 말다툼을 일으키기 일쑤였다. 그러다 보니 명절에 가족이 모이는 자리도 피하게 되었다. 그들의 마음을 바꾸려는 것은 쓸데없는 시도였다.

우리의 냉소주의는 단순히 관념적인 문제가 아니었다. 보수적 기독교인이 많은 미국 남부에서 금기를 깨는 행위에는 현실적 여파가 따랐고, 때때로 우리는 각자의 상황에서 그런 금기에 어떻게, 그리고 언제 저항할지 선택해야 했다.

10대 시절 나는 여름방학이면 삼촌이 운영하는 꽃집에서 꽃 배달을 도왔다. 동성애자인 삼촌은 구급대원으로 일하며 모은 돈으로 동네 중심가의 꽃집을 인수했다. 그런데 건물주가 삼촌을 부당하게 대하며 괴롭혔다. 삼촌은 우리 아버지에게 전화를 걸어 도움을 요청했다. 아버지는 전화를 끊자마자 자동차 키를 챙기며 나더러 함께 가자고 했다. 우리는 곧장 꽃집으로 달려갔다. 아버지는 삼촌과 싸우고 있는 건물주에게 다가가 앞으로 계속 이런 식으로 위협한다면 가만 놔두지 않겠다고 단호하게 못을 박았다. 그날 아버지의 모습이 내 마음에 강하게 남았다. 아버지는 집으로 돌아가는 차 안에서 한마디도 하지 않았고, 귀가한 후에도 종일 말이 없었으며, 그 일을 다른 식구들 앞에서 절대 꺼내지 않았다. 아버지는 내게 입을 다물라고 하지 않았지만 비밀로 해야 하는 이유를 잘 알고 있었다. 물론 나는 비밀을 지켰다.

과학과 과학소설 마니아인 나의 냉소주의는 사회에 나가 지역신문사와 텔레비전 방송국에서 일하면서 더 강화되었다. 소셜 미디어가 일상생활에 널리 퍼지던 무렵이었다. 과학 저널리스트가 되기 전에 나는 미시시피주 엘리스빌에 있는 WDAM-TV 방송국의 소규모 뉴스 팀에서 페이스북 페이지를 관리했다. 그 일을 하는 동안 날마다 성난 시청자들의 댓글을 읽으며 한숨을 내쉬어야 했다. 자신의 세계관과 상충하는 과학 보도를 보고 방송국 시청 거부 운동을 벌이겠다고 위협하는 이들 때문이었다.

시청자들의 태도는 내 예상보다 훨씬 더 강경했다. 한번은 기상학자가 방송에 출연해 기후변화가 실재적 위협인 근거를 설명하고, 그것이 인간의 활동으로 인한 탄소 배출이 가져온 결과일 가능성이 높다고 말했다. 이후 내가 방송국의 페이스북 공식 계정을 이용해 전문가들의 링크를 공유하자 분노한 시청자들의 댓글이 폭주했다. 으레 그렇듯 나는 사실 정보를 제시하면 이러쿵저러쿵 긴말이 필요 없을 거라고 생각했지만, 수많은 성난 사람이 내 링크에 반박하는 링크를 올렸다. 나는 오후 내내 그들이 올리는 내용과 관련해 팩트 체크를 하느라 진땀을 뺐다. 그다음 날 한 남자가 방송국에 찾아와 페이스북 페이지를 관리하는 사람을 만나게 해달라고 고집을 부렸다. 안내 데 스크 직원은 그가 잠재적 위험인물임을 감지하고 경찰에 신고를 했 고, 그 성난 시청자는 경찰이 도착하기 전에 돌아갔다. 며칠간은 경 찰이 방송국 주차장 주변을 순찰했지만 나는 이후 몇 달간 방송국을 드나들 때마다 불안하게 주변을 살펴야 했다.

그 무렵 나는 그런 모든 현상 저변의 인간 심리에 큰 호기심이 생 겼고, 심리학 관련 블로그를 만들었다. 이후 책들을 저술하고 세계 곳곳에서 강연을 하면서 새로운 커리어를 쌓아나갔다. 증거를 인정 하거나 타인에게 공감하길 거부하는 사람의 심리를 탐구하는 팟캐 스트도 시작했다. 블로그 이름인 '당신은 별로 똑똑하지 않다You Are Not So Smart'를 브랜드로 삼아, 동기 기반 추론motivated reasoning*이라는 심리 현상을 전문 분야로 만들었다. 나는 타인의 마음을 바꾸려는 시도는 무의미하다는 것을 사람들에게 일깨우면서 그런대로 괜찮은 밥벌이 를 하고 있었다.

하지만 그런 비관적 관점에 속으로는 불편함을 느꼈다. 특히 미국 에서 동성 결혼에 대한 여론이 급격히 바뀌는 것을 목격하면서 불편 한 감정은 더 커져갔다. 이 변화의 물결은 내 고향에도 밀려와, 삼촌 또한 동성애자임을 당당히 밝혔고 내 성 소수자LGBTQ 친구들도 자신 의 결혼사진을 온라인에 올리기 시작했다.

2012년에는 미국인의 절반 이상이 동성 결혼 합법화에 반대했지

* 자신의 목적과 동기에 맞춰서 사고하는 일종의 합리화—옮긴이

만 그다음 해에는 절반 이상이 찬성했다. 반대 여론이 눈에 띄게 줄어든 것은 2010년경부터였다. 여론이 뒤집어지면서 동성 결혼을 둘러싼 논쟁도 사라졌다. 불과 몇 년 전만 해도 나는 동성 결혼이 가족의 가치를 파괴함으로써 미국을 망치느냐 아니냐를 둘러싼 논쟁을 중재하곤 했는데 말이다. 이런 생각이 들었다. '사람들은 마음을 바꿀 수 있구나. 그것도 짧은 시간에. 그렇다면 애당초 그 모든 논쟁을 무엇 하러 벌인 걸까?'

전에는 한번도 생각해보지 않은 질문이 수면 위로 떠올라 머릿속을 들쑤셨다. 나는 이 질문의 답을 찾는 데 도움을 줄 과학자를 찾아나섰다. 우리는 왜 논쟁을 하는가? 논쟁은 어떤 목적에 기여하는가? 온라인에서 일어나는 이 모든 언쟁과 충돌은 우리에게 득이 되는가, 해가 되는가?

나는 인간의 추론과 논증을 깊이 연구한 저명한 인지과학자 위고 메르시에Hugo Mercier를 팟캐스트에 초대했다. 그는 인간이 때로는 사실이나 옳고 그름에 대해, 때로는 저녁 식사 메뉴에 대해 논쟁을 해결하고 합의에 도달하도록 진화했다고 설명했다. 논증을 생산하고 평가하는 과정을 통해 더 효과적으로 합의에 이르는 집단이 공동의 목표를 더 쉽게 달성했고, 그렇지 않은 집단보다 더 오래 살아남았다는 것이다. 따라서 우리는 집단 구성원들의 판단이 잘못되었다고 느끼면 그들이 우리와 같은 관점을 갖도록 설득하려는 심리를 선천적으로 갖게 되었다.

메르시에는 우리가 자신이나 타인의 마음을 바꾸는 일이 불가능하다면 애초에 논쟁은 아무 의미가 없을 것이라고 말했다. 그는 소리가 들리지 않는 사람만 살아서 음성언어가 곧 사라지게 되는 세상을 상상해보라고 했다. 의견 충돌이 끊임없이 일어난다는 사실은 인간 이성의 결함이 아니라 하나의 특성이다. 미국에서 일어난 변화의 역사만 살펴봐도 논쟁이 급격한 변화를 가져온 사례를 쉽게 찾을 수 있다.

정치학자 벤저민 페이지Benjamin Page와 로버트 셔피로Robert Shapiro가 여론에 대해 공저한 책에 따르면, 20세기 초 여론조사가 유행하기 시작한 이래 미국에서 목격된 중대한 변화의 약 절반이 동성 결혼에 대한 여론 변화처럼 단기간에 일어났다.[1] 낙태, 베트남전쟁, 인종차별 및 여성차별, 투표권, 흡연, 마리화나 등 주요 이슈에 대한 사람들의 견해는 꽤 오랫동안 안정적으로 유지되었다. 이들 사안에 대한 논쟁은 작은 집단에서 큰 집단으로, 가정에서 의회로 퍼져나갔고, 그러다 갑자기 여론의 정체 상태가 깨졌다. 여론이 너무나 빠르게 반전돼서, 만일 사람들이 타임머신을 타고 몇 년 전으로 돌아간다면 아마도 흥분하면서 과거의 자기 자신과 논쟁을 벌일 것이다.

나는 끊임없는 논쟁과 뒤이어 일어나는 변화를 단속평형설punctuated equilibrium 관점에서 보았다. 생물학 이론인 단속평형설은 생물이 변화할 능력을 지니고 있으나 그럴 만한 자극이 없을 때는 오랜 기간 거의 변화가 없다가 환경에 적응할 필요성이 커지면 진화 속도가 빨라진다는 이론이다. 따라서 긴 시간을 놓고 보면 오랫동안 진화하지 않는 평형 상태가 유지되다가 간간이 급격한 변화가 일어나는 패턴이 나타난다. 나는 사회적 변화와 혁명, 혁신의 역사에도 동일한 패턴이 나타난다는 생각을 했고, 그런 현상 뒤에 깔린 인간 심리를 더 깊이 알아보고 싶었다.

나는 사람들이 마음을 바꾸기 전과 후에 뇌에서 어떤 일이 벌어지는지 궁금했다. 무엇이 우리 마음을 움직이는가? 어떤 강력한 힘이 저항을 무너뜨려 우리가 완전히 다른 관점을 갖게 되는 것일까?

어떻게 동성애에 반대하던 사람이 10년 사이에 생각을 바꾸어 동성애자의 결혼식에 기꺼이 참석하게 되는 것일까? 비행기와 사무실에서 흡연하는 것을 자연스럽게 여기던 국민이 술집과 식당에서의 금연, 그리고 낮에 텔레비전에서 흡연 장면을 내보내는 것을 금지하는 데 동의하게 된 이유가 무엇일까? 치마 길이가 짧아졌다 길어지고 턱수염이 유행했다가 인기가 시들해지는 이유가 무엇일까? 광기로 가는 지름길로 여겨지던 마리화나는 어떻게 녹내장 치료제가 되었을까? 어째서 우리는 10대 시절에 쓴 일기 속 자신의 생각에 동의하지 않는 것일까? 왜 우리는 과거와 똑같은 것을 원하거나 믿지 않을까? 지금 당신이 원하는 헤어스타일은 어째서 10년 전과 달라진 것일까? 무엇이 '당신의' 마음을 변화시켰는가? 우리 마음은 어째서 바뀌는 것일까?

나는 크고 작은 사안에서 갑작스러운 생각의 변화를 낳는 심리적 연금술을 이해하고 싶었다. 왜 사람들이 마음을 바꾸거나 바꾸지 않는지 그 수수께끼를 설명할 수 있다면, 그리고 오랫동안 굳건한 견해를 고수하다가 그런 변화가 갑작스럽게 일어나는 이유를 알 수 있다면, 타인과 자신의 마음을 변화시키기가 더 쉬우리라 생각했다. 그런 열망 때문에 이 책을 쓰게 되었다.

이 책은 마음이 왜 변하는지, 그리고 마음을 어떻게 변화시킬 수 있는지 다룬다. 내가 주목하는 것은 수백 년에 걸친 변화가 아니라 한 세대나 10년 안에, 또는 한 번의 대화로 일어나는 변화다. 본문에서는 우리가 무엇을 놓치기 때문에 설득에 실패하는지 살펴본다. 사람들이 믿음과 태도, 가치관을 수정하게 되는 심리적 메커니즘을 알아볼 것이다. 한 사람이든 수많은 사람이든 당신이 변화시키고 싶은 대상에 이를 활용할 수 있을 것이다.

또 이 주제를 연구한 전문가들을 만나볼 것이며, 강렬한 깨달음의 순간을 통해 또는 오랜 여정 끝에 뜻밖의 통찰력에 이름으로써 마음을 바꾼 사람들도 만나볼 것이다. 책 후반부에서는 본문에 소개한 접근법으로 사회 변화를 이끌어낼 수 있음을, 적절한 상황이 갖춰질 경우 그런 변화가 한 세대도 안 되는 기간에 나라 전체를 휩쓸 수 있음을 살펴본다. 변화의 속도가 확신의 강도에 반비례하고 확신이 일종의 느낌이며 논리적 사고보다는 갈망에 더 가까운 것이라고 주장하는 이론도 살펴볼 것이다. 설득은 그 느낌에 영향을 미치는 과정이다.

설득 기법을 설명하는 부분에서 당신은 윤리적으로 왠지 석연치 않은 기분을 느낄지도 모른다. 좋은 의도를 지녔거나 사실적 근거가 충분하다 할지라도 설득이 일종의 교묘한 조종 행위처럼 느껴질 수 있기 때문이다. 그러나 설득의 정확한 정의를 알고 나면 마음이 편해지리라 생각한다. 설득이란 '강요하지 않고' 생각을 바꾸는 행위다. 커뮤니케이션 전문가 대니얼 오키프Daniel O'Keefe는 설득을 '상대방이 어느 정도 자유를 지닌 상황에서 커뮤니케이션을 통해 그의 정신 상태에 영향을 미치려는 의도적 활동'[2]이라고 정의한다.

심리학자 리처드 펄로프Richard M. Perloff가 저서 『설득의 역학The Dynam-ics of Persuasion』에서 설명했듯, 우리는 '자발적 수용'을 통해 타인의 태도나 믿음을 바꾸기 위한 메시지라는 기호화된 의사소통을 활용함으로써 강요를 피할 수 있다. 펄로프에 따르면 강요와 설득이 구별되는 지점은 다음과 같다. 강요의 경우, 타인을 자극해 '화자가 원하는 방향이지만 해당 타인은 원치 않을 수 있는 방향으로' 행동하도록 만들기 위해 '끔찍한 결과(화자의 말을 따르지 않을 경우 초래될)'를 언급한다. 펄로프는 사람들이 화자의 메시지를 자유롭게 거부할 수 있다고 느껴야 윤리적 설득 행위라고 말한다. '개인이 화자의 말을 따르는 것 외에 다른 선택지가 없다고 느낀다면, 영향을 미치려는 화자의 시도는 강제적이라고 할 수 있다.'[3]

설득은 강요와 다르다. 설득은 정보나 도덕적 우월함으로 상대방을 이기려는 행위도 아니고 승자와 패자가 갈리는 말싸움도 아니다. 설득은 상대방이 자신의 생각을 더 깊이 들여다보도록, 그리고 자신의 견해와 눈앞의 메시지가 얼마나 일치하고 얼마나 다른지 이해하도록 이끄는 행위다. 우리는 타인이 마음을 바꾸길 원치 않는다면 그 사람을 설득해 마음을 움직일 수 없다. 본문에서 보겠지만, 효과적인 설득 기법에서는 상대방의 결론 자체보다는 그의 동기에 초점을 맞춘다.

여러모로 볼 때 설득은 변화가 가능함을 사람들에게 일깨우는 행위다. 모든 설득은 자기 설득이다. 사람들은 자신의 욕구와 동기, 내면에서 일어나는 반박을 토대로 자기 생각을 바꾸거나 바꾸지 않는다. 이들 요인에 초점을 맞춘다면 토론에서 상대의 마음을 바꿀 가능성이 커진다. 심리학자 조엘 웰런Joel Whalen의 말처럼 '줄을 움직이려면 밀지 말고 당겨야' 한다.

그렇기 때문에 당신의 의도를 솔직하게 밝히는 것이 매우 중요하다. 그러면 윤리적으로 석연치 않은 감정을 느낄 필요가 없을뿐더러 설득에 성공할 가능성도 커진다. 밝히지 않으면 사람들은 당신의 의도를 마음대로 가정하고 짐작할 것이다. 그들 마음속에서는 그 짐작이 당신의 '실제' 입장이 되어버리고, 그들과의 대화는 당신이 원치 않는 방향으로 흘러갈 위험이 있다. 만일 그들이 당신을 보며 '저 사람은 나를 속이기 쉬운 호구라고(또는 멍청하다고, 착각에 빠졌다고, 잘못된 집단에 속했다고, 나쁜 사람이라고) 생각하는구나'라고 믿어버리면, 당연히 마음을 바꾸길 거부할 테고, 아무리 많은 사실적 근거도 무의미해진다.

연구 초반에 나는 정치적 음모론을 믿는 아버지와 논쟁을 벌일 때 이런 접근법을 활용했다. 우리는 사실을 두고 오랫동안 입씨름을 했다. 지칠 대로 지친 나는 호흡을 가다듬고 내가 진짜 원하는 게 무엇인지 질문을 던져봤다. 나는 왜 아버지의 생각을 바꾸고 싶은 걸까?

나는 아버지에게 "전 아버지를 사랑해요. 그래서 아버지가 잘못된 정보에 속는 게 너무 속상해요"라고 말했고, 우리의 입씨름은 바로 끝났다. 아버지와 나는 인터넷에서 누구의 말을 믿어야 하는지 대화를 나누기 시작했다. 아버지는 태도가 한결 부드러워졌고, 정보의 출처를 경계하면서 사실적 정보에 대해 마음을 바꿀 의사가 있다고 말했다.

아버지 마음을 바꾸고 싶은 이유를 생각해봤을 때 내 대답은 이것이었다. "아버지가 믿는 정보 출처에 신뢰가 가지 않고, 아버지가 그걸 믿는 게 싫으니까." 왜? "나는 다른 정보원을 신뢰하고 아버지 역시 그랬으면 하니까." 왜? "아버지와 내가 같은 편이길 원하니까." 아주 미세한 지점에 이를 때까지 이런 식으로 계속 질문을 던질 수 있다. 그러나 타인의 생각에 이의를 제기할 때 당신의 의도를 밝히는 것이 중요하다는 사실을 잊지 말아야 한다. 그러지 않으면 양쪽 모두 '내가 옳고 당신이 틀렸다'는 태도에서 벗어나기 힘들다.

'나는 왜 그들의 마음을 바꾸고 싶은가?' 책을 읽는 동안 이 질문을 계속 상기하길 바란다. 내 경우에도 그랬듯, 이 질문은 의미 깊은 또 다른 일련의 질문을 낳을 것이다.

우리는 모두 낡은 믿음을 버리고, 과거의 무지를 새로운 지혜로 대체하고, 몰랐던 증거를 마주하면 태도를 변화시킬 힘을 갖고 있다. 시대에 뒤처진 견해와 해로운 전통, 이롭지 않은 구시대 정치와 관습에서 우리 자신을 해방시킬 힘을 갖고 있다. 모든 인간의 뇌에는 자신이 틀렸음을 깨달을 능력이 내장되어 있다. 그런데 우리는 언제 무엇을 또는 누구를 바꾸려고 노력해야 할까?

무엇을 위험한 무지나 시대에 뒤처진 견해라고 간주해야 하는가? 무엇이 해로운 전통이나 이롭지 않은 구시대 정치, 잘못된 관습인가? 사람들의 마음을 바꾸는 방법을 알게 된다면 어떻게든 바꾸는 것이 옳은, 매우 위험하고 잘못된 규범이나 믿음은 무엇인가? 그리고 뜻밖의 난제는 이것이다. 자신이 옳고 남들이 틀렸다는 것을 어떻게 알 수 있는가?

'마음을 변화시킨다'라는 말 자체의 의미는 과연 무엇인가?

지금부터 이 질문들의 답을 탐구할 것이다. 하지만 나는 처음부터 이 질문들을 떠올리며 심리학 여정을 시작하지 않았다. 이 질문들은 시간이 흐른 후에, 그러니까 나의 심각한 무지가 드러난 후에야 내게 찾아왔다. 당신만큼은 여정을 시작하기 전에 이 질문들을 생각해보길 바란다. 그리고 본문을 읽는 내내 떠올리길 바란다.

마음을 바꾸고 자신의 가정을 수정하고 다른 관점을 받아들이는 것은 우리의 뛰어난 강점이자 진화를 통해 인간의 뇌가 갖추게 된 능력이다. 그 강점을 이용하려면 논쟁 대신 대화를 해야 하는 이유를 곧 알게 될 것이다. 논쟁은 승자와 패자를 만드는데, 패자가 되고 싶어 할 사람은 아무도 없다. 그러나 양쪽 모두 충분히 존중받는다고 느끼면서 서로의 추론 과정을 살펴보고, 자기 자신의 생각에 대해 생각해보며, 서로의 동기를 깊이 들여다본다면, 논쟁에서 이기는 것만을 목표로 삼는 어리석음을 피할 수 있다.

대신 우리는 진실에 도달한다는 공동의 목표를 추구할 수 있다.

# 1장 탈진실의 시대

## 9·11 테러가
## 조작되었다고 믿는 사람들

"내 안에서 갑자기 뭔가 '펑!' 하고 터지는 것 같았습니다."

찰리 비치는 눈앞에서 9·11 테러 음모론을
반박하는 증거를 마주하고 음모론을 철회했다.
수년간 믿어온 신념은 그렇게 한순간에 뒤집혔다.

찰리 비치<sup>Charlie Veitch</sup>는 맨체스터의 런던로드 초입에서 피카딜리 기차역으로 이어진 에스컬레이터를 타고 올라왔다. 나는 그를 금방 알아봤다. 녹색 체크무늬 후드 티에 청바지를 입고 배낭을 멘 모습이었다. 짧고 평범한 헤어스타일이지만 관자놀이 위쪽의 얼룩 같은 흰머리가 시선을 끌었다. 에스컬레이터 끝에 도착하자 미소를 짓고 나를 향해 성큼성큼 다가왔다.

그는 걸으면서 인사를 건넨 후 방향을 바꿔 행인들 속으로 들어갔다. 그는 연신 고개를 내 쪽으로 돌리며 파트너인 스테이시, 세 명의 아이들과 함께 살고 있는 맨체스터의 건축과 역사에 대해 설명했다. 음모론자들의 추적을 피하려고 가명을 쓰긴 하지만 이 도시에서 보내는 삶이 그런대로 만족스럽다고 했다.

키가 큰 찰리의 걸음을 따라가기가 조금 벅찼다. 마치 코미디에 나오는 장면처럼 양쪽 다리가 공중에 뜬 채 달리는 버스 뒤에 매달려 끌려가는 듯한 기분이었다. 그는 하고 싶은 얘기가 많은 사람이었다.

노숙자 문제, 지역 미술계 및 음악계, 영화 제작, 맨체스터와 런던과 베를린의 유사성 및 차이점에 대한 자신의 생각을 들려주었다. 그 모든 얘기가 세 번째 횡단보도 앞에 도착하기 전에 나왔다.

찰리를 직접 만나보고 싶었던 이유는 음모론자로 왕성히 활동하던 그가 놀라운 행보를 보였기 때문이다. 그것은 대단히 특이하고 보기 드문 사례였으며 내가 이 책을 쓰기 전에는 불가능하다고 생각한 변화였다. 그 변화 때문에 찰리는 자신의 삶을 잃을 뻔했다.

### 음모론 여행

그 모든 것의 출발점은 9·11 테러 10주기를 앞둔 2011년 6월이었다. 당시 찰리는 히스로 공항에서 영국항공 비행기에 올랐다. 목적지는 그라운드제로Ground Zero(옛 세계무역센터 자리)가 있는 미국이었다. 찰리를 포함한 음모론 신봉자 다섯 명이 카메라맨, 편집자, 음향 엔지니어 등으로 이뤄진 촬영 팀과 함께 그곳으로 향했다. 코미디언 앤드루 맥스웰Andrew Maxwell이 진행하는 BBC 〈음모론 여행Conspiracy Road Trip〉의 촬영 팀이었다. 맥스웰과 제작진은 각기 다른 음모론 집단을 다룬 에피소드 네 편을 만들었다. UFO를 믿는 사람들, 진화론을 부인하는 사람들, 2005년 런던 폭탄 테러에 관련된 음모론을 믿는 사람들, 그리고 미국 9·11 테러의 공식 기사가 거짓이라고 믿는 사람들이었다.*

〈음모론 여행〉은 그들을 버스에 태우고 돌아다니면서 부인하기 힘든 증거와 사실을 제시해 음모론에 대한 그들의 믿음에 균열을 일으킬 전문가와 목격자를 만나게 하는 프로그램이었다. 양쪽이 입씨름을 하며 답답해하고 감정적 동요를 일으키는 장면, 적절한 음악, 일반적인 리얼리티 쇼 편집 기법을 활용해 시청자의 흥미를 자극했다. 프로그램 끝부분에서 진행자 맥스웰은 그들 각각에게 이 여행에서 알게 된 사실로 생각이 바뀌었는지 물어본다. 이 부분이 특히 흥미로웠다. 사람들이 입장을 조금도 바꾸지 않았기 때문이다. 맥스웰은 사람들의 마음을 바꾸기가 얼마나 어려운지 절감하고 고개를 절레절레 흔들며 여행을 끝내곤 했다.

하지만 찰리의 경우는 달랐다.

찰리를 포함한 9·11 음모론 신봉자들은 열흘 동안 미국 뉴욕주와 버지니아주, 펜실베이니아주를 돌았다. 그들은 테러 발생 현장을 방문했다. 철거와 폭발물, 건축, 항공기 여행 분야 전문가는 물론 희생자 가족도 만났다. 정부 관계자도 만났다. 여기에는 미 국방부인 펜타곤에 비행기가 충돌할 당시 현장에 있었고 끔찍한 현장을 수습하는 일을 도운 사람도 포함되었다. 그들은 세계무역센터 설계자들도 만났다. 테러 당시 미 연방항공청FAA의 중앙 관제 시스템 책임자였던 인물도 만났다. 심지어 그들은 민간 항공기 조종 시뮬레이터를 체험하고 뉴욕 상공에서 비행 교육을 받았으며, 실제 조종 경험이 없음에도 단발비행기를 활주로에 착륙시키는 경험도 했다. 여정의 매 단계에서 그들은 각 분야 최고 전문가, 그리고 9·11을 직접 목격했거나 그날 사랑하는 이를 잃은 사람을 만났다.[1]

---

* BBC는 〈음모론 여행〉 공식 웹사이트에서 9·11 에피소드를 삭제했다. 현재 이 에피소드는 여러 스트리밍 사이트에서 시청할 수 있다.

맥스웰의 노력에도 음모론자들의 태도는 더 완강해졌다. 음모론이 사실이라고 그 어느 때보다 강하게 확신했다. 맥스웰의 노력이 오히려 그 확신을 굳히는 듯했다. 그들은 맥스웰과 언쟁을 벌였다. 자신들이 돈을 받은 연기자에게 속고 있다거나, 전문가들이 뭔가 잘못 알고 있다거나, 소위 '사실'이라는 것들의 출처가 미심쩍다고 주장했다. 단 한 사람만 빼고 말이다.

당시 찰리는 음모론 커뮤니티의 리더였다. 그의 주요 소득원은 무정부주의와 음모론을 주제로 만든 수많은 유튜브 동영상이었고 일부 동영상의 조회 수는 100만 회가 넘었다. 그는 9·11 당시 항공기 연료로 인한 폭발 및 화재의 온도가 세계무역센터의 강철 빔을 녹이기에 충분하지 않았을 뿐 아니라 건물이 그 자리에 똑바로 주저앉듯 무너져 내린 것은 계획된 폭파 공법 때문이라고 주장했다. 또 그는 정부와 기업, 군의 관계를 추적해 밝히려고 애썼다. 유튜브 구독자를 늘리고 사람들에게 진실을 알리기 위해 한 손에는 확성기를, 다른 손에는 카메라를 들고 거리로 나가는 일도 다반사였다.

찰리는 전업 유튜버가 된 후 반체제 성향 강연자로 곳곳을 다니면서 음모론자나 무정부주의자의 집회, 그리고 성적 자유와 마약을 즐기고 무료 와이파이를 중시하는 네오 히피 축제에 자주 모습을 드러냈다. 애국자 행세를 하는 유명한 음모론자 앨릭스 존스Alex Jones, 파충류 외계인이 지구를 지배한다고 주장하는 데이비드 아이크David Icke 와도 가깝게 지냈다.

5년 동안 찰리는 여러 번 감옥에 가는 등 나름 대가를 치렀다. 그는 러시아 국영방송의 지원을 받아 암울한 신세계 질서에 대한 음모를 폭로하고자 G20 정상 회의가 열리는 캐나다 토론토에 갔을 때 경찰관 행세를 하다가 체포되었다. 영국 왕실 결혼식 날 시위를 벌이려고 모의했다는 혐의로 체포된 일도 있다. 《텔레그래프The Telegraph》는 이 체포를 다룬 기사에서 그를 '소문난 무정부주의자'[2]라고 표현했다. 음모론 커뮤니티의 총아이자 떠오르는 유튜브 스타인 찰리는 자신이 유명 인사급 선동가가 되리라 생각하고 있었다. 어떤 이들은 그를 혐오했고 어떤 이들은 사랑했다. 그는 촬영 팀과 동행한 뉴욕 방문이 자신을 대세 인물로 확실히 도약시켜줄 절호의 기회라고 믿었다. 하지만 음모론계에서 명성을 누리던 그는 뉴욕에 가서 믿기지 않는 모습을 보여줬다. 그것은 나중에 어떤 이들에게는 용서할 수 없는 행동이 된다.

마음을 바꾼 것이다.

### 동료들이 '역겨운 짐승'처럼 보이다

우리는 이스턴블록 커피숍에 자리 잡았다. 찰리는 아메리칸 스피릿 담배를 피우면서 더는 9·11 음모론을 믿지 않는 이유를 설명했다. 그는 자신의 이야기가 지나가는 사람들에게 잘 들리도록 목소리를 높였다.

〈음모론 여행〉 촬영 초반에 찰리와 음모론자들은 폭파 전문가 브렌트 블랜처드Brent Blanchard를 만났다. 블랜처드는 계획된 폭파였다면 굉장히 많은 인력이 필요했을 것이라고 설명했다. 먼저 세계무역센터의 내벽을 부숴 수많은 내부 기둥에 접근한 뒤 착암기 같은 장비를 이용해 기둥을 하나하나 잘라낸 다음 폭약을 설치해야 한다는 것이다. 인부들이 세계무역센터 규모의 건물에 폭약을 설치하려면 수개월이 걸렸을 것이라고 했다. 게다가 그들이 점심을 먹고, 장비를 옮기고, 작업에서 나온 각종 잔해와 쓰레기를 처리하느라 건물을 드나드는 모습도 목격됐을 것이다. 그 모든 일을 사람들 눈에 띄지 않게 실행하기는 불가능하다.

찰리는 만일 그렇다면 왜 건물이 주저앉듯이 무너졌는지 물었다. 블랜처드는 그런 식으로 붕괴한 것이 아니라고 했다. 그는 레고 블록으로 만든 모형을 이용해, 건물 상층부가 파괴된 후 그 아래쪽에 걷잡을 수 없는 연쇄 작용이 일어나면서 전체가 붕괴하는 과정을 찰리에게 설명했다. 그리고 건물 파편이 수직 낙하한 것이 아니라 바깥쪽으로 날아갔다고 덧붙였다.

찰리는 다시 물었다. 만일 폭발물이 없었고 항공기 연료 때문에 화재가 일어났다고 치자. 연료가 연소되는 온도로는 강철 빔을 녹일 수 없는데, 어떻게 건물이 붕괴했는가? 블랜처드는 강철 빔이 녹지 않아도 건물이 무너진다고 말했다. 빔이 약간만 휘어도 치명적이라는 것이다. 강철 빔이 일단 휘면 그 위에 있는 구조물의 무게를 지탱하지 못하게 되어 시간이 흐르면서 더 심하게 휜다. 결국 위에서 내리누르는 엄청난 하중을 더는 버틸 수 없는 상태에 이른다. 찰리는 블랜처드의 설명에 반박하지 않았다. 약간 혼란스러운 표정으로 그의 설명을 받아들였다.

이후 찰리와 음모론자들은 세계무역센터 설계자들을 만났다. 이들은 세계무역센터가 건축 당시에 운항되던 비행기의 충돌을 견딜 수 있게 설계되었지만 연료를 가득 싣고 최고 속도로 날아오는 비행기의 충돌을 견딜 수 있게 설계되지는 않았다고 차분하게 설명했다. 음모론자들은 아들 마크 빙엄을 잃은 앨리스 호글랜드도 만났다. 그녀의 아들은 테러리스트들에게 납치되어 펜실베이니아주 생크스빌 근처 들판에 추락한 비행기의 탑승객이었다. 그들은 30년간 함께한 아내 미셸을 잃은 톰 하이덴버거도 만났다. 미셸은 펜타곤에 충돌한 아메리칸 항공 비행기의 승무원이었다. 찰리는 음모론에 대한 회의가 들었다.

찰리는 깨달음의 순간을 표현하며 이렇게 말했다. "내 안에서 갑자기 뭔가 '펑!' 하고 터지는 것 같았습니다." 비행 학교 체험, 건물 설계도, 건축 회사, 폭파 전문가 등이 음모론에 대한 그의 확신을 조금씩 무너뜨렸다. 이 모든 경험은 그의 생각이 틀릴 가능성을 제시했다. 무엇보다 그는 희생자의 가족을 보고 자신이 틀렸다고 확신했다.

그러나 숙소로 돌아간 찰리는 강렬한 깨달음을 경험한 것이 자기 혼자뿐임을 알고 적잖이 놀랐다. 나머지 음모론자들은 호글랜드가 FBI에게 세뇌당한 것이라고, 또는 자신들을 속이기 위해 BBC가 섭외한 배우라고 믿었다. 호글랜드가 흐느낄 때 그녀를 안아준 찰리로서는 그들이 그렇게 생각하는 것이 놀랍기만 했다. 찰리는 내게 그들이 혐오스러웠다면서 "역겨운 짐승처럼 보였다"라고 말했다.

찰리는 여행이 끝나기 직전 뉴욕 타임스스퀘어에서 자신이 알게 된 사실을 설명하는 동영상을 찍었다. 경험 없는 아마추어도 쉽게 비행기를 조종하고 착륙시킬 수 있음을, 아무에게도 들키지 않고 세계무역센터를 폭파하는 것이 거의 불가능함을, 연료가 가득한 비행기의 충돌과 그 여파를 견딜 건물은 없다는 사실을 여러 전문가를 만나 알게 되었다고 말했다.

그는 자신을 비롯한 많은 이들이 9·11 테러를 부시 행정부의 자작극이라고 의심한 이유를 알 것 같았다. 이라크에 대량 살상 무기가 있다는 것은 거짓이었고 미국은 그 거짓 명분을 토대로 이라크를 침공했다. 그런 엄청난 짓을 벌이는 정부라면 9·11 테러를 기획하는 것도 충분히 가능하지 않겠는가. 사람들의 분노는 정당했고 9·11 테러와 이후 이뤄진 부시 행정부의 군사작전이나 일련의 상황을 설명할 수 있는 시나리오를 집요하게 찾아본 것은 이해할 만한 일이었다.

찰리는 동영상에서 이렇게 말했다. "우리는 멍청이가 아니다. 우리는 실제로 어떤 일이 일어났는지 알려고 노력하며 진실을 찾는 사람들이다. 마음이 혼란스럽다. 이 세계는 연막과 착각, 잘못된 길의 세계이기도 하지만 진실을 찾으려 몰두하는 옳은 길의 세계이기도 하다. 종교 같은 도그마에 매달려서는 안 된다. 만일 당신이 새로운 증거를 마주하게 된다면 진지하게 살펴보라. 설령 그것이 당신이나 당신이 속한 집단이 믿는 것 또는 믿고 싶은 것과 상충한다 할지라도 말이다. 당신도 나처럼 진실을 향해 경의를 표해야 한다."

일주일 후 찰리는 미국 여행에서 찍은 고백 동영상을 3분 33초로 편집해 업로드했다. 제목은 '9·11 음모론에 끌려가지 마라. 가장 중요한 건 진실이다'[3]였다.

그는 동영상 설명에 자신이 5년 동안 음모론을 믿었고 앨릭스 존스의 프로그램에 여러 번 출연했으며, 무대와 텔레비전 방송에서 음모론 커뮤니티를 홍보했지만 이제 생각이 바뀌었다면서 이렇게 적었다. '미국 정부는 국방 시스템이 뚫려 개망신을 당했다. 나는 그날 일어난 사건에 정부의 조작은 없었다고 생각한다. 그렇다, 나는 생각을 바꿨다.' 그리고 끝에 이렇게 적었다. '진실에 경의를 표하며, 찰리.' 즉각 엄청난 후폭풍이 밀려왔다.

## 한순간에 광기로 변한 신념

찰리에게 괜찮느냐고, 정부가 그에게 무슨 짓을 한 거냐고 묻는 이메일이 오기 시작했다. 동영상이 올라가고 며칠도 안 되어 음모 이론가 이언 R. 크레인Ian R. Crane은 프로듀서인 친구에게 들었다면서 찰리가 심리 마술사 데런 브라운Derren Brown과 친한 심리학자에게 조종당했다는 글을 음모론 커뮤니티에 올렸다. 그래서 찰리가 그런 동영상을 올렸다는 것이었다.

찰리가 FBI나 CIA, 또는 영국 비밀정보국의 첩보원이었다는 소문도 퍼지기 시작했다. 음모론 커뮤니티에 잠입해 그들에게 타격을 주기 위해 심어놓은 첩자라는 것이었다. 음모론 라디오 방송 진행자 맥스 이건Max Igan은 9·11 진실 규명 운동에 동조하는 사람들 중 생각을 바꾼 경우를 한 번도 보지 못했으며, 찰리가 최초라고 말했다. 한마디로 이해하기 힘든 케이스였다. 이건의 프로그램 웹사이트 게시판에는 '그들이 찰리에게 손을 썼다', '찰리, 위쪽 양반들이 당신에게 입막음용 돈을 얼마나 줬나요?', '중력을 믿던 사람이 중력이 존재하지 않는다고 말하는 것과 매한가지다'[4] 등의 글이 올라왔다.

급히 제작된 동영상들도 업로드되었다. BBC 측에서 찰리를 돈으로 매수했다고 주장하는 내용이었다. 찰리는 오해를 풀기 위해 여러 인터넷 음모론 토크쇼에 출연해, 자신이 전문가들에게 들은 이야기를 들려주고 그것이 설득력 있는 이유도 설명했다. 하지만 음모론자들은 그의 말을 믿지 않았다. 찰리는 응답 동영상을 올려 사람들에게 품위를 지켜달라고 부탁했다. 얼마 지나지 않아 그가 음모론 커뮤니티에서 제명당할 것임이 분명했다. 그를 향한 괴롭힘은 수개월 동안 계속되었다. 웹사이트가 해킹당해 그는 댓글 창을 폐쇄했다. 데이비드 아이크와 앨릭스 존스는 그와 관계를 끊었다.

얼마 후 찰리가 출연한 〈음모론 여행〉이 마침내 방송을 탔다. 방송 끝부분에서 그는 맥스웰에게 이렇게 말했다. "제가 받을 타격이 있다면 견뎌내야죠. 제가 틀렸다는 걸 겸허하게 인정하고 제 삶을 계속 살아갈 겁니다." 그러나 그즈음 음모론자들은 찰리가 삶을 제대로 살아갈 수 없는 지경으로 만들어놓았다. 가족까지 건드리며 악랄하게 괴롭혔다. 그에게는 가족의 동영상과 개인적 콘텐츠를 올리는, 별로 알려지지 않은 유튜브 채널이 있었는데, 누군가 그 사실을 알아낸 뒤 경악스러운 짓을 벌였다.

"거기 있는 동영상에 제 여동생의 어린 두 아이가 등장합니다. 잉글랜드에서도 아름답기로 유명한 콘월에 사는 여동생을 방문했을 때 찍은 거죠. 그런데 어떤 개자식이…." 찰리는 어떻게 표현해야 할지 모르겠다는 듯 잠시 말을 멈췄다. "아무튼 그 자식이 '찰리 비치를 죽여라'라는 이름의 유튜브 채널을 만들고, 포토샵으로 제 어린 조카들의 알몸 사진을 만들어서 여동생한테 보냈어요."

찰리의 여동생은 울면서 그에게 전화했다. 그녀는 왜 이런 일이 생겼는지 황당할 따름이었다. 찰리의 어머니도 전화를 걸어왔다. 누군가가 찰리 어머니의 이메일 주소를 알아내 수천 통의 이메일을 보냈고, 그중 하나에는 아동 포르노물에 그녀의 손자들 얼굴을 합성한 파

36

일이 첨부되어 있었다. 발신자는 그 화면이 실제이며 찰리가 직접 찍은 것이라고 주장했다. 찰리 어머니는 그 말을 사실로 믿고 아들에게 연락한 것이었다.

"그들은 찰리를 잡아 죽이려고 혈안이 되어 있었어요." 찰리의 파트너 스테이시 블루어의 말이다. "임신 중인 제게도 온갖 메시지가 왔죠. '네 배 속의 아기는 악마의 자식이다'라는 따위의 끔찍한 내용이었어요."[5]

앨릭스 존스도 이런 분위기에 동참하는 영상을 만들었다. 그 영상에서 그는 어두운 방에 앉아 불그스름한 조명을 받으며 클로즈업된 얼굴로 등장해, 찰리가 이중 스파이라는 사실을 안다고 말했다. 그리고 찰리 같은 사람들이 계속 나타날 것이므로 모두 바짝 경계해야 한다고, 그들 역시 9·11 진실 규명 운동에 한동안 참여한 후 생각이 바뀌었다고 말할 것이라고 강조했다. 찰리는 더는 가망이 없다는 생각에 사람들을 이해시키는 일을 포기했다. 음모론자들은 이미 공식적으로 그를 커뮤니티에서 쫓아낸 뒤였다. 그는 음모론 커뮤니티를 영원히 떠났다.[6]

2015년 4월 찰리는 현재의 직장을 얻었다. 그의 신변을 보호하기 위해 관련 정보는 자세히 밝히지 않겠다. 다만 세계 곳곳의 부동산을 판매하는 일과 관련 있다는 사실만 말해두겠다.

"일은 꽤 잘하고 있습니다. 돈도 제법 벌고요." 그는 마침내 자신을 증오하는 음모론자들에게서 벗어났음을 자랑스러워하며 말했다. "시간이 걸렸죠. 하지만 유튜브에서 또는 거리로 나가 확성기에 대고 추상적 개념을 떠들어대던 6년은 제게 혹독한 훈련의 시간이었던 것 같습니다. 게다가 얼굴이 엄청 두꺼워졌어요. 세일즈맨한테는 그만한 장점도 없죠."

나는 "안정된 직장을 얻었다니, 구글 때문에 커리어를 망칠 걱정은 안 해도 되겠군요"라고 말했다. 찰리의 고용주가 될지도 모를 사람들이 구글에서 '찰리 비치' 검색 결과를 보고 난감해하는 장면이 상상됐기 때문이다.

찰리는 처음 회사에 채용됐을 때 새로 만든 명함의 사진을 찍어 페이스북에 올렸는데, 누군가 그걸 보고 곧바로 찰리의 상사에게 이메일을 보내 그가 아동 학대범이자 범죄자라고 일러줬다고 말했다. 그 이메일이 왔을 당시 찰리는 상사에게 유튜버 활동 경력에 대해서는 솔직히 밝혔지만 음모론자들에게 시달린 일은 말하지 않은 상태였다.

"오늘 우리가 나눈 얘기들을 상사에게 들려줬습니다. 터닝포인트를 거쳐 완전히 다른 삶을 살고 있다는 것도요." 그러더니 찰리는 상사가 이렇게 말했다며 말투를 그대로 흉내 냈다. "'찰리, 괜찮아요. 그 사람들 진짜 악질이군요.'"

그 후 찰리는 이름을 바꾸고 새 명함을 만들었다.

## 진실은 죽었다?

나는 찰리의 이야기를 듣고 고개를 갸우뚱했다. 찰리 비치는 명백한 증거를 마주하고 생각을 바꿨다. 그러나 동행한 다른 음모론자들은 똑같은 증거를 보고 똑같은 전문가를 만나고 사랑하는 이를 잃은 사람들을 만났음에도 9·11 테러가 미국의 자작극이라는 확신이 오히려 더 강해졌다. 나는 뭔가 놓치고 있는 듯한 기분이 들었다. 사실 자체와는 전혀 상관이 없는 무언가가 힘을 발휘하고 있다는 생각이 들었다.

나는 전작들을 쓰면서 객관적 사실만으로 모두가 똑같은 관점을 가질 수 있다는 생각이 오래된 착각임을 알게 되었다. 19세기의 합리주의 철학자들은 학교교육이 불합리한 신념과 미신을 제거함으로써 민주주의를 발전시킬 것이라고 말했다.[7] 벤저민 프랭클린Benjamin Franklin은 공공 도서관이 평범한 시민도 귀족과 동일한 수준의 지식을 갖추게 하고 따라서 대중에게 자신의 최대 이익을 지킬 힘을 준다고 썼다. 환각제 사용을 통한 정신 확장을 주장했으며, 훗날 사이버펑크 정신의 열렬한 옹호자가 된 심리학자 티머시 리어리Timothy Leary는 컴퓨터와 인터넷 덕분에 정보를 취사선택해 대중에게 내보내는 게이트키퍼의 존재가 무의미해질 것이라고 주장했다. 또 "눈동자에 권력을!"이라고 외치면서 컴퓨터를 이용해 원하는 어떤 정보든 눈에 담을 수 있는 세상에서 사람들이 지닌 민주적 힘을 설파했다. 이들은 언젠가는 우리 모두가 동일한 객관적 사실과 정보에 접근할 것이며, 모두가 그 사실이 의미하는 바에 동의할 것이라는 이상적 꿈을 꾸었다.

과학과 관련한 커뮤니케이션에서는 이와 같은 접근법을 정보 결핍 모델information deficit model*이라고 불렀으며, 이 모델은 학계에서 오랫동안 논쟁의 대상이었다.[8] 진화론, 유연휘발유의 위험성 등 다양한 주제에 대한 연구 결과가 논란을 일으키며 대중을 설득하는 데 실패

---

* 사람들이 과학적 사실을 믿지 않는 것은 정보와 지식의 부족 때문이므로 전문가가 그들에게 정확한 정보를 제공하면 된다고 보는 관점—옮긴이

하자, 전문가들은 이 모델을 최대한 효과적으로 수정해 객관적 사실 자체만으로 사람들의 잘못된 믿음을 바로잡을 방법을 궁리했다. 그러나 각종 웹사이트와 소셜 미디어, 팟캐스트, 유튜브가 등장해 객관적 사실 대신 목소리를 높이며 저널리스트, 의사, 다큐멘터리 제작자 등 사실적 정보로 무장한 전문가들의 권위를 무너뜨리자, 정보 결핍 모델은 결국 힘을 잃고 물러났다.[9] 최근에 이는 일종의 도덕적 공황을 초래했다.

내가 이 책을 쓰고 있던 2016년 말 옥스퍼드 사전 위원회는 'post-truth(탈진실)'를 올해의 단어로 선정하면서, 전해에 비해 이 단어의 사용이 2,000퍼센트 증가했으며, 특히 영국의 유럽연합 탈퇴 여부를 묻는 국민투표와 미국 대통령 선거와 관련한 논의에서 많이 쓰였다고 밝혔다. 《워싱턴포스트The Washington Post》는 그리 놀랍지 않다는 논평을 냈다. 그러면서 '공식 발표: 진실은 죽었다. 사실은 한물간 무기다'[10]라고 개탄했다.*

2010년대에는 대안적 사실alternative fact 같은 용어가 대중에게 널리 퍼졌고 일반인도 필터 버블filter bubble**, 확증 편향confirmation bias 같은 심리학 개념에 상당히 익숙해졌다. 애플Apple CEO 팀 쿡Tim Cook은 '가짜 뉴스가 사람들의 정신을 죽이고 있다'[11]라고 경고했다. '가짜 뉴스'라는 말은 정치 선전에 주로 쓰이는 용어였지만 이제는 사람들이 자

---

* '탈진실'은 여론을 형성할 때 객관적 사실보다 감정과 개인적 신념에 호소하는 것이 더 큰 영향력을 발휘하는 현상을 나타내는 단어다.—옮긴이
** 추천 알고리즘에 의한 맞춤형 정보에만 노출된 이용자가 정보를 편식하며 점점 자신만의 울타리에 갇히는 현상—옮긴이

기가 믿고 싶지 않은 정보를 가리킬 때 툭하면 갖다 붙이는 표현이 되었다. 끈 이론을 연구하는 물리학자 브라이언 그린Brian Greene은 이런 현실과 관련해《와이어드Wired》와 나눈 인터뷰에서 이렇게 말했다. "현재 미국 민주주의에서는 불과 몇 년 전만 해도 논쟁 거리가 안 되는 당연한 사실에 공격을 가하는 대단히 기이한 현상이 벌어지고 있다."[12]

소셜 미디어의 역할도 과거와 달라졌다. 맛있는 음식과 귀여운 아기 사진을 올리는 공간이었던 소셜 미디어는 이제 논쟁적인 이슈를 둘러싼 갑론을박이 벌어지는 공간이 되었으며, 쉽사리 답이 나오지 않는 까다로운 주제일수록 더 많은 이들이 달려들곤 한다. 특정 집단을 겨냥한 허위 정보를 무기로 삼는 새로운 의미의 냉전이 시작됐고, 얼마 후 페이스북 CEO 마크 저커버그Mark Zuckerberg는 미 의회 청문회에 출석해 러시아의 트롤 조직이 뉴스피드를 통해 낚시성 링크를 퍼뜨렸다고 말했다. 단순히 잘못된 정보를 퍼뜨리는 것만이 아니라 민주적 협력을 어렵게 만드는 비생산적 논쟁과 사회 분열을 조장하기 위해서였다.[13]

2010년대 후반《뉴욕타임스The New York Times》에 실린 '탈진실 정치의 시대'라는 제목의 칼럼은 '사실이 합의를 지탱하는 능력을 잃은'[14] 탓에 현재 민주주의 자체가 위태로워졌다고 주장했다.《뉴요커The New Yorker》는 '왜 객관적 사실이 사람들의 마음을 바꾸지 못하는가?'[15]라는 제목의 글을,《애틀랜틱The Atlantic》은 '이 글은 당신의 생각을 바꾸지 않을 것이다'[16]라는 글을 실었다. 얼마 후《타임Time》은 검은색과 붉은색으로 이루어진 불길한 느낌의 표지를 등장시켰다. 거기에는 커져가는 인식론적 혼란을 둘러싼 도덕적 공황을 한마디로 요약한 듯한 의문문이 쓰여 있었다. '진실은 죽었는가?'[17]

그리고 시간이 흐르면서 우리는 큐어넌QAnon*의 활동을, '도둑질을 멈춰라'** 집회를, 미 국회의사당 점거 사태를, 도널드 트럼프 대통령에 대한 탄핵 소추를 목격했다. 또 우리는 인간에게 치명적인 전자파가 나오므로 5G 기지국을 철거하라고 외치는 사람들, 코로나19가 사기라고 주장하며 도심을 행진하는 시위대, 코로나19 백신 접종 거부자들, 조지 플로이드George Floyd 사망 사건 이후 경찰 과잉 진압과 인종차별에 항의하는 대규모 시위가 곳곳에서 벌어지는 것도 목격했다. 이들 각각의 사안에서 사람들은 과거와 달라진 정보 생태계에서 자신과 반대편에 서 있는 이들의 마음을 바꾸려고 필사적으로 애썼다. 때로는 동영상이나 뉴스 기사를 활용해서, 때로는 위키피디아 페이지를 통해서 말이다.

그런데 나는 찰리 비치를 보고 나서 이 의문을 머릿속에서 떨칠 수 없었다. 우리가 탈진실의 시대에 살고 있다면, 객관적 사실로는 사람들의 생각을 바꿀 수 없다면, 찰리가 객관적 사실을 접하고 생각을 바꾼 것을 어떻게 설명할 것인가? 그 답을 찾고 싶어서 맨체스터까지 날아갔던 나는 찰리가 뉴욕에서 자신의 믿음에 회의를 갖게 되었듯, 그의 이야기를 들은 뒤 사람들의 생각을 바꿀 수 없다는 내 믿음을 의심했다.

---

* 도널드 트럼프를 지지하는 극우 음모론 추종자 집단—옮긴이
** 민주당이 불법으로 승리를 도둑질했다면서 대선 결과에 불복한 트럼프에게 동조한 이들의 구호—옮긴이

찰리를 처음 만났을 때는 몰랐지만 시간이 흐르며 이런 생각이 들었다. 객관적 사실 앞에서 그는 생각을 바꿨지만 나머지 음모론자들은 그렇지 않았던 이유를 알 수 있다면, 사람들이 어떤 사실에는 저항하고 어떤 사실은 받아들이는 이유도 알 수 있을 것 같았다. 찰리의 이야기는 뒤에서도 종종 언급할 것이다. 아울러 믿음과 태도, 가치관이 형성되는 과정을 이해하기 위해 사회운동가와 신경과학자, 심리학자를 만나볼 것이다. 또 선입견이나 통념과 상충하는 것을 배우고 경험하면서 믿음과 태도, 가치관이 변화하는 원리도 살펴볼 것이다.

전에 없이 평평해진 온라인 세상에서는 자신과 의견이 다른 타인을 어느 때보다 쉽게 접하고 그들과 논쟁을 벌일 수 있다. 또 우리는 생각을 바꾸지 않으려는 고집불통을 숱하게 목격하면서 위험한 냉소주의를 갖게 되었다. 그런 완고한 태도는 빌 게이츠가 백신을 이용해 사람들에게 마이크로칩을 이식하려 한다는 소문, 기후변화가 실재적 위협인가 하는 문제, 〈노트북The Notebook〉이 좋은 영화냐 아니냐 하는 문제 등 온갖 주제에서 찾아볼 수 있다.

누구나 자신의 견해를 뒷받침해주는 듯 보이는 정보에 쉽게 접근할 수 있는 이러한 새로운 정보 생태계 속에서, 우리는 각자 서로 다른 현실을 살아가고 있다고 믿게 되었다. 자신과 반대 의견을 지닌 이들을 찰리와 뉴욕에 동행한 음모론자들만큼이나 결코 변화시킬 수 없는 대상처럼 바라보게 되었다. 나 역시 그런 시각을 갖고 있었다. 그러나 이 책을 쓰면서 생각이 바뀌었다.

그 변화의 출발점은 로스앤젤레스에 가서 마음을 움직이는 전문가들을 만난 것이었다.

# 2장  딥 캔버싱

## 20분 만에 유권자의
## 마음을 바꾼 대화법

"그들은 20분 만에 자신의 견해를 바꿨어요."
짧은 대화로 타인의 마음을 움직이는
설득 기법, 딥 캔버싱.

이 기법의 비밀은 상대방이 '스스로'
마음을 바꾸게 하는 것에 있었다.

우리는 2층 벽돌집이 끝없이 줄지어 선 샌게이브리얼 주택가에 차를 세우고 내렸다. 잔디밭 곳곳이 누렇게 마르고 수영장 물이 빠르게 증발하는 뜨거운 여름이었다. 스티브 딜라인Steve Deline은 차 옆에 서서 준비물을 챙긴 뒤, 중간 집결지부터 합류한 UCLA 학생 두 명에게 자외선 차단제를 충분히 바르라고 일렀다. 두 학생은 한 팀이 되어 각 가정을 돌아다니면서, 한 사람은 시민들의 마음을 바꾸려 노력하고 다른 한 사람은 그 장면을 녹화할 예정이었다. 그날 나는 스티브와 한 팀이었다. 스티브가 대화를 시도하고 내가 카메라를 들었다.

### 《사이언스》에 게재된 설득 기법

미 연방 대법원에서 동성 결혼 합법화 결정을 내리고 몇 달이 흐른 뒤 내가 캘리포니아주에 간 이유는 스티브와 그의 조직이 해온 활동이 세계 곳곳에서 주요 언론과 학술 저널의 주목을 받으며 화제가 되고 있었기 때문이다. 일각에서는 그들의 접근법이 설득의 기술을 획기적으로 발전시켰다면서, 정치와 공공 담론을 완전히 변화시킬 가능성이 있다고 평가했다. 사람들의 마음이 어떻게 바뀌는가, 또 그것을 어떻게 바꿀 수 있는가 하는 주제를 파고들고 있던 나로서는 강렬한 호기심이 일었다. 나는 그들에게 이메일을 보냈고, 이후 전화로 내 관심사를 설명했으며, 그로부터 일주일도 안 되어 캘리포니아주에 가서 스티브가 몸담은 리더십 랩Leadership LAB의 교육에 참여했다.

토요일이 되면 랩 자원봉사자들은 집마다 방문하며 대화를 시도한다. 이 조직은 10년이 넘는 기간에 1만 5,000명 이상의 시민을 만나 대화를 나눴으며, 그 내용을 녹화해 자세히 분석하면서 대화법을 개선했다. 이처럼 오랜 시간에 걸쳐 개발하고 다듬은 랩의 방식은 매우 빠르게 믿을 만한 효과를 보여줬기 때문에, 많은 사회과학자가 직접 관찰하기 위해 이곳을 찾았다.

그것은 유권자의 집을 찾아다니는 선거운동인 일반적인 캔버싱을 한층 발전시킨 딥 캔버싱deep canvassing이라는 기법이다. 매번 성공하는 것은 아니지만 대부분 이 기법은 20분도 안 되는 시간에 사람들이 오래 지켜온 견해를 버리고 입장을 바꾸게 만들었다(특히 논쟁적인 사회 이슈와 관련해). 나 역시 사회과학자처럼 이 기법에 대해 알고 싶었고, 그래서 내 눈으로 직접 보려고 스티브를 따라나선 것이었다.[1]

랩LAB은 '배우고 행동하고 만들자Learn Act Build'의 약자이며, 세계 최대의 성 소수자 단체인 LA 성 소수자 센터Los Angeles LGBT Center의 정치 활동 부문이다. 1억 달러가 넘는 이 센터의 연간 운영 예산의 대부분은 의료 보건과 상담 서비스에 사용되고 아주 적은 금액이 랩에 할당된다. 랩 관계자들의 표현에 따르면 이 조직이 추구해온 미션은 '쉽

48

지 않은 게임'이었다. 그것은 여론을 변화시키기 위한 가장 효과적인 접근법을 개발해 성 소수자 이슈에 대한 시민의 생각을 바꾸는 것, 그럼으로써 세계 곳곳의 선거와 주민 투표에 영향을 미치는 것이었다. 그들의 목표는 성 소수자 이슈에 대한 편견과 반대가 여전히 심한 지역의 정책과 법률을 바꾸는 것이었다.

랩이 처음 활동을 시작했을 무렵 미국에서는 동성 결혼을 둘러싼 논쟁이 한창 뜨거웠다. 분열을 야기하는 뜨거운 이슈가 으레 그렇듯, 사람들은 온라인 공간에서 언쟁을 벌이고 상대방을 멍청이 취급했다. 이 사안에 대해서는 절대 접점을 찾을 수도, 갈등을 해결할 수도 없을 것이라는 분위기가 지배적이었다. 세대가 완전히 교체되지 않는 한 말이다. 주요 신문에는 매주 이 주제를 상세히 논하는 기사와 칼럼이 실렸고, 전문가들이 밤마다 케이블 뉴스 채널에 나와 동성 결혼은 타협점을 찾을 수 없는 이슈라는 말을 앵무새처럼 되풀이했다. 성 소수자를 지지하는 많은 이들은 반대 진영을 설득하기를 포기했다.

연방 대법원의 동성 결혼 합법화 결정이 나오기 일 년 전인 2014년, 정치학자들이 랩의 딥 캔버싱 기법을 연구해 그 효과를 분석한 결과가 《사이언스Science》에 게재되었다. 이 논문은 연구 방법상의 결함 때문에 나중에 철회되었고, 이후 더 훌륭한 학자들이 더 나은 방법으로 이 기법을 다시 연구했다. 이 이야기는 뒤에서 다시 소개할 것이다. 《뉴욕타임스》는 이 연구 내용을 처음 소개하면서 이렇게 썼다. '현재 미국인들은 좌우로 분열되어 각자의 신념만 고집하는 탓에 상대편을 설득하려는 시도는 헛수고일 뿐이다. 그런데 이달 《사이언스》에 실린 연구 결과는 그와 정반대 현상을 보여준다.[2] 기사가 나가고 며칠도 안 되어 랩의 책임자 데이브 플라이셔Dave Fleischer와 팀원들은 세계 여러 곳의 매체와 인터뷰를 했다. 그들의 새로운 접근법이 시사하는 가능성, 즉 미국 사회의 양극화를 타파하고 동성 결혼뿐 아니라 모든 정치적 이슈와 관련해 사람들의 마음을 움직일 수 있을 것이라는 기대감이 소셜 미디어를 통해 퍼져나갔다. 해당 논문의 다운로드 수는 11만 회가 넘어, 학술지에 발표된 것 중 인기도 최상위권에 속하는 논문이 되었다.

그 뜨거운 여름날 나는 새로운 주제를 설득하는 임무를 띠고 지역 곳곳에 파견된 랩의 24개 팀 중 하나에 참여했다. 그것은 랩이 계속 진행하는 실험의 일환이기도 했다. 그들은 주제를 막론하고 누구를 설득할 때든 딥 캔버싱이 유용하리라 추측했지만, 이 기법을 다른 민감한 이슈에도 활용할 가장 효과적인 방법을 찾는 중이었다. 그날 우리는 딥 캔버싱으로 낙태 합법화에 반대하는 사람들의 생각을 바꿀 수 있는지 알아보려 했다. 그리고 성공하든 실패하든 그 과정을 녹화해 추후 분석 자료로 쓸 계획이었다.

스티브와 나는 두세 집에서 퇴짜를 맞은 뒤 커다란 단층 주택에 도착했다. 스티브는 이번에도 초인종을 누르기 전에 무지개 깃발*이 그려진 모자를 벗어 옆구리에 끼웠다. 모자를 벗을 때마다 머리가 더 헝클어져 있었다. 그는 더운 날씨쯤이야 아무렇지도 않은 것 같았다. 등에 땀으로 그려진 짙은 색 원이 점점 더 커지는데도 말이다. 스티브는 손에 든 서류를 체크한 뒤 힘차게 문을 두드렸다. 새하얀 머리

---

* 성 소수자 문화를 상징하는 표식—옮긴이

를 윗부분은 평평하고 양쪽은 짧은 플랫 톱 스타일로 깎은 뚱뚱한 남자가 나왔다. 우리가 낙태에 대한 생각을 듣고 싶다고 말하자 그는 밖으로 나오며 현관문을 닫았다. 자기 생각을 적극적으로 밝히고 싶은 모양이었다. 남자는 자기 몸 하나 지킬 줄 모르는 청소년이라면 임신에 관련된 문제를 겪어도 싸다고 말했다. 스티브가 그에게 젊었을 때 철없이 여자들을 만나고 다녔느냐고 묻자, 그는 웃으면서 자기도 한창때는 그랬다고 했다.

스티브는 만약 그가 어린 나이에 누군가를 임신시켰다면 인생이 어떻게 달라졌을 것 같으냐고, 그리고 임신한 '그 여자'의 인생은 어떻게 되었을 것 같으냐고 물었다. 그러자 남자의 표정이 자못 진지해졌다. 남자는 그런 일은 절대 일어났을 리 없다고 했다. 어릴 때부터 부모님이 인체 해부도를 막대기로 짚어가면서 임신의 원리를 가르쳤다는 것이다. 나중에 함께 길가에 잠시 앉아서 쉴 때 스티브는 인체 해부도 얘기는 지어낸 것 같다고 말했지만, 남자와 대화하는 동안에는 아무 말 없이 그의 말을 경청했다. 보수 성향 뉴스 채널에 출연한 전문가들이 낙태에 대해 할 법한 말을 30분쯤 들은 뒤, 스티브는 남자에게 시간을 내줘 고맙다고 말하고 헤어졌다.

스티브는 서류의 체크 박스에 표시하면서, 방금 만난 남자 같은 사람들도 마음을 움직일 수 없는 것은 아니라고 말했다. 더 이야기를 나눴다면 같은 말을 반복하는 그의 대화 패턴에서 빠져나와 좀 더 깊은 대화를 나눌 수도 있었으리라고 했다. 하지만 그 남자보다는 앞으로 만나볼 사람들이 훨씬 더 설득하기 쉬울 것이라고 추측했다. 그날 아침 주택가로 출발하기 전 랩 관계자가 자원봉사자들을 교육할 때

한 말이 떠올랐다. 딥 캔버싱 과정이 때로는 허리케인이 오기 전에 대피하라고 사람들을 설득하는 것과 비슷하다는 말이었다. 절대 집을 버리고 떠날 수 없다고 완강하게 버티는 사람 한 명을 설득할 시간에 다른 사람 열 명을 설득하는 편이 낫다.

스티브는 좀 떨어진 곳에서 돌아다니고 있는 UCLA 학생들에게 연락해 진행 상황을 체크한 뒤 서류를 보며 다음으로 향할 곳을 확인했다. 원활하게 진행되는 날에는 4~5명과 길고 진지한 대화를 나눌 수 있다고 했다. 그날은 대화를 거부한 주민이 평소보다 많아서 조금 실망한 표정이었다.

다음으로 찾아간 집에서는 장신구를 만들던 여성이 우리를 맞았다. 그녀는 말하는 동안 작업 중인 장신구에서 눈을 떼지 않았다. 그녀는 낙태 합법화에 반대한다고 했다. 그러고는 느닷없이 언젠가 인구가 지나치게 늘어나면 가난한 사람들만 죽어나게 될까 봐 걱정이라고 했다. 스티브는 고맙다고 말하고 다음 집으로 향했다.

## 동성 결혼 찬반 투표, 50만 표심이 바뀐 이유

딥 캔버싱은 발명한 것이 아니라 발견한 것이다. 그 발견은 어떤 질문의 답을 꼭 알고 싶었던 남자의 열망이 낳은 결과였다.

60대인 데이브 플라이셔는 출근할 때 불룩한 이두박근이 확 드러나는 폴로셔츠를 즐겨 입는다. 시원하게 빡빡 민 머리에는 주름 한 줄 없다. 그는 오하이오주의 작은 도시 출신으로 하버드 로스쿨을 졸업했으며, 정치적 활동뿐 아니라 기타 연주를 배우는 일과 즉흥연기 팀 샤프론스The Chaperones의 일원으로 무대에 오르는 일에도 열정을 쏟는다. 사람들 앞에서 말할 때면 울리는 듯하면서 성량이 풍부한 목소리와 세심하게 조절한 억양으로 금세 청중을 집중시킨다. 그는 뭔가를 설명할 때 캐릭터와 플롯을 활용해 우화적으로 표현하길 좋아한다. 그렇게 스토리를 쌓아가다가 결정적인 멘트를 날리거나 뜻밖의 일깨움을 주곤 한다.

데이브 플라이셔는 랩의 책임자이지만 자기 방이 따로 없다. 빌리지 The Village 라 불리는 건물에 있는 팀원들의 공동 업무 공간에서 빈자리를 찾아 컴퓨터를 설치하고 일한다. 빌리지는 늘 사람이 붐비는 안뜰과 1990년대 느낌이 나는 건물 구조, 배관이 천장에 노출되게 설계한 인테리어가 인상적이다. LA 성 소수자 센터가 로스앤젤레스 곳곳에 운영하는 7개 시설 중 하나로, 이곳에서 일하는 사람들 말에 따르면 그중 가장 멋진 건물이라고 한다.

플라이셔는 서류가 잔뜩 쌓인 한쪽 공간에서 사회운동가들과 함께 녹화 영상을 보곤 한다. 세계 곳곳의 사람들이 그에게 뭔가 배우려고 날마다 이곳을 찾는다. 그는 특정한 어젠다를 정해놓지 않고 "제가 어떻게 하면 당신에게 최대한 도움이 될까요?"라고 물으며 대화를 시작할 때가 많다. 이야기를 주고받으면서 자연스럽게 통찰력이나 깨달음을 얻도록 유도하고, 항상 메모를 한다. 심지어 일상적인 잡담을 나눌 때도 손에 필기구가 들려 있다. 그는 랩의 활동가들이 유권자와 나눈 대화를 녹화한 영상의 상당수를 직접 검토한다. 그래서 대화 도중 사람들이 질문을 던지면 수년 전 영상이라도 그와 관련된 특정한 장면을 떠올리고는 회의실에서 함께 재생해보곤 한다.

나는 트랜스젠더에 대한 혐오감을 줄이기 위한 캔버싱을 앞두고 플라이셔를 만났다. 그는 노트북 앞에 앉아 반인종차별 단체인 '인종 정의를 위한 참여Showing Up for Racial Justice, SURJ'에서 찾아온 방문객에게 둘러싸인 채 간간이 고개를 끄덕이며 대화를 나누고 있었다. 그날 오전에는 '공동체 조직을 위한 태평양 연구소Pacific Institute for Community Organization, PICO' 사람들이 왔다 갔다고 했다. 그다음 날에는 휴스턴의 트랜스젠더 권리 운동가들이 찾아올 예정이었다. 몇 주 전에는 가족계획연맹Planned Parenthood 직원들이, 그 전에는 '낙태 사실을 당당하게 말해Shout Your Abortion' 캠페인 운동가들이 다녀갔다.

플라이셔는 자신이 편견이라면 편견이랄 수 있는 생각을 가졌다고 당당하게 말한다. 그는 성 소수자 권리 증진에 반대하는 사람들의 생각이 틀렸다고 믿기 때문에 그들의 생각을 변화시키고 싶어 한다. 사람들의 마음을 움직이는 전문가로 30년 넘게 살아온 그는 선거 캠페인 매니저, 공동체 조직 활동가, 성 소수자 후보 및 관련 조직의 고문으로 활동한 경력이 있다. 그동안 직접 참여했거나 긴밀한 협력자로 기여한 캠페인이 105개에 이른다. 그중 대부분은 반反 성 소수자 정책과 관련된 주민 발의안을 지연 또는 중단시키거나 폐기하는 것을 목표로 삼았다. 2007년 그는 성 소수자 멘토링 프로젝트LGBT Mentoring Project를 만들었고, 이는 나중에 그가 리더십 랩 책임자가 되면서 랩에 통합되었다.

내가 플라이셔를 처음 만났을 당시에는 랩이 발견한 대화 기법에 특별한 명칭이 없었다. 하지만 플라이셔는 그동안 수많은 인터뷰에서 이 기법의 핵심 특징을 설명해왔고, 그의 카리스마와 매력, 성 소수자 권리 운동가로서의 명성이 영향을 미친 탓에 일부 언론에서 랩의 캔버싱 방식을 '플라이셔 기법'이라고 불렀다. 플라이셔는 그렇게 불리는 것이 몹시 못마땅했다고 한다.

"오해는 하지 마세요. 전 자기애가 없는 인간은 아니에요." 그는 빌리지 근처 식당에 나와 마주 앉아서 말했다. 그의 큰 웃음소리 때문에 주변 사람들이 고개를 돌려 우리 쪽을 쳐다봤다. "우리의 대화 기법은 하루아침에 뚝딱 만들어진 게 아닙니다. 내가 그 아이디어를 떠올리고 욕조에서 뛰쳐나오면서 '유레카!'를 외친 적도 없고요. 우리 방법은 그런 것과 거리가 멉니다."

플라이셔는 캘리포니아의 성 소수자 권리 운동가들이 경험한 참담한 패배를 계기로 딥 캔버싱 기법을 개발하게 되었다고 설명했다. 그들이 엄청나게 노력했음에도 2008년 캘리포니아주 헌법 개정안 제안 8호Proposition 8가 주민 투표에서 통과된 일이었다.[3] 제안 8호는 동성 결혼 금지 법안이었다. 투표에 참여한 주민의 52퍼센트가 동성 결혼 금지에 찬성했다.[4]

플라이셔는 이렇게 말했다. "성 소수자 커뮤니티에서는 승리를 예상했습니다. 모든 여론조사 결과가 우리 쪽이 이길 것이라고 말해주었거든요. 캘리포니아는 성 소수자 권리와 관련해 매우 진보적인 주이기도 하고요. 제안 8호가 통과된 것은 정말 충격이었습니다. 아니, 충격이라는 말로는 부족했죠. 사람들은 분노했고 굴욕까지 느꼈어요. 모두가 혼란스러워했습니다."

주민 투표 이후 랩과 캘리포니아의 운동가 네트워크는 "사람들이 '왜' 동성 결혼 금지에 찬성했을까?"라는 질문의 답을 찾아야 한다고 판단했다. 그리고 플라이셔는 이런 새로운 아이디어를 떠올렸다. "그들에게 직접 물어보면 어떨까?"

당시 플라이셔는 500페이지에 이르는 상세한 사후 검토서인 '제안 8호 보고서'를 작성하기 시작했다. 그가 분석해보니 투표를 약 6주 남겨둔 시점에는 주민들의 찬반 의견 비율이 거의 비슷했다. 그런데 그 6주 사이에 제안 8호 찬성자가 빠르게 증가해, 투표 당일에는 어떤 결과가 나올지 거의 확실해졌다. 한 달 남짓 사이에 50만 명 이상의 유권자가 법안 '반대'에서 '찬성'으로 마음을 바꿨는데, 아무도 그 이유를 알 수 없었다.

당시 많은 이들이 출구 조사 결과를 근거로 동성 결혼에 강하게 반대해온 아프리카계 미국인 유권자들 때문이라고 생각했다. 하지만 플라이셔는 그 설명이 타당하지 않다고 보았다. 그의 분석에 따르면 아프리카계 미국인의 의견에는 그동안 큰 변동이 없었기 때문이다. 그들이 아니라 다른 이들이 마음을 바꾼 것이었다. 플라이셔는 어떤 이들이 어떤 이유로 마음을 바꿨는지 알고 싶었다.[5]

그래서 각각 75명 안팎으로 이뤄진 그룹을 여러 개 조직해 로스앤젤레스 전역을 돌아다니게 했다. 그들은 가가호호 다니면서 동성 결혼 금지에 찬성한 주민들에게 왜 그런 결정을 했는지 물어보았다.

사람들은 대화에 적극적으로 응했다. 플라이셔의 팀은 로스앤젤레스 카운티 중 법안 찬성표가 반대표보다 두 배 이상 나온 지역 주민들이 기꺼이 질문에 답변하는 것을 넘어 투표 결과와 성 소수자 이슈 전반에 대해 매우 적극적으로 말하고 싶어 한다는 사실을 발견했다. 그들은 하고 싶은 얘기가 많은 듯했고, 어떤 이들은 미안해하기도 했다. 그리고 자신이 찬성표를 던진 이유를 설명했다.

랩 팀원들은 곧 그들의 답변에서 특정 패턴을 발견했다. 사람들이 동성 결혼에 반대하는 이유는 크게 세 가지로 전통적 가치, 종교, 아이들 교육이었다. 그런데 두세 달 뒤에는 이 패턴이 사라졌다. 시간이 흐를수록 아이들 교육을 언급하는 답변이 점차 사라지고 전통적 가치와 종교만 주요한 이유로 남았다.

랩 팀원들은 이해가 가지 않았다. 사람들은 '아이들 교육에 해로워서'라고 답할 때 그것을 매우 중요한 이유로 꼽았는데, 이제는 그 부분을 걱정하지 않는다고 대답하니 말이다. 하지만 플라이셔는 그 이유를 알 것 같았다. 자녀 교육에 대한 사람들의 걱정이 사라진 것은 주민 투표가 끝남과 동시에 동성애 반대 광고가 사라졌기 때문일 가능성이 컸다. 그런 광고의 대부분은 학교에서 동성 결혼을 가르치는 문제에 초점을 맞췄다. 특히 효과가 큰 광고가 있다. 30초 길이의 이 광고에서는 어린 여자아이가 자신은 공주와 결혼할 수 있고 남자아이도 왕자와 결혼할 수 있다고 학교에서 배웠다면서 밝은 표정으로 엄마에게 말한다. 그리고 동성 결혼이 합법화되면 부모들은 동성 결혼이 옳다고 가르치는 학교교육에 이의를 제기할 권리가 없다는 멘트가 흘러나온다.[6]

플라이셔는 동성 결혼을 지지하다가 나중에 마음을 바꾼 캘리포니아 주민 68만 7,000명 가운데 50만 명이 18세 이하 자녀를 둔 부모라는 사실에 주목했다. 그들이 마음을 바꾼 이유는 분명한 듯했다. 이 같은 광고가 나가기 전에, 그들은 여론조사에서 동성 결혼을 지지한다고 답하면서 자신이 동성애 반대자가 아니라고 믿었다. 실제로 여론조사 결과에 따르면 그들 대다수는 평소 민주당과 진보 진영에 투표하는 이들이었다. 하지만 그들의 마음속에는 자신도 의식하지 못하는 편견이 잠재해 있었고 '정신 차려라, 저들이 당신의 자녀를 세뇌하려 한다'라는 메시지를 담은 적절한 공포 전술이 그 편견을 부추긴 것이었다.

플라이셔는 이것을 좋은 신호로 생각했다. 그 유권자들은 충분히 설득할 수 있다는 의미로 해석 가능했기 때문이다. 그들의 내면에서는 가치관이 충돌하고 있었다. 즉 자녀를 보호해야 한다는 생각과 타인의 권리를 보호해야 한다는 생각이 부딪쳤다. 그들은 동성 결혼에 대해 긍정적 태도와 부정적 태도를 동시에 지니고 있었다. 그처럼 반대 감정이 공존한다는 것은 자신의 결정을 재고할 가능성이 있다는 의미였다.[7]

랩 팀원들은 다시 유권자들의 집을 방문했다. 이번에는 대화 도중 제안 8호 주민 투표 캠페인 때 제작한 공격성 광고를 보여주었다. 동성 결혼 반대자가 찬성자를 비판하고 공격하는 내용의 광고였다. 그리고 유권자들에게 그런 광고 때문에 동성 결혼 금지 법안에 찬성하게 되었느냐고 물었다. 이것은 정치 영역에서 누구도 해보지 않은 시도였다. 대부분 캔버싱 진행자들은 반대 진영의 입장을 가급적 언급하지 않으며, 반대 진영에서 만든 영상을 이런 식으로 유권자에게 직접 보여주는 경우는 더더욱 없기 때문이다. 영상을 본 사람들은 강렬한 반응을 보였다. 대화가 너무 길고 복잡해져서 손으로 기록하는 데 한계가 있었으므로, 플라이셔는 팀원들에게 대화 장면을 녹화하게 했다.

그렇게 녹화한 영상은 더없이 중요한 역할을 했다. 그들은 영상을 토대로 유권자 반응 관련 데이터베이스를 만들고, 유권자를 분류하며, 그들의 주장에서 특정 패턴을 발견하고, 그들의 오류를 포착했다. 무엇보다 중요한 것은 동성 결혼에 반대하던 유권자의 강경한 태도가 때때로 누그러지는 순간을 알아챌 수 있다는 점이었다. 랩 관계자들과 자원봉사자들은 그런 대화 장면을 집중적으로 분석했다. 경기 녹화 영상을 보면서 자신들의 모든 플레이를 세세하게 분석하는 미식축구 팀처럼 말이다.

이 모든 것은 고무적이었지만 처음 몇 년간은 확실한 성과를 거두지 못했다. 유권자를 설득하는 데 성공하는 사례는 일관성 있게 반복되지 않았다. 스티브는 그 원인이 자신들이 흔한 착각을 하고 있었기 때문이라고 했다. 그것은 처음 설득하려 할 때 대다수 사람이 갖고 있는 생각이다. 그 전술은 대부분 실패하기 때문에 사람들은 이런 이슈에서 타인의 생각을 바꾸는 것이 불가능하다고 믿게 된다. 랩 관계자들은 다른 이들의 생각을 바꾸려 하기 전에 자신들의 생각을 바꿀 필요가 있었다.

### 딱 20분, 단 한 번의 대화면 된다

그날 오전 내가 스티브를 만나기 전에 랩 자원봉사자들을 교육하는 시간이 있었다. 그들은 샌마리노 회중교회의 친교실 앞에 마련된 테이블에서 베테랑 자원봉사자와 직원에게 클립보드와 딥 캔버싱 대본, 이름표를 받은 뒤, 간단하게 준비된 음식으로 아침 식사를 했다. 서로 웃으며 인사를 나누고 이름표에 이름을 적은 후 접이식 의자에 둥글게 모여 앉아 커피와 베이글, 과일을 먹었다. 잠시 후 교육

프레젠테이션이 시작될 예정이었다.

랩의 효과적인 새 접근법에 대한 소문이 널리 퍼져 있었다. 비행기를 타고 이곳까지 온 이들도 있었고 UCLA에서 카풀로 여럿이 함께 온 이들도 있었다. 이곳을 다섯 번째 혹은 열다섯 번째 방문한 사람도 있었다. 전 세계 곳곳의 사람들이 정기적으로 이곳을 찾아와 랩의 설득 전문가들과 시간을 보내고 딥 캔버싱에 대해 배웠다. 여기서 배운 것을 자기 지역의 정치 캠페인이나 사회운동에 활용하려는 이들이었다.

사람들이 식사를 절반쯤 끝냈을 때 랩의 멘토링 코디네이터인 로라 가디너Laura Gardiner가 나타나 자기소개를 했다. 나는 이후 랩을 몇 번 더 방문해서 로라가 딥 캔버싱을 진행할 때 함께 따라다녔다. 그녀는 책상 앞에 앉아 있을 때든 말없이 서 있을 때든 느긋한 법이 없었다. 직접 캔버싱을 하거나 가르치는 일에 몹시 열정적이었고, 넘치는 업무량에도 지칠 줄 몰랐다. 랩에서 그녀가 맡은 역할에 최적인 인재였다.

로라는 새로운 사람들이 오면 본격적으로 교육하기 전에 몇 분간 편한 대화를 나눈다고 했다. 이런 일에 경험이 얼마나 있는지 파악하는 한편 그들의 불안감을 낮추기 위해서다. 랩의 자체 조사에 따르면 이곳에 찾아와 교육받는 자원봉사자 중 절반가량은 이런 활동에 참여해본 경험이 전혀 없다. 로라는 딥 캔버싱이 배우기 대단히 어려운 기술이라고 말했다. 대중 강연이나 일반적인 캔버싱을 해본 경험이 있어도 마찬가지다. 딥 캔버싱을 제대로 익히려면 몇 주간 주말을 투자해야 한다. 따라서 랩에서는 자원봉사자들이 처음 한 번의 경험에 그치지 말고 다시 이곳을 찾아와 시도해보면서 계속 발전하기를 바란다.

랩은 교육을 수없이 실시한 뒤, 민감한 주제에 대해 낯선 이와 대화를 나누는 구체적인 방법을 가르치기 전에 충분한 시간을 들여 사람들의 열정을 북돋아주고 불안을 잠재우는 것이 중요함을 깨달았다. 그래서 항상 '무조건적인 환대'를 강조한다. 마치 오랜만에 만난 가족을 대하듯 사심 없는 순수한 관심을 보이면서 그들을 최대한 다정하게 대하는 것이다. 자원봉사자들이 도착한 순간부터 떠나는 순간까지, 랩 직원과 베테랑 자원봉사자들은 '당신 덕분에 오늘 하루가 더 알차고 행복했다'는 듯이 그들을 대한다. 교육을 원활하게 진행하려면 환대가 대단히 중요하기 때문에, 로라는 직원과 베테랑 자원봉사자들에게 너무 지쳐서 사람들을 밝게 대하기 힘들 것 같으면 잠시 쉬라고 권유한다.

로라는 몇몇 활동가와 유쾌한 농담을 주고받은 뒤, 딥 캔버싱의 다양한 측면을 담은 영상 몇 개를 사람들에게 보여주었다. 딥 캔버싱 중 녹화한 실제 대화 장면이었다. 그들은 짧은 시간에 마음을 바꾸는 유권자의 모습을 보면서 깜짝 놀랐다. 또 영상들은 베테랑이라도 딥 캔버싱으로 타인을 설득하는 데 항상 성공하는 것은 아니라는 사실도 알려주었다. 랩은 이런 교육을 통해 성공적인 딥 캔버싱이 어떤 것인지 가르치고, 초보자에서 숙련된 캔버서로 발전하는 과정도 보여주고자 했다.

우리가 본 영상 중에는 어색하고 답답한 대화도 몇 있었다. 하지만 대부분은 대화 끝 무렵에 유권자의 입장이 완전히 바뀌었다. 성 소수자들이 역사적으로 사회 발전에 기여한 사례를 학교에서 가르치는 데 반대하던 사람들이 대화 후반부에는 찬성하고 싶다고 말했다. 어떤 이들은 자신이 지금껏 잘못된 생각을 하고 있었다고 인정했다. 동성 결혼 반대자들이 동성 결혼을 존중하고 싶다고 말했고, 낙태에 반대하던 이들이 자신의 생각을 재고해보겠다고 했다.

영상 속 사람들은 처음엔 현관 앞에서 조심스럽게 대화에 응하거나, 자동차에 기대어 서거나, 빼꼼히 열린 문 사이로 얼굴 절반만 보여주었다. 하지만 일단 대화에 참여하면 자신의 의견을 분명히 설명하고 자기변호를 했다. 캔버싱 진행자는 그들에게 지금 대화 중인 이이슈를 어디서 처음 접했느냐고 물었다. 대다수는 자신이 통념을 받아들였다는 사실을 쉽게 인정했다. 그들은 교회 설교에서, 어릴 때본 토크쇼에서, 도로 옆 대형 광고판의 문구에서 그런 통념을 접했다. 또 캔버싱 진행자는 해당 이슈 때문에 영향을 받는 사람이 주변에 있느냐고 물었다. 대부분 '그렇다'는 대답이 돌아왔다. 그러고 나면 한층 더 열린 태도로 대화에 참여하면서, 자신이 대화 초반에 표명했던 입장과 상충하는 경험을 들려주었다. 대화가 끝날 무렵 그들의 견해는 처음과 꽤 달라져 있었다.

한 영상에서는 캔버싱 진행자가 한 여성에게, 트랜스젠더 여성이 여자 화장실을 이용하게 하는 법에 대해 어떻게 생각하느냐고 물었다. 0~10으로 대답해달라고 하자(0은 완전히 반대, 10은 완전히 찬성) 여성은 6이라고 대답했다. 그녀는 아이들의 안전이 걱정된다면서, 한때 남자였던 사람이 소녀들을 쳐다보는 시선을 상상하면 기분이 좋지 않다고 했다. 캔버싱 진행자가 혹시 주변에 트랜스젠더가 있느냐고 묻자 그녀는 사실 조카가 성전환 수술을 하기 전까지는 자신이 그를 돌봤다고 했다. 서로 연락을 안 한 지 오래되어서 신경이 쓰인다고도 했다.

그녀는 "헤어스타일도 그렇고 립스틱도 그렇고 보기가 힘들더라고요. 내가 그 애를 키울 때는, 그러니까 아기 때는 남자였는데"라고 말했다. 그리고 방금 자기가 한 말을 곱씹는 듯 안절부절못했다. 그녀는 조카가 자신이 트랜스젠더라는 사실을 그녀가 불편해한다는 사실을 알 것이라고 했다. 아마도 그래서 관계가 소원해지고 연락이 끊긴 것 같다고 했다.

캔버싱 진행자가 질문하고, 대답을 듣고, 그녀가 말한 내용을 다른 표현으로 바꿔서 다시 이야기하는 동안 그녀는 자기 생각을 정리했다. 도중에 그녀는 "왠지 죄책감이 들려고 하네요"라고 말했다. 얼마 후 캔버싱 진행자가 흑인인 그녀에게 편견 때문에 부당한 대우를 받은 경험이 있는지 물었다. 또 남들보다 못한 존재라는 기분을 느끼거나 배척당하는 기분을 느껴본 적이 있느냐고 물었다. 그녀는 그런 적이 많다고 했다. 대화가 끝날 즈음 그녀는 트랜스젠더의 화장실 사용에 대한 차별 금지 법안에 전적으로 찬성하는 입장으로 바뀌어 있었다. 그녀는 자신의 생각이 틀렸다면서 이제 10이라고 대답했다. 그녀는 "그게 옳으니까요. 우리는 자신의 모습대로 살아야 해요. 누구나 자신이 원하는 모습으로 살 권리가 있어요"라고 말했다.

또 다른 영상에서는 캔버싱 진행자가 어느 차고에서 유권자를 만났다. 랩에서는 그를 '머스탱 맨'이라고 불렀다. 70대인 머스탱 맨은 반바지에 와이셔츠 차림이었다. 그는 한 손으로 지포 라이터를 만지

작거리며 담배를 피우면서 동성 결혼에 대해 대화를 나눴다. 해당 영상을 녹화할 당시 캘리포니아에서 동성 결혼은 불법이었다.

머스탱 맨은 이렇게 말했다. "저는 동성애에 반대하진 않습니다." 다만 동성애자들이 더 많은 권리를 요구하면서 요란하게 설치지는 말았으면 좋겠다고 했다. 이 사회에는 그것 말고도 해결할 문제가 산더미라면서 말이다. 캔버싱 진행자는 그에게 결혼을 했느냐고 물었다. 머스탱 맨은 43년간 결혼 생활을 했고 아내가 11년 전 세상을 떠났다고 답했다. 아내를 잃은 슬픔을 결코 완전히 극복할 수 없을 거라고도 했다. 그는 "내가 먼저 갔어야 했는데"라며 말끝을 흐렸다.

머스탱 맨은 캔버싱 진행자에게 아내가 몰던 빈티지 머스탱을 덮어둔 커버를 벗기는 걸 도와달라고 했다. 그는 "차 상태가 여전히 최고"라며 뿌듯해했다. 그의 아내는 담배도 피우지 않고 술도 마시지 않았다. "제가 차 안에서 담배를 피우는 것도 질색했지요." 어느 날 아내의 잇몸에 검은 반점이 생겼다. 암세포는 목구멍 안쪽으로 퍼졌고 나중에는 말을 할 수 없게 되었다. 아내는 투병하면서 종이에 글을 써 그와 의사소통했다. 머스탱 맨은 인생을 살면서 한 가지는 확실히 깨달았다고 했다. 돈은 별 의미가 없다는 사실이었다. 사랑하는 이와 함께 행복하게 사는 삶이 성공한 삶이다. 모든 물질적 부와 소유물은 그저 잠시 빌려 쓰는 것이다. 사랑하는 이와의 행복한 삶은 빌리는 것이 아니라 온전히 내 것이다.

캔버싱 진행자는 11년이란 긴 시간을 혼자 보내기가 힘들었겠다고 말했다.

"생각할 시간이 미치도록 남아돕니다. 어떤 날은 둘이 함께 들던 노래가 들려와서 눈물을 주르륵 흘렸죠. 어떤 날은 같이 보면서 웃곤 했던 뭔가가 불쑥 눈앞에 나타나요. 좋은 추억도 많고 슬픈 추억도 많습니다. 아내를 잊을 수가 없어요. 하지만 그게 오히려 절 위해 좋은지도 몰라요. 잊고 싶지 않으니까요."

그는 곧 말을 이었다. "저기 사는 동성애자들도 행복했으면 좋겠습니다." 그는 담배를 든 손으로 길 건너편 집을 가리키면서 그곳에 레즈비언 커플이 산다고 했다. 그들 집 앞에 공간이 마땅치 않아서 자신의 차고에 그들의 차를 세워놓게 허락한다고도 했다. "아주 좋은 사람들이에요. 남한테 절대 폐 끼치는 일 없이 조용히 살아요. 다른 여자들한테 치근덕대는 일도 없고요. 저 커플은 행복하게 살고 있어요. 우리 부부가 그랬던 것처럼요."

대화를 더 나눈 뒤 캔버싱 진행자는 만일 동성 결혼 의제가 주민투표에 부쳐진다면 어떻게 할 거냐고 물었다. 그는 "이번에는 동성 결혼에 찬성할 겁니다"라고 대답했다.

나는 나중에 랩을 다시 방문했을 때 이런 성공 사례가 담긴 녹화 영상을 더 보았다. 영상 속 많은 이들이 '반대'에서 '찬성'으로 입장을 바꿨다. 그들은 대화를 시작할 때와 끝날 때 각각 다른 견해를 표했다. 마치 다른 사람을 보는 듯했다.

때로 그들은 대화를 나누면서 자신의 생각이 바뀌었다는 사실조차 인식하지 못하는 것 같았다. 너무나 자연스럽게 새로운 태도로 넘어가서 자기 생각이 바뀌었다는 사실을 느끼지 못한 것이었다. 마지막에 캔버싱 진행자가 해당 이슈에 대한 지지도를 0~10으로 매겨 달라고 다시 요청하자, 그들은 '지금까지 내가 한 이야기를 제대로 안 들었냐는 듯한 표정으로 답답함을 표현했다.

내가 본 영상 중 가장 긴 것은 42분짜리였지만 대부분은 20분 남짓이었다. 내가 정치적 주제를 놓고 가족과 벌이는 기나긴 입씨름과 비교할 때, 영상 속 대화처럼 짧은 시간에 사람의 마음이 바뀐다는 것이 놀랍기만 했다. 나는 페이스북에서 한 가지 주제로 사람들과 며칠씩 논쟁을 벌이는데, 영상 속 사람들은 케이크 굽는 데 걸리는 시간의 절반밖에 안 되는 시간에 확고했던 견해가 180도 바뀌었다. 비유하자면, 사람들의 견해는 시간이 흐를수록 배 밑에 점점 더 두껍게 쌓여 긁어내기 힘들어지는 따개비 같았다. 그런데 어느 날 클립보드를 든 낯선 사람이 나타나 질문을 던지고 이야기를 경청하는 것만으로 따개비를 전부 깨끗하게 제거한 것이다.

영상을 보는 내내 이런 생각이 들었다. 나 역시 한 번의 대화로 어떤 주제에 대한 입장을 바꿀 수 있지 않을까? 하지만 생각해보면 누군가 대화하고 난 뒤 나의 견해에 대한 확신이 더 강해진 경우도 숱하게 많았다. 뉴욕에서 전문가들과 이야기를 나눈 후에도 생각이 바뀌지 않은 9·11 음모론 신봉자들이 떠올랐다. 나는 마음을 변화시키는 대화와 그렇지 않은 대화는 대체 무엇이 다른지 더욱 궁금해졌다.

그날 교육에서 영상 시청이 끝난 후 로라는 스티브에게 바통을 넘겼다. 그리고 나는 스티브의 이야기를 들으면서 내 의문을 풀 첫 번째 단서를 얻었다. 스티브는 객관적 사실은 힘을 발휘하지 못한다는 점을 제일 먼저 설명했다. 늘 온화하고 침착한 스티브는 평소와 달리 얼굴에서 미소를 싹 지우고 목소리를 높여 이렇게 강조했다.

"뛰어난 논거나 확실한 정보로는 사람들의 마음을 바꿀 수 없습니다. 그들의 마음을 바꾸는 방법은 하나뿐입니다. 그들 '스스로' 마음을 바꾸는 것입니다. 다시 말해 스스로 자신의 생각을 되돌아보고, 전에는 전혀 고려해보지 않던 측면을 생각하는 과정이 필요합니다. 그래야 다른 관점을 받아들이게 됩니다."

스티브는 이젤 옆에 섰다. 거기에는 로라가 3단 케이크를 그려놓은 종이가 걸려 있었다. 원뿔처럼 아래로 갈수록 넓어지는 케이크였다. 그는 케이크 상단에 초가 꽂힌 가장 작은 부분을 가리켰다. 거기에는 '라포르rapport'라고 적혀 있었다. 그보다 좀 더 큰 아래층에는 '나의 이야기', 가장 큰 맨 아래층에는 '상대방의 이야기'라고 적혀 있었다. 그는 대화할 때 이 그림을 늘 기억하라고 당부했다. 자기 자신에 대한 이야기는 최대한 적게 해야 한다고, 즉 친근함을 심어주고 뭔가를 강요할 의도는 전혀 없다고 전달할 만큼만 해야 한다고 했다. 상대방 이야기에 진심 어린 관심을 보여야 그들이 방어적 태도를 내려놓는다. 그는 케이크 2층을 가리키면서 '가끔 여러분 자신의 경험담이나 인생 이야기를 들려주라'고 했지만, 상대의 이야기가 주를 이뤄야 한다고 강조했다. 그러면서 그들이 자신의 생각에 대해 생각해보게 이끌어야 한다는 것이다.

케이크 외의 비유도 많이 활용되었다. 예를 들어 스티브는 딥 캔버싱에서 던지는 질문을 커다란 링에 달린 열쇠로 생각하라고 했다. 계속 질문하고 경청하다 보면 그 열쇠 중 하나가 해당 주제와 관련한 개인적 경험으로 가는 문을 열어주게 마련이다. 일단 그런 개인적 경험에 대한 이야기를 이끌어내면 대화의 방향을 바꿀 수 있다. 즉 자신이 내린 결론과 그것을 뒷받침하는 정보로만 이뤄진 대화나 관념적 주장만 늘어놓는 대화가 아니라, 그 사람이 직접 겪은 경험에서 나온 구체적이고 생생한 사실로 채운 대화를 이어갈 수 있다. 스티브는 한 번의 대화로 누군가의 생각을 바꿀 수 있는 이유가 바로 거기에 있다고 말했다.

### 이유 없는 믿음은 없다

스티브는 2009년에 녹화한 대화를 내게 보여줬다. 그들의 접근법을 대폭 수정하는 계기가 된 대화였다. 그는 영상에서 데이브 플라이셔가 중요한 뭔가를 놓치는 모습을 보게 될 것이라고 했다.

플라이셔가 만난 사람은 몸이 몹시 마른 에드라는 남자였다. 그는 자기 집 앞에서 후진으로 차를 빼고 있었다. 잠시 간단한 인사말과 대화를 나눈 후 플라이셔가 에드에게 동성 결혼 금지에 찬성표를 던졌느냐고 물었다. 에드는 그렇다고 답했고 플라이셔가 이유를 묻자 "그게 옳다고 믿으니까요"라고 답했다. 그리고 잠깐 생각에 잠겼다가 "전 해군에 있었어요. 그 시절엔 많은 게 지금이랑 달랐죠"라고 덧붙였다. "촌 동네"인 로체스터에서 자랐기 때문에, 뉴욕에서 해군에 입대하기 위해 정신감정을 받을 때 동성애자들에 대해 처음 알게 되었다고 했다. "뉴욕의 브루클린 해군 조선소에서 인생 공부 참 많이 했죠"

플라이셔는 에드의 젊은 시절 이야기가 끝나길 기다렸다가 현재의 주민 투표와 동성 결혼으로 화제를 돌렸다. 그는 미국 헌법에 명시된 권리, 배우자를 위한 의료 결정의 문제, 동성 커플에 대한 법적 보호를 보장하는 제도인 '시민 결합civil union' 등과 관련된 사실을 열심히 설명했다. 둘의 의견이 충돌하자, 플라이셔는 에드의 의견에 반박하기 위해 최대한 많은 정보와 사실을 제시했다. 플라이셔의 설명을 다 들은 뒤 에드는 무뚝뚝하게 말했다. "만일 다시 투표한다 해도 동성 결혼에 반대할 겁니다."

스티브는 거기서 영상 재생을 중지했다. 하지만 나는 플라이셔가 뭘 놓쳤다는 건지 이해가 가지 않았다. 플라이셔는 완고한 노인 앞에서 중요한 점들을 짚어가며 조리 있게 생각을 밝히고 있었기 때문이다.

스티브는 플라이셔가 에드에게 객관적 증거와 사실을 받아들이길 요청하고 있다고 설명했다. 자신의 사고 프로세스와 동일한 방식으로 에드가 결론에 이르기를 바라면서 말이다. 그리고 에드가 같은 사실을 다른 관점으로 해석하면서 반박하면 플라이셔는 다시 자신의 해석으로 응수했다. "지식과 논리가 넘치는 대화예요" 스티브는 부정적인 어조로 말했다.

나는 고개를 끄덕였다. 하지만 객관적 사실과 논리가 왜 나쁜 건지 이해가 잘 안 갔다.

스티브는 유권자들과 수천 건의 대화를 진행하고 발견한 사실을 이렇게 설명했다. 증거에 대한 서로 다른 해석을 두고 입씨름을 벌이다 보면, 그들이 특정 이슈에 강한 감정을 느끼는 '이유'를 스스로 깊이 생각해볼 수가 없다. 캔버싱 진행자가 제시하는 사실에 맞서 논리적으로 싸우기만 할 뿐, 그런 사실이 왜 자신에게 강렬한 감정을 유발하는지는 들여다볼 수 없는 것이다. 랩에서는 오랫동안 사실과 정보를 앞세워 설득하려 했지만 그런 접근법은 시간 낭비임이 드러났다.

스티브는 이렇게 말했다. "이 일을 하면서 일상생활에서든 투표할 때든 사람들은 이런 이슈에 대해 감정적이고 본능적인 내면 프로세스에 따라 입장을 정한다는 걸 알게 되었습니다. 사람들에게는 당연히 지적이고 논리적인 사고 프로세스가 있습니다. 그건 그들이 세상을 경험하고 결정을 내리는 방법의 한 부분이죠. 하지만 완전히 다른 감정적 사고 프로세스, 즉 감정과 경험을 토대로 하는 프로세스도 존재합니다."

스티브는 과거에는 랩에서 특정한 사실이나 자료가 설득력이 있는 이유와 마음을 바꿔야 하는 이유를 사람들에게 차근차근 설명했다고 했다. 하지만 지금은 그런 방식이 절대 통하지 않는다고 생각한다. 캔버싱 진행자의 사고를 그대로 복사해 타인의 머릿속에 붙일 수는 없다. 캔버싱 진행자에게 중요한 사실이 다른 사람에게는 전혀 중요하지 않을 가능성이 크다.

스티브는 영상으로 돌아가 에드가 신병 훈련소에서 정신감정을 받았다고 말한 부분을 다시 재생했다. 에드는 그땐 동성애자가 뭔지도 몰랐지만 "뉴욕의 브루클린 해군 조선소에서 인생 공부 참 많이 했다"라고 말했다.

스티브는 일시 정지를 누르고 내 얼굴을 보았다. 나는 에드의 말이 의미하는 바를 이해하지 못한 표정으로 그를 바라보았다. 그는 이 영상을 녹화할 당시엔 자기들도 알아채지 못했다고 말했다. 그들은 에드의 말이 동성 결혼 이슈와 직접적인 관계가 없다고 생각했고, 그래서 대화를 분석할 때도 그 부분은 전혀 신경 쓰지 않았다. 하지만 지금은 교육할 때 이 25분짜리 영상을 보여주면서 플라이셔가 놓친 부분을 알려준다. 랩의 베테랑 캔버싱 진행자라면 즉시 알아챌 만한 점이라고 했다.

"동성애자 권리 옹호자인 저로서는 얘기하기 힘드네요. 에드가 말한 시절을 떠올리면 입에서 욕이 절로 튀어나옵니다. 플라이셔가 놓친 지점은 이거예요. 브루클린 해군 조선소에서 무슨 일이 있었을까?" 스티브는 마치 화면 속 에드에게 자기 목소리가 전달되기라도 하는 듯 말했다. "거기서 당신은 뭘 겪었죠? 동성애자에 대해 뭘 알게 되었죠?" 그리고 다시 내게 말했다. "신병 훈련소의 심리검사에서 에드는 동성애가 정신장애라는 사실을 알게 된 겁니다. 군에서는 그런 검사로 동성애자를 추려냈죠. 에드에게는 그렇게 해서 동성애에 대한 관점이 처음 생겨난 겁니다!"

만일 에드가 그 기억을 밖으로 꺼내 자세히 이야기하고 스스로 생각해보게 유도했다면, 대화의 포커스는 그가 그 견해를 갖게된 마음속 동기로 옮겨 갔을 것이다. 캔버싱 진행자는 에드가 자신의 경험을 풀어놓고 그 경험이 자신의 견해를 형성하는 데 미친 영향을 깨닫도록 유도할 수 있었을 것이다. 사람들은 자신이 왜 현재의 견해를 갖게 되었는지 생각해보면 그런 견해가 아무 이유 없이 생겨난 것이 아님을 깨닫곤 한다. 그리고 자신이 그 주제를 마지막으로 접한 이후 지금까지 그와 관련해 새로운 뭔가를 알게 되었거나 경험했는지 생각해볼 수 있다. 그러면 견해를 업데이트하거나 수정할 필요가 있음을 깨닫기도 한다. 스티브는 딥 캔버싱이 그런 정서적 영역에 접근해 "마음의 짐을 덜어내게 돕는 과정"이라고 설명했다. 그래야 생각의 변화가 일어난다는 것이었다.

스티브는 "'우리'의 경험이 아니라 '에드'의 경험에 초점을 맞춰야 합니다. 그가 자신의 경험을 속속들이 들춰보며 대화 중인 주제와 관련 있는 경험을 찾도록 유도해야 합니다. 그런 다음 이렇게 묻는 거죠. '그런 경험 때문에 당신은 어떤 결론을 내렸습니까?'"라고 말했다.

랩에서는 이와 같은 설득 프로세스가 매우 효과적임을 깨달았다. 딥 캔버싱을 시도하던 초반에 캔버싱 진행자가 거의 말을 하지 않았는데도 유권자가 동성 결혼에 대한 생각을 스스로 바꾸는 사례가 세 번이나 있었기 때문이다. 이들 사례에서는 캔버싱 진행자가 동성애자임을 밝히면서 투표 결과가 자신의 삶에 어떤 영향을 미칠지 간단히 이야기했고, 이후 유권자가 자신이 경험하거나 목격한 것을 이야기하고 기존 입장을 재고하면서 스스로 생각을 바꿨다.

"성 소수자 커뮤니티에서는 커밍아웃을 하고 세상에 우리 이야기를 들려주는 것을 매우 중요하게 여깁니다. 스톤월 항쟁* 이후 그런 인식이 자리 잡았죠. 당당히 우리 목소리를 내서 실제로 의미 깊은 결과를 거두기도 했고요." 플라이셔의 말이다. "딥 캔버싱을 할 때도 우리 이야기를 하는 것이 중요하다고 느꼈습니다. 그런데 그 세 번의 사례를 보며 생각했죠. '우리 이야기를 두 번째로 중요한 것으로 여긴다면 어떨까?'" 그는 머리보다 높은 공중에 손을 올리며 말했다. "유권자의 이야기는 이만큼 중요합니다. 100층쯤 되죠." 그러고는 손을 탁자보다 조금 높은 위치로 내리며 그게 동성애자들의 이야기라고 했다. "여긴 3층쯤 됩니다." 그런 뒤 손을 한참 아래쪽으로 내리고 웃으면서 말했다. "논리적인 토론은 저 밑에 있는 지하실입니다."

나는 계속 메모하면서 이야기를 들었다. 이런 방식이 효과를 발휘하는 '이유'를 더 탐구해보고 싶었다. 그들은 분명 효과적인 규칙과 접근법을 발견했다. 그런데 이 새로운 설득 연금술은 어떤 심리적 메커니즘을 작동시키는 것일까? 랩에서는 꽤 강도 높은 교육을 실시했지만, 스티브도 로라도 처음 만나는 유권자의 머릿속에서 일어나는 일에 대해서는 설명한 적이 없었다. 교육이 끝난 후 나는 스티브와 로라에게 이 점에 대해 물어보았지만, 그들도 정확히는 설명하지 못하겠다고 답했다. 하지만 딥 캔버싱이 효과를 발휘하는 것을 내 눈으로 직접 관찰한 후, 연구를 위해 그곳에 와 있는 과학자들을 만나보면 어떻겠느냐고 제안했다.

## 50년 전 기억을 소환하는 이유

셔츠가 땀으로 흥건해지도록 돌아다녔지만 종일 이렇다 할 성과가 없었다. 그러다 목록에 있는 마지막 집에서 스티브는 마침내 성과를 올렸다.

일흔두 살인 마사는 낙태에 강하게 반대한다고 말했다. 그러고는 뭔가 중요한 일을 하는 중이라면서 정중하게 우리를 돌려보내려고 했다. 반려견이 낯선 사람에게 유독 사납기 때문에 집에 들어오면 안 된다고도 했다. 스티브가 나중에 말해준 바에 따르면 그건 사람들이

---

*   1969년 뉴욕의 게이 바 스톤월 인Stonewall Inn을 경찰이 단속하는 과정에서 격렬한 충돌이 일어났고 이를 계기로 성 소수자 차별에 항의하는 스톤월 항쟁이 전국으로 확산했다. 동성애자 인권 운동의 분기점이 된 사건이다.—옮긴이

흔히 대는 핑계였다. 스티브는 집 안에 들어갈 생각은 없고 그저 잠깐 몇 가지 물어보고 그녀의 의견을 듣고 싶다고 했다. 마사는 대화에 동의했다. 스티브는 낙태 권리에 대한 그녀의 입장을 0~10으로 표현한다면 어디쯤이냐고 물었다. 0은 어떤 식으로든 낙태를 합법화해서는 안 된다는 입장, 10은 완전한 합법화를 지지한다는 입장이었다. 마사는 곧장 5라고 대답했다.

스티브는 고개를 끄덕이며 클립보드에 뭔가 표시했다. 그러고는 5라고 대답한 이유가 무엇이냐고 물었다. 마사는 누구에게나 자신의 신체에 대한 권리는 있지만 "임신하고 낙태하길 반복하는" 여자들에겐 동의할 수 없다고 말했다.

스티브의 설명에 따르면, 그들은 수없이 대화를 나눠본 결과 사람들이 자기 견해를 고수하기 위해 내놓는 이유와 정당화, 설명은 끝없이 이어진다는 사실을 알게 되었다. 마치 히드라의 머리처럼 계속 생겨난다고 했다. 그들이 말하는 이유 하나를 단념시키면 다른 두 가지 이유가 나온다는 것이다. 딥 캔버싱 진행자들은 이길 수 없는 싸움을 시작하지 않는다. 그래서 상대방이 말하는 이유에 토를 달거나 반박하지 않고 일단 고개를 끄덕이며 정성껏 들어준다. 그렇게 대화를 이어가면서 상대방에게 캔버싱 진행자가 자신의 말을 경청하고 존중하고 있다는 느낌을 주어야 한다. 상대방의 견해를 놓고 입씨름을 벌이는 것을 피하고, 대신 그 견해 뒤에 있는 동기를 발견하려고 노력한다. 이를 위해서는 해당 주제에 대한 감정적 반응을 이끌어내야 한다.

스티브는 영상을 보여줄 테니 그에 대한 의견을 이야기해달라면서 휴대전화를 꺼내 영상을 재생했다. 영상 속 여성은 피임을 했음에도 스물두 살 때 임신했다고 카메라를 향해 말했다. 그녀는 낙태를 결심했고, 상대 남자는 남은 평생을 함께 보내고 싶은 사람이 아니라고 했다. 하고 싶은 공부를 더 하고 나중에 아이를 갖고 싶다고도 했다.

마사의 표정에 불편한 기색이 비쳤다. 캔버싱 진행자는 이처럼 부정적 감정을 자극한 뒤 사람들에게 마음이 바뀌었느냐고 물으면서 숫자를 다시 매겨달라고 요청한다. 그들은 새로운 감정을 느끼고 나면 종종 숫자를 두세 단계 수정한다. 하지만 마사는 여전히 확실하게 5라고 대답했다. 만일 그녀가 숫자를 수정했다면 스티브는 이유를 물었을 것이다. 그러나 수정하지 않았으므로 대신 영상을 보고 어떤 생각이 들었느냐고 물었다. 마사는 해당 여성이 잠자리를 하기 전에 상대 남자와 아이에 대한 이야기를 충분히 나눴어야 하고, 확실한 피임법을 사용했어야 했다고 말했다.

랩의 교육 내용에 따르면, 유권자의 감정 변화가 엿보이는 바로 이 지점이 캔버싱 진행자가 가장 섬세함을 발휘해야 할 순간이다. 설령 숫자를 수정하지 않았더라도 사람들은 자신의 감정을 생각해보면서 속으로 '왜 이런 기분이 들까?'라는 질문을 던지기 때문이다. 의문이 드는 내면 감정 때문에 불편해지면 그 감정을 해결하고 싶은 욕구가 강해지기 마련이다. 그래서 자기 견해가 옳은 새로운 이유를 제시하지만, 설득력이 더 떨어지곤 한다. 이 같은 과정은 더 적극적인 대화를 이끌어낸다. 캔버싱 진행자는 반박하거나 입씨름을 하는 대신 상대방의 말을 정성껏 들어주고 그가 혼란스러운 감정과 생각을 해결할 수 있게 돕는다. 여러 방식으로 질문을 던지고 그의 말을 제대로 이해하고 있음을 확인하기 위해 그의 대답을 되풀이한다. 사람들은 상대가 자신의 말을 충분히 경청한다고 느끼면 의견을 더 길게 설명하고, 그러다 보면 종종 자신의 의견에 의문을 갖는다.

스티브는 "이건 마치 수수께끼를 함께 풀어가는 과정 같아요"라고 말했다. 사람들은 자기 입장을 해명하다 보면 자신이 어떤 감정을 느끼는 이유를 설명할 새로운 관점을 얻는다. 이는 적극적으로 대화에 참여하고 있다는 신호다. 그들은 자기방어와 변호로 일관하는 대신 해당 사안을 곰곰이 생각해보며, 그처럼 깊이 생각하기 시작하면 자기 견해에 대한 반론을 스스로 만들어내곤 한다. 그러면 상반된 감정이 공존하는 상태가 된다. 그런 반론이 어느 정도 쌓이면 태도를 바꿀 확률이 커진다.

스티브는 다음 단계로 넘어갔다. 랩의 교육에 따르면 이쯤에서 스티브는 마사가 살아오면서 목격하거나 겪은 일 중 현재 그녀가 밝힌 견해를 뒷받침하지 못하는 경험을 떠올리도록 유도할 수 있다. 그러면 마사는 스티브가 굳이 지적하지 않아도 그 모순을 알아챌 가능성이 있다. 그것은 내면에서 일어나는 일이므로, 그녀는 스티브가 자신에게 반박한다는 느낌을 받지 않는다. 대신 스스로 자신의 생각에 의문을 품게 된다. 그리고 이 시점에 스티브가 마사의 입장과 반대 견해를 지지하는 의사를 표현하면, 그녀는 스티브가 원하는 방향으로 태도를 바꿀 수도 있다. 하지만 교육에서도 강조했듯 이는 대단히 섬세한 대화술이 필요한 지점이다. 그녀가 다른 방식으로, 즉 기존 입장을 더 강력하게 정당화함으로써 자신의 내적 모순을 해결할 수도 있기 때문이다.

스티브는 마사에게 낙태에 대해 누군가와 터놓고 얘기해본 적이 있느냐고 물었다. 그녀는 피임을 하라고 당부하면서 딸들과 얘기해봤다고 답했다. 스티브는 마사의 가족이나 친척 중 원치 않는 임신을 한 사람이 있었느냐고 물었다. 그녀가 있었다고 답하자 스티브는 낙태를 처음 접한 게 언제냐고 물었다. 그녀는 20대 때였다고 답했다.

"구체적으로 말씀해주실 수 있나요?"

"친구가 돌팔이 의사한테 낙태 수술을 받았어요."

그것은 바로 스티브가 찾던 것이었다. 강한 감정을 유발할 수밖에 없는 실제 경험 말이다. 스티브는 몇 가지를 더 물으면서 마사에게서 50년 전 친구에 대한 기억을 천천히 끌어냈다. 마사의 친구는 몹시 위급한 상태로 그녀의 집을 찾아왔다. 친구는 엉터리 의사에게 불법 수술을 받은 뒤 하혈하고 있었다. 마사는 당시 상황을 자세히 설명하고는 "그 친구에게는 달리 선택지가 없었어요"라고 진지하게 말했다.

마사의 친구는 가족에게 도움을 청하지 않았다. 부모님이 연을 끊겠다고 할 게 뻔했기 때문이다. 마사는 "50년 전이었잖아요. 낙태가 흔하지 않았다고요"라고 했다. 친구는 마사가 다른 이들보다 훨씬 열린 사람이라고 생각했기 때문에 도움을 청하러 찾아온 것이었다. 스티브는 마사가 원하는 만큼 충분히 말할 수 있도록 배려하면서 이야기를 들었다. 그러고는 몇 가지 질문을 던지며 마사의 친구에게 달리 선택지가 없었다는 점, 마사가 남들보다 열린 사고방식의 소유자였다는 점도 재차 언급했다.

스티브는 마사에게 물었다. "친구의 행동 때문에 그녀를 비난하고 싶었나요? 친구가 무책임했다고 생각하나요?" 마사는 자신은 그저 친구가 죽지 않기만을 기도했다고 말했다.

그런 후 마사는 요즘은 온갖 피임법이 있으므로 사람들이 더 책임감 있게 행동해야 한다고 말했다. 스티브는 그녀의 말에 동의했다. 하지만 원래 인간이란 순간적 감정에 휩싸여 실수를 하기도 하지 않느냐고 덧붙였다. 이는 랩에서 '먼저 취약점 보여주기'라고 부르는 기법이다. 내가 마음을 열고 솔직해지면 상대방도 마음을 열게 되어 있다. 스티브는 게이인 자신도 젊었을 때 이런저런 위험을 잘 알면서도 별로 조심하지 않았다고 솔직히 말했다. 그는 마사에게 이런 문제와 관련해 신중하지 못하게 행동한 적이 있느냐고 물었다.

"난 72년을 살았어요. 게다가 수녀도 아니라우."

우리는 함께 웃음을 터뜨렸다. 잠시 후 마사가 미안하다면서 더 오래는 서 있기 힘들다고 말했다. 당시 랩은 낙태를 주제로 한 딥 캔버싱의 대본을 아직 완성하지 못한 상태였기 때문에, 그날 우리가 가진 자료에는 이후 대화의 진행 방식에 대한 지침이 없었다.

만일 대화 주제가 트랜스젠더의 화장실 사용에 대한 법안이었다면, 스티브는 해당 대본에 따라 유권자가 처음에 표현한 우려를 다시 언급하면서 지금도 여전히 그렇게 느끼느냐고 물었을 것이다. 그는 마사와의 대화 역시 그런 식으로 끌고 갈 수도 있었지만, 그녀가 피곤한 기색이 역력했기 때문에 다음과 같은 말로 대화를 마무리했다. 그는 모든 여성이 자신을 위한 선택을 할 수 있어야 하며, 그런 선택이 비난받아서는 안 된다고 생각한다고 했다. 이는 랩에서 교육할 때 중요하게 강조하는 지점이다. 그들은 이것을 '가치관에 대한 공감대 형성하기'라고 부른다. 대화를 끝낼 때 캔버싱 진행자는 자신의 입장을 명확히 밝히되, 대화 주제의 핵심과 맞닿은 중요한 가치에 자신과 유권자 둘 다 공감할 가능성이 있음을 보여줘야 한다. 그러면 상대방은 캔버싱 진행자가 싸울 생각이 전혀 없음을 느끼게 된다. 캔버싱 진행자의 입장은 하나의 관점으로, 어쩌면 고려해볼 가치가 있는 관점으로 여겨진다.

스티브는 마사에게 지금은 0~10 중에서 어떤 숫자를 택하겠느냐고 물었다.

"여성들이 낙태할 수 있게 해야 할 것 같아요. 자신이 그걸 선택한다면 말이에요. 숫자를 7로 수정할게요."

스티브는 마사와 헤어지고 길가로 나와 클립보드에 기록하면서, 마사가 나중에 투표에서 낙태 권리에 '찬성표'를 던질 것으로 확신한다고 말했다. 그녀는 이 문제에 대해 천천히 생각해볼 것이다. 그날 대화에서 10이라는 대답을 얻지는 못했지만 그녀는 적어도 자신의 모순된 생각과 감정을 깨달았다. 앞으로는 평소에 간과했던 것들을 알아챌 것이다. 그녀는 중립적 입장에서 약간 지지하는 쪽으로 움직였고, 그것은 분명 변화였다. 시간이 흐르면 그 변화는 더 강력해질지도 모른다.

스티브는 UCLA 학생들에게 다시 문자를 보냈다. 그들은 물과 그늘과 에어컨 바람이 절실할 게 분명했다. 학생들에게서 유권자 세 명과 긴 대화를 끝냈다고 답장이 왔다. 스티브는 이쪽은 겨우 한 명만 완료했지만 다행히 성과가 있었다고 답했다. 우리는 누군가 세워둔 자동차가 드리운 그늘에서 잔디에 등을 대고 누웠다. 새 소리와 개 짖는 소리, 잔디 깎는 기계 소리가 뒤섞여 들렸다. 머리가 띵하고 심한 갈증이 몰려왔다. 나는 그날 샌게이브리얼의 거리에서 스티브가 한 말의 의미를 알 것 같았다.

"이래서 정치인들이 이걸 안 하는 겁니다. 이런 고생을 누가 하겠어요? 그냥 선거 홍보물을 유권자 손에 쥐여주거나 현관 앞에 뿌리는 게 훨씬 더 쉽죠."

### 딥 캔버싱에 대한 과학적 검증

랩이 객관적 사실을 토대로 한 설득 방식을 버리고 상대의 말을 들어주는 접근법을 택하자 모든 것이 착착 돌아가는 듯했다. 플라이셔의 팀원들은 유권자와 대화를 나누는 횟수가 늘어날수록 그들의 마음을 더 효과적으로 움직였고, 성공 사례를 녹화한 영상 데이터베이스를 활용해 발전에 속도를 냈다. 랩에서는 캔버싱 진행자가 열린 태도로 접근하며 유권자의 이야기를 끌어내는 방법을 담은 가이드라인을 만들었다. 또 집중 교육 프로그램을 추가해 이 기법을 널리 알리고 새로운 자원봉사자를 신속하게 모았다.

"시간이 흘러 어느 시점이 되자 우리가 세상에 영향을 미치고 있다는 확신이 들었습니다." 플라이셔의 말이다.

그 무렵 플라이셔는 학자들의 도움을 받아 랩 기법의 효과를 검증하기로 했다. 이 결정을 내린 후 랩의 기법에 매우 큰 관심이 쏟아졌고, 이는 그동안 플라이셔가 일궈놓은 모든 성과를 무너뜨릴 뻔했다.

학자들이 랩의 기법에 대한 연구를 시작하기 전에는, 정치적 논란을 일으키고 여론이 극명하게 갈리는 민감한 이슈에 대한 유권자의 견해를 캠페인으로 바꿀 수 있다고 보는 연구 결과가 거의 없었다. 유권자의 집을 직접 방문하는 캔버싱으로 그런 변화가 가능하다고 여기는 전문가는 더더욱 없었다.

정치학 분야의 학술 문헌은 이에 대해 대단히 비관적이다. 정치학자 도널드 그린Donald Green과 앨런 거버Alan Gerber는 공저 『투표합시다!Get Out the Vote!』에서 100편 이상의 논문을 검토한 결과를 소개했다. 우편물, 캔버싱, 전화, 텔레비전 광고를 이용해 유권자의 견해에 영향을 미치려는 시도를 분석한 논문이었다. 그린과 거버는 그런 시도가 유권자에게 영향을 미칠 가능성이 사실상 제로에 가깝다고 했다. 아주 드물게 특정 커뮤니케이션 기법이 견해를 변화시킨 사례가 있었지만, 이 경우에도 사람들은 소셜 네트워크의 영향력 때문에 며칠 만에 원래 견해로 다시 돌아가곤 했다.[8]

플라이셔는 컬럼비아대학교의 도널드 그린 교수를 찾아가 그동안 랩이 공들여 개발한 기법에 대해 들려주었다. 그린은 유권자와의 대화 영상 몇 개를 보고 깜짝 놀랐다.

"어느 날 데이브가 찾아와 자신이 발견한 것을 설명했습니다. 동성 결혼에 반대하는 사람들의 내면에서 무엇이 작동하는지, 어떻게 하면 입장을 변화시킬 수 있는지 알아냈다고 하더군요. 저는 그런 생각에 회의적이었기에 내가, 또는 그 누구라도 그의 말을 믿으려면 먼저 그 기법을 엄격하게 검증해야 한다고 말했습니다."

그린은 여러 가능성을 미리 염두에 두라는 취지로 플라이셔에게 이렇게 말한 것이었다. 자신이 다른 기법들을 측정 및 분석한 방법으로 딥 캔버싱을 연구해보면, 딥 캔버싱의 효과가 미미하고 지속성이 없음이 밝혀질지도 모른다고, 또는 효과가 전혀 없다는 결론이 나올지도 모른다고 말이다. 다시 말해 플라이셔가 그동안 기울인 노력이 무의미해질지도 모른다는 뜻이었다.

플라이셔는 "괜찮습니다. 연구를 진행해주세요"라고 대답했다.

연구 과정에서 도널드 그린은 자신이 지도하는 대학원생 마이클 라쿠르Michael LaCour에게 랩의 성공률 조사, 설문 조사 결과 및 데이터 분석 등의 작업을 맡겼다. 2014년 말 두 사람은 공동 저자로 논문을 발표했다.

연구 결과는 어땠을까? '대면 대화가 사람들의 생각을 바꾸다When Contact Changes Minds'라는 제목으로 《사이언스》에 발표된 이 연구는 랩의 기법이 믿기지 않을 만큼 효과적이라고 밝혔다. 이 논문은 랩의 기법이 동성 결혼 반대자들의 의견을 변화시키는 힘을 발휘했으며, 종종 현관 앞에서 나눈 한 번의 대화로 유권자의 입장이 바뀐다는 사실을 데이터가 보여준다고 결론 내렸다.[9]

나도 이 논문 때문에 랩의 기법을 처음 알게 되었다. 이 논문은 당시 큰 관심을 모으며 사람들에게 회자되었는데, 이유는 두 가지였다. 첫째, 사회과학 분야에서, 특히 정치적 행동에 대한 연구에서는 이처럼 실제 현실 데이터를 직접 수집해 분석하는 방식이 흔치 않았기 때문이다. 특정한 편견을 연구할 때 대다수 사회과학자는 관찰 연구에 의존할 수밖에 없었다. 즉 개인의 관계를 관찰하고, 확고한 태도 및 그런 태도를 지닌 이들의 집단행동에 주목하고, 네트워크 모델링을 수행하는 등의 방법을 택한다. 또는 실험 연구에 의존할 수도 있다. 예컨대 한 회사의 직원들로 하여금 일 년 동안 매일 다양성 교육을 받게 한 후 해당 교육이 직원의 태도에 미친 영향을 조사하는 것이 실험 연구에 해당한다. 둘째, 해당 논문이 발표된 시점에 동성 결혼이 대단히 뜨거운 이슈였기 때문이다. 이 이슈에서 사람들의 생각을 바꾸는 것이 가능하다면 그 어떤 주제에서도 가능하다는 의미로 해석할 수 있었다.[10]

그린과 라쿠르의 논문이 화제가 된 후, 다른 두 정치학자 데이비드 브룩먼David Broockman과 조시 칼라Josh Kalla가 플라이셔의 팀이 플로리다주에서 활동을 준비한다는 사실을 알고 후속 연구를 하기로 했다. 플로리다주에서는 트랜스젠더의 화장실 사용 차별을 막기 위한 새로운 법안의 통과가 불투명했고, 트랜스젠더 이슈가 동성 결혼만큼 주목이나 지지를 받지 못하고 있었다. 랩은 그 지역에서 여론의 반전을 꾀하기 위해 마이애미의 운동가들에게 딥 캔버싱을 가르칠 계획이었고, 브룩먼과 칼라는 이것이 그린과 라쿠르의 유명한 연구에 대한 후속 연구를 실시하기에 좋은 기회라고 판단했다. 그들은 그린과 라쿠르가 사용한 것과 동일한 연구 설계 및 방법을 새로운 이슈에 적용할 계획이었다. 그런데 설문 조사를 준비하는 과정에서 이상한 점을 발견했다.

브룩먼과 칼라는 사람들의 마음을 바꾸는 기법에 대한 연구라는 사실을 숨기기 위해, 설문 조사 대상자들에게 약간의 금전적 보상을 제공하며 해당 연구와 무관한 장기적 설문 조사라고 안내하면서 참여를 부탁했다. 이는 라쿠르가 했던 것과 동일한 방법이었다. 그런데 불과 약 2퍼센트만 설문 조사에 응했다. 라쿠르의 연구에서 12퍼센트 이상이 응한 것과 대조적이었다. 사회과학에서 이는 굉장히 이례적인 차이다. 그래서 브룩먼과 칼라는 착오가 있는지 확인하려고 해당 설문 조사 회사에 문의했다. 설문 조사 회사에서는 혼란스럽다는 반응을 보였다. 자신들은 라쿠르의 연구와 관련한 설문 조사를 진행한 적이 없다는 것이었다. 더욱 이상한 점은 또 있었다. 라쿠르가 설문 조사 회사 담당자였다고 밝힌 직원은 실제로 존재하지 않는 인물이었다. 게다가 브룩먼과 칼라는 더 조사해본 결과 라쿠르가 제시한 설문 조사 데이터와 똑같은 데이터를 다른 연구에서 발견했다. 이유는 알 수 없지만 라쿠르가 자신이 갖고 있던 오래된 설문 조사 데이터를 복사해 갖다 붙인 것 같았다. 브룩먼과 칼라는 이처럼 자신들이 알아낸 것들을 공개했고, 도널드 그린은 라쿠르에게 설명을 요구했다. 라쿠르는 부정행위를 부인했지만, 그린은 《사이언스》에 논문 철회를 요청했다.[11]

그린과 라쿠르의 논문에 또다시 언론의 이목이 집중되었다. 이번에는 다들 '그 기법이 그렇게 놀라운 효과를 내다니, 어쩐지 처음부터 미심쩍었다'는 식의 반응이었다. 동성 결혼, 트랜스젠더 권리 같은 이슈나 정치적 문제에서 사람들의 견해를 바꿀 수 있다고 상상하는 것은 순진한 희망 사항일 뿐이라고들 했다. 프린스턴대학교는 라쿠르에게 했던 교수직 제안을 취소했고, 이후 라쿠르는 정치학계에서 모습을 감췄다. 그린은 앤드루 카네기 펠로십을 취소당했다.

그린의 논문이 철회되었다는 소식이 들려온 그날 오전에 나는 랩에서 적어 온 메모를 정리하는 중이었다. 나는 플라이셔와 스티브에게 연락했는데, 그들은 생각지도 못한 사태에 당황한 기색이 역력했다. 통화를 끝내고 나는 그린에게 전화를 걸었다. 그린은 침통함과 당황스러움을 표현했다. 연구를 진행한 대학원생을 제대로 감독하지 못한 점, 데이터를 철저히 확인하지 못한 점을 후회했다. 그는 상심과 충격이 가장 큰 이들은 자신들의 삶과 활동을 있는 그대로 보여주면서 그린과 라쿠르를 믿고 연구 진행에 동의한 랩 관계자들일 것이라고 했다.[12]

　나 역시 순진한 희망 사항에 혹했던 것은 아닐까 불안했다. 하지만 브룩먼과 칼라는 내게 섣부른 판단을 보류하라고 했다. 다른 학자들이라면 몸을 사리느라 조작으로 밝혀진 논문의 연구 주제를 한사코 피했을 것이다. 그러나 브룩먼과 칼라는 연구를 계속하기로 했다. 그들이 보기에 그린과 라쿠르의 연구는 불완전했지만 그저 하나의 연구일 뿐이었다. 랩의 기법이 효과가 있는지 여부는 정확히 밝혀진 게 아니었다. 문제는 그 기법을 분석한 방식이었지 기법 자체가 아니었다. 여전히 누군가 딥 캔버싱의 효과를 과학적으로 검증해 결론을 내릴 필요가 있었고, 두 사람은 라쿠르가 이루지 못한 성취를 이뤄내기로 했다. 그들은 마이애미로 가서 랩 관계자들을 만났고 중단했던 연구를 재개했다. 나는 경과를 지켜보기로 했다.

　브룩먼과 칼라는 마이애미의 딥 캔버싱에 직접 참여하면서 랩이 트랜스젠더 화장실 사용 권리에 반대하는 유권자들에게 미치는 영향을 측정했다. 물론 데이터를 꼼꼼하고 정확하게 기록하는 데 각별히 신경 썼다. 그들은 연구 방식을 임상 시험처럼 설계했다. 최초 설문 조사 및 몇 개월에 걸친 후속 설문 조사에 참여하는 것에 대해 다수의 유권자에게 동의를 얻은 후, 그들을 두 집단으로 나눴다. 유권자의 절반은 이를테면 신약 투여군으로, 이들과는 랩의 교육을 받은 사회운동가가 랩의 대본과 자료를 활용해 대화를 나눴다. 나머지 절반은 위약 투여군으로, 이들은 사회운동가와 폐기물 재활용에 관한 대화를 나눴다. 브룩먼과 칼라는 유권자의 태도 변화를 기록하고 이후 수개월 동안 후속 설문 조사를 통해 그들의 태도를 추적 관찰했다. 바뀐 입장이 유지되는지 아닌지 알아보려는 것이었다.

어떤 결과가 나왔을까? 한마디로 랩의 기법은 효과가 있었다. 연구 과정을 모두 완료한 뒤 브룩먼과 칼라가 마이애미에서 측정한 전체적인 변화율은 '1998년에서 2012년까지 동성애에 대한 미국인의 의견 변화율'보다 더 컸다. 트랜스젠더 권리에 반대하는 유권자 10명 중 1명이 한 번의 대화로 생각을 바꿨으며, 이처럼 태도를 바꾼 사람들은 대상에 대한 호감도를 0~100의 숫자로 매기는 '감정 온도계feelings thermometer' 조사에서 대답이 평균 10포인트 상승했다. 이는 지난 14년간의 여론 변화율을 뛰어넘는 결과였다.

정치가나 정치학자가 아니라면 10명 중 1명이라는 수치가 대수롭지 않게 느껴지겠지만 이것은 사실 엄청난 비율이다. 그리고 이 연구가 진행되기 전에는 대화 한 번으로 그런 변화를 이끌어낸다는 것은 상상할 수도 없는 일이었다. 칼라는 그보다 훨씬 낮은 비율의 유권자가 마음을 바꿔도 법안을 바꾸거나 경합 주에서 승리하거나 선거 판세를 뒤집는 것이 충분히 가능하다고 말했다. 게다가 불과 1퍼센트의 유권자가 변화하는 것만으로도 연쇄적으로 다른 이들의 태도 변화를 일으키고, 결국 한 세대도 안 되는 기간에 여론이 반전될 수도 있다. 마이애미에서는 딥 캔버싱 경험이 적은 운동가들이 유권자와

한 번의 대화를 나눴고 대화 시간도 약 10분이었다. 만일 노련한 베테랑들이 캔버싱을 진행하면서 여러 주에 걸쳐 반복적으로 대화를 나눴다면, 그리고 더 길고 깊은 대화를 했다면, 그 영향력이 훨씬 더 컸을 것이라는 점을 연구 결과가 말해주고 있었다.

프린스턴대학교의 심리학자 벳시 레비 팔럭Betsy Levy Paluck은 브룩먼과 칼라의 연구가 매우 중요한 의미를 지닌다고 평가했다. 그녀는 사회과학자들이 향후 10년간 딥 캔버싱을 상세히 분석한다면 정치학과 심리학에서 설득과 태도 변화를 바라보는 관점이 완전히 바뀔 가능성이 있다고 말했다.

그녀는 《사이언스》에 이렇게 썼다. '사회과학자들은 세상의 편견을 줄이는 방법에 대해 얼마나 알까? 거의 모른다.' 그리고 편견 감소를 주제로 한 연구 중 통제된 환경 바깥에서 실제 현실 세계 사람들의 태도를 측정하는 경우는 11퍼센트도 안 되며, 성인이나 장기적 영향에 초점을 맞춘 연구는 그보다 훨씬 더 적다고 지적했다. 그녀는 사회과학자들이 효과 없는 접근법에 오랜 시간을 소비했으므로 이제는 딥 캔버싱이 힘을 발휘하는 이유를 반드시 이해해야 한다고 말했다. 사회과학계에서는 유권자를 직접 방문해 대화를 나누며 편견을 감소시키려 노력하는 운동가들이 설득에 대한 관점 및 기법을 진일보시켰다고 평가하는 분위기였다. 그것은 실험실 연구만으로는 수 세대가 걸렸을 발전이었다.[13]

칼라는 가장 고무적인 사실은 이 기법의 효과가 지속성이 있는 것처럼 보인다는 점이라고 했다. 그들은 후속 설문 조사를 계속 진행하는데, 지금까지는 마음을 바꾼 유권자가 과거의 입장으로 돌아간 경우가 없다. 이는 정치학 분야의 연구에서 거의 전례가 없는 현상이다.

브룩먼과 칼라의 논문은 2016년 《사이언스》에 게재되었다.[14] 이후 각종 매체에서 이 논문을 주요하게 다루었다. 《애틀랜틱》은 '짧은 대화가 실제로 편견을 감소시킨다'[15]라는 제목의 글을, 《뉴욕타임스》는 '유권자의 마음을 바꾸는 방법은? 그들과 대화하라'[16]라는 제목의 글을 실었다. 이번에는 충분히 신뢰성 있는 방법과 타당한 데이터가 뒷받침하는 연구였다. 그린과 라쿠르가 논문을 발표했을 때와 그 논문이 철회됐을 때, 그리고 마침내 세 번째로 언론의 뜨거운 관심을 받은 후에야 플라이셔와 팀원들은 자신들의 방법이 인정받았다는 뿌듯함을 느꼈다고 했다. 그동안 공들여 만든 기법이 과학적으로 검증됐고, 기자들과 학자들이 그들의 자료와 프로세스를 직접 보기 위해 다시 로스앤젤레스로 찾아왔다. 거기에는 나도 포함되었다. 나는 논문이 발표된 후 랩을 다시 찾아가 브룩먼, 칼라와 함께 교육에 참여했다. 그리고 두 사람은 트랜스젠더 이슈를 주제로 한 딥 캔버싱에 따라나섰다. 이 역시 그들이 계속 진행하는 연구의 일환이었다.

논문 조작 사건으로 인한 소음이 잦아든 후, 사회과학자들은 팔럭의 제안대로 이 기법에 집중했다. 앞으로 더 많은 연구 결과가 발표될 예정이다. 딥 캔버싱 전문가들은 이제 건강보험 개혁, 사법제도, 기후변화, 이민 문제, 백신 접종 거부, 인종차별 같은 여러 이슈에 이 기법을 적용하고 있다. 로스앤젤레스뿐 아니라 시카고를 비롯한 중서부와 남동부에서도 활동을 펼친다.

미 전역에서 활동하는 위성 그룹들의 도움을 받아, 랩의 핵심 팀은 우유부단한 트럼프 지지자들에게 관심을 돌렸다. 2020년 대선을 앞둔 여름, 주로 지방의 저소득층 유권자에게 초점을 맞추는 정치 단체인 피플스 액션People's Action은 미시간, 미네소타, 뉴햄프셔, 노스캐롤라이나, 펜실베이니아, 위스콘신 등 경합 주의 수많은 트럼프 지지자를 대상으로 전화를 이용한 딥 캔버싱을 진행했다. 브룩먼과 칼라가 이를 분석해보니, 딥 캔버싱 결과 유권자의 3.1퍼센트가 조 바이든을 지지하는 쪽으로 마음을 바꿨다.

이후 딥 캔버싱이 또다시 각종 헤드라인에 등장했다. 《롤링스톤 Rolling Stone》은 딥 캔버싱이 대선에 활용된 첫 사례를 보도하면서 이렇게 적었다. '다시 말해 전화로 대화를 나눈 유권자 100명 중 3명의 표가 바이든 쪽에 추가되었다는 의미다.' 브룩먼과 칼라는 딥 캔버싱이 전통적인 캔버싱, 텔레비전 및 라디오 광고, 홍보 우편물, 전화를 통한 투표 독려를 합친 것보다 102배 더 효과적이라는 사실을 발견했다.[17]

## 사람들은 말 바꾸기를 인지하지 못한다

내가 브룩먼과 칼라를 처음 만난 것은 딥 캔버싱의 효과를 체감하고 있던 때였다. 따라서 나와 랩 관계자들이 궁금한 것은 '딥 캔버싱이 효과가 있는지'가 아니라 '그것이 효과를 내는 과학적 이유가 무엇인지'였다. 이 문제를 풀려면 신경과학과 심리학으로 눈을 돌려야 한다고 브룩먼과 칼라는 말했다.

브룩먼은 이렇게 말했다. "2,500년 전에 사람들은 특정한 나무껍질을 씹으면 두통이 사라진다는 사실을 알게 되었죠. 훗날 거기에 진통 성분이 있음을 깨닫고 그걸 추출해 아스피린을 만들었어요. 이제 우리는 약효를 내는 것이 아스피린에 든 특정한 화학물질이라는 사실을 압니다. 딥 캔버싱과 관련해 지금 우리는 나무껍질 단계에 있는 셈입니다. '이렇게 했더니 이런 효과가 있더라'를 아는 상태죠. 하지만 무엇이 그 효과를 이끌어내는지, 어떤 화학적 원리가 숨겨져 있는지는 모릅니다. 이제 그걸 알아내는 본게임을 시작해야 해요."

우리는 마음이 바뀌거나 바뀌지 않는 프로세스의 과학을 살펴본 뒤 책 후반에서 브룩먼과 칼라를 다시 만나볼 것이다. 나는 브룩먼과 나무껍질 이야기를 나누고 얼마 후 딥 캔버싱 녹화 영상에서 본 현상을 이해하는 데 도움이 되는 연구를 발견했다. 이는 심리학자들이 견해 변화 맹시belief-change blindness라고 부르는 현상이다. 영상 속 사람들은 대화 끝 무렵에는 대화를 시작할 때와 다른 견해를 표현하고 있으면서도 그 사실을 인지하지 못하는 것 같았다.

심리학자 마이클 울프Michael Wolfe와 토드 윌리엄스Todd J. Williams는 2017년 진행한 일련의 실험에서 그와 같은 현상을 포착했다. 연구 팀은 대학생들에게 엉덩이를 때리는 체벌(그 연령대에 감정을 자극하지 않는 비교적 중립적인 주제다)이 훈육에 효과적이라고 생각하는지 물었다. 일부는 그렇다고, 일부는 아니라고 답했다. 이후 연구 팀은 그들에게 반대 견해를 설득력 있게 주장하는 논문을 읽게 했다. 즉 체벌에 찬성한 학생은 체벌에 반대하는 논문을, 반대한 학생은 체벌을 옹호하는 논문을 읽었다. 연구 팀은 일정 기간이 흐른 후 학생들을 연구실로 다시 불러 체벌에 대한 생각을 다시 물었다. 그랬더니 일부 학생들의 생각이 바뀌어 있었다. 설득력 있는 논문의 영향을 받아, 체벌에 찬성하던 이들은 반대 입장으로 바뀌고 반대하던 이들은 찬성 입장으로 바뀐 것이다. 하지만 연구 팀이 그들에게 처음에 했던 대답을 떠올려보라고 하자, 대다수가 자신의 의견이 달라지지 않았다고 말했다. 연구 팀이 증거를 갖고 있음에도 그들은 자신의 의견이 바뀌었음을 인식하지 못했다.[18]

울프와 윌리엄스의 연구는 심리학자들이 말하는 일관성 편향consistency bias에 대한 연구 내용과 일치한다. 일관성 편향이란 자신의 현재 견해에 대해 '나는 예전부터 그렇게 생각했다'고 가정하는 경향을 말한다. 이 주제와 관련한 유명한 연구에서 연구 팀은 고등학생들에게 마약 합법화, 재소자의 권리 등 여러 논쟁적 이슈에 대한 의견을 물었다. 연구 팀은 해당 피험자들에게 10년 후 다시 의견을 물었고, 다시 10년이 흐른 후에도 물었다. 그러자 입장을 바꾼 이들 중 불과 30퍼센트만이 자신의 견해가 변했음을 인정했다. 나머지는 현재 자신의 견해가 예전부터 갖고 있던 생각이라고 답했다.

이것은 꽤 흔하지만 자기 자신은 인지하기 힘든 현상이라서, 우리는 자신보다 타인이 그런 편향을 드러낼 때 훨씬 더 잘 알아챈다. 또 이는 자신은 외부 자극의 영향을 덜 받는 확고한 태도를 지녔다고 믿으면서 정치인이나 유명인은 위선적이거나 소신이 없다고 여기는 제3자 효과third-person effect를 초래하기도 한다. 일례로 2004년 미국 대선 때 공화당 측에서는 민주당 존 케리John Kerry 후보를 '말 바꾸기 선수flip-flopper'라고 몰아세우며 공격하는 TV 광고를 내보냈다.[19] 케리가 자신이 이라크 전쟁 비용 법안에 찬성했지만 그것이 잘못된 생각임을 깨닫고 나중에는 반대했다고 말한 일 때문이었다. 새로운 근거에 비춰 그의 의견을 수정한 일에 대해, 반대 진영에서는 케리가 신뢰할 수 없는 인물이라고 비난했다. 심지어 공화당 전당 대회 참석자들은 케리의 이름이 언급될 때마다 플립플롭flip-flop을 손에 들고 흔들며 "말 바꾸기 선수! 말 바꾸기 선수!"라고 외쳤다.* 하지만 연구 결과는 분노해서 플립플롭을 흔들던 그 사람들도 틀림없이 숱하게 견해를 바꾸었을 것임을 보여준다. 누구나 마찬가지다. 단지 존 케리와 달리 우리가 견해를 바꾸는 일은 기록으로 남지 않을 뿐이다.

브룩먼과 칼라는 랩이 논쟁적 사회 이슈에서 사람들의 태도 변화를 신속하게 이끌어내는 비결을 알아낸 것처럼 보였지만, 그들이 어떤 심리학 이론도 사용하지 않았다는 점 때문에 초반 연구가 더 힘들었다고 했다. 실제로 랩 관계자들의 말에 따르면 그들은 딥 캔버싱 기법을 활용한 처음 수년 동안은 설득에 대한 심리학 연구 결과가 존재한다는 사실조차 몰랐다. 그럼에도 여러모로 볼 때 딥 캔버싱은 수십 년간 문서에만 갇혀 있던 이런저런 가설을 현실화한 기법이다. 실험 환경에서 진행한 연구, 랩이 한 것 같은 현장 작업이 뒷받침되었다면 검증이 가능했을지도 모를 아이디어 말이다. 심리학자들이 그것을 제대로 검증하려면 엄청난 연구비와 수많은 자원봉사자가 필요했을 것이다. 연구를 계속하는 것이 의미가 있음을 증명하는 데 거듭 실패해도 직감을 믿고 계속 도전하는 기나긴 시간도 필요했을 것이다.

---

* 'flip-flop'은 '발가락 사이에 줄을 끼우는 납작한 샌들'을 뜻하기도 하고 '말 바꾸기, 태도 돌변'이란 뜻도 있다.—옮긴이

브룩먼과 칼라에게 딥 캔버싱의 심리학적 메커니즘에 대한 실마리를 알려달라고 청하자, 그들은 정교화 elaboration 라는 심리적 전략에 주목할 필요가 있다고 했다. 정교화란 자신이 알고 있는 기존 지식과의 연결점을 찾음으로써 새로운 정보를 이해하거나 분석하는 적극적 학습 상태를 말한다. 예컨대 영화 〈에이리언〉을 보고 '〈죠스〉의 우주 버전'이라고 생각하거나, 〈에이리언〉을 먼저 봤다면 〈죠스〉를 보고 '〈에이리언〉의 바다 버전'이라고 생각하는 유추도 정교화의 일종이다. 보통 습관적 사고 및 행동을 수행하거나 일상적 작업을 할 때 깊은 사고 없이 직관적 시각으로 세상을 본다. 그리고 대부분 이는 별문제가 되지 않는다. 그러나 우리 뇌는 정확성을 포기하고 정보를 빠르게 처리하는 것을 선호하는 특성 탓에 종종 잘못된 판단을 내린다. 만일 반사적으로 드는 생각과 직관적 판단에 스스로 중지 버튼을 누르고 자기 자신의 견해에 대해 생각해본다면, 뇌는 정교화 작업에 유리한 상태가 된다. 즉 충분히 안다고 믿는 무언가에 대해 더 깊이 생각해봄으로써 새로운 관점이나 통찰력을 얻을 수 있다. 요컨대 딥 캔버싱은 사람들에게 잠시 멈춰서 생각할 기회를 제공하므로 뇌의 정교화 프로세스를 촉진할 가능성이 크다.

플라이셔는 대부분이 이처럼 깊은 사고를 할 기회를 좀처럼 얻지 못한다고 지적했다. 일상의 책무와 문제가 인지적 자원을 소모하기 때문이다. 우리는 자녀에게 점심값을 챙겨줘야 하고, 일터에서 성과 평가를 받아야 하고, 자동차를 누가 정비소에 맡길지도 정해야 한다. 내적 성찰과 숙고의 기회가 없으면, 관심 있는 이슈에 대한 자신의 견해가 옳다는 자신감을 계속 유지하게 된다. 그런 과도한 자신감은 확신으로 바뀌고, 그 확신을 토대로 극단적 견해를 지지하게 된다.

이와 관련한 인상적인 사례는 '설명 깊이의 착각illusion of explanatory depth'이라는 심리 현상에 대한 실험에서 볼 수 있다. 연구 팀이 피험자들에게 자신이 지퍼, 변기, 번호 자물쇠 등의 사물에 대해 얼마나 잘 아는지 평가해보게 하자, 대다수가 해당 물건을 잘 안다고 대답했다. 하지만 물건의 작동 원리를 구체적으로 설명해달라고 요청하자 그들은 원리를 자세히 모른다고 인정하면서 처음 대답을 수정하는 경향을 보였다. 이는 일상적 물건뿐 아니라 정치적 이슈의 경우도 마찬가지였다. 건강보험 개혁이나 단일 세율, 탄소 배출 등에 대한 의견을 묻자 많은 피험자가 극단적인 의견을 제시했다. 그렇게 생각하는 이유를 물었을 때도 쉽게 이유를 댔다. 그러나 해당 이슈에 대해 상세하게 설명해달라고 요청하자, 그들은 당황했고, 자신이 그 이슈와 관련 정책에 대해 아는 것이 스스로 생각하는 것보다 훨씬 더 적다는 사실을 깨달았다. 따라서 그들은 처음보다 덜 극단적인 입장으로 변했다.[20]

브룩먼과 칼라는 또한 딥 캔버싱이 유추적 관점 전환analogic perspective taking[21]을 촉진한다고 추측했다. 관점 전환 능력의 습득은 인간의 인지 발달 과정에서 중요한 변곡점이다. 스위스 심리학자 장 피아제Jean Piaget는 어린아이에게 관점 전환 능력이 없다는 사실을 처음 관찰했다. 즉 어린아이는 타인이 자신과 다르게 인식하고 다른 관점으로 생각한다는 사실을 모른다. 이 능력이 발달하기 전에 우리는 단 한 사람, 즉 자기 자신의 세상 속에서 산다. 이를 증명하는 실험이 있다. 연구 팀이 어린아이에게 크레용 상자를 보여주면서 안에 뭐가 들어 있을 것 같으냐고 물었다. 물론 아이는 크레용이라고 대답했다. 그러자 연구 팀은 뚜껑을 열어 안에 생일 케이크 초가 들어 있는 것을 보여준다. 그러고는 "상자 안을 보지 않은 다른 아이에게 이 상자를 보여주고 뭐가 들어 있느냐고 물으면, 그 아이는 뭐라고 대답할까?"라고 묻자, 4세 이하 아이들은 다른 아이가 생일 케이크 초라고 말할 것이라고 대답했다.

심리학에서 마음 이론theory of mind은 타인의 정신 상태가 나와 다를 수 있음을 아는 능력을 말한다. 마음 이론이 잘 발달한 사람은 타인의 입장을 상상하고 그들의 관점과 감정을 가늠할 줄 알며, 상대가 나와 다른 경험을 했기 때문에 다른 의견을 가질 수 있음을 이해한다. 이러한 유추적 관점 전환은 많은 노력이 필요한 높은 수준의 인지 활동이다. 우리는 특별한 외부 자극이나 유도가 없으면 이런 인지 활동을 잘 하지 않는다.

나는 이런 주제로 지금은 고인이 된 리 로스Lee Ross와 대화를 나눴다. 그는 연구실 밖으로 나가 북아일랜드의 분쟁 해결, 이스라엘과 팔레스타인의 협상 과정에 기여한 심리학자다. 그는 이처럼 중차대한 협상 테이블에 앉은 사람조차 상대편 관점에서 생각해보라는 조언을 듣기 전까지는 그렇게 하는 경우가 드물다고 했다. 양측 모두 각자 자신의 관점을 설명하기만 바쁘다는 것이다. 그는 분쟁 협상에서 활동한 40년 동안 당면 이슈에 대한 상대방의 입장을 이해하려는 적극적 태도로 협상에 임하는 사람을 한 번도 보지 못했다고 했다.[22]

자신의 관점을 잠시 접어두고 타인의 입장에 서보는 것은 어려운 일이다. 그것을 자동으로 할 수 있는 사람은 별로 없다. 관점 전환에 대한 이런 연구가 있었다. 피험자는 소수집단 우대 정책에 반대하는 사람들이었다. 이들은 소수집단에 속하는 사람들의 소득이 낮은 원인이 사회에 널리 퍼진 편견이나 제도적 인종차별 때문이 아니라 그들 스스로 의지력과 노동 윤리가 부족한 탓이라고 말했다. 하지만 연구 팀이 피험자들에게 흑인 남자 사진을 보여주고 그의 생각과 감정을 최대한 생생하고 자세하게 상상하면서 그가 보내는 하루를 글로 써보게 하자, 소수집단 우대 정책에 대한 태도가 크게 변화했다. 가상 상황일지언정 상대방에게 공감하는 과정을 거치자 단호했던 태도가 한결 누그러진 것이다. 입장을 바꿔 생각해보는 것은 사실 언제라도 할 수 있는 일이지만, 대개는 누군가에게 권유받기 전에는 절대 해보지 않는다.[23]

브룩먼과 칼라도 사람들이 스스로 관점을 전환하는 경우는 좀처럼 없다고 말했다. 그렇기 때문에 그것이 딥 캔버싱 진행자가 활용할 수 있는 강력한 설득 도구가 된다는 것이다.

"관점 전환은 단순히 사람들의 죄책감을 자극해 마음을 바꾸게 하는 전략이 아닙니다." 칼라의 말이다. 편견이 나쁘다는 것은 누구나 안다. 딥 캔버싱 진행자는 감정이 강하게 실린 경험을 사람들의 기억에서 끌어내, 배척당하거나 비난받거나 남보다 못한 존재라고 느끼는 것이 어떤 기분인지 상기하게 유도한다. 그러면 그들은 자신의 편견을 재고한다. 브룩먼은 이렇게 말했다. "사람들은 차별이 잘못이라는 건 원래 알았지만 이제는 그 말을 할 때 다른 감정을 느끼게 됩니다. '차별당하고 남들과 다르게 대우받는 것은 정말 괴로운 일이구나. 그 당사자가 된다는 게 어떤 건지 알 것 같아'라고 생각하죠. 자신과 똑같은 인간에게 그런 경험을 안겨주는 일을 정당화하기가 힘들어집니다."

랩을 떠날 무렵 나는 많은 걸 얻었음에도 설득의 과학을 내가 미처 따라가지 못하고 있는 듯한 기분이었다. 딥 캔버싱이 효과적인 이유에 관련된 과학자들의 가설은 모두 타당해 보였지만 나는 여전히 완성된 그림을 얻지 못했다. 랩에서 목격하고 경험한 것 때문에 오히려 더 수수께끼가 되어버린 문제를 풀어야 했다. 나는 객관적 사실이 설득에서 힘을 발휘하지 못한다는 것을, 오히려 마음을 움직일 가능성이 낮아질 수 있음을 알았다. 그렇다면 9·11 음모론자들이 사실과 증거를 마주하고도 생각을 바꾸지 않은 이유가 이해되었다. 하지만 똑같은 사실과 증거가 찰리 비치의 생각을 변화시킨 것은 어떻게 이해해야 한단 말인가? 내가 아직 많은 것을 놓치고 있는 듯한 기분이었다. 이 의문을 풀려면 랩 관계자들이 아직 살펴보지 않은 과학으로, 브룩먼과 칼라가 주목하는 과학으로 눈을 돌릴 필요가 있었다. 다음 장에서 의견 불일치를 연구하는 신경과학자들을 만나보며 차근차근 의문을 풀어갈 것이다.

플라이셔는 내가 뭔가 더 알아내면 자신에게도 알려달라고 했다. 그 역시 딥 캔버싱의 과학적 원리에 큰 관심이 있었기 때문이다. 하지만 이렇게 강조했다. 결국 자신들의 비결은 그저 솔직하고 열린 태도로 대화를 나눌 기회가 거의 없었던 사람들을 만나 이야기를 나누는 것뿐이라고 말이다.

"기분이 좀 묘해요. 어떻게 보면 전혀 새로운 방법도 아닌데. 우리가 한 인간이 다른 인간과 대화한다는 개념을 발명한 건 아니잖아요.” 플라이셔는 웃으며 말했다. “그러니까 따지고 보면 이건 전혀 독창적인 기법이 아니에요. 그러면서도 매우 독창적이죠. 주류 정치 문화와 상당히 어긋나 있으니까요.”

플라이셔는 몇 년 전 대화를 나눈 남자를 떠올렸다. 그는 플라이셔가 방문 목적을 설명하자 득달같이 현관 밖으로 나왔다. “마치 기다렸다는 듯이 튀어나오더군요. 동성 결혼에 반대하는 의견을 들려주고 싶어서 안달이었죠.”

70대인 그 남자는 동성 결혼이 합법화되면 끔찍한 세상이 될 거라며 열을 올렸다. 플라이셔는 그에게 주변에 동성애자가 있느냐고 물었다. 남자는 “그럴 리가요!”라고 했다. 그는 아내와 얼마 전 디즈니랜드에 갔는데 당황스럽게도 하필 그날이 게이의 날Gay Day였다. “사방이 동성애자 천지였어요. 알록달록한 커다란 깃털 목도리를 두른 꼴이라니, 참!”

플라이셔가 그날 본 동성애자 중 한 명이라도 함께 이야기를 나눠봤느냐고 묻자 남자는 당연히 아니라고 대답했다. 뭐 하러 그런 짓을 한단 말인가?

플라이셔가 “이런, 제가 오늘은 깃털 목도리를 깜빡하고 안 했군요”라고 하자 남자는 웃음을 터뜨렸다. 두 사람은 꽤 오랫동안 대화를 나눴다. 남자는 성 소수자와 얼굴을 마주하고 이야기해보는 게 평생 처음이었을 것이다.

“그는 서로 견해가 다를지라도 그와 내가 기분 좋은 대화를 나눌 수 있다는 걸 깨달았어요. 둘 다 동성 결혼에 찬성해야만 이야기를 나눌 수 있는 건 아니잖아요? 저는 그에게 손가락을 흔들면서 ‘이제 생각을 바꾸셔야 합니다'라고 재촉하지 않았어요. 그런데 한참 동안 이야기를 나누다 보니 그의 태도가 '바뀌기' 시작하더군요. 변화라는 건 그렇게 시작되는 것 같아요."

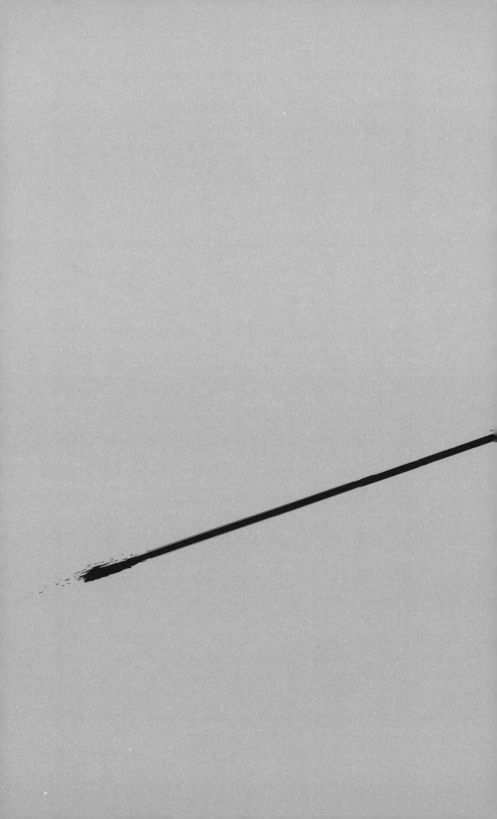

# 3장 양말과 크록스

## 드레스 색깔 논쟁이
## 우리에게 남긴 것

"어떻게 저 드레스가 흰색으로 보일 수 있지?"
우리는 나와 타인이 똑같은 현상을
다르게 인식할 수 있다는 사실을 종종 잊는다.

바로 그 지점에서 대화의 비극이 시작된다.

우리는 뉴욕의 니커보커 식당에 있었다. 내가 버터로 손을 뻗을 때, 부드러운 인상에 수염을 기른 왼쪽 남자가 내 노트북과 빵 바구니 사이로 사진 한 장을 들이밀었다. 한쪽 면만 익힌 달걀 프라이 사진인데, 노른자 부분이 초록색이었다.

"처음에는 초록색 달걀로 해봤어요. 초록색 달걀과 햄, 알죠? 거기서 햄은 빼고요. 하지만 안 되겠더라고요. 사람들은 달걀은 노란색이어야 한다고 생각하니까요."*

점심시간이라 실내가 꽤 시끄러웠다. 이번에는 오른쪽에 있는 신경과학자 파스칼 월리시Pascal Wallisch가 양 손바닥을 공중에 펴면서 목소리를 한껏 높여 말했다. "그렇다면 어떻게 해야 할까요? 사람들에게 친숙하면서도 대표적인 고유 색깔이 없는 물건이 뭘까요?"

---

* 초록색 달걀과 햄은 미국의 유명 동화 작가 닥터 수스Dr. Seuss의 책에 등장하는 소재다.—옮긴이

나는 그런 물건을 떠올리려고 애썼다. 가장 먼저 떠오른 것은 픽업 트럭이었다. 또는 수건, 망치, 자전거, 갑 티슈? 하지만 나는 자칭 '인지적 핵폭탄'을 만들겠다는 열정적인 천재 과학자 파스칼과 주말을 함께 보낸 뒤라, 그 질문 역시 꼭 대답을 요하는 것이 아니라 내가 제대로 메모하기 힘들 만큼 빠른 속도로 진행될 또 다른 본론으로 들어가기 위한 수사적 질문이겠거니 했다. 그래서 대답하지 않고 빵을 뜯어 입에 밀어 넣고는 생각에 잠긴 표정으로 꼭꼭 씹었다.

"크록스예요!" 파스칼이 외쳤다. 웨이터가 그의 앞에 샐러드를 놓다가 깜짝 놀랐다. 간호사와 정원사, 은퇴한 사업가에 이르기까지 누구나 즐겨 신는, 독립 기포 수지로 제작한 실용적 신발인 크록스를 상상하면 특정한 색깔이 떠오르지 않는다고 파스칼은 설명했다.

그는 내게도 크록스를 떠올려보라고 했다. "눈을 감으면 어떤 색깔이 보이나요? 흰색? 회색? 오렌지색? 전투복 색? 이 신발은 사람마다 다른 색을 떠올리게 한다니까요." 나는 색깔이 없는 크록스가 떠오르는 것 같기도 하고 온갖 색깔이 다 떠오르는 것 같기도 하다고 대답했다.

파스칼은 "재밌네요" 하고는 내 왼쪽에 있는 인지과학자 마이클 카를로비치Michael Karlovich의 반응을 살폈다. 그는 미소를 지으며 특정 색깔이 떠오르지 않는 것이 지극히 정상이라고 말했다. 그들이 크록스를 떠올리고 '이거다!' 싶었던 이유다. 적절한 종류의 조명 아래 양말과 크록스를 조합하면 '지각적으로 모호한 색깔의 물건'이 된다고 했다. 그것은 그들이 몇 년 전 인터넷을 뜨겁게 달군 신경과학적 수수께끼를 풀려고 애쓰는 과정에서 오랫동안 찾고 있던 물건이었다.[1]

그 수수께끼란 드레스 색깔 논쟁이다.

## '지구를 분열시킨' 드레스 색깔 논쟁

파스칼과 카를로비치를 만나러 뉴욕에 간 것은 이런 생각이 들어서였다. 찰리 비치의 마음을 바꾼 증거가 다른 음모론자들의 마음은 바꾸지 못한 이유를 알고 싶다면, 먼저 마음이 바뀌는 '과학적 원리'가 무엇인지 알아야 하지 않을까? 이 질문에 불가피하게 뒤따르는 또 다른 질문도 있었다. 우리가 '마음이 바뀐다'고 말할 때 그 '바뀌는' 것의 실체는 무엇인가? 이 두 질문을 포괄하는 훨씬 더 폭넓은 질문도 있었다. 우리가 흔히 마음이라 부르는 그것은 애초에 어떻게 형성되는가? 다른 말로 표현해보면 이렇다. 우리가 세상을 이해하고 경험한 내용이 어떻게 두개골 속 물컹한 덩어리에 들어가 안착하는 것일까? 나는 한 걸음, 아니 수천 걸음 뒤로 물러나 뉴런의 세계를 탐험하고 싶어졌다.

뉴욕에 가기 전에 몇몇 과학자를 만나 이 질문을 던져봤다. 내게 돌아온 대답은 약간의 경고를 담고 있는 듯했다. 이는 꽤 민감한 주제이며 사회과학과 뇌과학의 최신 분야에 속한다는 것이었다. "우리가 마음을 정하고 그것을 바꾸거나 바꾸지 않는 원리와 이유는 무엇인가?"라는 질문은 "인간 의식의 본질은 과연 무엇인가?"라는 질문과 크게 다를 바 없다. 이것은 정확한 답이 없는 질문인지도 모른다. 현재 인류가 지닌 과학적 지식과 그것의 설명에 사용하는 언어의 한계 내에서는 말이다. 어쨌든 내가 관심을 갖는 이 주제는 불과 최근에야 의미 있는 진전을 보이는 분야라고 과학자들은 말했다.

나는 뇌 가소성과 의식을 연구하는 과학자인 데이비드 이글먼<sup>David</sup> Eagleman도 만나 이야기를 나눴다. 그리고 어떤 이들은 쉽게 의견이 일치하는 문제에 대해 인터넷에서 많은 사람 사이에 확고한 의견 불일치가 나타나는 이유에 특히 주목하는 신경과학자를 찾아보기로 했다. 파스칼이 그 주제의 전문가가 된 것은 사람들이 드레스를 둘러싸고 난리법석을 떤 이유를 수년간 연구한 덕분이었다. 2015년 수많은 네티즌을 두 진영으로 갈라놓으며 뜨거운 논쟁을 촉발한 사진 속 그 드레스 말이다(440쪽 QR코드 참조).

이 드레스를 모르는 독자를 위해 당시 상황을 설명하면 이렇다. 때는 2015년이었다. 영국의 유럽연합 탈퇴, 트럼프 대통령 당선, 마케도니아 청년들이 미 대선 관련 가짜 뉴스를 퍼뜨린 일, 큐어넌의 활동, 코로나19 음모론 만연 등이 일어나기 전이었고, 가짜 뉴스와 대안적 사실이라는 용어가 널리 퍼지기 전이었다. 당시 미국 공영 라디오의 한 지부에서 '인터넷을 뜨겁게 달군 논쟁'이라면서 문제의 드레스를 둘러싼 의견 불일치를 다뤘다. 《워싱턴포스트》는 이 사건을 '지구를 분열시킨 드라마'[2]라고 칭했다.

드레스 사진은 순식간에 퍼져 몇 개월간 온갖 소셜 미디어를 점령했다. 사진을 보고 어떤 이들은 파란색 바탕에 검은색 줄무늬라고 했고, 어떤 이들은 흰색 바탕에 금색 줄무늬라고 했다. 양쪽 그룹은 각각 상대편이 말하는 색깔로 보이는 게 터무니없다고 생각했다. 소셜 미디어가 아니었더라면 사람들은 이 드레스를 남들이 자신과 다르게 본다는 사실을 몰랐을지도 모른다. 하지만 소셜 미디어 때문에 드레스를 자신과 다른 색깔로 보는 이들이 많다는 사실을 알게 되자 격한 반응을 보였다. 드레스 사진이 인터넷에 돈 이후, 진짜 현실과 가짜 현실을 인식하는 문제와 관련한 두려움도 사진만큼이나 빠르게 퍼졌다.

이 인식론적 위기의 발단은 서실리아 블리스데일Cecilia Bleasdale이라는 여성이 쇼핑을 한 일이었다. 서실리아는 딸 그레이스Grace의 결혼식을 일주일 앞두고 런던의 쇼핑몰에서 77달러짜리 드레스의 사진을 찍었다. 결혼식에서 입을 생각으로 그 사진을 딸에게 보내 의견을 물었다. 그런데 그레이스와 예비 신랑 키어Kier는 사진 속 드레스 색깔에 대해 의견이 달랐고, 두 사람은 누가 맞는지 알아보려고 친구들에게 보여주며 어떤 색깔로 보이느냐고 물었다. 하지만 명쾌한 답이 나오기는커녕 색깔 논쟁이 친구들에게, 다시 그 친구들의 친구들에게 퍼졌다. 어떤 이들은 파란색-검은색이라고 했고, 어떤 이들은 흰색-금색이라고 했다. 어째서 의견이 극명하게 갈리는지 모두가 혼란스럽기만 했다.[3]

일주일 후 그레이스의 가족과 친한 가수가 더 많은 사람에게 의견을 물어 결론을 내기 위해 드레스 사진을 텀블러Tumblr에 올렸다. 하지만 오히려 인터넷에 혼란만 퍼뜨리게 되었고, 사람들은 서로 자신이 본 색깔이 맞다며 논쟁을 벌이기 시작했다. 얼마 후 이 논쟁은 버즈피드Buzzfeed에서 다뤄졌고 각종 소셜 미디어도 점령했다.

이 지각적 수수께끼를 공유하고 의견을 밝히려는 사용자가 한꺼번에 몰리는 바람에 트위터 접속 오류도 종종 발생했다. 해시태그 #TheDress가 1분당 1만 1,000개의 트윗에 사용되었으며, 이 드레스를 다룬《와이어드》웹사이트의 글은 불과 며칠 만에 조회 수 3,280

만 회를 기록했다.[4]

배우 민디 케일링Mindy Kaling은 파란색-검은색에 한 표를 던지며 '이건 파란색-검은색 드레스야! 지금 장난해?'라는 트윗을 올렸다. 킴 카다시안Kim Kardashian과 그녀의 가족은 흰색-금색 쪽이었고, 정치인들은 파란색-검은색으로 보이기도 하고 흰색-금색으로 보이기도 한다고 했으며, 세계 곳곳의 지역 뉴스에서 이 드레스 논쟁을 소개했다. 한동안 이 드레스는 대중문화의 중심 이슈였고 어디서나 가장 핫한 아이템이었다.[5]

한편으로 이 현상은 신경과학자들이 오래전부터 알고 있던 사실(이번 장의 주제이기도 하다)을 대중에게 일깨울 수 있는 계기였다. 우리가 경험하는 현실은 실제 현실을 일대일로 완벽하게 반영하지 않는다는 사실 말이다. 우리가 경험하는 세계는 뇌 안에서 실행되는 일종의 시뮬레이션이다. 우리 각자는 끊임없는 상상과 스스로 만들어낸 착각으로 이뤄진 가상의 세계에서 살고 있다. 그 착각은 우리의 감각과 사고에 의해 형성되며, 다시 감각기관을 통해 새로운 경험을 하고 자신이 느낀 것에 대한 새로운 사고를 하면서 지속적으로 업데이트된다. 이와 같은 사실을 모르기에 드레스 사진을 만났을 때 누군가는 온라인의 치열한 논쟁에 뛰어들고 누군가는 혼자 조용한 고민에 빠진 것이다.

## 인간의 뇌는 진실을 보지 못한다

뇌가 현실을 만들어내는 방식에 대한 과학적 설명을 들어보면 왠지 비현실적인 느낌이 들곤 한다. 이 연구가 시작된 것은 1900년대

초로, 당시 독일 생물학자 야코프 요한 폰 윅스퀼Jakob Johann von Uexküll
은 동물의 내적 삶이 인간과 완전히 다를 것이라는 확신을 떨쳐버릴
수 없었다.

윅스퀼은 해파리와 성게, 거미, 곤충에 특히 관심을 갖고 이들 생
물체의 연약한 신경계가 지각 작용을 일으키는 방식을 탐구했다. 해
양 생물과 곤충의 감각기관이 우리 인간은 감지하지 못하는 것을 감
지한다는 사실에 주목한 윅스퀼은 이 세계의 상당 부분이 그것들의
주관적 경험에서 배제되는 것이 분명하다고 생각했다. 그렇다면 인
간의 경우도 마찬가지일 것이라 추측했다. 다시 말해 진드기는 앤드
루 로이드 웨버Andrew Lloyd Webber의 뮤지컬을 즐길 수 없으며, 이는 눈
이 없기 때문이다. 진드기는 맨 앞줄에 앉는다 해도 무대 위 공연을
볼 수 없다. 반면 진드기와 달리 인간은 바람에 실려 오는 부티르산
의 냄새를 맡을 수 없다. 브로드웨이 뮤지컬 〈캣츠〉 공연장에서 우리
가 관객석 어디에 앉든 냄새는 중요한 요소가 아니다.

윅스퀼은 모든 생명체의 주관적 경험이 각자의 감각 세계로 한정
된다면서 그 감각 세계를 '움벨트umwelt'라고 불렀다. 감각기관이 다
르면 움벨트도 달라지며 같은 환경에 살아도 동물마다 움벨트가 다
르다는 것이다. 따라서 각 생명체는 전체 그림의 일부만 인식하고 거
기에 맞춰 살아가면서 그 사실을 인지하지 못한다고 윅스퀼은 말했
다. 어떤 생명체도 객관적 현실 전체를 인식할 수 없기 때문에 각각
의 동물은 자신이 인식하는 것이 인식 가능한 대상의 전부라고 가정
할 가능성이 크다. 어떤 생명체도 객관적 현실 전체를 경험할 수 없
다. 그들 각각의 움벨트는 각자의 생태 환경에 따른 주관적 경험으로

이뤄진 세계이자 지각적으로 경계 지워진 내적 세계다. 지구상 모든 생명체의 움벨트는 공존은 하되 서로 겹치지 않는 수많은 감각 현실의 집합체다. 각 개체는 자신이 다른 움벨트를 인식하지 못한다는 사실을 모르며, 자신이 무엇을 모르는지 모른다.[6]

윅스퀼의 생각은 전에 없던 새로운 것이 아니었다. 철학자들은 늘 주관적 현실과 객관적 현실의 차이에 골몰해왔으며, 그 시초를 따지자면 플라톤의 동굴의 비유까지 거슬러 올라간다. 이것은 철학자들이 지금도 씨름하는 문제다. 철학자 토머스 네이글Thomas Nagel이 "박쥐가 된다는 것은 어떤 것일까?"[7]라는 유명한 질문을 던진 의도는, 우리가 박쥐의 관점에서 경험하고 생각하는 것이 불가능하므로 이질문에 답할 수 없음을 일깨우기 위해서였다. 그는 박쥐의 음파 탐지 능력이 우리가 지닌 어떤 능력과도 비슷하지 않으며, 따라서 "그것이 우리가 경험하거나 상상할 수 있는 그 어떤 것과 주관적으로 비슷하다고 생각할 이유가 전혀 없다"라고 말했다.

이런 관점을 확장할 경우, 동물이 저마다 다른 현실을 산다면 인간역시 각자 다른 현실을 살 것이라는 추정이 가능해진다. 이것은 내면이라는 우주를 탐험한 많은 심리학자가 중요하게 다룬 주제였다. '현실 터널reality tunnel' 이론을 주창한 티머시 리어리, '생태학적 광학ecological optics' 이론을 확립한 J. J. 깁슨J. J. Gibson, '합의된 최면 상태consensus trance'라는 개념을 제시한 찰스 타트Charles Tart가 대표적이다. 또 영화 〈매트릭스〉, 칸트 철학의 누메논noumenon, 철학자 대니얼 데닛Daniel Dennett이 말하는 '의식 있는 로봇', 드라마 〈블랙 미러Black Mirror〉와 필립 K. 딕Philip K. Dick의 과학소설을 떠올려보라. 인간은 아주 오래전부터 늘 주관적 현실과 객관적 현실이라는 문제를 고민해왔다. 아마 당신도 이런 종류의 문제를 마주친 적이 있을 것이다. 예컨대 "저 색깔이 우리 모두에게 똑같은 색깔로 보일까?"라는 의문을 품어본 적이 있지 않은가? 드레스 논쟁에서 알 수 있듯 그 답은 '아니다'이다.

주관적 현실과 객관적 현실이 같지 않다는 생각, 즉 우리 내면의 현실은 외부 세계가 모종의 방식으로 재현된 것이며 외부 현실의 복제물이 아니라 하나의 내부 모형이라는 생각은 인간의 사고를 탐구하는 이들이 오래전부터 관심을 가진 주제였다. 하지만 그것을 생물학이라는 학문 영역으로 가져온 사람은 윅스퀼이었다. 그의 연구는 현재도 진행 중인, 신경과학과 의식의 본질에 대한 일련의 연구를 낳는 토대가 되었다. 그중 한 연구는 약간 불쾌감을 초래할지도 모르지만 우리가 현재 논하는 주제와 관련해 상당히 중요한 점을 일깨워준다.

1970년 생리학자 콜린 블레이크모어Colin Blakemore와 그레이엄 쿠퍼Grahame F. Cooper는 가로줄이 전혀 없는 환경에서 고양이들을 키웠다. 그런 다음 고양이를 그 환경 밖으로 이동시킨 후 막대기를 세로로 들고 흔들었더니 모든 고양이가 하나같이 고개를 까딱였고, 막대기를 던지자 막대기를 쫓아 움직였다. 하지만 막대기 방향을 돌려 가로로 들자 고양이들은 저마다 다른 방향으로 고개를 돌리면서 흥미를 잃고 뿔뿔이 흩어졌다. 고양이가 세로 막대기에는 흥미를 보였지만 가로 막대기에는 반응이 없었던 것은 그들의 내면 현실에서 가로줄이 '존재하지 않았기' 때문이다.

그들은 대형 유리 실린더의 안쪽 면을 흰색으로 칠하고 검은색 세로줄을 여러 개 그렸다. 고양이가 가로줄을 전혀 볼 수 없는 환경을 만든 것이다. 그들은 갓 태어난 새끼 고양이들을 어두운 방 안에서 키우다가 생후 2주부터 세로줄만 있는 실린더 안에서 하루에 5시간 씩 보내게 했다. 목에는 수술 부위를 핥지 못하게 동물병원에서 씌우는 것과 같은 고깔 보호대를 씌웠다. 그리고 다섯 달 후 고양이들을 탁자와 의자가 있는 방에 놓아두고 행동 반응을 관찰했다.[8]

그들은 고양이가 시각적 위치 반응visual placing에 문제를 겪는다는 것을 즉시 알아챘다. 실험자가 고양이를 손에 든 채 탁자의 평평한 표면 가까이 다가가자, 고양이는 그 평면 모서리를 인지하지 못하는 듯 보였다. 정상적 환경에서 자란 고양이라면 몸이 탁자에 가까워지면 짚으려고 발을 뻗기 마련인데, 블레이크모어와 쿠퍼의 고양이들은 그런 반응을 보이지 않았다. 고양이는 탁자가 마치 존재하지 않는 것처럼 모서리에 부딪혔다. 또 탁자 위에서 걷다가 가장자리에 도달하면 혼란스러워했다. 고양이에게는 가로 모서리가 무의미한 형태였던 것이다. 실험자가 가로로 길쭉한 물건을 고양이 얼굴에 들이대거나 그런 물건 쪽으로 밀어도 고양이는 놀라지 않았다. 고양이에게 그 물건은 존재하지 않는 것과 마찬가지였다. 실험자가 가로줄 무늬가 그려진 투명 아크릴 판을 고양이에게 조금씩 가까이 가져가자, 고양이는 아크릴 판이 다가오는 것을 인지하지 못하고 있다가 얼굴을 부딪혔다.

블레이크모어와 쿠퍼는 다른 그룹, 즉 가로줄만 그려진 실린더 안에서 시간을 보낸 고양이들에게도 이와 똑같은 실험을 하고 동일한 결과를 얻었다. 다시 말해 가로줄만 보며 자란 고양이는 세로 모서리를 인지하지 못했다. 그리고 두 그룹을 섞어놓고 관찰했더니, 한 그룹은 가로 막대기를 쫓아가면서 발로 잡으려고 하다가 실험자가 수직으로 세우자 마치 막대기가 사라진 것처럼 행동을 멈추었다. 반면 다른 그룹은 마치 없었던 막대기가 난데없이 나타난 것처럼 갑자기 반응을 보이며 막대기를 쫓아가려고 했다.

하지만 이와 같은 인지 결핍은 지속되지 않았다. 약 10시간 동안 방 안을 돌아다니며 가로 형태의 물건을 경험하자 고양이의 뇌가 가로줄을 내면 현실에 추가했다. 가로줄이라는 외부 세계의 새로운 대상에 노출된 적이 없었던 뉴런이 반응을 보이며 연결되기 시작했다. 고양이는 곧 수월하게 의자와 탁자에 뛰어오르고 뛰어내렸다. 탁자에 가까이 데려가면 발을 뻗었고, 앞에 다가오는 아크릴 판을 피했다. 이전에 경험하지 못했던 외부 세계 요소를 뇌 안 시뮬레이션에 추가하면서 고양이의 내면 현실은 더 복잡해졌다.

인도의 비영리단체에서 선천적 시각장애인의 백내장 수술을 시행하는 의사들은 사람에게서도 유사한 현상을 목격한다. 환자는 수술 후 붕대를 벗자마자 곧장 주변 사람을 알아보는 것이 아니다. 마치 아기처럼 그들에게는 형태와 색깔만 희미하게 보인다. 그러다 몇 주가 지나면 물건을 향해 손을 뻗고 대상을 분간할 수 있다. 하지만 처음에는 물건이 가까이 있는지 멀리 있는지 구분하지 못한다. 수년간 3차원을 인식하는 경험을 한 후에야 그 세계 안에서 정상적으로 활동할 수 있다. 아기와 마찬가지로 그들의 뉴런은 새로운 감각 정보를 이해하고 처리하는 법을 익힐 시간이 필요하다.

이와 유사하게 청각 장애를 겪다 인공 와우 이식을 받아 소리를 들을 수 있게 된 사람의 귀에는 처음엔 잡음만 들린다. 만일 어린 나이에 그런 처치를 받는다면, 뇌가 외부 세계 소음의 패턴을 인식해 그 패턴을 다른 것과 구별할 수 있는 신호로 전환한다. 하지만 나이 든 사람의 경우 갑자기 쏟아져 들어오는 새로운 감각 경험을 불편하게 느낄 수 있다. 이들은 너무 오랫동안 소리 없는 세상에서 살아온 탓에 이따금 인공 와우 제거 수술을 받기도 한다. 소리는 없지만 자신이 관리할 수 있는 익숙한 현실로 돌아가는 쪽을 택하는 것이다.[9]

뇌 입장에서는 처음엔 모든 것이 소음이다. 그러다 뇌가 소음에서 패턴을 알아채고, 그다음엔 한 차원 높여 패턴들끼리 상호작용하는 패턴을 알아챈다. 그다음엔 또다시 한 차원 높여, 상호작용하는 패턴의 집합이 그런 다른 패턴들의 집합과 상호작용하는 패턴을 알아챈다. 이런 식으로 비교적 단순한 패턴 인식에 더 고차원적인 패턴 인식이 쌓인 결과, 뇌에는 외부 세계에서 무엇을 예상할 것인가에 관련된 대략적 그림이 형성된다. 패턴 사이의 상호작용은 우리가 원인과 결과를 인지하는 토대가 된다. 공의 둥근 모양, 탁자의 딱딱한 모서리, 인형의 부드러운 팔꿈치, 이들 각각은 특정한 신경 경로를 자극한다. 그리고 해당 대상을 경험할 때마다 그 신경 경로가 강화되어, 나중에는 뇌가 외부 세계의 그런 특성들을 예상하게 되고 그것을 주변 환경과 연결 지어 이해하는 능력이 향상된다. 마찬가지로, 특정한 원인이 늘 특정한 결과를 낳으면 우리 내면의 패턴 인식 능력은 그것을 알아채고 예상을 내놓는다. 이를테면 이런 식이다. '내가 밤에 울면 엄마가 달려올 거야.' '으깬 감자를 먹으면 기분이 좋을 거야.' '벌에 쏘이면 아파.' 우리가 삶을 시작할 때는 예측 불가능한 혼란으로 가득하지만, 지각 내용의 규칙적 패턴을 토대로 예상하기 시작하고 그런 예상을 이용해 혼란스러운 세계에 예측 가능한 질서를 부여한다.

하지만 새로운 정보, 즉 낯설고 모호한 정보가 감각기관을 통해 들어올 때 그것은 우리의 주관적 현실에 곧장 추가되지 않는다. 내면에 쌓인 패턴 중 어느 것과도 일치하지 않는 정보는 여전히 소음으로 인식된다. 뇌가 그것을 반복적으로 경험해야 비로소 의미 있는 정보가 되는 것이다. 앞서 언급한 고양이가 가로줄을, 수술을 받은 시각장애인이 사물의 형태와 색깔을 인지하는 과정처럼 말이다. 그리고 모든 현실은 주관적이기 때문에, 즉 각 동물은 자신이 지닌 감각을 통해 한정되는 움벨트에서 살기 때문에, 해당 동물에게 인지되지 않는 패턴은 그 동물의 내면 현실의 일부가 될 수 없다. 자외선을 감지하지 못하는 생명체는 자외선이 존재한다는 사실을 모른 채 평생을 살 수 있다. 갯가재가 사는 세계는 인간이 눈으로 감지하거나 상상할 수 없는 색깔로 이뤄져 있다.

우리의 뇌는 두개골이라는 캄캄한 방에 갇혀 있어 절대 외부 세계를 직접 경험할 수 없다. 그러나 뇌 가소성 덕분에 무언가를 반복 경험하면 뉴런이 그에 상응하는 활성화 패턴을 즉시 형성한다. 이는 각 개인의 신경계에 독특한 예측 모형을 만든다. 나중에 유사한 상황에서 동일한 신경 회로를 동일한 방식으로 활성화하기 위한, 일종의 개인 맞춤형 휴지 전위가 형성되는 것이다.

요컨대 뇌는 감각기관을 통해 반복적으로 들어오는 정보를 이용해 캄캄한 두개골 안에서 외부 세계의 모습에 대한 내부 모형을 만든다. 수학자이자 철학자 버트런드 러셀Bertrand Russell은 이렇게 말했다. "관찰자가 자신은 돌을 보고 있다고 여기겠지만 물리학이 옳다면 사실 그는 돌이 자신에게 미치는 영향을 보고 있는 것이다."[10]

신경과학자 V. S.라마찬드란V. S. Ramachandran은 내게 깊은 지하 벙커에 있는 사령관이 작은 모형 탱크와 군인들이 놓인 커다란 탁자 앞에서 전투를 지휘하는 상황을 떠올리라고 했다. 이 사령관과 마찬가지로 뇌는 전장 상황을 보고하는 정찰병들에게 의지해 모형을 수정한다. 사령관은 외부 세계를 직접 볼 수 없고 벙커 안 탁자에 단순하게 재현한 모형만 볼 뿐이다. 새로운 보고가 들어오기 전까지는 눈앞에 있는 기존 모형으로 외부 세계의 현재 상황을 이해할 수밖에 없다. 모형이 어떻게 생겼든 당장은 그것을 이용해 계획을 세우고, 판단을 내리고, 목표를 세우고, 미래에 대한 결정을 내려야 한다. 만일 정찰병이 새로운 정보를 가져오지 않으면 이 모형은 바뀌지 않으며, 모형은 벙커 밖 현실과 상당히 다른 현실을 반영할 수도 있다. 그리고 만일 정찰병이 외부 세계에 관련된 특정한 정보를 한 번도 보고하지 않는다면 그것은 벙커 안 모형에 전혀 반영되지 않는다.

## SURFPAD 법칙, 뇌가 모호한 정보를 처리하는 법

드레스 논쟁이 벌어지기 전, 모든 현실이 머릿속에 있는 가상의 것이라는 사실은 신경과학계에 익히 알려져 있었다. 따라서 합의된 현실은 대개 물리적 위치가 만들어내는 결과다. 비슷한 환경에서 비슷한 이들을 접하며 자란 사람들의 뇌는 비슷한 경향이 있고, 따라서 비슷한 가상현실을 구성하곤 한다. 만일 그들의 의견이 충돌한다면 보통 추상적 관념이나 이론 때문이지 물리적 대상을 지각한 내용 때문은 아니다. 그런데 드레스 논쟁이 일어나자 모두가 혼란에 빠졌다. 의식과 지각을 연구하는 신경과학자 파스칼도 마찬가지였다.

파스칼은 문제의 드레스를 처음 봤을 때 흰색-금색으로 보였다. 하지만 아내에게 보여주자 다른 답이 돌아왔다. 아내는 파란색-검은색이라고 말한 것이다. "이 현상을 대체 어떻게 설명해야 할지 밤새 고민해도 답이 나오지 않더군요."

파스칼은 망막의 광수용기 및 그것과 연결된 뉴런을 다년간 연구한 덕분에, 자신이 약 30개 단계로 이뤄진 시각 정보 처리 과정을 충분히 안다고 생각했다. 그런데 '소셜 미디어에서 드레스 논쟁이 벌어진 2015년 2월에 그 모든 지식이 쓸모없게 느껴졌다'고 한다. 바로 그런 주제를 연구하는 학자인 파스칼은 의사들이 인체에서 새로운 장기를 발견했다는 소식을 들은 생물학자가 된 듯한 기분이었다.

파스칼은 자신이 혼란을 느낀 이유를 이렇게 설명했다. 우리가 볼 수 있는 빛의 스펙트럼(빨간색, 초록색, 파란색이라고 부르는 주요 색)은 전자기파의 특정한 일부 구역이다. 이 전자기파는 햇빛, 램프, 촛불 같은 광원에서 나온다. 광원에서 나온 빛이 레몬에 도달하면 레몬은 일부 파장의 빛은 흡수하고 나머지는 반사한다. 이때 반사된 빛이 눈동자를 통과해 안구 뒤쪽 망막에 도달한 후 전기화학적 신경 신호로 변환되면, 뇌가 이를 이용해 색깔 인식이라는 주관적 경험을 구성한다. 빛의 3원색인 빨강, 초록, 파랑 중 레몬은 파란색 파장을 흡수하고 빨간색과 초록색 파장을 반사한다. 그래서 이 반사된 두 색이 망막에 도달하면 뇌는 레몬을 이 둘의 합성색인 노란색으로 인지하게 된다.

출처가 불분명한 이 오리–토끼 그림은 '어떤 동물과 가장 닮았는가?'라는 문구와 함께 1892년 독일 잡지 《플리겐데 블레터(Fliegende Blätter)》에 처음 등장했다. 이 그림은 철학자 루트비히 비트겐슈타인(Ludwig Wittgenstein)이 지각과 해석의 차이를 설명할 때 사용하면서 유명해졌다. 그는 이렇게 썼다. '우리는 본다는 행위의 특정 측면이 혼란스럽다고 생각하는데, 이는 본다는 행위의 전체 프로세스가 혼란스럽다는 사실을 모르기 때문이다.'[11]

하지만 이 색깔은 우리의 머릿속에만 존재하는 것이다. 의식의 관점에서 볼 때 노란색은 상상이 만들어낸 허구다. 우리가 레몬이 노란색이라는 데(그리고 그것이 레몬이라는 데) 대체로 동의하는 이유는, 빛이 레몬에 도달한 후 반사되어 안구를 통해 뇌로 들어올 때 우리 모두의 뇌가 동일한 허구를 만들어내기 때문이다.

우리가 눈으로 본 대상에 대한 의견이 갈린다면 해당 이미지가 어떤 식으로든 모호하기 때문이다. 그리고 한 사람의 뇌와 다른 사람의 뇌는 각자의 방법으로 그 이미지의 모호함을 해소한다. 파스칼은 이러한 해소가 일어나는 대표적 예로 개인 내면의 쌍안정 착시intrapersonal bistable visual illusion를 들었다. 뇌가 두 가지 가능한 해석을 동시에 택할 수 없고 한 번에 한 가지 해석만 선택하므로 '쌍안정'이라고 하며,

루빈의 꽃병은 덴마크 심리학자 에드가르 루빈(Edgar Rubin)의 이름을 딴 것이다. 그는 1915년 박사 학위 논문에서 두 이미지가 경계를 공유할 때 일어나는 현상을 설명하기 위해 이 그림을 소개했다. 뇌가 안쪽 경계를 따라가면 두 사람 얼굴의 윤곽이 보이지만 바깥쪽 경계를 따라가면 꽃병이 보인다.

모두의 뇌가 동일한 두 가지 해석을 인정하므로 '개인 내면의'라는 말을 사용한다. 여러분도 그런 이미지를 한 번쯤 봤을 것이다. 예컨대 오리-토끼 이미지는 오리로 보였다가 토끼로 보였다가 한다. 뇌는 오리와 토끼를 동시에 볼 수 없고, 대부분의 사람은 이 두 가지 해석을 받아들인다. 꽃병으로도 보이고 마주 보는 두 사람의 얼굴로도 보이는 루빈의 꽃병도 마찬가지다.

그리고 물감으로 그렸든 스크린의 화소로 구현되었든 평면 이미지의 형태와 선이 우리가 과거에 본 적이 있는 대상과 유사하다면, 우리 뇌는 해당 이미지의 모호함을 해소하고 〈모나리자〉나 돛단배라고, 또는 오리나 토끼라고 결론을 내린다. 그런데 드레스가 만든 것은 새로운 현상, 즉 '개인 사이의' 쌍안정 착시interjacent bistable visual illu-

<sup>sion</sup>였다. 뇌가 한 번에 한 가지 해석만 선택하므로 '쌍안정'이지만, 모두의 뇌가 두 가지 가능한 해석 중 하나만 인정하므로 '개인 사이의'라는 표현을 사용한다. 이 때문에 파스칼이 드레스 논쟁을 보며 혼란스러웠던 것이다. 대상물에서 반사된 빛이 모두의 눈에 똑같이 들어갔고 모두의 뇌가 해당 이미지의 형태와 선을 드레스라고 해석했지만, 드레스를 똑같은 색깔로 해석하지는 않은 것이다. 지각과 의식 사이에서 어떤 일이 벌어지고 있음이 분명했고, 파스칼은 그것을 알아내고 싶었다. 그래서 연구비를 확보해 자신이 몸담은 뉴욕대학교 연구소의 팀원들과 드레스의 수수께끼를 푸는 일에 착수했다.

파스칼은 드레스 색깔을 놓고 의견이 갈린 이유에 대해, 우리가 보는 내용을 확신하지 못하거나 낯설고 모호한 대상을 만나면 '사전 확률<sub>prior probability</sub>'을 이용해 모호한 요소를 제거하기 때문이라고 추측했다. 이때 사전 확률은 외부 세계의 현상이나 사건을 반복 경험함으로써 형성된 신경 경로가 만들어내는 패턴 인식 층을 뜻한다. 사전 확률은 원래 통계학 용어지만, 과거 경험에 비춰볼 때 현재 외부 세계가 어떠해야 하는가에 대해 뇌가 가정하는 내용도 의미하게 되었다. 그런데 뇌는 거기서 더 나아간다. 파스칼과 카를로비치가 말하는 '상당한 불확실성'에 해당하는 상황을 만나면 뇌는 자신의 경험을 이용해 존재하지 않지만 '존재해야 마땅한' 것에 대한 환상을 만들어낸다. 다시 말해 새로운 상황을 만나면 뇌는 대개 자신이 보게 되리라고 예상하는 것을 본다.

파스칼은 이런 현상이 색각<sub>色覺</sub>에서 뚜렷하게 확인된다고 설명했다. 우리는 스웨터가 어두운 옷장 안에 있는데도 초록색이라고 말하고, 구름 낀 밤하늘 아래 있는 자동차를 파란색이라고 말한다. 이는 달라진 조명 조건이 익숙한 사물의 외양을 변화시키면 뇌가 스스로 사물의 색을 보정하기 때문이다. 우리는 '조명이 달라지면 대상의 정체성을 보존하기 위해 광원의 효과를 감소시키고 색채 항등성을 확보하려고' 시각 체계를 재조정하는 보정 메커니즘을 갖추었다. 뇌는 현재 경험하는 것을 과거에 경험한 것과 일치하도록 변화시킴으로써 이러한 보정을 달성한다. 지각심리학자 기타오카 아키요시는 이와 관련한 유명한 착시 사례를 제시했다(440쪽 QR코드 참조).

그릇에 빨간 딸기들이 담겨 있는 것처럼 보인다. 하지만 이 사진에는 빨간색 픽셀이 전혀 들어 있지 않다. 사진을 보는 당신의 눈에는 빨간색 빛이 들어오지 않는다. 대신 뇌는 이 사진이 파란색 빛에 과다 노출되었다고 가정한다. 그래서 뇌 스스로 파란색을 덜어내고 약간의 색깔을 추가한다. 다시 말해, 당신은 딸기를 보고 빨간색으로 느끼겠지만 그 빨간색은 사진에서 나온 것이 아니다. 당신이 어릴 때부터 딸기를 먹어봤고 지금껏 살면서 본 딸기가 빨간색이었다면, 딸기라는 익숙한 형태를 본 순간 당신의 뇌는 그것이 '당연히' 빨갛다고 가정한다. 이 사진에서 당신이 본 빨간색은 뇌에서 만들어진 것이다. 그것은 자신도 모르는 사이에 경험으로 형성된 가정이며, 시각 체계가 사실이어야 마땅하다고 여겨지는 무언가를 당신에게 제공하기 위해 한 거짓말이다.

파스칼은 드레스 사진이 이와 동일한 현상이 드물게 일상적 상황에서 일어난 결과물이라고 생각했다. 이 사진은 과다 노출로 찍힌 듯 배경이 하얗게 바래 보이고, 이 때문에 드레스 색깔이 모호해졌다.

그러자 사람들의 뇌는 '자신이 존재한다고 가정하는 광원의 효과를 감소시킴으로써' 그 모호함을 해소했으며, 이 모든 과정은 자신도 의식하지 못하는 사이에 일어났다.

이 사진은 흐린 날 싸구려 휴대전화로 찍었으며, 사진의 어떤 부분은 밝고 어떤 부분은 어둡하다. 파스칼은 이런 정보를 빠르게 나열한 뒤 물었다. "그렇다면 우린 무엇을 알 수 있을까요?"

"조명이 애매한 거군요?" 내가 대답했다.

"맞아요!" 파스칼은 사람들의 뇌가 조명의 모호함을 해소한 방식에 따라 뇌에서 인식한 색깔이 달랐던 것이라고 설명했다. 어떤 이들은 그 모호함을 해소해 파란색-검은색이라고 결론 내렸고, 다른 이들은 흰색-금색이라는 결론을 내렸다. 딸기의 경우와 마찬가지로 사람들의 뇌는 스스로에게 거짓말을 함으로써, 즉 존재하지 않는 조명 조건을 만들어냄으로써 결론에 도달했다. 요컨대 사람들이 드레스 색깔을 다르게 본 것은 뇌가 서로 다른 거짓말을 했기 때문이고, 이로써 그들은 양립할 수 없는 주관적 현실을 갖춘 두 진영으로 나뉜 것이다. 그런데 그 다름은 왜 발생했을까?

파스칼은 자신의 가설을 끝까지 탐구해 답을 얻었다. 1만 명 이상의 피험자를 모집해 2년간 연구를 진행한 그는 분명한 패턴을 발견했다. 평소 누르스름한 인공조명에 익숙한 사람(대개 실내에서 또는 밤에 일하는 사람)일수록 드레스를 파란색-검은색으로 보는 경향이 있었다. 이는 그들의 뇌가 무의식적 시각 정보 처리 과정에서 드레스가 인공조명을 받고 있다고 가정해 노란색을 덜어내고 더 어두운 파란색-검은색으로 인식하기 때문이다. 하지만 자연광 아래 많은 시간을 보내는 사람(낮에 또는 야외나 창문 근처에서 일하는 사람)은 파란색을 덜어내고 흰색-금색으로 인식하는 경향을 보였다. 그리고 여기서 우리가 주목할 점은 두 집단 모두 드레스 색깔에서 모호함을 '느끼지 않았다는' 사실이다.[12]

사람들이 주관적으로 어떤 색깔로 인식하든 그들에게 그것은 모호하게 느껴지지 않았다. 이는 그들이 자기 뇌의 프로세스가 만든 결과물만 경험하기 때문이다. 그리고 그 결과물은 빛에 대한 각 개인의 과거 경험에 따라 달라진다. 따라서 뇌가 하는 거짓말이 그들 각각에게는 참이라고 느껴진다.

파스칼의 연구 팀은 이를 SURFPAD 법칙이라고 부른다. 상당한 불확실성Substantial Uncertainty이 분기된Ramified 또는 갈라진Forked 사전 확률Priors이나 가정Assumptions과 만나면 의견 불일치Disagreement가 발생한다는 뜻이다.

다시 말해, 진실이 불확실하면 뇌는 과거 경험을 토대로 가장 옳다고 느껴지는 현실을 만들어냄으로써 그 불확실성을 해결한다. 뇌가 비슷한 방식으로 불확실성을 해결하는 사람들끼리는 의견이 일치한다. 드레스를 파란색-검은색이라고 인식한 사람들처럼 말이다. 한편 뇌가 그와 다른 방식으로 불확실성을 해결한 사람들끼리도 의견이 일치한다. 드레스를 흰색-금색으로 본 사람들처럼 말이다. SURF-PAD 법칙의 핵심은 이 두 집단이 각자 자신의 의견을 확신한다는 점에 있다. 이쪽 집단 사람들은 저쪽 집단 사람들(수가 얼마든 상관없이)의 의견이 틀렸다고 느낀다. 그리고 양쪽 모두 상대편 집단이 진실을 못 보는 이유를 찾는다. 자기 자신도 진실을 보지 못하고 있을 가능성은 배제한 채 말이다.

　최근 우리는 SURFPAD 법칙의 한 예를 목격했다. 2020년 코로나 19 백신 접종이 시작되었을 때 나타난 다양한 반응이 그것이다. 대다수는 백신이나 전염병학 전문가가 아니므로, 백신의 원리와 자신이 취해야 할 행동에 대한 정보가 낯설고 모호하게 다가왔다. 이 불확실성을 해소하기 위해 사람들은 백신이나 병원과 관련한 자신의 경험, 과학 기관에 대한 신뢰, 정부에 대한 태도를 총동원했다. 그 결과 어떤 이들은 백신이 안전하고 효과적일 가능성이 크다는 결론에 도달했다. 반면 어떤 이들은 백신을 거부하기로 결정했고 백신 음모론을 믿기에 이르렀다. 양쪽 그룹 모두 자신과 견해가 다른 사람들이 진실을 못 보고 있다고 생각했다.

　우리는 모호해 보이는 새로운 정보를 마주치면 자신도 모르게 과거 경험을 토대로 모호함을 해소한다. 하지만 인생 경험이 다른 개인은 서로 매우 다른 방식으로 모호함을 해소할 수 있고 따라서 매우 다른 주관적 현실이 생겨난다. 그리고 상당한 불확실성이 존재하는 상황에서 그런 프로세스가 진행되면, 우리는 현실 자체를 놓고 격렬하게 논쟁할 가능성이 있다. 그러나 양쪽 모두 그런 논쟁에 이르게 된 뇌의 프로세스를 인지하지 못하기 때문에 자신과 관점이 다른 상대편이 틀렸다고 믿는다.

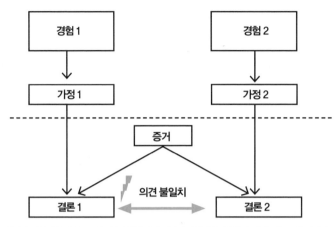

**결론이 형성되는 원리**

"이 도식에서 결론이란 뇌의 프로세스를 거쳐 우리가 의식적 차원에서 이용할 수 있게 되는 모든 것이다(지각, 결정, 해석 등). 결론을 평가할 때 점선 위의 것들은 의식적으로 고려되지 않는 경우가 많다. 그중 일부는 의식이 알아채지 못하기도 한다. 위 그림은 개인 간에 발생할 수 있는 유일한 차이가 아님을 기억하라. 개인의 뇌에는 선천적 차이가 있을 수 있다. 아마도 그럴 가능성이 크지만 우리는 그에 대해 거의 모른다. 이 도식은 서로 다른 가정이 다른 결론을 초래할 수 있음을 보여준다. 그렇다고 다른 요인들이 전혀 중요하지 않다는 의미는 아니다. 또 이 도식은 두 개인의 차이만 나타냈음을 명심하라. 두 명 이상이 되면 상황은 훨씬 더 복잡해진다."
출처: '블로그 '파스칼의 팡세Pascal's Pensées'(https://pensees.pascallisch.net/?p=2153)

### 회색 크록스 vs 분홍색 크록스

파스칼은 서로 다른 과거 경험과 가정이 모호한 이미지의 지각에 미치는 영향에 대한 초반 연구를 끝낸 후, 드레스 논쟁에서 목격한 현상을 재현해 SURFPAD 법칙을 검증하는 작업에 착수했다.

그는 자신의 집에서 동료 마이클 카를로비치와 함께 연구를 진행한 좁고 깜깜한 작업실을 내게 보여주었다. 그곳에는 온갖 색깔의 크록스 신발과 양말, 다양한 LED 조명, 서류가 가득했다. 전부 그들의 '유레카' 순간을 만들어낸 공신이었다. 그들은 인지적 핵폭탄을 만드는 데 필요한 재료를 구하러 뉴욕 시내를 정신없이 돌아다녔다고 했다.

파스칼은 핵폭탄이라고 표현한 이유를 이렇게 설명했다. 과학적 탐구라는 사다리는 기술description → 설명explanation → 예측prediction → 창조creation 순서로 이루어져 있다. 예를 들어 우리는 건조한 지역에서 발견한 풀의 종류를 '기술'하고 분류 체계를 만든다. 그런 다음 풀들이 특정한 형태를 띠는 이유를 '설명'하고, 이를 활용해 아직 가보지 않은 다른 건조 지역에서 발견할 가능성이 있는 풀을 '예측'한다. 마지막 '창조'는 우리가 대상을 충분히 이해해 실험실에서 재현할 수 있어야만 도달 가능한 단계다.

우리는 풀을 창조할 수 없지만 핵폭탄은 창조할 수 있다. 핵반응을 일으킨 것은 관련 법칙 뒤에 숨어 있는 과학을 정확하게 이해했기 때문이다. 즉 기술-설명-예측-창조라는 단계를 거쳤기 때문이다. 더 알아내야 할 것이 전혀 없다는 얘기가 아니다. 우리가 아직 모르는 것은 언제나 존재한다. 그러나 이 단계들에 관한 한 물리학은 예측 단계를 훨씬 넘어섰으며, 이것이 심리학 분야와 크게 다른 점이다.

파스칼은 이에 대해 열변을 토했다. 그는 사회과학이 출발점으로 돌아가 물리학이 실험을 설계하는 것과 같은 방식으로 연구를 수행해야 한다고 생각했다. 드레스 사진과 관련된 현상은 그런 접근법을 시도해볼 좋은 기회였다. 세상에 하나뿐인 독특한 이미지였기 때문이다. 파스칼은 쉽사리 생기지 않는 특정한 조건에서 일어난 현상을 기술했다. 그리고 자신의 가설이 맞는지 제대로 검증하려면 과학적 탐구라는 사다리의 높은 곳으로 올라가야 했다. 따라서 드레스 사진 뒤에 숨은 과학을 기술하고 설명하는 단계를 마친 후 예측과 창조 단계로 넘어갔다. 그는 카를로비치와 함께 인지 분야의 핵폭탄에 해당하는 것을 만들기로 했다. 크록스와 양말을 이용해서 말이다.

우선 드레스와 동일한 상황을 만들기 위해 물건 색깔이 모호한 사진을 찍어야 했다. 즉 흑백사진으로 보면 형태는 알아볼 수 있지만 색깔은 무의식에 저장된 경험과 가정을 토대로 추정해야 하는 물건 말이다. 그런 다음 사람들에게 조명과 관련한 신호를 줄 방법을 궁리해야 했다. 다른 경험은 다른 추측을 낳고 이는 다른 현실을 만들어낸다. 색각 연구를 자주 했던 카를로비치는 이런 가설을 세웠다. 색깔이 모호한 물건과 분명해 보이는 물건을 함께 제시하면 사람들이 후자의 색깔을 조명과 관련한 신호로 사용해 전자의 모호성을 제거할 것이라는 가설이었다.

카를로비치는 이런 조건을 충족할 물건을 몇 주 동안 찾았다. 달걀(닥터 수스 그림책의 영향으로 어떤 이들은 노란색이라고, 어떤 이들은 초록색이라고 가정할 것 같았으므로)에서 플라밍고 모형(사람에 따라 흰색 또는 분홍색이라고 생각할 것이므로)에 이르기까지 온갖 물건을 시도해봤다. 하지만 실험 목적에 딱 들어맞는 물건을 찾기가 쉽지 않았다. 그러던 어느 날 대학원 시절 녹색 조명을 설치한 식물 재배실에서 작업하는 친구를 도운 경험이 떠올랐다.

녹색 식물은 가시광선의 파장 대부분을 흡수하고 뇌가 녹색으로 인식하는 파장을 반사한다. 그 파장이 눈에 도달해 식물이 녹색으로 보이는 것이다. 따라서 특정 파장의 녹색 빛을 비추면 식물은 어둠 속에 있다고 느낀다. 말하자면 녹색 식물은 녹색을 '보지' 못한다. 이 때문에 녹색 조명으로 인공적인 밤을 만들면 식물의 일주기 리듬을 방해하지 않고 작업할 수 있다. 카를로비치는 녹색 조명을 설치한 친구의 식물 재배실에 갔다가 특이한 현상을 발견했다. 그는 재배실에서 친구가 신고 있는 크록스가 회색이라고 생각했다. 하지만 야외의 햇빛 아래서 보니 분홍색이었다. 그런데 희한하게도 크록스를 재배실에서 다시 보니 그때는 '분홍색'으로 보였다! 크록스는 재배실 안에서 처음 본 회색으로 절대 돌아가지 않았다.

색 과학자인 카를로비치는 그 이유를 이렇게 추측했다. 분홍색 크록스는 녹색 조명이 켜진 방 안에서 회색으로 보인다. 분홍색 빛을 전혀 반사할 수 없기 때문이다. 하지만 분홍색 파장을 포함한 햇빛 아래서는 당연히 분홍색으로 보인다. 재배실에 다시 들어갔을 때 그가 보는 크록스의 색깔이 회색으로 돌아가지 않았다는 것은, 객관적 현실은 달라지지 않았음에도 그의 주관적 현실이 달라졌음을 의미한다. 그의 뇌에서 시각 정보 처리 단계에 변화가 생긴 것이다. 딸기 착시의 경우처럼, 그의 뇌가 크록스를 분홍색이라고 예상했기 때문에 분홍색으로 보였다. 실제로는 분홍색 파장이 반사되어 눈에 들어가지 않았는데도 말이다. 드레스 사진처럼 지각적 모호성을 지니면서 그것을 대신할 수 있는 물건을 찾던 카를로비치는 식물 재배실의 경험을 떠올렸다. 드디어 답을 찾은 것 같았다. 대형 마트에 가면 양말에 크록스를 신은 사람을 흔히 볼 수 있고 대개는 흰색 양말을 신고 있다. 양말과 크록스, 이 둘이면 되겠다는 생각이 들었다.

파스칼과 카를로비치가 추측한 내용은 이랬다. 분홍색 크록스와 흰색 양말을 조합한 뒤 녹색 불빛을 비추면 크록스는 식물 재배실에서처럼 회색으로 보일 것이다. 하지만 흰색 양말은 녹색 빛을 반사하므로 녹색으로 보인다. 만일 양말이 녹색으로 염색되었다고 생각하는 사람은 조명에 별다른 특이점이나 문제가 없다고 추측하고 아무런 뇌 내 보정 없이 이미지를 보이는 대로 받아들일 것이다. 그러나 양말이 흰색일 것이라 예상하고 흰색으로 보는 경우, 자신도 모르는 사이에 뇌가 과다 노출된 녹색 빛을 덜어내고 분홍색을 추가하는 식으로 이미지를 보정할 것이다. 만일 그들의 추측이 옳다면, 사람들은 무의식적으로 어떤 가정을 하느냐에 따라 같은 사진을 다르게 볼 것이었다.

그들은 이런 가설을 세운 후 필요한 물건을 사서 파스칼의 작업실로 가져갔다. 카를로비치가 녹색 조명 아래서 양말과 크록스를 신었고 파스칼이 사진을 찍었다. 그들은 이 사진을 피험자들에게 보여주고 어떤 색으로 보이느냐고 물었다. 결과는? 파스칼과 카를로비치의 예상대로였다. 어떤 이들은 회색 크록스와 녹색 양말이라 답했고, 어떤 이들은 분홍색 크록스와 흰색 양말이라고 답한 것이다. 드레스 사진의 경우처럼 피험자들은 일단 한 가지 방식으로 보면 다른 방식으로는 보지 못했다(440쪽 QR코드 참조).

이로써 그들은 인지적 핵폭탄을 만들었다. 사진 100억 장 중 약 1장에서 우연히 나타날 법한 현상을 인위적으로 만들어낸 것이다. 과학 방법론과 실험 설계 측면에서 보면 이것만으로도 적지 않은 성과였다. 하지만 파스칼과 카를로비치가 보기에 이것은 뉴런 차원에서 SURFPAD 법칙이 옳다는 것을 말해주는 증거였다. 데이터가 더 중요한 뭔가를 말해주었기 때문이다. 즉 나이 든 사람들은 크록스를 분홍색으로, 젊은 사람들은 회색으로 보는 경향이 있었다.[13]

왜일까? 나이 든 사람은 흰색 양말을 더 많이 경험했으므로 양말이 흰색일 것이라고 예상했기 때문이다. 그들의 머릿속에서 양말은 '흰색이어야 마땅한' 물건이다. 따라서 대상의 모호함을 제거해 양말을 흰색으로 결론 내렸다. 그러자 그들의 뇌는 조명이 녹색일 것이라고 가정했고, 따라서 크록스는 분홍색일 것이라고 인식했다. 반면 젊은 사람은 색깔 양말을 더 많이 경험했으므로 그들의 머릿속 경험과 가정은 양말이 '실제로 녹색'이라고 판단했다. 따라서 사진을 볼 때 뇌에서 무의식적 수정이 일어나지 않았다.

파스칼은 뉴욕대학교 연구실의 벽에 걸린 대형 텔레비전에 크록스 사진을 띄워서 보여주며 말했다. "망막에 도달한 상을 있는 그대로 받아들일 경우 크록스가 회색으로 보입니다. 하지만 나이 든 사람의 뇌는 이렇게 생각하죠 '아, 이건 내가 아는 물건이야. 이건 흰색이 틀림없어! 조명이 분명히 녹색일 거야.' 따라서 전체 이미지에서 무의식적으로 녹색을 덜어내고, 결국 크록스를 분홍색으로 바꿔서 보는 겁니다."

그런데 여기서 복잡한 문제가 생긴다. 크록스는 자연광에서 '실제로' 분홍색이므로, 분홍색으로 본 사람들은 '사진 이면의' 진실을 보는 것이다. 하지만 사진에 분홍색 픽셀은 전혀 없으므로 회색으로 본 사람들은 '사진의' 진실을 보는 것이다. 동일한 사진이지만 양말과 관련한 과거 경험 및 가정에 따라 2개의 진실이 존재한다. 그렇다면 어떤 주관적 진실이 더 진짜 진실이라고 말할 수 있을까?

파스칼은 이 지점에서 꽤 열정적으로 설명했다. 둘 중 어느 쪽도 옳거나 틀린 것이 아니며, 따라서 어느 한쪽만 옹호한다면 더 중요한 점을 놓치게 된다고 했다. 객관적 현실과 주관적 현실이 다를 수 있다는 점 말이다. 사람들에게 2개의 진실을 모두 환기해야만 더 깊은 진실이 있다는 점을 일깨울 수 있으며, 대화를 통해서만 양쪽에게 다르게 보이는 수수께끼를 해결할 희망이 생긴다.

## 내 믿음이 객관적이라는 착각

파스칼은 자신의 연구를 소개한 글에서 '각 개인의 가정은 지각에 명백한 영향을 미칠 수 있다'면서 이렇게 썼다. '우리는 의견 불일치의 근본적 이유를 설명하는 원칙을 도출했다.' 또 과학자들은 이 원칙을 토대로 크룩스 사례 같은 의견 불일치 상황을 얼마든지 설계할 수 있으며 '일반적으로 의견 불일치가 발생하는 원리를 이해할 수 있다'고 덧붙였다. 흰색 양말로 본 그룹은 자신의 가정을 수정하지 않았다. 대신 눈앞의 이미지를 머릿속 모형에 맞게 수정했다. 그들의 뇌는 자신이 보게 되리라고 예상한 것을 보았다.

파스칼과 카를로비치는 양말과 크룩스 실험이 사람들이 증거를 마주하고 마음을 바꾸거나 바꾸지 않는 이유를 이해하는 데 중요한 단서를 제공한다는 점을 설명하느라 상당한 시간을 할애했다. 그들은 이 실험이 정치, 음모론, 시사 이슈, 과학을 부정하는 견해 등을 둘러싼 극단적 의견 충돌을 이해할 수 있는 결정적 실마리를 던져준다고 말했다.

"우리는 시각적 정보 프로세스의 30개가 넘는 단계를 거친 뒤 이미지를 의식적으로 경험합니다." 파스칼의 말이다. 우리는 프로세스가 아니라 최종 결과물만 인식한다. 드레스 이미지를 처리하는 과정에서 뇌가 불확실성을 감지하고 모종의 방식으로 모호함을 제거하지만, 우리는 그 불확실성을 의식적으로 느끼지 못한다. 불확실성이 매우 은밀하게 제거되기 때문에, 즉 그 과정이 무의식적으로 반드시 일어나기 때문에 사람들 사이에 격렬한 논쟁이 일어난다. 서로 다른 경험과 동기가 작용해 서로 다른 방식으로 모호함을 제거하면 의견 불일치가 생길 수밖에 없다. 그럴 때 우리는 충돌이 일어나는 '이유'를 모른 채 충돌한다. 그 결과 끊임없이 논쟁하면서 상대방에게는 주관적 현실이 아닌 무언가를 서로에게 납득시키려고 애쓴다. 우리 자신에게 주관적 현실은 어떤 필터도 거치지 않은 확실히 옳은 진실로 느껴진다.

모호함을 제거하는 자신의 방식이 명백히 옳다고 느끼는 이런 인지적 맹점을 나타내는 심리학 용어가 있다. 소박실재론naive realism이다. 이는 자신이 특정한 가정이나 해석, 편향, 감각의 한계에 얽매이지 않고 세상을 객관적으로 바라본다고 믿는 경향을 말한다. 이 용어를 널리 알린 심리학자 리 로스는 우리가 자신이 뭔가에 영향을 받지 않은 사고와 지각을 통해 신중하고 이성적인 분석을 거친 후 현재의 믿음과 태도, 가치관을 갖게 되었다고 믿는 것이 이 경향 때문이라고 설명했다. 다른 경험과 가정을 갖고 있으면 다른 방식으로 모호함을 해소할 수 있다는 사실을 인식하지 못한 채, 자신이 오랫동안 정확한 현실을 보아왔다고 믿는다. 사실을 있는 그대로 관찰하고 이해한 결과 자신이 현재와 같은 결론에 이르렀다고 믿는다. 로스에 따르면, 그렇기 때문에 어떤 주제에서든 논쟁의 양쪽 진영이 각자 자신의 견해만이 현실에 토대를 둔 옳은 견해라고 주장한다.

드레스 사진이 보여주듯, 모호함을 해소하는 서로의 방식이 충돌하면 사람들은 상대편이 다른 관점을 가질 수 있다는 사실을 이해하기 힘들다.

파스칼과 카를로비치는 자신들의 연구가 중요한 이유를 설명하면서 이렇게 썼다. '오늘날 우리 사회는 많은 주요 현안에서 역사상 그 어느 때보다 심각하게 분열돼 있다.' 퓨 리서치 센터Pew Research Center의 조사도 이를 뒷받침한다. 이 기관의 보고서는 '현재 공화당 지지자들과 민주당 지지자들은 지난 20년의 어느 시점보다도 이념적 노선에 따라 극명히 분열되어 있으며 당파적 반감 역시 어느 때보다 깊고 광범위하다'[14]라고 적었다.

기후변화부터 천연가스 추출 기술인 프래킹fracking, 부정선거, 건강보험 개혁에 이르기까지 온갖 이슈와 관련해 사람들은 서로 완전히 다른 별개의 현실을 살고 있는 듯하다. 이 같은 대립이 최근 가장 뚜렷하게 나타난 것은 코로나19를 두고 일어난 분열이다. 퓨 리서치 센터의 미국 내 여론조사에 따르면 공화당 지지자의 약 75퍼센트가 코로나19 상황이 최악이었던 기간에 정부가 팬데믹에 잘 대응했다고 대답한 반면, 민주당 지지자와 지지 정당이 없는 시민 중에서는 그렇게 대답한 비율이 30퍼센트에 불과했다. 정권이 바뀐 후에는 마스크 착용 거부자들과 마스크 지지자들 사이에 물리적 충돌이 일어났고, 백신 접종 거부자들이 백신 찬성자들과 현실에 대한 서로 다른 해석을 놓고 논쟁을 벌였다.[15]

파스칼과 카를로비치는 '달갑지 않은 결과에 이르지 않으려면 의견 충돌이라는 현상을 더 깊이 탐구해야 한다'라고 했다. 하지만 정치적 의견 충돌을 연구할 때 수반되는 문제가 있다. 결과는 단순해

보이지만(신념 스펙트럼의 양극단에 위치한 두 이념적 진영) 그 결과를 만들어 내는 사람 간 상호작용과 관련한 내적 체계가 대단히 복잡하게 얽혀 있다는 점이다. 현실에 대한 해석이 양극으로 갈리는 이유를 제대로 설명하기 위해서는, 정치적 측면의 분석뿐 아니라 추론과 동기, 사회적 보상, 사회적 비용, 규범, 믿음, 태도, 가치관을 아우르는 심리적 측면에 대한 통합적 관점의 이해가 필요하다. 게다가 사람 간 상호작용만 관찰해서는 안 되고 각 개인의 뇌에서 일어나는 일, 뉴런과 호르몬, 신경절이 하는 일까지 살펴야 한다.

파스칼은 양말과 크로스 연구에 대한 글에 이렇게 썼다. '이런 문제를 우회할 수 있는 전략은 대신 지각적 불일치를 탐구하는 것이다. 지각적 불일치는 특정한 선입견이 개입할 가능성이 거의 없는 주제이므로 사람들은 열린 마음으로 그 연구 결과를 받아들인다. 다행히 우리는 우연히 드레스 사진을 만났다. 그것은 지각과 관련된 격렬한 의견 충돌을 야기하는 이미지였다.'

### 프레임 경쟁, 의견은 같지만 해석이 다르다

드레스 사진이 주는 첫 번째 교훈은 모든 현실은 가상인 탓에 의견 충돌이 지각적 가정의 차원에서 시작된다는 사실이다. 그러나 지각 불일치에서 끝나는 것이 아니다. 파스칼이 말했듯 개인의 머릿속에 있는 세계는 지금까지 외부 세계에서 경험한 것의 집합체인 동시에 믿음, 태도, 가치관이라 부르는 가상의 추상적 관념의 체계이므로 '개념과 관련한 불일치의 기저에 놓인 법칙 역시 지각을 다스리는 법칙과 동일하다'고 볼 수 있다.

이쯤에서 내 마음을 점령한 수수께끼 하나가 조금씩 풀리기 시작했다. 찰리 비치의 생각을 바꿔놓은 객관적 증거가 왜 나머지 음모론자들과 찰리를 추방한 음모론 커뮤니티에는 통하지 않았는가 하는 의문 말이다. 앞으로 살펴보겠지만, 나는 내부 모형이 서로 다른 개인들이 대상이나 현상의 모호함을 해소하려 할 때 문화적 요인과 내면 동기에 영향받는다는 사실을 알게 되면서 이 의문에 대한 더욱 명료한 답을 얻었다.

불확실성을 만났을 때 자신이 불확실함을 느낀다는 사실을 인지하지 못하는 경우가 많다. 그리고 그 불확실성을 해결할 때 각자의 지각적 경험 및 가정에 무의식적으로 의존하기도 하지만 때로는 그것을 적극적으로 이용하며, 이때 정체성과 소속 욕구, 사회적 비용, 신뢰나 평판의 문제 등이 동기로 작용한다.

심리학에서는 이를 프레임 경쟁frame contest이라고 부른다.[16] 사실에 대해서는 의견이 일치하지만(총기 난사는 심각한 문제다) 그 사실에 대한 해석은 일치하지 않는 것이다(그런 사건이 일어난 것은 X 때문이다 / 아니다, Y 때문이다).[17]

SURFPAD 법칙이 말해주듯, 그렇기 때문에 각자에게 명백하게 느껴지는 상황을 두고 사람들 사이에 의견 충돌이 일어난다. 충돌에 이르게 된 뇌의 프로세스를 인지하지 못하므로 객관적 현실을 놓고 싸움을 벌이는 것처럼 느껴진다. 그 객관적 현실이란 각자 자신의 눈에 진실로 여겨지는 현실이다. 이 같은 의견 충돌은 종종 집단 간 충돌로 이어지는데, 이는 대체로 유사한 경험과 동기를 지닌 사람들이 대체로 유사한 방식으로 모호함을 해소하는 경향이 있기 때문이다.

온라인에서든 오프라인에서든 그들은 믿음이 가는 동지들이 자신과 관점이 같다는 사실만으로도 해당 관점이 옳다는 것을 증명하기에 충분하다고 느낄 수 있다. '우리가 옳고 저들이 사실 측면에서 또는 도덕적으로 틀렸다'고 확신하게 된다.

파스칼은 이렇게 설명했다. '그런 이들의 견해와 상충하는 증거를 제시해도 그들의 믿음을 바꾸지는 못한다. 오히려 그들은 믿음이 더 강해진다. 이는 얼핏 이상해 보이지만 SURFPAD 법칙에 입각해서 보면 충분히 가능한 현상이다.' 그는 이런 상황을 상상해보라고 했다. 누군가가 평소 신뢰하는 뉴스 매체에서 특정 정치인을 지속적으로 좋지 않게 묘사한다. 만일 다른 뉴스 채널에서 해당 정치인을 긍정적으로 묘사해도 그의 뇌에서는 업데이트가 이루어지지 않는다. 대신 그의 뇌는 파스칼의 실험에서 흰색 양말이라고 답한 이들의 뇌처럼 작동한다. 그에 따라 조명이(정치인에 대한 긍정적 묘사가) 이상하다고 가정하고 무시해버린다. 그리고 자신의 주관적 현실을 객관적 현실로 느낀다.

두 번째 교훈은 이것이다. 소박실재론 탓에 우리는 주관적 현실을 객관적 현실이라고 느끼고, 따라서 타인의 마음을 바꾸려면 그들에게 자신의 견해를 뒷받침하는 사실을 알려주면 된다고 생각한다. 내가 읽거나 목격한 것을 상대방도 읽거나 목격하면 당연히 그 사람도 나처럼 해당 사안을 깊이 숙고해본 뒤 나와 같은 관점을 갖게 되리라 여기는 것이다. 따라서 자신의 견해에 동의하지 않는 사람이 있다면 그는 필요한 사실 정보를 충분히 제공받지 못해서 그런 것이라고 가정한다. 그 정보를 모두 알고 나면 그들도 자신의 견해에 동의할 것이라고 생각한다. 그렇기 때문에 사람들이 견해가 다른 이들과 논쟁을 벌일 때 실상은 효과가 없음에도 자신이 믿을 만하다고 여기는 온갖 출처 링크를 복사해 붙이는 것이다. 물론 그들은 상대편이 잘못 판단했거나, 정신이 나갔거나, 정보가 부족하거나, 또는 그냥 완전히 틀렸다고 믿는다. 문제는 상대편 역시 그렇게 생각한다는 점이다.

우리는 언제나 모호함 제거 프로세스를 거친 뒤 결론에 도달한다. 그러나 그 과정은 우리가 인지하지 못하는 사이에 각자의 뇌 안에서 일어난다. 우리는 최종 결과물만 의식적으로 경험할 뿐이다. 우리는 자신이 세상을 있는 그대로 경험한다고 믿는다. 따라서 인원수가 많은 집단이 자신이 경험하는 현실이 객관적 현실이라고 확신하는 상태에서 인원수 많은 또 다른 집단 역시 그렇게 확신할 때, 드레스 사례처럼 인터넷을 뜨겁게 달구는 논쟁이 시작되는 것이다. 그리고 그런 확신의 충돌 때문에 종교재판과 백년전쟁, 큐어넌 현상, 글로벌 팬데믹 와중의 마스크 착용 반대 시위가 일어나는 것이다.

파스칼은 연구실에서 내게 드레스 사진을 보여줬다. 내 눈에 그것은 파란색-검은색으로 보였지만 판단에 확신이 들지 않았다. 파스칼은 내가 확신하지 못하는 것이 잘된 일이라고 했다. 일종의 깨달음을 얻은 것이라면서 말이다.

과학자인 파스칼은 증거를 갖춘 결론만이 고려할 가치가 있는 결론이라고 믿는다. 자신의 현재 생각이 틀릴 수 있고 자신의 해석은 말 그대로 하나의 해석일 뿐이라는 사실을 인정하는 사람은 현재의 생각을 재고하게 하는 새로운 증거를 만났을 때 마음을 바꾸기가 더 쉽다.

파스칼은 자신과 이름이 같은 17세기 철학자 블레즈 파스칼<sup>Blaise</sup>

Pascal의 말도 인용했다. 파스칼은 사후 출간된 『팡세』에서 이렇게 적었다. '사람들은 모든 면을 보지 못했다는 점에 대해서는 화를 내지 않지만 틀렸다는 말은 듣기 싫어한다. 아마도 그것은 본래 사람이 모든 것을 볼 수는 없고, 우리의 감각이 인지하는 것은 항상 진실하기에 자신이 바라보는 방향에서는 본래 틀릴 수가 없기 때문일 것이다.' 그리고 이렇게 덧붙였다. '일반적으로 사람들은 타인의 머리에서 나온 이유보다 자신이 찾아낸 이유에 더 잘 설득당한다.'[18]

파스칼은 이 말에 공감했다. 참고로 파스칼은 이 철학자를 기리는 의미로 자신의 블로그 이름을 '파스칼의 팡세'라고 지었다.

"우리에게는 SURFPAD 법칙에 입각한 담론이 필요합니다. 모두가, 아니 적어도 많은 이들이 의견 충돌의 기저에 무엇이 있는지 이해하는 문화 말입니다." 그는 드레스 사진을 치우고 연구에서 사용한 분홍색 크록스를 가져왔다. "우리가 삼차원을 지각할 수 없다는 사실을 아시나요?" 물론 내 대답을 들으려고 한 질문이 아니었다. 나는 손에 들었던 크록스를 내려놓고 노트를 펼쳤다.

파스칼은 이렇게 설명했다. 망막 표면은 평평한 이차원이다. 따라서 망막에 맺히는 이미지는 이차원이지만 뇌가 익숙한 단서를 이용해 삼차원 세상을 구성해낸다. 이를테면 어릴 때 멀리 있는 물건을 잡으려 손을 뻗거나 가까이 있는 물건에 머리를 부딪히는 등의 경험이 그런 단서를 구성한다. 레몬의 노란색과 마찬가지로 삼차원 지각은 일종의 착시 현상이다. 그것은 전적으로 뇌 안에서 일어나는 일이다. 이 때문에 3D 영화를 볼 수 있고 삼차원적 공간감이 느껴지는 그림을 그리거나 감상할 수 있다. 화가가 익숙한 시각적 단서를 재현하면 우리는 자신의 경험을 토대로 머릿속에 삼차원 표현물을 만들어 내며, 본질적으로 그 모든 것은 뇌가 사실이어야 마땅하다고 여기는 것을 우리에게 알려주기 위해 꾸며내는 거짓말이다.

뇌는 불확실한 세계를 경험하고 처리하기 위해 수많은 가정을 할 수밖에 없다고 파스칼은 설명했다. 보통 이는 우리가 세상을 살아가는 데 도움이 된다. 사실 수백만 년 동안 그래왔다. 문제는 우리가 그 가정들을 과도하게 적용할 때 발생한다. 파스칼은 이를 타이핑할 때 자동 수정 기능의 제시어를 무조건 다 받아들이는 데 비유했다.

"우리는 그걸 넘어서야 합니다. '나도 당신도 SURFPAD 법칙에서 자유롭지 못하다'라고 인정해야 합니다. 그럴 때 우리는 메타적 수준으로 올라섭니다. '나의 사전 경험과 가정은 무엇인가? 우리는 서로 다른 사전 경험과 가정을 갖고 있는가?'를 생각해보는 거죠. 그러면 상대방이 특정 견해를 갖게 된 이유를 어느 정도 이해할 수 있습니다. 나는 소셜 미디어에서 충격적인 견해를 숱하게 목격했습니다. 하지만 이제는 그들과 언쟁하지 않습니다. 입씨름을 시작하면 그들의 견해가 훨씬 더 완강해지니까요. 따라서 우리에게는 새로운 논쟁 문화가 필요합니다. SURFPAD 법칙을 이해하는 문화 말입니다."

나는 파스칼이 상당히 중요한 점을 포착했다고 생각한다. 인류 역사에서는 그동안 이런 과학적 연구가 우리 자신을 이해하는 방식을 여러 번 바꿔놓았다. 코페르니쿠스 혁명, 자연선택을 중심으로 한 진화론, 질병이 세균에 의해 발생한다는 세균론, 의식의 자리를 영혼에서 뇌로 옮겨놓은 일, 우리의 사고와 감정, 행동을 지배하는 무의식적 요인을 찾아낸 심리학의 출현 등을 생각해보라. 이런 과학적 성과는 우리가 갖고 있는, 대단히 유용하지만 때로는 대단히 잘못된 가정을 추측할 수 있는 도구를 제공했다. 혹자는 순진한 낙관론이라 할지 모르지만 이런 상상을 잠깐 해본다. 필요한 정보를 언제든 손에 넣을 수 있고 항상 연결된 평평한 세상에서 모두가 SURFPAD 법칙을 이해한 상태에서 한층 질 높은 대화와 토론을 이어가는 미래가 온다면 어떨까?

파스칼과 카를로비치의 연구는 상대에게 반박 증거를 제시하는 것으로는 충분하지 않음을 일깨워준다. 우리는 사람들이 각자의 결론에 어떻게 도달했는지 묻고 이해할 줄 알아야 한다. 타인이 나와 다른 사전 경험과 가정, 프로세스를 이용하고 있음을 알아야 한다. 그래야 나와 타인이 서로 다른 방식으로 확신하고 있다는 것을 깨닫는다. 우리는 서로 다른 공동체에서 다른 문제와 목표, 동기, 관심사를 갖고 산다는 사실을, 무엇보다 서로 다른 경험을 지녔다는 사실을 받아들여야 한다. 만일 내가 타인과 같은 경험을 한다면 그 사람과 같은 의견을 가질 수도 있음을 인정해야 한다.

특정 이슈가 논쟁적 이슈가 되는 것은 우리가 선택이 아닌 무의식 차원에서 각자 다른 방식으로 모호함을 해소하는 탓이다. 이 사실을 알면 '인지적 공감cognitive empathy'이 가능해진다. 즉 타인이 보는 진실이 무의식적으로 형성된다는 사실을 이해하는 것이다. 그렇다면 결론을 놓고 논쟁을 벌이는 것은 시간 낭비일 뿐이다. 파스칼과 카를로비치에 따르면, 그보다 현명한 방법은 양측 모두 상대방이 결론에 이른 과정, 즉 상대방이 '어떤' 견해를 가졌느냐가 아니라 '어떻게', 그리고 '왜' 그런 견해를 갖게 되었는지에 집중하는 것이다. 뇌가 자신의 가정을 업데이트하는 방식에 숨겨진 과학도 그런 접근법의 유효성을 뒷받침한다. 사실 인류가 지금껏 수많은 장애물을 극복해온 것도 그런 뇌의 메커니즘 덕분이다. 그것은 말 그대로 마음이 바뀌는 원리다. 하지만 여기에는 주의할 점이 있다. 이에 대해서는 다음 장에서 살펴볼 것이다.

파스칼과 카를로비치는 추후 이런 실험을 해볼 계획이다. 만일 사람들에게 미리 다른 종류의 정보를 제공하면, 흰색 양말과 분홍색 크록스라고 답하지 않고 눈에 보이는 대로 사진을 해석할까? 사람들이 크록스를 다르게 보도록 유도할 수 있는지, 즉 뇌 안의 가정을 우회하게 할 수 있는지 알아보려는 것이다. 다시 말해 그들에게 새로운 정보를 노출해 생각을 바꾸는 시도를 해볼 생각이다. 파스칼과 카를로비치는 사람들이 자신이 틀렸을 가능성이 있다는 것을 깨닫거나, 가정을 수정하고 새로운 관점을 취할 필요성을 깨닫는 데 꼭 긴 시간이 필요하거나 새로운 경험을 축적해야 하는 것은 아니라고 생각한다. 파스칼은 이에 대해 "조명 상태를 확실하게 알려주는 뭔가를 경험하면 됩니다"라고 말했다.

나는 파스칼에게 신흥 종교 집단과 증오 단체, 음모론 커뮤니티에서 탈퇴한 사람들을 만날 계획이라고 말했다. 내가 읽은 자료에 따르면 사람들이 그런 단체를 떠나는 것은 믿음에 직접적인 공격을 받아서가 아니라 그와 전혀 상관없는 계기로 다른 시각을 갖게 되었기 때문인 경우가 많다.

파스칼은 말했다. "맞아요, 그게 좋은 전략이에요. 틈을 만들어야 빛이 들어갈 수 있는 법이죠."

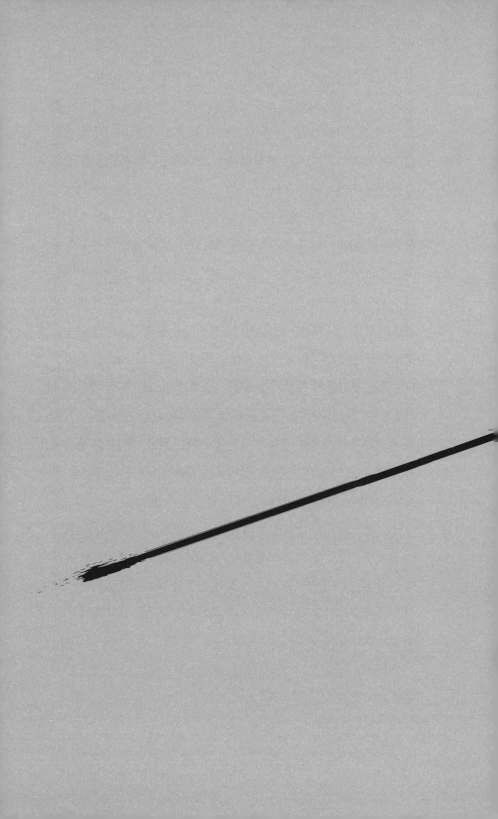

# 4장  불평형

믿음이 흔들릴 때
뇌에서 일어나는 일

천동설, 4체액설, 나무에서 자라는 기러기…
지금 들으면 터무니없는 이론들을
한때 사람들은 당연하다고 여겼다.

우리는 틀렸다는 사실을 알게 되기까지,
틀린 생각을 완벽하게 옳다고 믿는다.

우리가 옳다고 생각한 것이 사실은 틀렸음을 알게 되면 뇌에서 어떤 일이 일어날까? 자신이 알던 것과 모순되는 새로운 뭔가를 알게 된다면? 자신의 세계관과 충돌하는 주장과 마주치면 뇌는 어떤 상태가 될까? 우리의 믿음과 가치관에 의문을 제기하는 정보를 만난다면? 마음이 형성되는 원리를 이해한 나는 이제 마음이 '바뀌는' 원리를 알아볼 차례라고 생각했다.

### 나이테처럼 새겨지는 믿음의 체계

무엇이 진실이고 무엇이 진실이 아닌가를 어떻게 판단할 것인가 하는 문제는 2,000년 동안 인류를 괴롭혀왔다. 그동안 나보다 똑똑한 수많은 사람이 그 난제를 접어두고 조용한 오두막에 들어가 의식주에만 집중하는 삶을 택했다.

그런 상황을 피하기 위해 우리는 앎에 대한 철학으로 깊이 파고 들어가는 대신 주로 심리학과 신경과학에 초점을 맞출 것이다. 철학이

무가치하다는 뜻이 아니다. 앎과 지식의 본질을 연구하는 학문인 인식론에 관련된 책을 펼쳐본 사람이라면 알겠지만, 자유의지가 환상인지 아닌지 판단하는 방법을 탐구하는 내용을 수백 페이지 읽고도 만족스러운 결론을 얻지 못할 수 있다. 우리는 그런 의미와 개념을 공략하는 대신 뇌가 그것들의 토대를 만들어내는 방식을 살펴볼 것이다.

앞에서도 잠깐 언급했지만 뇌에서 정보의 부호화는 뉴런의 작용을 통해 이뤄진다. 부호화된 정보는 살아 있는 기질基質에 저장되지만 사실 종이에 인쇄한 글자처럼 중립적인 것이다.

뇌가 정보를 저장하는 과정은 물리적인 프로세스다. 즉 뇌가 감각기관을 통해 외부 세계의 신호를 받아들이고 상호작용하거나 사고를 통해 자기 자신과 상호작용할 때 그 내부에서 진행되는 프로세스는 물리적이다. 화학적, 전기적 활동이 머릿속 분자와 원자를 재배치한다. 따라서 특정한 상호작용이 일어나기 전의 뇌와 일어난 후의 뇌는 물리적으로 다르다. 우리가 노래를 듣거나, 강아지를 보거나, 머스터드를 두고 말싸움을 하면 뉴런 사이의 연결이 강화되고 약화되고 축소되고 변화한다. 뇌의 미세한 부분의 형태와 배열은 해당 사건이 일어나기 전과 더 이상 동일하지 않다.

외부 세계에서 비롯된 자극이 어떻게 뇌에 정보로 저장될까? 펜 끝으로 눌러 종이에 기호를 그리거나 밀랍에 표식을 찍을 때처럼 뇌의 물리적 형태가 변한다. 감각기관이 외부 세계에 반응하면서 특정 신호를 뇌에 전달하면 그 신호가 뇌의 물리적 구조를 바꾸는 것이다. 진흙에 찍힌 발자국이나 나무 표면을 태워 만든 자국처럼 모종의 원인이 결과를 낳고, 그 결과물에 정보가 담긴다. 뇌 안에 있는 어떤 생물학적 기계는 이 정보를 감지하고, 다른 생물학적 기계는 정보의 패턴을 감지하며, 또 다른 생물학적 기계는 패턴 속 패턴을 파악한다. 그것이 마음의 구조다.

이러한 패턴은 우리가 패턴 사이에 숨겨진 진실을 발견하게 돕는다. 심리학자 스티븐 핑커Steven Pinker는 이를 뒷받침하는 다음과 같은 사고 실험을 고안했다.

핑커는 '생각하지 않고' 진실을 만들어내는 기계를 상상해보게 한다. 나무를 톱으로 베어 쓰러뜨린다고 상상해보라. 그루터기 단면의 나이테를 스캔하는 기계도 있다. 기계는 테의 수만큼 널빤지에 마크를 새긴다. 테가 5개면 마크도 5개가 된다. 테의 패턴이 나무가 아닌 다른 곳에 부호화되는 것이다. 그런 뒤 기계는 또 다른 더 작은 그루터기의 테를 스캔한다. 작은 그루터기는 테가 3개이므로 마크가 3개다. 이때 큰 그루터기의 테에 해당하는 마크에서 작은 그루터기의 테 수만큼을 지우는 기능을 기계에 추가한다고 생각해보라. 5개에서 3개를 빼면 2개가 남는다. 그러므로 이 순수하게 기계적인 프로세스는 숨겨진 진실을 드러낸다.

테는 나무의 나이에 해당하고 널빤지의 마크는 테의 개수에 해당하므로, 5개에서 3개를 빼고 남은 2개의 마크는 작은 나무를 심을 당시에 큰 나무가 몇 살이었는지 말해준다. 즉 큰 나무는 두 살이었다. 그런데 우리는 여기서 더 나아갈 수 있다. 나이테는 마크를 생성시킨 원인이지만 무언가의 결과이기도 하다. 즉 지구가 태양 주위를 한 번 도는 동안 나무가 자란 결과 하나씩 생긴 원이다. 따라서 마크 2개는 공전 2회에 해당한다. 큰 나무를 심은 후 지구가 태양 주위를 두 번 돌고 나서 작은 나무의 싹이 텄다는 의미다. 이 모든 결론이 옳은 것은 이 기계가 '그 자체로 지적이거나 이성적이기' 때문이 아니라 기계가 '일련의 평범한 물리적 사건을 만들어냈기 때문이며, 그 최초의 사슬은 정보를 담은 물질의 구성체였다.'[1]

뇌에서 일어나는 일도 이와 같다. 뇌는 외부 세계에서 감지한 패턴과 일치하도록 끊임없이 뉴런에 '마크를 새기'며, 한편으로는 다른 패턴을 인지하고 나서 전에 새긴 마크를 지우는 일도 한다. 뇌에는 수많은 생물학적 기계가 들어 있고 각 기계는 자신이 발견한 상관관계를 토대로 신경망을 변화시킨다. 뇌는 이 내부 변화에 따라 자신의 작동 방식을 변경한다. 만일 그 작동 방식이 효과가 있으면 해당 신경 패턴이 더 강해지고, 효과가 없으면 약해진다.

오랜 세월 자연선택의 법칙은 상관관계를 더 잘 알아채고 대응할 줄 아는 생물학적 기계에 유리함을 안겨줬다. 요컨대 정보를 부호화한 뒤 상관관계를 비교 및 대조할 줄 아는 신경계를 갖춘 생명체가 그 정보를 생존과 번식에 더 효과적으로 이용할 수 있었다. 거미와 벌레처럼 자극에 반응하는 유기체의 선조는 보상을 향해 다가가고 위험을 피해 움직이는 젤리 같은 단세포생물이었다. 시간이 흐르자 그보다 더 뛰어난 감각과 반응력을 갖춘 훨씬 더 발달한 생물학적 기계가 만들어졌다.

시간이 더 흐르자 그 1차 기계를 토대로 2차 기계들이 발달했다. 이 기계들은 외부 세계의 패턴을 읽듯 자신 내부의 정보를 읽을 수 있었다. 또 패턴을 다양한 차원에서 활용하면서 상관관계를 기초로 추리와 예측을 했고, 그 추리와 예측은 더 효과적으로 자원을 찾고 위험 요인을 피하게 해주었다.

그러다 최초로 복잡한 신경계가 등장했다. 서로 중첩되며 쌓인 생물학적 기계들이 정보를 공유하고 상호 참조하면서 복잡성을 띠었고 이는 지적 사고, 평가, 계획 등의 뇌 활동을 만들어냈다. 또 먹이를 확보하고 적을 피하며 생존하려는 과정에서 불확실성과 마주쳤을 때 새로운 정보를 부호화된 정보와 비교해서 결정과 판단을 내리는 능력이 생겨났다. 다시 말해 생명체는 '학습'하는 방법을 '학습'했다. 신경과학에 따르면 마음의 변화란 곧 학습하는 기계가 부호화된 정보를 끊임없이 새겨 넣고 지우는 활동이다.

복잡한 유기체의 경우 과거에 일어난 일을 토대로 미래의 일을 예측하는 것이 생존에 필수다. 이상하게 들릴지 모르지만, 그런 예측의 오류를 알아채는 능력은 동기부여에 중요한 역할을 하는 신경전달물질인 도파민과 밀접하게 관련되어 있다. 신경과학자 마크 험프리스Mark Humphries의 설명에 따르면 도파민이라는 '흥분제'의 농도는 특정 활동을 계속하거나 중단하고 다른 활동으로 주의를 돌리고 싶도록 만든다. 일 또는 공부를 계속하거나 영화를 보거나 줄을 서거나 대화하는 행위를 계속하게 만드는 뇌의 화학물질이 변화하면, 우리는 해당 활동을 하려는 동기가 약해지고 다른 대상으로 관심을 옮긴다. 또는 소셜 미디어 활동이나 비디오게임, 도박의 경우, 반대로 다른 활동을 포기하고 그것을 계속하려는 동기를 느낄 수도 있다.

이러한 동기부여 시스템에 관여하는 도파민은 결과가 우리 예상과 일치하지 않을 때 생기는 감정에 영향을 미친다. 변화하는 도파민

분비량은 우리가 앞일에 대한 예측을 조정하도록 이끈다.[2]

예를 들어 당신이 비행기를 타고 아이슬란드에 도착했다고 치자. 짐 찾는 곳에 가보니 공항에서 승객을 위해 무료 아이스크림을 제공하고 있다. 이때 뇌에 도파민이 급증해 당신이 이 예상치 못한 긍정적 결과에 관심을 갖게 한다. 당신은 자신의 루틴에 새로운 행동을 추가해 다음에도 그 공항을 이용하려는 동기를 느끼게 된다. 하지만 만일 당신이 예전에 이 공항을 이용해봤고 무료 아이스크림 때문에 이번에도 이 공항을 택한 것이라면 뇌의 도파민 분비에 변화가 없다. 과거 경험과 예측이 일치하므로 당신은 그 행동을 유지할 것이다. 그러나 만일 아이스크림을 먹게 되리라 예상했는데, 공항에 도착해 무료 아이스크림 서비스가 없어졌다는 사실을 알게 되면, 예상치 못한 부정적 결과 때문에 도파민이 감소한다. 당신은 다음번에는 이 공항을 이용하지 않을지도 모른다.

심리학자 마이클 루셀Michael Rousell은 이런 설명을 들려주었다. 경험이 예상과 일치하지 않으면 뇌에 약 1000분의 1초 동안 도파민이 급증해 우리가 행동을 멈추고 주목하게 만든다. 뜻밖의 상황을 만나면 우리는 그 새로운 경험에서 뭔가를 배워 미래에는 예측의 정확도를 높이려는 동기를 갖게 된다. 루셀은 이렇게 말했다. "우리 조상들에게 뜻밖의 상황이란 임박한 위험이나 커다란 기회를 의미했다. 그런데 행동을 취하지 않고 생각만 하면 위험에 맞닥뜨리거나 기회를 놓칠 수 있다. 둘 다 생존과 진화에 전혀 도움이 안 되는 결과다."

예상과 경험이 일치하지 않을 때(귀가 후 현관문을 열었을 때 자신을 위해 준비된 서프라이즈 파티를 알게 되는 경우든, 포장해온 음식 봉투에 햄버거가 빠졌음을 깨달은 경우든), 그런 뜻밖의 상황은 행동을 업데이트하게 유도한다. 뜻밖의 사건은 알아채지 못하는 사이에 우리 마음을 바꾼다. 예측 가능성을 높여 미래에는 뜻밖의 사건이 발생하는 것을 막고자 뇌가 조용히 내부의 예측 도식을 업데이트하는 것이다.[3]

모든 주관적 현실은 이렇게 수많은 패턴과 예측 도식이 쌓여 축조되며, 뇌 가소성 때문에 이 건축 프로젝트에는 끝이 없다. 뉴런이라는 석공은 확신이라는 이름의 대성당에 계속 방을 증축하는 것이다. 뇌는 새로운 경험과 뜻밖의 일을 이해하고 처리하기 위해 현실에 대한 모형을 끊임없이 해체하고 다시 짓는다. 그러면서 우리 마음은 항상 변화하고 업데이트된다. 정보의 입력과 편집이 끊임없이 이루어지는 셈이다. 그리고 뇌 가소성 때문에 현실이나 비현실이라고, 참이나 거짓이라고, 좋거나 나쁘다고, 도덕적이거나 비도덕적이라고 여기는 것의 상당 부분이 변화한다. 이런 변화는 우리가 모른다는 사실조차 몰랐던 뭔가를 학습하면서 이뤄진다.[4]

이번 장을 통해 알게 되겠지만, 뇌는 온갖 가정과 연관 개념이 뒤죽박죽 섞인 자루가 아니다. 패턴을 새기고 지우는 프로세스의 출발점은 감각이지만, 나중에는 개념의 계층적 체계가 세워진다. 이 체계 맨 아래에는 형태와 소리, 색깔 같은 감각 정보가 있고, 중간에는 애벌레나 오르간 같은 개념이 있다. 그리고 맨 위에는 겸손함이나 허리케인 같은 고차원적 개념이 존재한다. 각 층은 자신의 아래층에 의존해 위층에 있는 것을 이해한다.

보통 우리는 새로운 것을 학습할 때 그저 이 체계를 정리하는 데 그친다. 그러나 때로는 뇌에서 진행되는 건축 프로젝트가 대규모 확장 공사를 요구한다. 예를 들어 닭을 요리하는 새로운 방법을 배운다면 그 레시피를 원래 레퍼토리에 추가한다. 우리는 배운 것을 흡수해 '동화'시키고 그것을 다른 요리(예컨대 가금류가 들어가지 않는 요리)에도 적용한다. 뇌의 계층적 체계는 일부 수정이 이뤄질 뿐 이전과 크게 달라지지 않는다. 그러나 만일 공장식 축산 농장을 방문해 동물이 사육되는 끔찍한 환경을 목격한다면, 그 내용을 수용하기 위해 뇌의 체계를 크게 '조절'해야 한다고 느낄 수 있다.

결국 마음의 변화를 만들어내는 것은 '동화assimilation'와 '조절accommodation'이라는 두 프로세스다. 뇌가 지식을 생성하고 지식과 상호작용하는 방식을 이들 프로세스로 설명할 수 있게 된 것은 위대한 심리학자 장 피아제 덕분이다.[5] 그러나 그 프로세스를 알아보기 전에, 먼저 무언가를 '안다'는 것이 의미하는 바를 잠깐 살펴보자.

## 앎과 믿음, 그 사이

철학적으로 볼 때, 무언가를 '아는' 것과 안다고 '믿는' 것은 다르다. '안다'는 것은 진실인 무언가를 아는 것을 의미한다. 예를 들어 당신이 오스트레일리아와 캐나다에 있는 변기의 물을 동시에 내릴 경우 두 변기의 물이 서로 반대 방향으로 회전할 것이라고 믿는다면, 그것은 진실이 아니므로 지식이 아니다. 물의 회전은 특정한 용기 안에서 물의 흐름이 시작되는 위치가 만들어내는 결과다. 따라서 만약 당신이 이 원칙을 무시한 다른 믿음을 갖고 있다면 그것은 지식으로 간주할 수 없다. 그것은 믿음일 뿐이다. 철학자가 보기에 믿음과 지식은 별개의 것이다. 우리는 진실이 아닌 거짓도 믿을 수 있기 때문이다.

무언가가 진실인지 아닌지 판단하는 문제에 수반되는 문제는 우리가 적용하는 진실 자체에 대한 정의가 옳은지 판단하는 방법을 찾아야 한다는 사실이다. 그렇기 때문에 '알다'라는 동사를 분석하는 방법이 약 2,600가지나 되는 것이다. 또 그렇기 때문에 철학 공부를 깊이 하고 나면 의자가 목재와 커버로 이뤄진 구조물이 아니라 여러 가정과 믿음의 집합체로 보일 수밖에 없다.

그렇다면 '탈진실'이라는 용어도 다소 이상하게 느껴진다. 2,000년이 넘는 철학사에서 누구도 '진실'이라는 단어의 의미에 대해 완전한 합의에 도달하지 못했기 때문이다. 우리가 애초에 진실이 가득한 세상에서 살아본 적이 없다면 탈진실의 세상이라는 개념도 성립하지 않는다. 그리고 수천 년 동안 인간은 진실이란 무엇인가, 또 진실을 어떻게 판단할 것인가를 두고 끊임없이 논쟁했다. 이 순환 회로에서 벗어나는 유일한 길은 일반적으로 사실이라 칭할 수 있는 것에 대해 합의에 이르는 방식을 연구하는 것이었고, 이를 다루는 철학 부문이 인식론이다.

인식론은 앎 자체에 대한 탐구이며 사실과 허구, 합리성, 정당화, 이성, 논리 등을 포괄적으로 다룬다. 인식론이라는 용어가 생겨나기 훨씬 전부터 그것은 철학이라는 학문의 주요 관심사였다. 물질을 관찰하는 현미경과 레이저가 발명되기 전에도 어떤 이들은 물질에 대한 깊은 사유를 거쳐 자신만의 인식론적 관점을 정립하는 일을 직업으로 삼았다. 인식론은 무엇이 참인가 하는 문제를 해결하기 위한 프레임워크다. 그것이 상당히 어려울 수 있는 문제임을 감안하면, 사람들이 핫도그가 샌드위치냐 아니냐를 놓고 온라인에서 설전을 벌이거나, 더 나아가 지구가 평평한지 아닌지를 놓고, 또는 9·11 테러가 내부 조작극이냐 아니냐를 놓고 논쟁을 벌이는 것도 일면 이해가 간다.

이 주제에 대한 심리학적, 철학적 사유에서는 지식이 크게 두 가지 형태라는 것에 대체로 동의한다. 하나는 사실과 개념에 대한 지식이다. '푸딩이 존재한다', '이 나무는 키가 크다', '어제 비가 왔다', '내일은 일요일이다' 등이 이에 해당하며, 이것을 선언적 지식declarative knowledge이라고 한다. 다른 하나는 방법에 관련된 지식이다. 예컨대 브레이크 댄스를 추거나 타이어를 교체하는 방법을 아는 것을 말하며, 이는 절차적 지식procedural knowledge이다. 둘 중 어느 것이든, 만일 누군가가 어떤 지식을 안다고 주장하는 경우 그 주장을 검증할 때 오랫동안 기본이 된 것은 명제였다.[6]

명제 자체는 처음엔 참도 아니고 거짓도 아니며, 둘 중 어느 쪽이든 될 수 있는 주장일 뿐이다. 누군가가 참일 수도 있는 뭔가를 문장으로 이렇게 기술한다. '패트릭 스웨이지는 영화 〈뷰 투 어 킬A View to a Kill〉에서 제임스 본드를 연기했다.' 그러면 이 명제는 정당화를 요구받는다. 이 경우 지금껏 여러 배우가 제임스 본드 역할을 맡았는데, 그 배우들 중 패트릭 스웨이지가 없다는 증거가 있다. 따라서 이 명제는 정당화할 수 없으므로 거짓이다.

명제는 또한 다음과 같은 명제 논리를 가능케 한다. '휴스턴에는 떠돌이 개가 120만 마리 있다. 휴스턴은 텍사스주에 있는 도시다. 따라서 텍사스주에는 120만 마리가 넘는 떠돌이 개가 있다.' 하지만 때로는 입증 가능한 증거가 있고 논리에 문제가 없음에도 명제에 의존해 확실한 결론, 즉 완전한 정당화가 가능한 결론에 도달하는 것이 불가능한 경우도 있다. 예를 들어 만일 당신이 모든 백조는 희다고 주장하고, 그것을 정당화하는 근거가 당신이 살면서 본 모든 백조가 흰색이었다는 사실이라면, 검은 백조가 한 마리만 있어도 당신의 주장은 틀렸음이 드러난다. 모든 백조가 희다는 당신의 주장은 믿음일 뿐이다(당신은 강한 확신을 갖고 있을지 몰라도). 당신이 본 적 없는 검은 백조가 발견될 가능성이 존재하므로, 철학적으로 볼 때 당신의 믿음은 지식으로 간주할 수 없다.[7]

결국 인식론의 핵심은 증거를 이용해 확신으로 나아가는 작업이다. 확보 가능한 증거에 비춰 어떤 믿음을 정리하고 조직하고 분류하는 과정을 거치면 특정 진실에 대한 확신이 강해지거나 약해진다. 하지만 진실을 따지는 대상이 무엇이냐에 따라 다르긴 해도, 어떤 방법론은 다른 방법론보다 더 훌륭하다. 예컨대 어떤 인식론 프레임워크에서는 달이 밀물과 썰물을 만들어낸다는 확신에 이를 수 있지만 다른 인식론 프레임워크에서는 달이 우리 꿈을 통제한다는 확신에 이를 수도 있다.

다행히 관념적 진실이 아닌 경험적 진실에 대해서만큼은 과학이라는 인식론이 확실한 성취를 이뤄낸 듯하다. 과학은 아이폰과 백신을 만들어낼 수 있는 유일한 학문이니까 말이다. 과학혁명의 시기로 불리는 17세기에 인간은 사실에 근거한 믿음을 검증하고 관찰 및 측정 가능한 것 중 실증적으로 참이라고 할 수 있는 것에 대한 합의에 도달하는 과학적 방법을 개발했다. 과학에서는 모든 결론을 잠정적인 것으로 간주하며, 명제를 이용해 깊은 관념적 사고를 하거나 환각제를 이용해 명상을 하는 대신 엄격하게 통제된 실험을 진행하는 데 초점을 맞춘다. 그리고 실험 결과를 토대로 여러 가설을 뒷받침하는 방대한 증거를 만들어낸다. 증거가 충분히 쌓이면 이론이 정립되고, 그런 이론과 증거는 미래의 실험 결과를 예측하는 모델이 된다. 거듭되는 실험이 동일한 결과를 내면 해당 모델의 타당성이 유지되고, 그렇지 않으면 모델을 수정한다.

인식론으로서 과학은 오로지 사실에만 의존하는 문제에 최적인 학문이다. "하늘은 왜 파란가?", "석유는 어디에서 나오는가?" 같은 문제 말이다. 최상의 정치와 정책을 판단하는 문제나 도덕 및 윤리에 관련된 문제에서 과학은 조언자 역할만 할 뿐이다. 그러나 과학적 방법에 담긴 철학, 즉 항상 우리 자신과 남들이 내린 결론을 확신하지 말고 의심해야 한다는 철학은 과학 밖 영역에도 마찬가지로 적용할 수 있다. 우리는 보통 자신의 결론을 의심하기보다는 확신하는 쪽을 택하곤 한다.

자신의 결론을 확신하는 쪽을 택하는 이유를 더 깊이 알아보기 전에, 철학과 심리학과 신경과학의 공통분모로 눈을 돌려보자. 그 공통분모란 일차적 감각 정보와 그것에 대한 사고를 지식으로 간주하려면 먼저 조건이라는 관점에서 생각해야 한다는 사실이다.

조건은 참인 것과 참이 아닌 것을 가려내는 규칙을 만드는 토대이며, 우리가 '틀렸다'라는 단어를 사용할 수 있는 근거를 제공한다. 기하학에서든 라자냐를 만드는 법에서든, 또는 무엇이 좋고 나쁜가, 무엇이 공정하고 불공정한가 하는 문제에서든, 뭔가가 합의된 조건에 맞지 않으면 그것이 틀렸다고 말할 수 있다.

예를 들어 뭔가를 정사각형이라고 부르려면 먼저 그것을 정사각형이라고 부르기 위해 반드시 충족해야 하는 조건에 대한 합의가 이뤄져야 한다. '어떤 평면도형의 네 변의 길이가 모두 같고 네 각의 크기가 모두 같으면 그것은 정사각형이다' 같은 식으로 말이다. 이제 누군가가 삼각형을 보고 사각형이라고 한다면 그 사람이 틀렸다고 할 수 있다. 그리고 여기서 한 단계 더 나아가, 정사각형을 더 복잡한 다른 개념의 일부로 만들 수 있다. 길이가 같은 네 변이 있는 이차원 도형을 정의했으므로, 그다음엔 6개의 정사각형 면으로 이뤄진 삼차원 다면체를 정육면체라고 정의할 수 있다.

그런 뒤 정육면체를 구성 요소로 하는 다른 삼차원 대상을 정의하고, 거기서 더 나아가 합의된 개념으로 이뤄진 완전히 새로운 층을 구성한다. 이 개념은 다시 더 큰 개념의 일부가 되며, 이런 식으로 계속 나아가 결국 우리는 정의 같은 추상적 개념을 토론하고 지각판 운동 같은 현상을 이해하게 된다. 가장 높은 단계에 있는 각각의 개념은 그것을 뒷받침하는 합의된 조건으로 이뤄진 아래층에 의존하며, 그 층은 다시 아래층에 의존해 그것이 사실적으로 옳음을, 따라서 지식임을 보장받는다.

그런데 문제가 있다. 아주 오랫동안 이런 과정을 거친 결과 아주 많은 지식을 갖추게 되었지만, 여전히 우리가 모르는 것이 얼마만큼인지 모른다는 것이다. 심지어 우리는 자신이 모른다는 사실을 모른다는 사실조차 모른다. 우리는 '아는' 것만 이용해, 또는 안다고 '믿는' 것만 이용해 합의된 현실을 만들 수 있기 때문에, 광범위한 오류가 발생해도 그것을 알 방도가 없을 때가 많다. 퓰리처상을 받은 저널리스트 캐스린 슐츠<sup>Kathryn Schulz</sup>의 말을 빌려 표현하자면, 개인의 경우든 같은 견해를 지닌 집단의 경우든 사람들은 자신이 틀렸음을 알게 되기 전까지는 틀린 생각을 완벽히 옳은 것으로 여기곤 한다.[8]

## 수백 년간 '기러기 나무'를 믿은 사람들

뇌는 자신이 무엇을 모르는지 모르기 때문에 인과적 해설을 구축할 때 현실에 구멍이 생기면 임시 설명으로 그 구멍을 메운다. 문제는 그런 구멍을 메우기 위해 많은 사람들의 뇌가 동일한 보완물을, 즉 당장은 유효해 보이는 설명을 똑같이 사용할 경우, 시간이 흐르면 모두가 공유하는 임시 설명이 합의된 현실이 되어버릴 수 있다는 점이다. 참과 거짓에 대한 상식이 되는 것이다. 이런 경향 탓에 수백 년간 모두가 공유하는 이상한 믿음이 생겨나곤 했다. 그것은 오늘날의 시각으로 보면 터무니없는 합의된 현실이었다. 많은 사람이 오랫동안 기러기가 나무에서 자란다고 믿은 것이 그 예다.

수백 년 전 사람들은 해안에 떠다니는 나무에 붙은 특정 종류의 따개비를 자주 목격했다. 흰색 껍데기에 긴 자루형 몸통이 붙은 모양의 따개비였다. 적어도 약 700년간 중세 유럽 사람들은 이 따개비에서 기러기가 생겨난다고 생각했다. 따개비가 자주 발견되는 지역에 사는 기러기의 머리와 목의 모양과 해당 따개비의 모양이 비슷했기 때문이다. 1100년대의 자연 관련 문헌에서는 신비로운 기러기 나무에 특이한 열매가 달리고, 그 열매에서 기러기가 생겨 부화한 뒤 매달려 있다가 나무를 떠나 날아간다고 설명했다.[9]

당연히 기러기는 나무에서 자라지 않는다. 그렇다면 어째서 많은 이들이 그렇게 오랫동안 그런 믿음을 갖고 있었을까? 자신이 무엇을 모르는지 몰랐기 때문이다. 또 브리튼섬의 습지에서 목격되는 일부 기러기들이 알을 낳고 번식하기 위해 멀리 이동하는 철새라는 사실도 몰랐다. 1100년대와 그 이전 사람들에게 철새의 이동은 완전히 미지의 개념이었다. 그들은 새들이 먼 곳으로 이동한다는 것을 상상하지 못했다. 인간은 자신에게 주어진 재료만 이용해 현실 모형을 구축하므로, 그들 역시 자신들이 '아는' 것만으로, 또는 안다고 믿는 것만으로 현실 모형을 만들었다. 그래서 당장은 완벽하게 현실적으로 옳은 듯 보이는 모형을 구축했다. 그들은 해안에 떠내려온 나무가 기러기 나무에서 떨어진 가지가 틀림없다고 생각했다. 나무에 붙은 이상하게 생긴 물체는 기러기가 되기 전에 나무에서 떨어진 기러기 싹이라고 믿었다.[10]

당시는 사람들이 자연발생설을 진실로 믿던 시대였다. 썩은 동물 사체에서 구더기가 자연적으로 발생하고, 더러운 천 무더기에서 쥐가 생겨나고, 불타는 통나무에서 도롱뇽이 생겨난다고 믿었다. 그 밖의 많은 것은 진흙 구덩이나 먼지에서 자연적으로 생겨난다고 믿었다. 그들에게는 기러기 싹을 틔우는 나무라는 개념도 합당한 듯 느껴졌다. 게다가 500년 동안 기러기 알을 본 적이 없으니 더욱 그랬다. 학식 있는 수사들이 이런 과정을 기록으로 남기면서 이 믿음은 더욱 확고해졌다. 수사들은 신비로운 기러기 나무와 그 성장 과정을 그림으로 그렸고, 이런 그림은 꽤 고급스러운 책에 실리기도 했다. 또 수사들은 이 따개비 기러기는 새가 아니므로 사순절 기간에 먹어도 된다고 주장했다. 그러나 1215년 교황 인노켄티우스 3세가 따개비 기러기가 나무에서 열린다는 것은 누구나 아는 사실이지만 그럼에도 교회에서는 그것을 먹는 것을 엄격히 금지한다고 공표했고, 이는 영리한 수사들이 만들어낸 논리가 널리 퍼지는 것을 막아버렸다.

당시 기러기 나무가 진실인지 아닌지 알 수 있는 증거가 없었으므로 대다수 사람은 권위 있는 이들의 말을 그대로 믿었다. 그것은 말 그대로 널리 받아들여진 통념이었다. 그들의 믿음은 잘못된 것이었지만 그것이 그들 삶에 의미 있는 영향을 미치지 않았으므로 이 통념은 지속되었고, 1600년대에 와서야 그린란드의 탐험가들이 이 새가 알을 낳는 둥지를 발견했다. 이것은 기존 통념과 어긋나는 변칙이 목격된 첫 번째 사건이었다. 또 이후 사람들이 기러기 나무라는 이상한 개념을 파헤치면서 통념에 반하는 사실이 계속 등장했다. 영국 동물학자 레이 랭커스터Ray Lankester는 기러기 나무에 관한 믿음이 17세기 초에 사라졌다면서 1915년 저서 『동식물 연구자의 방향 전환Diversions of a Naturalist』에 이렇게 썼다. '17세기 초 이 따개비의 구조에 대한 검토가 선입견 없이 이뤄진 결과 새와 유사한 점이 거의 없음이 관찰되었다.'[11] 오늘날 우리는 이 두 생물을 각각 흰뺨기러기barnacle goose와 조개삿갓goose barnacle이라고 부른다. 한때 모두의 뇌에 들어 있었지만 지금은 아무도 갖고 있지 않은 믿음의 흔적이 남은 이름이다.

과거 한때 합의된 현실이었던 것들을 떠올려보라. 해와 달을 잡아먹으러 쫓아가는 늑대들, 흑담즙과 황담즙, 피, 점액의 균형이 건강을 좌우한다는 고대 의학의 4체액설, 지구가 우주의 중심이고 여러 겹의 수정 구球가 하늘을 싸고 있다는 천동설로 태양과 달, 여러 행성의 운행을 설명한 천문학 모델, 악취를 풍기는 물질에서 나오는 해로운 가스가 모든 질병의 원인이라는 독기설 등이 대표적이다. 당대 사람들은 이런 것에서 불합리함을 느끼지 못했다. 낡은 세계관이 모두 그렇듯 시간이 지나고 보니 터무니없게 느껴지는 것이다. 그리고 세계관이 으레 그렇듯 설령 잘못된 세계관이라도 삶의 토대를 거기에 둔 사람들은 그 세계관을 완강하게 지키려 했다.

몇몇 동물학자가 따개비 기러기에 대한 믿음이 틀렸다는 증거를 발견했음에도 그 믿음은 곧바로 사라지지 않았다. 처음에 사람들은 그 증거를 자신의 내적 모델에 동화시켰다. 그런 증거를 자신이 안다고 생각하는 것을 확증해주는 근거로 해석했다. 기존 해석과 모순되는 새로운 정보, 기존 모델로는 설명되지 않는 일련의 변칙 사례가 쌓이고 나서야 따개비 기러기에 대한 믿음은 새로운 해석으로 대체되었다.

철학자 토머스 쿤Thomas Kuhn과 인지심리학자 장 피아제는 기러기나무 같은 과학 이론이 다른 이론으로 대체되는 과정이 마음의 변화에 대한 근본적인 뭔가를 드러낸다는 사실을 비슷한 시기에 알아챘으며, 이는 정신 모델을 설명하는 두 정신 모델을 탄생시켰다. 쿤의 경우 '패러다임 전환', 피아제의 경우 앞서 잠깐 언급한 심리 메커니즘인 동화와 조절이다. 나는 피아제의 모델에 더 동의하지만, 두 모델 모두 마음에 대한 우리의 탐구 여정에서 길잡이 역할을 할 것이다. 이 모델들을 이해하기 위해, 변칙 현상anomaly의 축적이 개인의 마음에 어떤 변화를 일으키는지 살펴보자.

## 불평형, 변화를 받아들이는 고통

1949년 하버드대학교 심리학자 제롬 브루너 Jerome S. Bruner 와 레오 포스트먼 Leo Postman 은 카드를 이용한 실험을 고안했다.[12] 사람들이 자신의 내적 모델을 수정하는 과정을 알아보는 실험이었다.

연구 팀은 카드 이미지를 한 장씩 화면에 띄웠다. 피험자가 화면에서 본 카드를 크게 말하고 나서 버튼을 누르면 다음 슬라이드로 넘어가 다른 카드가 나왔다. "검은색 클럽 에이스" 버튼 클릭. "빨간색 다이아몬드 3." 버튼 클릭. 이런 식으로 진행되었다.

피험자들은 연구 팀이 중간중간 변칙 현상을, 즉 그들이 처음 보는 카드를 섞어놓았다는 사실을 몰랐다. 가끔 색깔과 모양이 뒤바뀐 카드가 섞여 있었다(예: 검은색 하트, 빨간색 스페이드). 처음에 피험자들은 이 새로운 카드를 알아채지 못했다. 마치 정상적이고 익숙한 카드인 것처럼 이름을 말했다. 하지만 그들이 모르는 사이에 그들의 뇌는 뭔가 이상하다는 것을 감지했고, 변칙 현상에 해당하는 카드가 등장하는 횟수가 늘어날수록 대답하기까지 반응시간이 길어졌다.

연구 팀은 피험자에게 보여주는 카드 수를 늘리면서 변칙 현상의 횟수도 조금씩 늘렸다. 대다수 피험자는 계속 이상한 카드를 정상이라고 오인했지만 약간의 심리적 불편함을 드러내기 시작했다. 색깔과 모양이 뒤바뀐 카드를 보고 회갈색이나 검붉은색, 심지어 보라색 같다고 말했다. 뭔가 이상하다는 느낌은 있지만 문제가 뭔지 딱 꼬집을 수 없으므로, 혼란 때문에 멈칫하느라 반응시간이 길어지기 시작했다.

연구 팀이 가짜 카드를 훨씬 더 많이 섞어놓자 일부 피험자는 '지각적 위기'를 겪었다. 가짜 카드가 화면에 나왔을 때 피험자 절반이 이런 말을 했다. "이젠 빨간색인지 아닌지도 모르겠다!", "카드가 아닌 것처럼 보인다", "스페이드 모양이 헷갈리기 시작한다, 세상에!"

피험자들은 한동안 인지적 불편을 경험한 후 마침내 브루너와 포스트먼이 '깨달음의 충격'이라고 칭하는 상태에 도달했다. 일부 카드가 조작되었다는 사실을 어느 순간 갑자기 깨달은 것이다. 뭔가 이상하다는 느낌을 받은 이유가 밝혀지는 순간이었다. 피험자들은 안도의 한숨을 쉬며 말했다. "아, 카드 색깔이 잘못되어 있네요!" 그때부터는 변칙 현상을 자신의 예상치와 일치시키려 애쓰는 대신, 자신의 예상 내용을 변화시켜 새로운 종류의 카드를 설명했다. 카드가 '엉뚱한 색깔일 수도 있다'는 사실을 받아들이자 카드를 있는 그대로 보기 시작했다. 이후 실험에서는 각 카드를 볼 때마다 즉시 대답했고 반응 시간도 원래대로 돌아왔다.[13]

토머스 쿤은 저서 『과학혁명의 구조』에서 브루너와 포스트먼의 실험이 마음의 변화 과정을 잘 보여준다고 말했다. 처음에는 잘못된 색깔의 카드가 피험자 눈에 보이지 않았다. 그러나 변칙 현상이 너무 많아져서 무시할 수 없는 수준에 이르자 그 변칙 현상을 자신의 기존 모델에 동화시키려고 애썼다. 그들은 해당 카드가 빨간색도 아니고 검은색도 아닌 지각적 중간 지대에 속한다는 듯이 대답했다. 그리고 그런 동화 전략이 실패하자 그들의 뇌는 항복하고 '다른 색깔로 조작된 카드'라는 새로운 지각 범주를 만들었다.

우리는 자신이 틀렸을지도 모른다는 것을 처음 감지하면, 즉 예상과 경험이 일치하지 않으면, 본능적으로 불편함을 느끼면서 자신의 모델을 조절하지 않으려고 저항한다. 기존 모델을 눈앞 상황에 적용하려고 애쓰는 것이다. 뇌가 기존 모델로는 부조화를 결코 해결할 수 없다는 사실을 받아들여야, 새로움을 수용하기 위한 새로운 개념의 층위를 생성함으로써 기존 모델을 수정한다. 그 결과 돌연한 깨달음을 경험한다. 이때 우리를 놀라게 하는 것은 변화의 내용이 아니라 마음이 바뀌었다는 의식적 깨달음이다.

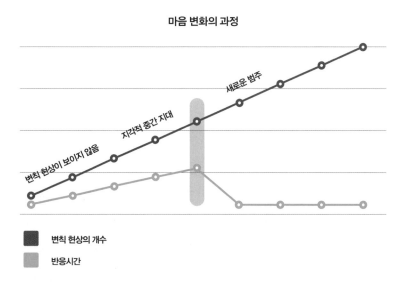

**마음 변화의 과정**

쿤은 '과학에서 새로움은 어렵게, 저항을 통해 분명해지면서, 예상이 제공하는 배경을 거스르면서 등장한다'라고 썼다. 다시 말해 우리는 자신이 무엇을 모르는지 모를 때는 보게 되리라 예상하는 것만 본다. 눈앞의 경험이 예상과 일치하지 않더라도 말이다. '내가 틀릴지도 모른다'는 느낌이 들면, 처음엔 새로운 현상을 확증의 근거로 해석하면서 그 기분을 설명해 해결하려 애쓴다. 기존 모델이 여전히 옳

164

다는 증거를 찾으면서, 생각을 고수하는 것을 정당화할 내러티브를 만든다. 모델이 일거에 전복되지 않는 경우, 그것이 현실을 설명하는 데 몇 차례 실패한 후에야 우리는 그것을 조정하기 시작한다.

쿤은 과학에서 이 같은 상황이 발생하는 것을 '패러다임 전환'이라고 불렀다. 한 모델이 변칙 현상을 설명할 수 없게 되어 그것을 설명할 수 있는 다른 모델로 대체될 때 패러다임 전환이 일어난다. 이런 전환이 얼마나 빨리 일어나는지 설명하면서, 쿤은 두 가지 방식으로 볼 수 있는 착시 이미지를 언급했다. 다른 두 방향으로 향한 것처럼 보이는 상자, 이렇게 보면 오리로, 저렇게 보면 토끼로 보이는 오리-토끼 그림이 그 예다. 쿤은 우리가 모델을 수정할 때 바뀌는 것은 증거가 아니라 증거를 해석하는 방식이라고 말한다. 한 패러다임에서 다른 패러다임으로 이동할 때 자연 세계는 동일하지만, 시간이 흐르면서 쌓인 변칙 현상이 이전에 우리가 확실하다고 믿은 뭔가를 다른 방식으로 설명하라고 요구한다. 쿤은 어느 시점에 이르면 '과학자의 세계에서 혁명 이전에는 오리였던 것이 이후에는 토끼가 된다'[14]고 했다.

장 피아제의 이론은 쿤의 관점과 대체로 일치하지만 한 가지 중요한 점에서 다르다. 아동의 인지 발달 단계를 연구한 피아제는 기존 모델이 갑자기 폐기되는 것이 아니라고 말한다. 대신 기존 모델을 토대로 해서 발달이 이뤄진다는 것이다. 그는 마음의 변화를 일종의 '테세우스의 배'처럼 생각했다. 우리 마음이 바다에 떠 있는 동안 가라앉을 위험이 없도록 조금씩 부품을 교체하는 배와 비슷하다는 것이다.*

쿤과 피아제의 관점은 겹치는 지점이 상당히 많으므로 혹자는 두 이론이 사실상 동일하다고 주장할지 모른다. 그러나 쿤은 과학에서 패러다임 전환이 일어나는 과정에, 피아제는 개인의 내면에서 변화가 일어나는 과정에 초점을 두었다. 물론 두 이론이 말하듯 때로 우리는 자신의 기존 모델이 틀렸다는 것을 깨닫는다. 그러나 피아제는 우리가 그 모델을 인지적 쓰레기통에 갖다 버리고 처음부터 다시 시작하는 것이 아니라고 말한다. 쿤이 혁명, 즉 패러다임 전환이라고 부른 것을, 피아제는 대체가 아니라 통합이 일어나는 순간으로 보았다. 그는 이렇게 썼다. '아무리 새로운 지식이라도 모든 지식은 기존 지식과 완전히 무관하게 독립적으로 형성되지 않는다. 새로운 지식은 기존 지식과 관련해 재조직되거나 조정되거나 수정되거나 추가된다. 특정 시점까지 알려지지 않았던 새로운 실험 데이터조차 기존 지식과 통합되어야 한다. 하지만 이 과정은 저절로 일어나지 않는다. 여기에는 동화와 조절이라는 작업이 필요하다.'[15]

피아제는 뇌가 경험을 통해 지식을 생성하는 과정을 한평생 연구했다. 그는 아동 인지 발달 단계 이론과 대상 영속성object permanence이라는 개념으로 유명한 심리학자다. 또 작은 잔에 든 주스를 큰 잔으로 옮긴다고 해서 주스 양이 늘어나는 것은 아니라는 사실을 알 수

---

* '테세우스의 배'는 그리스 역사학자 플루타르코스가 제시한 문제이자 일종의 사고 실험이다. 영웅 테세우스가 탔던 배를 후대인들이 보존하기 위해 낡은 판자 조각을 하나씩 갈아 끼운다고 가정할 때, 계속 교체하다 보면 세월이 흘러 원래의 배 조각은 하나도 남지 않는다. 이때 '이 배를 여전히 테세우스의 배라고 부를 수 있는가?'라는 철학적 문제가 대두된다.—옮긴이

있는 사고력이 아동에게 언제 형성되는지 알아보기 위한 여러 흥미로운 실험을 진행했다. 하지만 그 모든 연구는 동화와 조절이라는 메커니즘을 이해하기 위한 프로세스였으며, 그는 자신의 이론을 발생론적 인식론genetic epistemology이라고 명명했다. 피아제는 우리의 주관적 현실이, 따라서 세상과 지식 자체에 대한 우리의 이해가 정적인 상태에 머무는 것이 아니라 적극적인 프로세스에 따라 계속 변한다고 주장했다.

예를 들어 어린아이가 다리가 넷이고 꼬리가 달린 작은 동물을 처음 보았을 때 엄마가 '개'라고 말해준다면, 아이의 머릿속에는 사람이 아니고 다리가 넷인 동물이라는 범주가 형성된다. 나중에 아이가 말을 보고 '개'라고 하면 엄마가 "아니야, 그건 말이야"라고 정정해준다. 그 순간 아이는 '동화'를 버리고 '조절'을 택한다. 즉 다리가 넷인 동물을 모두 담아두었던 기존 범주를 수정해, 더 많은 종류의 생명체를 포함할 새로운 범주를 만든다.

피아제는 자신의 구성주의 이론의 일부로 동화와 조절이라는 개념을 소개했다. 오늘날 구성주의는 인지 발달의 과학적 원리를 토대로 한 교수법과 학습 방식을 개발하는 데 널리 이용된다. 쿤이 마음의 변화를 진화에서의 단속평형설, 즉 안정과 저항 상태가 오래 지속되다가 간간이 갑작스럽고 급격한 변화가 일어난다는 이론과 비슷한 관점으로 봤다면, 피아제는 마음의 변화를 지속적이고 균형 잡힌 과정으로 보았다. 피아제가 보기에 유기체는 자신에게 가장 적합한 환경을 만들고 그 환경을 충분히 장악했다고 느낄 때까지 끊임없이 적응하는 존재다. 그 시점이 되면 유기체는 '평형화equilibration'에 도달한다.

평형화는 '새로운 정보를 기존 구조에 통합하는 활동'인 동화와 '정보를 이해하기 위해 구조를 변경하거나 새로운 구조를 만드는 활동'인 조절을 통해 달성된다. 한 학자는 이렇게 표현했다. '동화와 조절이라는 두 프로세스의 균형에 다다를 때 적응이 이뤄지고 한 단계의 평형이 달성된다.'[16]

쿤과 피아제의 이론에 공통되는 핵심 요소는 바로 피아제가 '불평형disequilibrium'이라고 칭한 상태다.

뇌는 가소성이 있기 때문에 끊임없이 정보를 학습하고 업데이트하지만, 그 과정은 원치 않는 정체나 혼란, 위험을 피하기 위해 매우 신중하게 진행된다. 그런데 그 신중한 과정이 뭔가에 의해 방해받으면, 즉 환경의 급격한 변화나 극도의 불확실성을 마주하면 우리는 고통스러운 불평형을 경험한다. 그러면 의식 이면에 있던 동화와 조절이라는 기제를 끌어내려 한다. 우리 뇌는 그것에 의식적으로, 의도적으로 때로는 강박적으로 집중한다. 그럴 때 우리는 종종 가장 커다란 변화를 경험하게 된다.

### '외상 후 성장'의 메커니즘

개인의 현실 인식에서 핵심 역할을 하는 예상치가 크게 뒤집혀 점진적 변화가 불가능해지는 경우, 강렬하고 불가피한 심리적 외상을 경험할 수 있다. 이는 그들이 이전에 세상을 이해하는 데 적용하던 현실 모델 전체를 붕괴시킨다.

이런 종류의 외상을 연구하는 심리학자들은 이후 사람들이 둘 중

하나의 경로를 밟는 경향이 있음을 발견했다. 어떤 이들은 부적응적 패턴에 돌입해 약물 의존 등 자기 파괴적 행동을 보이다가 점점 더 심한 소용돌이에 휩쓸려 암울한 정체 상태에 도달한다. 이들의 경우 극단적인 심리적 고통이 새로운 정신 질환을 일으키는 촉매가 되거나, 지금까지 크게 발현되지 않고 잠재해 있던 부정적 성향을 악화시킨다. 하지만 단단한 사회적 지지 시스템이 형성되어 있는 경우 대다수 사람은 그런 경로를 밟지 않는다. 그들은 직관적으로 즉시 친구나 가족, 인터넷으로 손을 뻗어 새로운 정보와 새로운 관점을 찾고 자신을 다시 일으키는 데 필요한 재료를 구한다.

1990년대 말에서 2000년대 초에 걸쳐 심리학자 리처드 테데스키 Richard G. Tedeschi 와 로런스 캘훈 Lawrence G. Calhoun 은 사람들이 극단적 변화에 대응하는 방식을 탐구하는 새로운 이론을 위한 증거를 수집했다. 그들은 대다수가 심리적 외상을 극복한 후 '긍정적'으로 발전하는 '적응적' 패턴을 보인다는 사실을 발견했다. '외상 후 성장 posttraumatic growth'을 통해 새로운 자아가 형성되는 것이다.

테데스키와 캘훈은 한 연구에서 신체 일부가 영구 마비되어 더는 연주할 수 없게 된 음악가를 인터뷰했다. 그들이 관찰한 다른 많은 피험자와 비슷하게, 음악가는 그 시련이 '지금껏 내게 일어난 최고의 일'이라고 말했다. 그리고 설령 자신에게 일어난 일을 바꿀 기회가 주어진다 해도 그렇게 하지 않을 것이라고 했다. 과거에 그는 목적의식 없이 살아가는 알코올의존증 환자였다. 그날그날 하는 술집 공연 말고는 딱히 미래 계획도 없었다. 그는 마비되었지만 새로운 자아를 찾은 현재와 잘못된 가정과 무지로 점철된 자기 파괴적 음악가였던 과거의 삶 중 하나를 택하라면 전자를 택하겠다고 했다. 이런 태도는 비행기 추락 사고, 화재, 팔이나 다리를 잃는 일 등으로 갑자기 삶이 엉망이 되어버린 다른 피험자들에게서도 나타났다. 테데스키와 캘훈은 '심리적 외상의 끔찍하고 혼란스러운 여파 속에서 근본적 가정이 심각한 도전을 받으면 사람들은 자신이 세상을 이해하는 방식과 세상 속에서 자신이 점하는 위치를 수정해야만 한다'라고 설명한다. 그러지 않으면 그들의 뇌는 패닉에 빠져 현실을 제대로 이해하고 처리하지 못한다. 그런 패닉을 해결하는 데는 새로운 행동과 사고, 새로운 믿음, 새로운 자아 개념이 필요하다.[17]

시간을 되돌린대도 자신에게 일어난 일을 바꾸지 않을 것이라는 음악가의 말에 누구나 동의하진 않을 것이다. 그러나 테데스키와 캘훈의 연구에 따르면, 사람들은 말기 암 선고를 받거나, 자식을 잃거나, 고통스럽게 이혼하거나, 자동차 사고나 전쟁에서 살아남거나, 심장마비를 겪고 살아난 후 자신이 그 불가피한 부정적 상황을 경험하고 더 나은 사람이 되었다고 대답하는 경우가 많다. 그들은 과거 머릿속에 존재하던 많은 가정을 폐기했다. 충격적 경험을 하기 전까지는 의문을 품어본 적이 없고, 따라서 틀렸다고 생각해본 적도 없는 가정을 말이다. 그들은 마음속에 있던 미지의 공간, 새로운 경험에서 비롯된 새로운 지식을 채울 공간이 활짝 열린 듯한 기분이라고 말했다.

이런 종류의 변화가 지닌 잠재적 이점에도 때로 우리는 비행기 사고나 암 진단 같은 충격적 사건을 경험한 후에야 변하기 시작한다. 평소에는 자신의 세계관과 정체성을 어떻게든 지키려고 애쓰기 때문이다. 그와 달리 충격적 사건을 겪은 후에는 믿음과 태도와 가치관이 무너진다. 삶의 의미에 대한 감각을 잃고, 주체할 수 없는 혼란을 느끼며 벌거벗은 채 세상 앞에 서 있는 것 같은 기분을 느낀다.

우리 안에서는 불가피하게 자아의 완전한 재부팅이 일어난다. 이때 우리 일상이 매우 힘겨워질 수 있다. 위기의 시기에는 모든 것이 변칙적이고 이례적인 것처럼 보인다. 테데스키와 캘훈은 '심리적 지진을 일으키는 사건은 개인의 사고와 의사 결정, 의미의 토대가 되어온 도식 구조의 다수를 허물어뜨릴 수 있다'라고 설명한다. 충격적 사건이 개인이 맥락 구성을 위해 의존하는 사고 체계와 심하게 충돌하거나 그 체계의 유효성을 완전히 소멸시키기 때문에, 해당 개인은 '자신이 존재하는 목적과 의미 자체'에도 의문을 품게 된다.

테데스키와 캘훈에 따르면, 그런 경험을 한 후에 일어나는 인지적 재건 프로세스는 지진 이후의 재건축 과정과 유사하다. 가장 튼튼한 구조물만 살아남으며, 우리는 그 구조물이 여전히 유용하다는 것을 서서히 깨닫는다. 허물어져버린 구조물은 이전과 동일하게 재건되지 않는다. 그 결과 우리 안에는 '붕괴에 훨씬 더 강한 저항력을 갖춘' 새로운 세계관이 형성된다. 위기에서 우리는 마음을 바꾸는 데 훨씬 더 열린 상태가 된다.

평소 머릿속 가정이 수정되는 프로세스는 보이지 않는 곳에서 지속적으로 서서히 진행된다. 외상 후 성장은 그 프로세스가 가속화된 버전이라고 할 수 있다. 내면의 가정은 짐작과 추정의 집합이지만 우리에겐 그렇게 느껴지지 않는다. 심리학자 콜린 머리 파크스<sup>Colin Murray Parkes</sup>는 그것을 '가정 세계<sup>assumptive world</sup>'라고 부른다. 가정 세계는 우리가 무엇을 예측하고 통제할 수 있는지 추정하게 하는 정신 현상의 집합체이며, 그중 많은 부분은 우리가 속한 사회의 문화에서 유래해 내면화된다. 다시 말해 우리의 행동을 좌우하고, 눈앞에 일어난 현상의 원인을 이해하게 하고, 소속감과 의미와 목적을 지닌 자아를 형성시키는 일련의 지식과 믿음, 태도가 가정 세계를 구성하는 재료라고 할 수 있다.[18]

가정 세계는 세 가지 역할을 한다. 첫째, 눈앞의 대상이나 상황에 맥락을 부여한다. 매 순간 우리에게 '누구', '무엇', '언제', '어디', '왜'를 말해준다. 누가 나의 엄마인가? 나는 언제 잠자리에 들어야 하는가? 내 우편함은 어디에 있는가? 달걀이 왜 바닥에 떨어져 깨졌는가? 우리는 가정 세계를 토대로 이런 질문에 답한다.

둘째, 가정 세계는 수많은 조건문('만일 ~이면 ~이다')을 성립시킨다. 이러한 인과적 내러티브는 우리가 특정한 방식으로 외부 세계와 상호작용하면 어떤 일이 일어날지 말해준다. 단기적 차원에서 우리는 자동차 키를 끼우고 돌리면 시동이 걸린다는 사실을 안다. 달걀을 떨어뜨리면 바닥이 지저분해진다. 회사 상사를 때리면 보너스를 못 받는다. 가정 세계가 있기에 우리는 지금, 다음 주에, 또는 수십 년 후에 목표를 달성하는 데 필요한 계획을 세운다. 장기적으로 볼 때, 우리는 학교를 끝까지 다니면 학위를 받게 된다고 가정한다. 케이크를 계속 먹으면 사이즈가 큰 옷을 새로 사야 한다. 은퇴를 위해 저축하면 노후에 여유를 누릴 수 있다.

셋째, 가정 세계는 우리가 사회적 지지 네트워크를 유지하려면 어떻게 행동해야 하는지 일러준다. 친구와 배우자, 연인, 가족을 항상 곁에 두고 싶다면 '이렇게 행동해야 한다'는 가정이 머릿속에 존재하므로 그 가정에 맞게 행동하며, 다른 행동은 지양한다.

외상 후 성장은 개인의 가정 세계 정확성이 갑자기 크나큰 도전을 받은 후 일어나는 급격한 마음의 변화다. 자신의 가정으로 세상을 이해하고 설명하는 데 완전히 실패하면 뇌는 인식적 비상 상태가 된다. 그 상황을 해결하고 통제감과 확실성을 다시 확보하려면 우리 지식과 믿음, 태도의 일부를 변화시켜야 하지만 당장은 어떤 것을 바꿔야 할지 알지 못한다. 하지만 확실한 것은 기존 모델에 계속 의존할 수는 없다는 사실이다. 따라서 우리는 적극적인 학습 모드로 돌입해, 이 위기를 해결하기 위해 즉시 다른 관점을 고려하고 자신의 약점을 냉정하게 평가하고 행동을 바꾸려 노력한다. 결국 현실 해석에 사용하던 기존 모델을 구성하는 사실과 믿음, 태도의 상당 부분이 다른 것으로 대체되어 '자아' 자체가 변화하기에 이른다.

이 모든 프로세스는 자동으로 일어난다. 외상성 경험을 한 후 삶의 의미를 찾겠다고, 또는 새로운 자아를 만들겠다고 의식적으로 선택하는 것이 아니다. 그것은 생물학적 변화이자 필요에 따라 작동하는 생존 메커니즘이다. 테데스키와 캘훈은 이 점을 강조한다. 외상성 경험을 한 사람들은 자신이 '삶의 의미를 탐색하는 일에 착수하거나 그런 시련에서 이로움을 얻으려 시도했다'라고 생각하지 않는다는 것이다. 사람들은 대부분 그저 생존하려고 애쓰는 것일 뿐이다.

테데스키와 캘훈은 암으로 신체 일부가 마비된 미국 시인 레이놀즈 프라이스Reynolds Price의 말을 인용했다. 프라이스는 자신의 정체성이 전복되는 것을 피할 수 없을 때 우리는 '다른 누군가가, 생존 가능한 또 다른 내가 될 수밖에 없다. 꼭 필요한 것만 남기고 모두 벗어버리린, 맑은 눈을 지닌 완전히 다른 인간이 된다'고 했다. 그는 암 선고를 받았을 때를 회상하면서, 처음부터 누군가가 자신의 눈을 똑바로 보면서 이렇게 말해줬으면 좋았을 거라고 했다. "레이놀즈 프라이스는 죽었다. 이제 당신은 어떤 인간이 될 것인가? 어떤 인간이 될 수 있는가? 그 지점에 빠른 속도로 도착할 수 있는가?"[19]

## 인지 부조화의 불편한 진실

동화와 조절은 신경과학에서 '보존'과 '능동적 학습'이라는 단어로 불린다. 새로운 증거가 나타나 예상과 결론의 확실성이 흔들리는 경우, 기존 모델로 해결할 수 없는 불일치를 해결하려면 뭔가가 바뀌어야 한다. 이런 불일치를 마주하면 '내가 틀렸을지도 모른다'는 본능적 느낌이 발동하는데, 심리학에서는 이를 인지 부조화cognitive dissonance라고 한다. 우리 믿음이나 가정과 모순되는 새로운 정보를 만나면, 인지 부조화가 발생해 그 믿음이나 가정을 수정해야 할지도 모른다는 사실을 일깨운다. 만일 인지 부조화를 겪을 수 없다면 마음을 바꿀 수도 없다. 데이비드 이글먼의 환자인 G 부인의 사례가 이를 잘 보여준다. 그녀는 뇌졸중으로 전측대상피질anterior cingulate cortex이 손상되었다.

이글먼이 G 부인과 그녀의 남편을 처음 만났을 때 그녀는 회복 중이었다. 검사 과정에서 이글먼이 그녀에게 두 눈을 감아보라고 하자 그녀는 한쪽 눈밖에 감지 못했다. 이글먼이 양쪽 눈을 모두 감았느냐고 묻자 놀랍게도 그녀는 그렇다고 대답했다. 잠시 후 이글먼은 그녀에게 손가락 3개를 펴 보이면서 몇 개가 보이냐고 물었다. 그녀는 3개라고 대답했다. 이글먼은 그녀에게, 양쪽 눈을 감았다면 그가 손가락 3개를 펴 보였다는 사실을 어떻게 아느냐고 물었다. 그녀는 아무 말도 하지 못했다.

그다음엔 G 부인을 거울 앞으로 데리고 가서 그녀 자신의 모습이 보이느냐고 물었다. 그녀가 보인다고 답하자, 이글먼은 양쪽 눈을 감으라고 요청했다. 그녀는 지시대로 양쪽 눈을 감았다고 말했다. 이글먼이 여전히 자신의 모습이 보이느냐고 묻자 그녀는 그렇다고 답했다. 이글먼은 만일 양쪽 눈을 감았다면 어떻게 거울 속 자기 모습이 보이느냐고 물었다. 이번에도 그녀는 대답하지 못했다.

G 부인은 혼란스러워하지도 놀라지도 않았다. 그리고 모순되는 증거에 비춰 자신의 믿음을 수정하지도 않았다. 대신 한동안 말없이 앉아만 있었다.

이글먼의 설명에 따르면 이것은 자신의 질병이나 신체적 결함을 부인하는 질병 인식 불능증anosognosia을 겪는 환자에게 흔히 나타나는 현상이다. 그는 이 같은 현상을 믿음과 지각이 불일치하는 '인지적 필리버스터cognitive filibuster'라고 표현한다. G 부인은 그런 불일치를 해결하는 뇌 영역인 전측대상피질에 손상을 입었다. 따라서 두 눈을 모두 감았다는 믿음과 그 믿음에 모순되는 거울 속 증거가 그녀의 뇌 속에서 서로 한 치도 양보할 수 없었던 것이다. 이글먼은 믿음과 증거 양측이 맞서다 지쳐서 흐지부지되고, 결국 뇌가 아무런 결론을 내리지 못한 채 문제 자체가 그냥 잊히는 사례를 목격할 때마다 놀랍고 당황스럽다고 했다.[20]

인지 부조화를 만들어내는 시스템이 활동을 중단하거나 파괴되면, 믿음과 새로운 정보가 충돌할 때 으레 경험하는 놀라는 반응도 나타나지 않는다. 이 시스템이 망가진 사람의 마음속에서는 대다수 사람에게 심리적 불편함을 야기하는 충돌이 아무런 저항 없이 수용된다. G 부인은 인지 부조화를 겪을 수 없으므로 그것을 해결할 수도 없었다. 그녀는 자신이 틀렸다는 것을 깨달아도 마음을 바꾸는 것이 물리적, 생물학적으로 불가능했다.

이글먼은 피아제와 루셀의 견해에 동의한다면서 이렇게 설명했다. 예상과 다른 뭔가를 경험하면 뇌는 경계 모드가 되어 모든 감각과 인지능력을 거기에 쏟아붓는다. 현실의 결과가 우리가 목표를 추구하고 계획을 세울 때 늘 사용하는 인과관계 모델에 들어맞지 않으면 '마음을 바꿔야' 할지도 모른다는 사실을 인식하게 된다.

예상이 좌절되거나 기대한 결과와 다른 것을 경험하거나 예측에 실패하면, 우리는 자신의 모델을 신중하게 업데이트하기 위한 학습 상태로 돌입한다. 그런데 사실 뇌는 인지 부조화를 해소하는 데만 관심이 있다. 여기서 불편한 진실이 생겨난다. '내가 틀렸을지도 모른다'는 느낌을 경험한다고 해도 반드시 자신의 모델을 조정하는 것은 아니라는 사실이다. 다만 확실한 것은 뇌가 잠재적 충돌을 예민하게 주시한다는 점이다. 이때 다른 동기를 느끼지 않는 한 뇌는 조절이 아닌 동화를 선호한다. 즉 자신이 세상을 이해하는 기존 모델에 새로운 정보를 통합한다. '내가 틀렸을지도 모른다'는 느낌에 대한 해결책으로 '하지만 나는 틀렸을 리 없어'를 택하는 것이다.

뇌는 항상 적응이라는 줄타기를 한다. 기존 모델을 보존하는 활동과 기존 정보를 새로운 정보로 대체하는 활동 사이를 늘 오간다. 다시 말해 뇌에서는 동화와 조절의 균형을 맞추는 일이 끊임없이 이루어진다. 보존해야 할 것을 바꾸면 잘못된 모델로 세계를 해석할 위험이 생기고, 바꿔야 할 것을 바꾸지 않으면 그래도 역시 잘못된 모델로 세계를 해석할 위험이 생기는 탓이다. 그 균형을 적절히 유지하기 위해 우리는 모델을 신중하게 업데이트한다. 그러므로 만일 새로운 정보가 나타나 믿음이나 태도, 가치관을 업데이트할 것을 요구하면 인지 부조화를 경험하고, 결국 우리는 마음을 바꾸거나 그 정보를 해석하는 방식을 바꾼다.

1957년에 심리학자 레온 페스팅거Leon Festinger가 진행한 관찰 실험은 후자의 경우를 잘 보여준다. 그는 시카고의 한 종말론 교단에 잠입해 신도들을 관찰했다.[21] 이 집단의 교주 테드라 자매Sister Thedra는 1954년 12월 21일 대홍수로 세상에 종말이 오는데, 우주선이 신도들을 구하러 올 것이라고 말했다. 신도들은 재산과 집을 모두 정리하고 친구와 가족에게도 작별 인사를 고했다. 드디어 12월 21일이 되었다. 하지만 우주선이 오기는커녕 아무 일도 일어나지 않았다. 예상과 현실이 일치하지 않자 그들은 엄청난 인지 부조화를 경험했다. 이를 해소하기 위해 기존 모델을 조절하고 교주에게 속았다는 것을 인정할 수도 있었다. 하지만 그렇게 하지 않았다. 그들은 자신들의 강한 믿음에 감동한 신이 홍수를 막아주었다고 기자들에게 설명했다. 자신의 내적 모델에 맞지 않는 변칙 현상을 오히려 확신의 근거로 해석한 것이다. 자신들이 공유하는 현실에 변칙 현상을 동화시켜 그 현실을 유지하기 위해서였다. 그럼으로써 그들의 인지 부조화는 해결되었다.

## 의견을 받아들이게 되는 티핑 포인트

그렇다면 어느 정도로 강한 인지 부조화를 경험해야 동화 대신 조절을 선택할까? 뇌가 자신의 모델이 틀렸거나 불완전하다는 것을 깨닫고 보존 모드에서 능동적 학습 모드로 전환하는 시점을 수치로 표현할 수 있을까?

정치학자 데이비드 레들로스크David Redlawsk가 이끄는 연구 팀이 2010년에 그 답을 찾는 실험을 했다. 연구 팀은 미국 대선 예비선거에서 피험자들이 자신이 지지하는 후보에 관련된 부정적 사실을 점점 더 많이 알게 되는 상황을 설계했다. 모든 피험자가 공화당이나 민주당 둘 중 한쪽에 가입한 후, 27가지 이슈에 대한 가상의 정치인 네 명의 입장과 관련된 수백 개의 정보를 제공받았다.[22]

실제 선거에서 언론을 통해 정보를 접하는 상황처럼, 연구 팀은 컴퓨터를 통해 피험자들에게 뉴스 기사를 지속적으로 보냈다. 피험자들은 선거운동이 끝날 때까지 기사를 원하는 만큼 읽을 수 있었다. 단, 그들이 알지 못한 사실이 있었다. 그들은 실험에 참여하기 전에 설문지를 작성했는데, 연구 팀이 그 답변을 활용해 그들이 지지하는 후보에 대한 부정적인 기사를 만들었다는 사실이다. 예컨대 낙태 합법화에 찬성하는 피험자는 자신이 지지하는 후보가 낙태 합법화에 반대한다는 사실을 알게 될 수 있었다. 타인에 대한 존중을 중요시하는 피험자는 자신이 지지하는 후보가 이기적이고 동료를 함부로 대한다는 사실을 알게 될 수 있었다. 연구 팀은 피험자를 5개 그룹으로 나누고, 그룹마다 피험자에게 지지 후보에 대한 부정적 정보가 전달되는 양을 달리했다. 대조군에는 부정적 기사를 전혀 제공하지 않았고, 나머지 네 그룹에는 각각 부정적 기사를 10·20·40·80퍼센트 섞어서 제공했다.

선거운동이 진행되는 동안 연구 팀은 2~3분에 한 번씩 피험자에게 전화를 걸어 "오늘이 선거일이라면 어느 후보에게 투표하겠습니까?"라고 물었다. 그리고 피험자의 답변을 기록해 그래프로 그렸다. 피험자는 전화를 받는 순간 외에는 계속 뉴스 기사를 읽었다. 얼마나 많은 정보를 읽을지는 각 개인의 자유에 맡겼는데, 어떤 이들은 상당히 많은 양을 읽었다. 몇몇 피험자는 25분 동안 200개의 정보를 읽었다.

결과가 어땠을까? 9·11 음모론자나 앞에서 언급한 종말론 교단의 신도들처럼, 제공받은 부정적 기사의 비율이 10퍼센트와 20퍼센트인 그룹의 피험자들은 지지 후보에 대한 확신이 더 강해졌다. 실제로 이들은 부정적 기사를 전혀 접하지 않은 대조군보다 지지 후보에 대한 호감이 더 크게 상승했다. 레들로스크의 설명에 따르면, 후보에 대한 긍정적 시각이 새로운 정보가 촉발한 부정적 감정과 만났을 때, 이들의 뇌는 인지적 노력을 쏟아 부조화를 감소시키는 방향으로 새로운 정보를 해석한 것이다. 그는 '이런 프로세스는 기존 태도를 더 강화하는 결과를 낳을 수 있다'고 설명했다.

그러나 40퍼센트와 80퍼센트 그룹에서는 다른 현상이 나타났다. '피험자들은 선거운동 내내 지속적으로 지지 후보에 대한 부정적 시각이 강해졌다'고 레들로스크는 밝혔다. 선거 운동이 끝나자 이 두 그룹의 피험자들은 마음이 완전히 바뀌어 있었고 지지를 철회했다. '위협적 환경은 불안을 점점 증가시키고 이는 개인이 환경에 대해 더 많은 정보를 학습해 반응을 준비하도록 이끈다'고 레들로스크는 설명했다. '불안의 증가는 학습을 촉진하고, 이로써 개인은 자신의 평가를 더 정확하게 수정하게 된다.'

연구 팀은 동화에 자연스러운 상한선이 존재함을 발견하고 이를 '정서적 티핑 포인트affective tipping point'라고 불렀다. 이는 개인의 믿음과 상충하는 증거가 충분히 쌓여 그것을 무시하는 것을 더는 정당화할 수 없게 되는 시점이다. 레들로스크는 반대 증거가 압도적으로 많아지는 상황을 대비한 모종의 안전장치가 없이는 어떤 유기체도 생존할 수 없다고 설명했다. 정서적 티핑 포인트에 도달하면 뇌는 보존 모드에서 능동적 학습 모드로 전환한다.

위협 수준이 낮을 때, 즉 '부조화의 강도가 약할 때' 경계심은 작동하지만 새로운 정보를 평가하면서 여전히 기존 가정에 크게 의존한다. 레들로스크의 피험자들은 자신이 읽은 뉴스의 약 14퍼센트가 지지 후보를 부정적으로 묘사하자 '내가 틀렸을지도 모른다'고 느끼기 시작했다. 이 정도 부조화 수준에서는 여전히 자신이 보고 싶은 것만 보면서 증거에 반박했고 자신의 견해를 수정하길 거부했다. 그 결과 기존 세계관이 더 강화되었다. 그러나 부조화의 강도가 높아지자 오류 가능성에 대한 불안이 피험자들의 견해 수정을 유도했고 그들은 결국 마음을 바꿨다. 대개 티핑 포인트는 새로운 정보의 30퍼센트가 자신의 믿음과 일치하지 않을 때 찾아왔다.

레들로스크는 현실에서는 사람들의 상황과 심리가 훨씬 더 미묘하고 복잡하다고 지적했다. 어떤 이들은 다른 이들보다 불일치 증거가 더 많이 필요할 수도 있다. 또 누군가는 그런 증거나 반대 견해를 접하기 힘들 수도 있다. 정보의 출처, 개인의 동기, 해당 이슈의 성격, 반대 견해를 접한 횟수 등에 따라 정서적 티핑 포인트에 도달하기가 더 어려울 수도 있다. 따라서 중요한 것은 이 연구에서 찾아낸 특정한 수치 자체가 아니라 그런 수치가 '존재한다는' 사실이다. 우리가 틀렸을 가능성을 인정하고 믿음과 태도, 가치관을 수정할 수밖에 없는 시점이 분명히 존재하는 것이다. 그 시점에 이르기 전까지는 부조화가 확신을 약화하는 것이 아니라 더 강화한다.

쿤과 피아제는 다른 용어와 메타포를 사용했지만 둘이 내린 결론은 유사하다. 두 사람 모두 사람들이 마음을 바꾸는 과정과 과학에서 새로운 이론이 기존 이론을 대체하는 과정이 흡사하다고 생각했다.

예상과 일치하지 않는 실험 결과, 즉 기존 지배적 모델에 들어맞지 않는 결과가 나오면 과학자들은 그 변칙 현상을 임시 바구니에 담아 둔다. 그리고 기존 모델의 도구를 사용해 계속 문제를 연구한다. 나중에 변칙 현상이 쌓여 넘치면 그 '미결 바구니'로 돌아가 살펴보기로 한다.[23] 기존 모델과 새로운 현상의 부조화가 관찰되는 초반에는, 모델에는 문제가 없지만 측정 방법이나 연구 도구에 오류가 있거나 과학자가 실수를 했을 것이라고 가정한다. 그러나 시간이 흐르면서 미결 바구니에 변칙 현상이 쌓이기 시작해 어느 시점에 더는 무시할 수 없는 양이 된다. 경험 법칙이 더는 통하지 않는다. 예외가 있다는 것은 곧 규칙이 있다는 증거라는 말이 유효성을 상실한다. 변형 사례들이 변형 사례가 무엇인가에 대한 고정관념을 드러낸다.

피아제는 마음이 바뀌는 과정도 이와 유사하다는 사실을 보여주었다. 카드 실험에서 처음에는 변칙 현상이 피험자 눈에 보이지 않았던 것을 기억하는가? 처음에 피험자들은 색깔이 바뀐 카드가 섞여 있다는 사실을 몰랐다. 그런 카드의 범주가 머릿속에 존재하지 않으므로 당연히 그런 카드를 보게 되리라 예상하지 않았고 따라서 '볼 수 없었다.' 뭔가 이상함을 감지하자 자신이 목격한 잘못된 카드를 그런 종류의 범주가 없는 머릿속 모델에 끼워 맞추려고 했다. 그 모델로 자신이 경험하는 상황을 처리하는 데 실패하고 나서야 그들의 뇌는 조절 모드로 변환되었고 마음을 바꿨다.

우리는 제한된 감각을 통해 객관적 현실을 경험하면서, 외부 세계를 더 효과적으로 처리하기 위해 머릿속에 주관적 재현물을 만든다. 불확실한 상황에서 새로운 정보를 마주치면 그 주관적 재현물에 먼저 의지할 수밖에 없다. 머릿속 모델이 틀린 것이 되는 것은 위험한 일이지만 새로운 정보를 거부하면서 무지한 상태로 남는 것 또한 위험한 일이다. 그래서 새로운 정보가 모델이 틀리거나 불완전할지 모른다는 점을 암시하면, 먼저 우리는 변칙 현상을 기존 모델에 끼워 맞추려고 시도한다. 만일 그 시도에 성공하면 계속 기존 모델을 사용한다. 실패 횟수가 쌓여 더는 무시할 수 없는 수준에 이르기 전까지는 말이다.

그러나 외상 후 성장과 정서적 티핑 포인트에 대한 연구는 우리가 특정한 한계점에 이르면 그 이후에는 학습 모드로 전환해 믿음과 충돌하는 정보를 이해 및 처리하려고 노력한다는 사실을 알려준다.

산속 오두막에 사는 은둔자나 광신도 집단의 일원이 아닌 한, 대부분은 자신과 다른 시각으로 세상을 보는 타인을 늘 마주친다. 3장에서는 뉴욕대학교의 연구를 통해, 우리가 자신과 다른 결론에 이른 사람들이 틀렸다고 쉽게 가정한다는 사실을 살펴봤다. SURFPAD 모델은 상당한 불확실성이 존재하는 상황에서 서로 다른 경험을 지닌 사람들이 서로 다른 가정에 도달하게 된다고 말해준다. 그리고 소박 실재론 때문에 결국 무엇이 참이고 거짓인가, 무엇이 도덕적이고 비도덕적인가, 무엇이 좋고 나쁜가를 두고 상당한 의견 불일치가 발생한다.

그러나 레들로스크의 연구가 보여주듯, 우리가 틀렸을 가능성을 인정하는 것보다 변화를 거부하는 것이 더 위험하다는 사실을 깨닫는 순간이 올 수 있다. 그 과정을 더 깊이 이해하기 위해 나는 그것을 깨달은 사람들을 직접 만나보고 싶었다. 이것이 다음 장에서 살펴볼 내용이다.

# 5장 웨스트보로

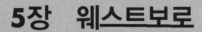

## 광신도가 사이비 종교를
## 떠나는 이유

"교회를 나온 이후에 생각이 바뀌었어요."
웨스트보로 신도들은 더 이상 동성애를
혐오하지 않아서 교회를 떠난 것이 아니었다.

그들은 개인적이고 사소한 계기로 교회를 떠났고,
그 이후에 모든 가치관이 바뀌기 시작했다.

밸런타인데이 오전이었다. 나는 캔자스주 토피카에 있는 웨스트보로 침례교회Westboro Baptist Church(이하 웨스트보로)의 문을 두드렸다. 해는 떴지만 어둑했다. 햇빛이 저 먼 곳 들판의 추운 공기를 데우고 오느라 캔자스주에 도착할 즈음엔 힘이 빠져버리는 것만 같았다.

썩어가는 나무들에 둘러싸인 길고 굽이진 흙길 끝자락에 서 있는 교회. 그게 내가 상상한 웨스트보로의 모습이었다. 하지만 놀랍게도 평범한 주거 지역에 위치한 주택이었다. 책을 펼쳐 엎어놓은 듯한, 여러 각도로 경사진 지붕이 얹혀 있고 갈색 박공과 흰색 외벽으로 이뤄진 건물이었다. 주변 집들보다 약간 더 크긴 했지만 어쨌든 그냥 주택이었다. 스타벅스에서 두 블록 떨어진 곳에 있는 평범한 교외 동네였다. 얼핏 보면 누군가가 못된 장난으로 건물 옆면에 '갓헤이츠아메리카닷컴godhatesamerica.com'이라고 적힌 커다란 현수막을 붙여놓은 예스러운 교외 별장 같았다.

추위 탓에 귀와 볼에 감각이 없어질 지경이었다. 웨스트보로의 울타리 안쪽에 있는 농구장 근처 깃발 게양대에는 거꾸로 걸린 성조기가 펄럭였고 그 밑에 메시지 보드에는 이렇게 적혀 있었다. '호모 새끼들의 사랑＝욕정! 밸런타인데이는 죄악을 저지르기 위한 핑계다! 하나님은 동성애를 혐오하신다! 로마서 1장.' 그보다 작은 또 다른 메시지 보드에는 '호모 새끼들의 결혼이 나라를 파멸시킨다'라고 적혀 있었다.

분홍색 드레스셔츠에 화려한 넥타이를 매고 단정한 조끼를 입은 젊은 남자가 문을 열어주었다. 그는 자신을 아이제이아라고 소개했다. 나는 오늘 열리는 예배에 참석해도 되는지 물었다. 그러자 아이제이아는 "물론 됩니다. 단, 정숙을 지켜주세요. 큰 소리를 내면 안 됩니다"라고 말하며 나를 안쪽으로 안내했다.

### "동성애자, 잘 죽었다"

그 전날 나는 웨스트보로 설립자의 손자 중 한 명이자 이곳 교인이었던 잭 펠프스-로퍼Zach Phelps-Roper를 만났다. 잭은 그의 형제들과 마찬가지로 최근에 웨스트보로를 떠났다. 나는 그가 떠난 교회가 어떤 곳인지 직접 눈으로 보고 싶었다.

나중에 나는 잭의 여자 형제인 메건Megan도 만나봤다. 메건과 잭이 오랫동안 고수해온 믿음과 태도를 그렇게 단시간에 버린 이유를 알고 싶었다. 마음이 변화하는 과학적 원리를 살펴본 나는 이제 마음의 변화가 타인들을 통해 촉진되는 과정을, 즉 '마음이 마음을 바꾸는 과정'을 이해하고 싶었다. 잭과 메건 같은 교인들이 웨스트보로 집단을 떠나게 만드는 요인이 무엇인지 알아봐야겠다는 생각이 들었다.

그들은 교회를 떠나는 동시에 즉시 제명당했다. 이는 찰리 비치의 사례와 비슷해 보였다. 다른 점이 있다면 잭과 메건의 경우 교회를 떠나는 동시에 부모와 친척들 곁을 떠나야 했다는 점이다. 그들은 즉시, 그리고 어쩌면 영원히, 교회 탈퇴자와 모든 연락을 끊었다.

잭과 메건, 찰리의 사례에 틀림없이 과학적 설명이 가능한 공통분모가 있을 것 같았다. 이들은 온라인 세계에서 훨씬 덜 극단적이고 덜 논쟁적인 주제와 관련해 자신의 견해를 포기하지 않으려는 사람들과 어떻게 다를까? 자기주장을 굽힐 줄 모르는 사람들이 눈만 뜨면 곳곳에서 논쟁을 벌이고 서로를 존중하는 싸움이란 기대하기 힘든 듯한 요즘 같은 시대에, 무엇이 찰리와 잭과 메건의 마음을 갑자기 바꿔놓았을까?

잭과 메건의 사례는 물론 찰리와 다르지만 나는 이 세 사례에 공통되는 중요한 뭔가가 있음을 발견했다. 나는 이들의 이야기를 들으면서 변화에 강하게 저항하는 이들의 심리에 관련된 중요한 진실을 알게 되었다.

증오 단체를 조사하고 분석하는 조직인 남부 빈곤 법률 센터<sup>South-</sup>ern Poverty Law Center에 따르면 웨스트보로는 '미국에서 가장 추악하고 광적인 증오 단체'다.[1]

그동안 여러 다큐멘터리와 책, 뉴스에서 웨스트보로를 집중적으로 다루었다. 몇몇 할리우드 영화에서도 이 종교 집단을 패러디했다. 영화 〈레드 스테이트〉 후반부에서는 웨스트보로와 거의 흡사한 교회가 ATF(주류, 담배, 화기 및 폭발물 단속국) 대원들과 총격전을 벌인다. 또 영화 〈킹스맨: 시크릿 에이전트〉에서는 웨스트보로를 '모델로 삼은 것이 분명하다'고 NPR(미국 공영 라디오)에서 말한 교회의 신도들을 콜린 퍼스Colin Firth가 전부 죽이는 장면이 나온다. 이렇듯 웨스트보로는 너무 유명해서 과격한 기독교 선동가 집단을 묘사할 때 흔히 인용되곤 한다.[2]

웨스트보로라는 이름이 지역 밖으로 널리 알려진 계기는 1998년 웨스트보로 신도들이 매슈 셰퍼드Matthew Shepard의 장례식에 나타나 시위를 벌인 일이었다. 셰퍼드는 술집에서 집까지 데려다주겠다는 두 남성의 차를 얻어 탔다가 잔인하게 살해당한 와이오밍주의 동성애자 청년이었다.[3] 웨스트보로 신도들은 그의 장례식에서 '동성애자, 잘 죽었다'라고 적힌 피켓을 흔들어댔다.[4] 웨스트보로는 불길에 휩싸인 셰퍼드의 모습과 그가 지옥에 떨어진 지 며칠이 되었는지 보여주는 그래픽 이미지를 만들어 웹사이트에 10년이 넘도록 걸어놓았다.[5]

곧 웨스트보로는 극악무도한 문구가 적힌 화려한 피켓을 들고 일년 내내 거리로 나서는 집단으로 유명해졌다. 하지만 매슈 셰퍼드의 죽음이 출발점은 아니었다. 그들의 시위는 교회 근처에 위치한 공원인 게이지 파크Gage Park에서 시작되었다. 1991년 웨스트보로 설립자 프레드 펠프스Fred Phelps와 그의 가족은 자칭 '게이지 파크 풍기 문란 정화 운동'을 벌였다. 그들은 게이지 파크에서 동성애자들이 성관계를 목적으로 자신들에게 접근했다고 주장했다. 이들의 시위는 언론에 보도되면서 그 지역은 물론이고 전국에 알려졌다.[6]

이후 웨스트보로는 정기적으로 피켓 시위에 나서면서 확실하게 대중과 언론의 관심을 받았고 해외에까지 알려졌다. 하지만 남부 빈곤 법률 센터의 설명에 따르면 웨스트보로는 언제나 '리더 프레드 펠프스를 중심으로 이뤄진 가족 중심의 소규모 종교 집단'이었고 지금도 마찬가지다. 게이지 파크 시위가 있기 40년 전, 프레드는 패서디나의 존 뮤어 칼리지 캠퍼스에서 학생들에게 육체의 정욕과 죄악에 대해 설교하는 거리 설교자로 《타임》에 소개된 적도 있다. 그는 이 학교에서 준학사 학위를 받았다.[7]

웨스트보로는 자체 통계 기준으로 신도 수가 약 90명이며 그중 대부분은 프레드 펠프스(현재는 고인이 됐음)의 자녀와 손자들이다.[8] 지금까지 진행한 피켓 시위는 약 6만 회에 이르고 그중 500회 이상은 장례식장에서 벌였다. 2006년 메릴랜드주의 한 가족이 아들 매슈 스나이더Matthew Snyder의 장례식장에 와서 피켓 시위를 벌인 웨스트보로를 상대로 소송을 제기했다. 스나이더는 이라크에서 비전투 활동 중 사망한 군인이었다. 이 소송은 결국 미 연방 대법원까지 올라갔다. 프레드 펠프스의 자녀 중 11명은 변호사였고 그중 하나인 마지 펠프스는 신도들이 위법 행동을 한 적이 없으며, 경찰이 요구한 위치에서 적절한 거리를 유지하면서 시위했다고 변론했다. 연방 대법원 재판부는 결국 8대 1로 웨스트보로의 손을 들어주었다.[9] 재판이 열리는 동안에도 웨스트보로 신도들은 법원 앞에서 '전사한 군인들에 대해 하나님께 감사하자'라고 적힌 피켓을 들고 시위를 했다.

### 웨스트보로를 떠나다

나는 웨스트보로에서 몇 블록 떨어진 블랙버드라는 아담한 카페에서 스물다섯 살 청년 잭을 만났다. 잭은 추운 날씨인데도 반바지

차림이었다. 텁수룩한 턱수염을 길렀고, 두툼한 장갑을 끼었고, '스마일smile'이라는 글자가 박힌 모자를 쓰고 있었다.

그는 대화 도중에 내 뒤쪽의 창밖을 자꾸 쳐다봤다. 이야기를 하다가 생각을 정리하려는지 종종 멈추곤 했다. 그는 자신이 동성애자에 대한 관점이 변했거나 장례식장에서 벌이는 피켓 시위에 반대해 교회를 떠난 것이 아니라고 했다. 변화는 교회를 탈퇴한 후 일어났다.

간호사인 잭은 출근 첫날 거구의 노인 환자를 들어서 휠체어로 옮기던 중에 허리를 다쳐 몇 개월간 고생을 했다. 나중엔 결국 주사 치료를 받았지만 처음에는 민간요법으로 통증을 다스리려고 했다. 병원에서 주로 야간 근무를 하고 집에 돌아와 가족의 도움으로 하루에도 몇 번씩 얼음찜질을 했다. 통증이 나아지는 것 같기도 했지만 그때뿐이었다. 통증이 계속 심해지자 '몸 상태를 정확히 알아야겠다'[10]는 생각이 들었다.

그는 전공 서적과 여러 의학 자료를 뒤져보았다. 그의 아버지는 기도가 부족해서 통증이 없어지지 않는 것이라고 말했다. 간호학교를 졸업한 지 얼마 안 된 그가 보기엔 말도 안 되는 소리였다. 기도야 물론 좋은 것이지만 그가 원하는 것은 통증 완화였다.

"그들이 의학 자체를 아예 안 믿는 것은 아니에요. 하지만 의사를 일종의 집사라고 생각하죠. 하나님이 의술로 사람을 돕는 능력을 의사에게 주셨지만 우리는 의사를 찬양해서는 안 돼요. 하나님만 찬양해야 하죠"

잭의 설명에 따르면, 웨스트보로 신도들은 자신들의 믿음으로 의사가 몸을 치료할 능력을 얻는다고 생각한다. 그래서 잭의 아버지는 전공 서적과 의학 문헌에 의지하는 아들이 교회의 믿음을 저버리고, 가족들을 비난하고 있다고 느꼈다.

잭은 사실 허리를 다치기 전부터 가족에게 조금씩 불만을 느끼고 있었다. 프레드 펠프스의 건강이 나빠지자 교회의 권력 구조에 변화가 찾아왔고 장로 아홉 명이 권력을 쥐게 되었다. 잭의 아버지도 그 아홉 명 중 하나였다. 이후 복장 규칙, 허용되지 않는 직업에 대한 규칙 등이 더욱 엄격해졌다. 잭은 해부학과 생리학 수업 시간에 돼지를 해부해본 뒤 의사가 되고 싶어졌다. 그런 꿈을 밝히자 부모님은 의사가 되어서는 안 된다고 말했다. 그가 이유를 묻자 돌아온 대답은 "그걸 꼭 설명해야 아니?"였다.

장로들은 잭의 삶에서 우선순위는 교회 장로들을 존경하고 그들의 뜻을 따르는 일이라고 강조했다. 그리고 자꾸 질문하지 말라고 했다. 나중에 장로들이 웨스트보로에서는 누구나 평등하다고 신도들에게 말했을 때, 잭은 그 말이 모순된다고 느꼈다. 장로들은 잭에게 간호사와 컴퓨터 프로그래머 중 하나를 택하라고 했다. 잭은 전자를 선택했지만 마음속 분노는 사라지지 않았다.

잭은 회복하는 동안 여자 형제 메건이 사준 감성 지능에 관한 책을 읽으며 자신이 느끼는 감정을 구분하려고 노력했다. "제 감정을 차분히 들여다보았어요. '그래, 난 지금 굉장히 슬픈 상태야' 하는 식으로요. 어머니가 통화하면서 저를 심하게 꾸짖을 땐 '지금 내가 느끼는 건 분노야'라고 감정에 이름표를 붙였어요. 아버지는 '잭, 네까짓게 네 몸에 대해 뭘 알아?' 하면서 저를 부끄럽게 하기도 했어요. 그건 또 다른 감정이었죠"

잭은 돈을 모아 하와이로 이사 가면 어떨까 생각했다. 허리를 다치고 5주쯤 지났을 때 통증이 심각해져서 부모님에게 응급실에 데려다달라고 부탁했다. 부모님이 거절하자 그는 진지하게 탈출을 생각했다.

"웨스트보로를 떠나야겠다고 다짐한 건 아버지가 저를 향해 고함을 지를 때였어요. 두려움이 몰려왔죠. 아버지가 고함을 지른 게 처음이 아니었는데도요." 그는 아픈 자신을 도와달라고 애원했지만 아버지는 이렇게 말했다. "잭, 오늘만 벌써 세 번째 그 얘기구나. 이제 그만 좀 해라."

잭은 아프다는 말을 믿지 못하는 거냐고 따지듯 물었다. 아버지가 그렇다고 말하자 잭이 다시 말했다. "제가 믿지 못할 아들처럼 행동한 적이 없잖아요?" 아버지가 고함을 치자 잭도 지지 않고 맞받아쳤다. 그는 "오늘 밤에 당장 떠나겠어요!"라고 내질렀다.

잭이 짐을 싸는 동안 아버지는 근처를 서성이면서 흥분된 분위기를 가라앉히려고 애썼다. 하지만 그는 아버지를 향해 말했다. "제가 사라지면 아버지도 편해질 거예요. 이젠 이 교회가 지긋지긋해요."

웨스트보로 사람들은 어떤 이유로든 교회를 떠나는 것은 그들이 수십 년간 구원하려 노력해온 버림받은 이들이 사는 저주받은 사악한 세계로 들어가는 것이라 생각했다. 하나님의 분노를 피할 수 있는 공간은 그들의 교회뿐이었다. 다른 교회 말고 오로지 토피카의 웨스트보로 침례교회만이 안전했다. 세상으로 나가는 것은 사탄의 군대에 합류하는 것과 마찬가지였다. 따라서 믿음을 저버리고 교회를 등진 자는 극렬한 증오의 대상이 되었다. 그런 자는 가족 및 신도들과 완전히 절연하는 것이 마땅했다.

잭의 어머니는 그의 휴대전화를 빼앗아 모든 연락처를 삭제해버렸다. 잭은 두려움에 휩싸여 아래층으로 내려가 컴퓨터 책상 앞에 몇 분간 앉아 있었다. 그리고 다시 기운을 내서 집을 뛰쳐나갔다. 한밤중에 여덟 블록을 달려가 사촌 집에 도착했다. 다음 날 아침 짐을 가져가라는 아버지의 전화가 왔다.[11] 잭이 가보니 자기 방에 있던 물건들이 집 앞에 쌓여 있었다. 며칠 후 잭은 교회에서 더 멀리 떨어진 다른 사촌 집으로 갔다.

## 괴물이라 생각했던 '그들'의 호의

잭이 교회를 떠날 때 성 소수자에 대한 믿음과 태도는 그대로였다. 피켓을 들고 거리로 나간 어린 시절부터 고수해온 가치관이었다. 하지만 그 모두가 몇 주 후부터 변하기 시작했다. 여자 형제인 그레이스와 올리브가든 식당에서 밥을 먹은 것이 계기였다.

그레이스는 메건과 함께 잭보다 몇 년 먼저 교회를 떠났다. 그레이스와 메건 역시 장로들에게 불만을 느꼈고 처음엔 그들을 설득하려고 노력하기도 했다. 하지만 소용없었다. 특히 그레이스가 응징의 과정에서 타격을 크게 받았다. 미술을 공부하고 싶어 했지만 장로들은 잭에게 그랬듯 반대했다.

그레이스는 교회의 새로운 신도인 저스틴과 린지 부부와 친하게 지냈다.[12] 저스틴과 린지는 교회에 들어오기 전에 세계 여러 곳을 돌아다녔고, 그레이스와 메건은 그들과 자주 시간을 보내며 넓은 바깥세상 이야기를 듣곤 했다. 문자도 자주 주고받았다. 그러던 어느 날

린지가 그레이스가 자기 남편인 저스틴에게 문자를 보내는 게 거슬린다고 장로들에게 말했다. 그러자 메건의 표현에 따르면 '즉각 처벌이 내려졌다'고 한다. 그레이스와 메건, 잭 세 사람 모두 앞으로는 저스틴과 린지 부부에게 어떤 연락도 하지 말라는 지시가 내려졌다. 또 나중에 장로들은 저스틴에게 린지가 세례받는 데 동의하기 전까지는 웨스트보로 신도들과 접촉하지 못하게 하라고 명령했다. 장로들이 교회의 문화를 만들어가는 방식은 대개 이런 식이었다. 즉 얌전하게 순종하지 않는 여성 신도를 겨냥하곤 했다. 장로들은 유부남에게 문자를 보낸 것에 대한 벌로 그레이스를 캔자스주 세무국에서 데이터 입력 작업을 하는 일자리에 취직시켰다. 그레이스는 근무시간이 끝나기 전에 건물 밖에 나가는 것도 금지되었기 때문에 휴식 시간에도 화장실 안에 있는 의자에서 시간을 보냈다.

하지만 그날 올리브가든에서 잭의 마음에 변화의 물결을 일으킨 것은 그레이스가 아니라 그곳에서 일하는 웨이터였다. 식사가 끝날 즈음 웨이터는 계산서를 갖다주지 않고 자기가 음식값을 내고 싶다고 말했다. 사실은 계산을 끝낸 뒤였다. 잭은 그러지 말라고 말렸지만 웨이터는 잭이 최근에 웨스트보로를 탈퇴했다는 것을 알고 있다면서, 자신은 동성애자인데 잭에게 잘해주고 싶다고 말했다.

잭은 이 상황을 어떻게 이해해야 할지 혼란스러웠다. 말도 안 되는 일 같았다. 잭은 평생 성 소수자가 괴물이라고 믿었다. 그동안 사람들을 설득해 자신과 같은 생각을 하게 만들려고 수도 없이 피켓을 들고 거리에 섰다. 잭은 웨이터에게 호의를 받은 그 순간을 떠올리며 이렇게 말했다. "제가 얼마나 멍청했는지 몰라요. 동성애자들은 짐승인 줄로만 알았다니까요."

식당을 나온 잭은 지금까지 자신이 믿어온 가정이 정말 맞는지 의문을 가졌다. 만일 자신이 갖고 있던 동성애자에 대한 믿음이 틀렸다면 다른 믿음은? 가장 먼저 떠오른 것은 동성애 옹호자인 레이디 가가와 케이티 페리의 콘서트에 가는 여자들은 전부 '난잡한 매춘부'라는 웨스트보로의 가르침이었다. 그런 여자들은 멍청하고 어리석고 문란하다고 못 박았다. 잭은 태어나서 처음으로 그 가르침에 의문을 가졌다. 한때는 헛소리라고 여기던 정보들이 갑자기 마음속으로 밀려 들어왔다. 그는 무엇이 옳은지 혼란스러웠고 자신의 정체성마저 마구 흔들리는 것 같았다.

잭은 만일 웨스트보로 신도였을 때 올리브가든에 갔다면 웨이터의 호의로 마음이 전혀 움직이지 않았을 것이라고 했다. 이는 그에게 놀라운 깨달음이었다. 분명히 그는 웨이터의 호의를 다른 식으로 해석할 방법을 찾았을 것이다. 잭은 모든 종류의 변화에 마음이 열린 자신의 모습을 깨닫고 놀랐다. 일단 그 사실을 인식하자 기존 것과 다른 믿음과 태도, 가치관을 받아들일 준비가 되었다.

"태어나서 처음으로 유대인과 대화를 나눌 때였어요. 반사적으로 웨스트보로의 가르침이 떠올랐죠. 그래서 '그 가르침은 무시할 거야'라고 생각했어요. 현실을 있는 그대로 보고 싶었어요. 열린 마음으로 생각하고 새로운 걸 발견하고 싶었어요. 내가 걸어 들어간 세상에는, 이 우주에는 내가 알지 못하는 것들이 너무나 많으니까요."

나와 만난 날 그는 이렇게 말했다. "지금 제 친구들 중에는 동성애자가 있어요. 양성애자도 있고, 남성과 여성이라는 성별 이분법을 아예 벗어난 범성애자도 있죠" 하지만 세상을 이해하는 자신의 모델을 다시 만들기 위해, 마음을 넓히기 위해 여전히 분투 중이라고 했다. 최근에는 불교에 관심을 갖고 공부하고 있다고도 했다.

잭은 견해와 가치관이 바뀌어서 웨스트보로를 떠난 것이 아니라고 강조했다. 웨스트보로를 나왔기 때문에 견해와 가치관이 변화하기 시작했다는 것이다. 그가 교회를 떠난 것은 다른 이유로 그곳을 더는 견딜 수 없었기 때문이었다. 그곳을 떠나자 많은 면에서 자신이 틀렸을지도 모른다는 가능성을 마주했다. 그러면서 힘겹게 거듭나는 시간이 시작되었다. 그는 사람을 믿지 못하게 되어 인간관계에서 실패를 여러 번 경험했고 심한 우울증도 겪었다. 자해하는 모습을 자꾸 상상하는 바람에 정신과 병동에 입원하기도 했다. 그 모든 과정이 깊은 우물 바닥에서 빠져나오기 위해 벽을 기어오르는 것 같았다고 말했다.

"웨스트보로에서는 항상 남을 비판하고 재단하라고 가르쳤어요. 이러지도 저러지도 못하는 기분이 들어요. 제 속엔 분명히 무조건적인 사랑을 실천하고 싶은 마음이 있지만, 한편으론 웨스트보로에서 겪은 일 탓에 결국 사람들을 믿지 못하게 되었으니까요."


평범하고 친숙한 이웃의 증오

잭을 만난 다음 날 웨스트보로 침례교회를 찾아갔다. 나는 신도석 맨 끝 손님용 좌석으로 안내를 받았다.

좀 일찍 도착해서 교회는 텅 비어 있었다. 희미한 조명 불빛만이 실내를 채웠다. 예배당 한쪽에 오래된 컴퓨터와 낡은 오르간이 놓여 있었다. 다른 쪽 끝에는 일렬로 배치된 의자와 작은 장식품이 담긴 밀폐 용기가 보였다. 크림색 바닥과 삼나무 목재로 만든 벽과 기둥 때문인지 평범하고 소박한 교회 느낌이 났다. 1980년대에 리모델링한 지하실 같기도 했다. 정적 속에서 나는 프레드 펠프스가 설교단에서 열정적으로 설교하는 모습을 상상해봤다.

신도석에 꽂힌 찬송가집을 꺼내 넘겨보고 있을 때 40명쯤 되는 신도가 도착했다. 대부분은 이웃 사이였다. 높게 세운 담장이 집들을 연결하고 있어서 블록 자체가 일종의 단지처럼 형성되었고, 교회가 그 블록 한쪽 끝에 위치했다. 신도들은 교회에 오려면 자기 집 뒷문을 열고 나와 잔디밭을 가로질러 걷기만 하면 되었다.

줄지어 들어오는 신도 중 몇몇이 내게 환영 인사를 건넸다. 여자들은 긴 드레스를 입고 머리에 뭔가 둘러쓴 모습이었다. 남자들은 청바지나 헐렁한 평상복 바지, 운동화나 구두, 스웨터나 언더아머 Under Ar-mour 재킷 차림이었다. 모두 자리에 앉은 후 설교 내용이 담긴 자료를 받았다. 그날의 설교자인 한 장로가 거기 적힌 대로 말하는 동안 신도들도 설교 내용을 읽었다. 대화체로 쓰인 설교에는 중간중간 농담과 여담까지 적혀 있었다. 나중에 메건에게 들은 바에 따르면 이 역시 장로들이 집권하면서 생긴 변화였다. 과거에 펠프스는 원고를 쓰지 않고 머릿속에서 온갖 성경 문구를 끄집어내 인용하며 설교를 했다. 그럴 때면 신도들은 펠프스가 언급한 구절을 성경에서 찾느라 허둥댔다.

그날의 설교 주제는 아마겟돈과 유대인이었다. 9·11 테러 이후 웨스트보로는 세상의 종말에 집착했고, 이 끔찍한 테러가 종말의 때를 대비하라는 하나님의 신호라고 믿었다. 교회 입구에는 성 소수자들이 밸런타인데이에 주고받는 사랑의 카드는 현대판 소돔과 고모라로 가는 지름길이라고 적힌 현수막이 걸려 있었지만, 그날 예배 중에는 동성애 얘기가 거의 나오지 않았다. '간음과 남색을 찬양하는 사악한 속세의 기념일'이라고 잠깐 언급했을 뿐이다. 다른 시사 이슈나 정치 문제도 언급하지 않았다. 세상의 종말에 대비해야 한다는 이야기만 줄곧 강조했다.

설교가 끝난 후 나는 신도들과 함께 찬송가를 불렀다. 예배가 끝난 뒤 사람들과 악수를 하고 내가 그곳을 방문한 이유를 설명했다. 사람들은 섬유질을 더 섭취해야 한다느니, 애들이 살이 쪄서 걱정이라느니 하는 등의 대화를 나눴다. 다들 즐거워 보였고 얼굴에 미소가 가득했다. 아이들은 어른들 대화엔 관심을 가지지 않고 만화 캐릭터가 나오는 철자 공부 책에 푹 빠져 있었다. 그곳에 가기 전 나는 동성애를 지옥 불에 떨어질 죄악으로 비난하는 열광적인 설교나 미군 전사자의 죽음을 기뻐하는 찬양을 목격하게 되리라 예상했다. 내가 지목당해서 당장 나가달라는 요청을 받거나 갇히는 장면을 상상했다. 뭔가 무시무시한 경험을 예상한 것이다. 하지만 그런 일은 일어나지 않았다. 웨스트보로에 간 그날을 떠올릴 때마다 혼란스럽고 불편한 기분이 밀려온다.

나는 미시시피주에서 자라면서 일요일마다 그런 공간에 갔다. 웨스트보로에서 신도들 틈에 섞여 찬송가를 부를 때 그곳은 내가 경험해본 침례교회들과 다를 바가 거의 없었다. 좋은 점이든 나쁜 점이든 충격적인 구석은 없고 지극히 친숙하기만 했다.

예배가 끝난 후 웨스트보로에서 나와 길 건너편에 있는 평등의 집 Equality House 앞에서 케이틀린 캐머런Caitlyn Cameron 을 만났다.

2013년 인도주의 활동을 하는 비영리단체 플랜팅 피스Planting Peace 에서 웨스트보로 침례교회 맞은편에 위치한 집을 8만 1,000달러에 구입한 뒤 외벽을 동성애 운동의 상징인 무지개색으로 칠했다. 그동안 평등의 집에서는 드래그 쇼drag show*를 주최했고 『해리 포터』 시리즈의 덤블도어와 『반지의 제왕』의 간달프가 동성 결혼식을 올리는 퍼포먼스도 진행했다. 나중에 연방 대법원의 동성 결혼 합법화 판결이 내려진 후에는 실제 커플의 동성 결혼식도 이곳에서 열렸다.

케이틀린은 이렇게 말했다. "평등의 집이 이곳에 존재한다는 건 동성애자에 대한 지역 주민과 미국 국민의 생각이 웨스트보로의 생각과 같지 않다는 신호예요. 웨스트보로의 견해는 그저 하나의 견해일 뿐이에요. 세상엔 다른 견해도 있는 것이고요. 우리는 그걸 알리고 싶었어요."

케이틀린은 평등의 집에 일정 기간 머물면서 지역사회 봉사 활동을 하는 아메리코어 비스타AmeriCorps Vista 자원봉사자였다. 그녀는 거리를 향한 메시지 보드의 증오 문구를 바꾸러 나온 웨스트보로 신도들이 평등의 집 사람들과 커피를 마시며 한담을 나누는 것이 별로 특별한 일이 아니라고 했다. 서로 손을 흔들어 인사하고 몇 마디 주고받은 후 서로 다른 진실을 추구하는 각자의 세계로 되돌아갈 때도 많았다.

---

* 여장한 남성 또는 남장한 여성이 공연하는 쇼-옮긴이

케이틀린은 지역 교도소에서 웨스트보로의 간부급 신도와 함께 일한다고 했다. 일터에서 그 신도는 평범하고 재미있는 남자라고 했다. 동료들과 잘 어울리고 농담도 잘했다.

"전 일터에서 월요일에서 금요일까지 날마다 그 남자를 봐요. 그런데 어느 일요일에 제가 다니는 교회 앞에서 피켓을 들고 시위하는 그를 봤어요. '어, 저 남자, 나랑 함께 일하는 그 남자잖아' 하고 바로 알아봤죠."

나는 양측이 서로 적당히 예의를 지키는 것은 좋은 일 같다고 말했다. 옛날 같았으면 꿈도 못 꿀 일이었다. 아마 둘 중 한쪽이 상대편 건물에 불이라도 질렀을 것이다. 케이틀린은 이렇게 말했다. "저 사람들은 연기를 하는 거예요. 저들이 하는 최악의 행동은 피켓 시위예요. 사람들에게 상처를 주는 무례한 짓이죠. 특히 전사자 장례식에 가서 하는 짓은 정말 끔찍해요. 물론 용납할 수 없는 행동이에요. 하지만 어떻게 보면 최악의 행동이 그 정도인 게 다행인지도 몰라요. 다른 문화권에는 그보다 훨씬 더 끔찍하고 극단적인 사례도 많잖아요."

웨스트보로 같은 교회의 존재가 관대하게 허용된다는 사실, 그들이 법의 테두리 안에서만 움직일 것임을 세상이 안다는 사실, 그들이 다른 교회에 화염병을 던지는 따위의 행동은 절대 하지 않을 것이라는 사실. 케이틀린은 이런 것들이 앞으로 상황이 나아질 수 있음을 알려주는 신호라고 생각했다. 웨스트보로 사람들은 동성애에 대한 여론이 과거와 달라졌다는 것을 안다. 또 자신들의 태도, 믿음, 가치관을 세상 사람들이 잘못되었다고 여긴다는 것도 잘 안다. 나는 그녀에게 이런 질문을 던졌다. 그렇다면 왜 저들은 케이틀린을 비롯한 평등의 집 사람들과 평소 그렇게 평범한 이웃처럼 지내면서 교회 앞에 공격적인 문구를 내걸까? 동성애자가 괴물이 아니라는 걸 매일 눈으로 확인하는데도 어째서 계속 그런 행동을 할까?

"어릴 때부터 특정한 가치관을 믿고 자란다고 생각해보세요. 어린 아이인 당신이 믿고 사랑하는 사람 모두가 그 가치관을 강조하는 거죠. 그러면 그 가치관이 내면화될 수밖에 없어요. 장담하는데, 웨스트보로 신도 대다수는 자신과 견해가 다른 사람을 죽이거나, 사회에서 추방하거나, 불구덩이로 던져버리기를 '실제로' 원하지는 않을 거예요. 하지만 그런 가치관을 갖길 원하는 사람들이 늘 당신을 에워싸고 있다면 당신은 거기에 부합하는 역할에 충실할 수밖에 없어요."

나는 길가에 주차해놓은 차에 앉아 웨스트보로의 농구장과 깃발 게양대를 쳐다보면서, 일요일마다 교회가 내게 주던 친숙한 느낌을 떠올렸다. 설교 말씀, 성찬식, 다 함께 부르는 찬송가, 신도들과 함께 할 때 느끼는 안정감, 가족 같은 분위기 등. 내가 다닌 침례교회도 웨스트보로처럼 성 소수자에 반대하는 입장이었다. 그렇다고 피켓 시위를 하거나 내 직업 선택을 통제하지는 않았지만 말이다. 하지만 내가 해서는 안 되는 행동은 있었다. 금기시되는 직업도 있었고, 아웃사이더로 찍힐 수 있는 특정한 옷차림이나 언어 습관, 견해도 있었다.

나는 열 살쯤부터 교회에 나가지 않았다. 하루는 여름 성경학교 선생님이 노아의 방주 이야기를 들려주었다. 선생님이 사자와 영양이 그려진 그림책을 보면서 설명할 때, 내가 왜 사자가 영양을 잡아먹지 않았느냐고 물었다. 선생님은 "그런 질문은 하는 거 아니야"라고 했다.

나는 질문을 한 게 창피했다. 하지만 집에 돌아가 아버지에게 그 일을 들려주자 아버지는 내게 원치 않으면 교회에 가지 않아도 된다고 말씀하셨다. 아버지는 침대 옆 탁자에 늘 권총과 성경을 넣어놓았지만 베트남전쟁에 참전했다 돌아온 후에는 조직화된 종교를 거부했다. 이유를 길게 설명하지는 않고 그저 목사들을 믿을 수 없다고만 말했다. 아버지와 달리 어머니는 내가 교회에 다니면서 신도들과 잘 어울리길 바랐다. 내가 교회에 나가지 않자 어머니는 속상해했지만 아버지에게 그랬듯 나도 용서해주었다.

웨스트보로와 평등의 집 사이 도로에서, 나는 마음이 얼마나 열려 있을까 생각해봤다. 내가 믿고 사랑하는 사람들의 신념과 가치관 때문에 나 역시 갖게 된 신념과 가치관은 얼마나 될까? 옳고 그름에 대한 내 감각은 내면에서 나올까, 외부에서 유래할까? 만일 여름 성경학교에서 그런 경험을 하지 않았다면, 교회를 꾸준히 다녔다면 나는 성 소수자들을 지옥에서 구원하는 것이 가장 고귀하고 은혜로운 목표라고 믿으며 자랐을까? 지금 내게는 증오 행위로 보이는 저들의 행동을 연민의 행위라고 해석했을까?

## 소셜 미디어에서 직면한 자기 모순

나를 만날 당시 메건 펠프스-로퍼는 사우스다코타주에 살고 있었다. 메건과 남편은 데이트하던 시절부터 사우스다코타주의 도시 데드우드를 배경으로 한 HBO 드라마 〈데드우드Deadwood〉의 광팬이었다. 두 사람은 언젠가 데드우드의 민박집에서 묵고 나서 이 지역에 홀딱 반했고 얼마 안 가 근처 도시로 이사했다. 요즘은 딸 쉴비 린이 메건의 일상을 완전히 점령하고 있다고 했다. 그녀에게 딸은 무한한 행복의 원천인 동시에 자신이 떠나온 가족을 날마다 떠올리게 하는 존재였다. 메건은 자신의 어머니가 손녀와 시간을 보낼 수 있다면 얼마나 좋을까, 하고 씁쓸해했다. 언젠가 그럴 날이 올지 모른다는 희망을 버리진 않는다면서.

메건과 그레이스 자매는 2012년 함께 웨스트보로를 떠났다. 메건의 경우 그 이후 거의 10년간 언론과 대중의 주목을 받았다. 세계 곳곳의 매체와 인터뷰를 하고 다큐멘터리와 토크쇼에 출연하면서 엄청난 관심을 받았다. 또 사회운동가로서 크고 작은 여러 청중 앞에서 강연도 했다.

2015년 《뉴요커》에 소개된 메건의 스토리가 소셜 미디어를 통해 급속히 퍼졌고, 이후 그녀는 회고록 『사랑하는 교회를 떠나다Unfollow』를 출간했다. 이 책은 2019년 출간된 직후 세계적인 베스트셀러가 되었다. 그녀가 한 TED 강연의 조회 수는 600만 회가 넘는다. TED의 대표 크리스 앤더슨Chris Anderson은 그녀를 두고 "메건 펠프스-로퍼 같은 용기와 명석함을 갖춘 사람은 좀처럼 만나기 힘들다"라고 했다. 메건은 극단주의 단체를 담당하는 경찰 기관에 컨설팅도 제공했으며, 현재 트위터의 신뢰안전위원회Trust and Safety Council에서 회원으로 활동하고 있다.[13]

메건은 "요즘 제게는 딸이 무조건 일순위예요. 두 살 반인 그 애가 제 삶의 전부죠. 정말 놀라운 경험이에요. 아이를 키우는 일이 이렇게 행복할 줄은 몰랐어요. 그리고 아이를 바라보는 완전히 다른 관점을 배우고 있어요"라고 말했다.

나는 그게 무슨 뜻이냐고 물었다. 그녀는 웨스트보로가 '굉장히 권위주의적이고 통제적'이라고 말했다. 웨스트보로에서는 달갑지 않은 감정을 억누르라고 모두에게 요구했으며, 특히 아이들에게 더 심하게 요구했다. "성경 구절에서 따온 이 말을 늘 되뇌게 했어요. '모든 생각을 사로잡아 그리스도에게 복종하게 해야 한다.'"

나는 아이들을 통해 뇌가 업데이트되는 과학적 원리의 상당 부분을 파악할 수 있다고 말했다. 그녀는 최대한 이해하기 쉽게 설명해달라고 했다. 나는 SURFPAD 모델을 언급하면서 다음과 같이 설명해줬다. 불확실성이 존재하는 순간에도 우리는 종종 불확실성을 느끼지 못하는데, 이는 뇌가 과거의 경험과 가정을 이용해 의식하지 못하는 새에 불확실성과 모호함을 해소하기 때문이다. 뇌에서 그런 일이 일어나면 자신과 다른 방식으로 세상을 바라보는 사람을 틀렸다고, 또는 극단적인 경우 제정신이 아니라고 생각할 수 있다. 메건은 웃으면서 내 설명이 자신이 웨스트보로에서 한 경험과 정확히 일치한다고 말했다.

나는 동화와 조절에 대해서도 설명했다. 우리는 자신이 아는 것과 상충하는 새로운 정보를 만나면 먼저 기존 세계관에 맞춰 해석하려고 하지만, 나중에는 새로운 정보를 수용하기 위해 기존 세계관을 업데이트해야 한다는 사실을 깨닫는다. 말과 개가 같지 않다는 것을 알게 된 어린아이는 말과 개가 새로운 상위 범주에 속하는 일부라는 사실도 알게 된다. 세상을 이해하기 위한 새로운 단계의 관념을 획득하

206

는 것이다. 나는 피아제가 말한, 놀이를 통한 인지 발달 과정도 간략히 설명했다. 우리는 체커 게임을 하는 법을 배울 때 단순히 게임 규칙만 배우는 것이 아니라 게임에는 규칙이 존재한다는 사실 자체를 배운다. 그리고 조금 더 복잡한 체스로 넘어가면, 게임 방법을 배우는 법을 익힌 뒤이므로 체커를 배우지 않고 체스부터 시작하는 경우보다 더 쉽게 익힐 수 있다.

여기까지 들은 메건은 눈물을 글썽이며 말했다. "제게도 당신이 말한 그런 과정이 일어난 거예요. 새로운 정보를 접하면 제 믿음에 맞춰 해석했죠. 그리고 예전에는 제가 변화하려면 굉장히 오랜 시간이 걸릴 거라고 생각했어요. 지금은 '일 년 반밖에 안 걸렸다고?' 하는 생각이 들어요."

잭과 마찬가지로 메건도 장로들이 만든 새로운 규칙들 때문에 회의를 느끼기 시작했다. '문제 신도'를 추려내는 것은 교회에서 늘 있는 일이었지만, 그레이스를 비롯한 몇몇 신도에 대한 대우는 매우 부당하게 느껴졌다.

린지가 자신의 남편에게 문자를 보낸 그레이스에 대해 불만을 표현한 후, 교회 측에서는 으레 그렇듯 회의를 열었다. 메건의 말에 따르면 마치 모든 신도가 재판정에 모여 그레이스의 유죄를 입증하는 논거를 제시하는 듯한 분위기였다. "누가 어떤 말을 하든, 나쁘게 보이는 내용은 나쁜 걸로 해석됐고 좋게 보이는 내용도 나쁜 걸로 해석됐어요. 만일 그레이스의 행동이 문제가 아니라 해도 그 의도가 문제라는 식이었죠. 정말 끔찍했어요. 세상 누구라도 그런 대우는 받고 싶지 않을 겁니다."

어릴 때 메건은 이런 종류의 대결 상황을 양육의 연장처럼 느꼈다. 그녀는 어른 신도들이 다른 어른 신도를 다루는 법을 어린 자신보다 당연히 더 잘 안다고 믿었다. 자신은 어차피 이 집단의 리더가 될 수 없으므로 아무 말도 하지 않고 지켜보기만 했다. 하지만 종종 이런 생각이 들었다고 한다. '저 어른들의 말에 선뜻 동의할 수가 없어. 내가 뭔가 놓치고 있는 게 틀림없어. 내가 뭔가 틀리게 이해하고 있는 거야.'

그러나 나중에 트위터를 시작하면서 틀린 것은 자신이 아니라 교회일지 모른다는 생각이 들었다.

2009년 메건은 트위터를 시작하면서 테드 케네디<sup>Ted Kennedy</sup>*의 죽음에 관련해 이런 트윗을 올렸다. '그는 항상 하나님을 거역했고 하나님의 율법에 대한 반항을 가르쳤다. 테드는 지옥에나 가라!' 이후에는 웨스트보로 신도들이 〈아메리칸 아이돌<sup>American Idol</sup>〉 콘서트에서 들고 서 있던 피켓에 대한 트윗도 올렸다. 그러자 코미디언을 비롯한 유명 인사들이 그녀의 메시지를 리트윗하면서 조롱했고, 그녀가 이에 반격하는 응답 트윗을 줄기차게 올리면서 그녀는 삽시간에 청중을 끌어모았다.[14]

웨스트보로에서는 메건을 적극 응원했다. 그들은 수백만 팔로어를 보유한 계정 소유자들에게 조롱당하면서도 주눅 들지 않고 교회의 신념과 메시지를 소셜 미디어를 통해 전파하는 메건을 자랑스럽게 여겼다. 사람들은 온라인에서 메건에게 분노와 적개심과 혐오감

---

* 존 F. 케네디 대통령의 동생이자 미 연방 상원 의원―옮긴이

을 표현했다. 메건은 피켓 시위 때와 마찬가지로 그런 불같은 반응에 전혀 개의치 않고 침착함을 유지했다. 하지만 모두가 그녀에게 비난과 독설을 퍼부은 것은 아니었다.

메건은 이렇게 말했다. "저와 처음으로 정면충돌한 사람은 '줄리셔스Jewlicious'라는 블로그를 운영하는 데이비드 아비트볼David Abitbol이었어요. 그는 나를 설득할 생각이 없다고 했어요. 그러면서 우리가 공개적인 공간에서 대화를 나누는 것은 사람들에게 우리 생각을 알리고 그런 생각에 반론을 제기하며 토론하도록 돕는 데 의미가 있다고 말했죠. 그는 나를 한 명의 인간으로 바라봤어요. 내가 옳은 일을 하고 있다고 진심으로 믿는다는 사실을 인정해줬고요. 지금부터 당신에게 들려줄 우리의 대화는 다른 사람들에게 노출되지 않는 다이렉트 메시지DM로 오간 내용이에요."

웨스트보로는 한참 전부터 유대교 회당 앞이나 유대인 행사에서 피켓 시위를 해오고 있었다. 아비트볼이 메건의 트윗에 응답한 것도 그런 시위가 한창일 무렵이었다. 운동가이자 웹 개발자인 아비트볼은 인터넷의 백인 민족주의와 반유대주의, 증오 단체 웹사이트의 목록을 만들고 그들과 소통하는 플랫폼인 넷 헤이트Net Hate를 만든 장본인이었다. 아비트볼은 소셜 미디어라는 빠르고 편리한 수단이 등장하기 훨씬 전부터 극단주의자들과 온라인에서 토론을 벌이곤 했다. 그런 그였으므로 메건의 트윗에 반응하며 그녀의 성경 해석 방식에 이의를 제기한 것은 자연스러운 일이었다. 인터넷을 검색해본 메건은 뉴스 에이전시인 유대인 통신 에이전시Jewish Telegraphic Agency가 아비트볼을 트위터에서 두 번째로 영향력이 강한 유대인으로 선정했다는 사실을 알게 되었다. 좋은 기회라는 생각이 들었다. 그를 개종시킨다면 전 세계의 유대인에게 메시지를 보낼 수 있는 것이다. 처음에 두 사람은 온라인으로 서로에 대해 가벼운 농담을 주고받았다. 아비트볼이 메건에게 도발적이고 짓궂은 메시지를 끊임없이 보내면 메건도 비슷한 메시지로 흔쾌히 응수했다.

두 사람이 온라인에서 토론을 시작한 지 몇 개월쯤 됐을 때다. 메건은 아비트볼이 캘리포니아주 롱비치에서 열리는 유대인 축제에 참석한다는 소식을 들었다. 그녀는 그곳에 가서 시위를 하자고 웨스트보로에 강력히 제안했다. 그들이 유대인 축제에 온다는 소식이 인터넷에 퍼지자, 몇몇 단체가 웨스트보로에 대항해 맞시위를 하기 위해 모여들었다.

메건은 이렇게 말했다. "제 여동생이 '너희 랍비는 남창이다'라고 적힌 피켓을 들었어요. 엄청나게 많은 사람이 모여 있었죠. 웨스트보로에 반대하는 단체들이 격렬하게 시위를 벌였어요." 수많은 사람이 목소리를 높여 웨스트보로를 조롱했고 곧 경찰이 출동했다. 일부 반대 시위자들은 주먹까지 휘두를 기세였지만 웨스트보로 사람들은 반격하지 않았다. "부활절 토끼 분장을 한 사람을 비롯해 온갖 부류의 사람들이 있었어요. 서로를 밀치며 몸싸움까지 벌어졌죠. 한마디로 아수라장이었어요."

바로 그때 아비트볼이 메건을 알아보고 군중을 헤치며 다가왔다. 그는 인간 방패가 되어 반대 시위자들을 막아섰다. 그리고 진정하고 물러서라며 그들을 설득했다. 잠시 후 그는 메건이 든 피켓을 보고 웃으면서 몇 마디 농담을 건넸다. 그러고는 둘이 또 토론을 벌였다.

유머와 서로를 비꼬는 말이 수없이 오갔다. "딱 평소의 우리 스타일이었죠. 트위터에서 얘기할 때랑 똑같았어요. 약간 유치하게 서로를 자극하는 말을 하지만 상대방 안부를 진심으로 궁금해하는 마음도 담겨 있는 대화요."

메건은 항상 성경의 논리에 초점을 맞추면서 성경 말씀을 그대로 따르는 것을 중요시했다. 성경 구절을 동원해 자신의 믿음을 정당화했다. 아비트볼은 메건에게 어째서 웨스트보로 사람들은 새우를 먹는 것이나 월경 중에 성관계하는 것을 비난하지 않느냐고, 어째서 동성애 금지 이외에 레위기에 나오는 다른 많은 금지 조항은 지키지 않느냐고 물었다.* 메건은 당황스러웠다. 아비트볼의 지적은 일리가 있었다. 그녀는 자신의 견해를 정당화할 논거가 준비되어 있지 않았다. 아비트볼과 헤어지면서 메건은 얼마 후 뉴올리언스에서 열리는 유대인 연합 총회에 가서 피켓 시위를 할 예정이라고 말했다. 아비트볼은 '거기서 만나 또 토론을 하자'고 했고 메건도 좋다고 답했다. "그는 도착하자마자 제게 자신이 사는 예루살렘의 시장에서 사 온 중동 디저트 할바를 줬어요. 나는 그에게 페퍼민트 초콜릿 바를 건넸고요. 그는 초콜릿 바를 받더니 포장지에 코셔 마크**가 있는지 살펴봤죠." 메건은 그 모습이 흥미로웠다. 아비트볼이 메건에게 코셔 음식에 대해 설명해주는 동안 그녀는 '하나님은 유대인을 싫어한다'라고 적힌 피켓을 들고 있었다.

---

* 성경에서는 물에 사는 생명체 중 지느러미와 비늘 없는 것은 먹지 말라고 하며 월경하는 여인을 부정하게 여겨 동침을 금한다.─옮긴이
** 유대교 율법에 맞는 음식임을 인증하는 마크─옮긴이

두 사람은 각자 집으로 돌아간 후 개인적인 메시지를 주고받았다. 메건은 아비트볼이 구약성경을 히브리어로 공부한 전문가일 뿐 아니라 굉장히 재미있고 매력이 넘치며 인내심과 공감 능력도 높은 사람임을 알게 되었다. 아비트볼 역시 메건을 그렇게 느꼈다. 두 사람은 여러 차이에도 친구가 되어 있었다.

"우리는 교회의 신조와 교리에 대해 얘기를 나눴어요. 어쩌다 얘기가 나왔는지 잘 기억이 안 나지만 그가 우리 어머니를 콕 집어 화제로 꺼냈어요. 어머니는 결혼하기 전에 큰오빠를 낳았는데, 그 때문에 종종 사람들에게 비난을 들었어요. '거봐, 남들한테 뭐라 할 것 없어. 당신도 죄인이잖아' 하는 말을 듣곤 했죠. 그러면 우린 늘 이렇게 응수했어요. '하지만 하나님이 구원하시는 기준은 죄 없음이 아니라 회개다. 그녀는 자신의 죄를 뉘우치고 회개했다. 그녀의 죄를 비난하는 건 당신들 자유지만, 그녀가 죄를 지었다는 사실은 우리의 신조와 모순되지는 않는다.'"

아비트볼은 웨스트보로 신도들이 '동성애자들을 사형에 처하라'라고 쓰인 피켓을 들고 다닌다는 사실을 지적했다. 메건은 성경의 레위기에서 분명히 동성애를 금지하고 있다고 말했다. 그랬더니 아비트볼이 이렇게 물었다. "좋아요, 그건 그렇다 쳐요. 하지만 예수님은 '너희 가운데 죄 없는 자가 먼저 저 여인에게 돌을 던져라'라는 말도 하지 않았나요?"

메건에게는 이런 질문에 대한 준비된 답변이 있었다. "맞아요. 하지만 우리는 돌을 던지지 않아요. 문구가 적힌 피켓을 들고 인도에서 있을 뿐이죠." 그러자 아비트볼은 그 피켓을 드는 것 자체가 돌 던지는 행위를 지지하는 거라고 맞받아쳤다. 메건은 내게 "지금 생각해보면 우리가 얼마나 멍청했는지 몰라요"라고 말했다. 메건은 아비트볼에게 대답할 말이 생각나지 않았다. "전 평소 사용해온 이런저런 대답이 훌륭한 대답이라고 믿었어요. 옳은 답이고 진실이라고 느꼈죠. 누군가 나타나 그런 식으로 파고들기 전까지는 말이에요. 그때 이런 생각이 들더군요. '아, 이런. 사형에 처하라는 문구는 결국 정부더러 그렇게 하라는 의미지.'"

의자에 웅크리고 앉아 트위터를 하던 메건은 충격과 혼란에 빠졌다. 아비트볼은 거기서 멈추지 않았다. 그는 메건의 성경 해석 방식대로라면 그녀의 어머니도 사형에 처해야 한다고 했다. "만일 그랬다면 어머니는 회개하고 용서받을 기회도 없었겠죠. 그럼 우리 가족도 지금 존재하지 않을 거고요." 메건은 '하나님은 사랑이요, 미움이요, 자비요, 노여움이시라'라는 또 다른 피켓 문구를 떠올렸다. 웨스트보로는 교회 바깥에 있는 사람들에게는 하나님의 자비를 절대 적용하지 않았다. "자비는 오로지 웨스트보로 신도인 우리에게만 베풀어진다고 강조했어요."

메건은 이런저런 모순을 머릿속에서 떨쳐낼 수 없었다. 며칠간 곰곰이 생각해보니 만일 동성애자들이 회개할 수 없다면 그건 웨스트보로의 핵심 교리와 완전히 반대되는 얘기였다. 그녀는 태어나 처음으로 '대체 우리가 뭘 하고 있는 거지?'라는 생각을 했다. 웨스트보로 신도들에게는 저 바깥세상 사람과 다른 특별한 존재가 되는 것이 너무나 중요해서, 그것만이 가장 중요한 일이 되어버렸다. 웨스트보로 신도들은 성경에서 말하는 것과 상관없이 원칙과 교리라는 이름 아래 바깥세상의 모든 가치관을 공격했다.

"저는 완전히 혼란과 상실감에 빠졌어요." 메건은 다른 신도들에게 피켓 문구에 대한 의문점을 얘기했지만 아무도 동의하지 않았다. 그들은 정해진 차례대로 돌아가면서 계속 피켓을 들었다. 하지만 메건은 피켓 시위를 그만하기로 결심했다. 더는 그들의 교리를 옹호할 수 없었다. 그리고 그녀가 피켓을 들고 거리에 나가길 거부하면 어떤 일이 벌어질지 두려움이 일었다.

일단 모순을 느끼자 다른 모순도 연이어 눈에 들어왔다. 메건의 마음속은 회의로 가득해졌다. 한편 그녀는 트위터에서 예전보다 더 활발히 활동했다. 아비트볼 말고 다른 사람들과도 대화를 나눴다. 사람들은 메건에게 스스럼없이 농담을 건네고 편견 없는 열린 마음으로 그녀의 얘기를 들어주었으며, 피켓 시위를 하지 않을 때 그녀의 삶이 어떤지 궁금해했다. 메건은 자주 그들의 피드를 엿보았다. 그들이 찍어서 올리는 일상의 사진, 음식과 대중문화에 관련된 트윗을 구경했다. 그들이 우울해 보이면 안부를 물었고 성경이 아닌 다른 주제로 이야기를 나누었다.

그레이스가 장로들 앞에 불려나간 사건은 지금껏 그녀 가족에게 일어난 적이 없는 일이었다. "그 무렵 전 이미 트위터를 통해 많은 사람과 대화하고 교류하고 있었어요. 웨스트보로의 교리에 모순이 있다고 느꼈죠. 태어나서 처음으로 교회의 판단이 아니라 내 자신의 판단을 믿어도 되지 않을까, 하는 생각이 조금씩 들기 시작했어요. 어떤 문제에서는 내가 옳을 수도 있어, 어떤 문제에서는 교회가 틀렸을지도 몰라, 하는 생각이요. 그 전에는 절대 상상도 하지 못했을 생각이었죠"

## 기꺼이 악의 구렁텅이로

메건과 그레이스는 교회 장로들에게 의문을 품는 내용의 문자를 몰래 주고받았다. 한편 메건은 교회 바깥의 몇몇 남자들과 교류하면서 그동안 억누르며 살아온 연애 욕구가 깨어났다. 여성 신도들은 외부인과 사귀는 것이 금지되어 있었으므로, 메건은 트위터에서 알게 된 남자와 연애하는 것을 신도들에게 숨겼다. 들키지 않으려고 워즈위드 프렌즈Words with Friends 앱을 이용해 남자와 대화를 나눴다. 남자는 실명을 말하지 않고 자신을 'C. G.'라고만 밝혔다. 메건은 둘만의 은밀한 관계를 즐기면서 그가 소개하는 음악을 듣고 책을 읽었다.

메건과 그레이스의 일상을 속박하는 규칙은 갈수록 엄격해졌다. 모든 규칙의 근거가 되는 것은 '악은 어떤 모양이라도 버려라'라는 성경 구절이었다. 사실 이 말은 여러 방식으로 해석 가능한 모호한 말이라서 거의 모든 상황에 갖다 붙일 수 있었다. 그레이스가 공원에 가서 나무에 올라가는 것도 금지되었다. 웨스트보로에서는 그것이 악의 모양을 한 행동이라고 말했다. 화려한 매니큐어를 바르는 것도 금지했다. 이제 여자들은 목을 가리는 셔츠를 입어야 했고 치마를 입을 땐 길이가 무릎을 덮어야 했다. 쇼핑을 갈 때는 남자 신도에게 옷차림을 검사받아야 했다. 메건의 사촌 한 명은 이 규칙에 반항했다가 교회에서 제명당했다.

이런 엄격한 새 규칙들이 시행되는 와중에 린지의 남편 저스틴이 그레이스에게 트위터로 연락을 했다. 이를 교회에서 알게 되면 어떤 일이 벌어질지 두려웠던 그레이스는 저스틴과 메시지를 주고받은 사실을 자백했다. 장로들은 한 번만 더 규칙을 위반하면 그레이스를 제명할 거라고 못 박았다. 장로들이 이 사실을 가족에게 알려왔을 때 메건은 더 이상 참을 수 없었다. 메건은 그레이스와 함께 이모 집 지하실의 페인트칠 작업을 도와주고 있다가 문득 '소름 끼치도록 분명한 결심'을 했다.

트위터에서의 경험, 장로들이 만든 새로운 규칙, 자신을 친절하게 대해준 아비트볼의 행동, C. G.와 나눈 대화 중 어느 하나 때문이 아니었다고 했다. 그 모두가 합쳐져 메건의 마음에 동요를 일으켰다. 그 변칙 현상 중 어느 하나만 있었다면 머릿속에서 동화 작업이 진행될 수도 있었다. 새로운 정보가 인지 부조화를 일으켰더라도 어느 순간 그 정보를 그녀의 세계관을 확증해주는 근거로 해석함으로써 부조화를 없앴을 수도 있다. 그러나 그 모두를 한꺼번에 들여다보자 그녀가 믿던 가치관의 오류를 드러내는 압도적인 증거처럼 느껴졌다.

그러던 차에 그레이스를 제명하겠다는 교회의 위협이 결정적 계기가 되었다. 메건은 돌아올 수 없는 강을 건너기로 결심을 굳혔다. 메건은 그다음 날 침대에 누워 있다가 그레이스에게 말했다. "우리가 여길 떠난다면 어떨까?" 그레이스는 그게 무슨 뜻이냐고 물었다. 메건은 다시 말했다. "여기가 아닌 다른 곳에서 산다면 어떻겠냐고"

이후 몇 주 동안 메건은 두려움에 떠는 그레이스를 달래려 애썼다. 처음에는 그레이스가 떠나자는 제안에 반대하는 바람에 메건이 교회를 설득하려 시도했다. 새롭게 생겨난 가치관을 이해시키려고 했다. 관계를 끝내버리고 싶은 충동에 굴복하기 전에 문제점을 고치려 애쓰는 연인처럼, 메건과 그레이스는 교회를 변화시킬 수 있기를 바라면서 잘못되었다고 생각하는 점을 말해보기로 했다.

메건은 먼저 가족부터 시작했다. 교리를 적용하는 방식에 모순이 있다는 점을 설명했다. 메건의 이야기를 들은 어머니는 완강했던 태도가 조금 누그러졌다. 오빠는 그렇지 않았다. 여동생 베카에게 설명했더니, 베카는 메건의 의혹과 불안감을 장로들과 상의해보는 게 가장 좋겠다고 말했다. 메건은 워즈 위드 프렌즈를 통해 저스틴과 린지에게 접촉했다. 이들 부부는 그레이스와의 사건 이후로 메건 가족 모두와 연락하는 것이 금지되어 있었기 때문이다. 두 사람은 그레이스가 린지에게 어떤 식으로든 공개 사과를 해야 한다고 생각하고 있었다. 메건은 아버지에게도 자신의 생각을 설명했지만 아버지는 노발대발하며 폭발했다. 메건은 그쯤에서 포기했다. 이제 정말 떠나야 할 때였다.

이후 몇 달간 메건과 그레이스는 틈날 때마다 박스에 짐을 싸서 사촌의 집으로 옮겨놓았다. 메건의 학교 영어 선생님에게 연락하자 그분도 흔쾌히 도와주었다. 탈출을 위한 준비가 차근차근 이뤄졌다. 그런데 린지가 메건의 아버지에게 이메일을 보내 메건과 그레이스가 교회를 떠나려고 한다는 사실을 알렸다. 이메일에는 그레이스가 자기 남편과 불륜을 저질렀다고 비난하는 내용까지 담겨 있었다. 메건과 그레이스는 부모님의 침실로 불려갔다. 어머니가 휴대전화로 동영상을 녹화했다. 아버지는 두 딸을 앉혀놓고 린지의 이메일을 크게 읽었다. 메건은 이제 정말 끝이라는 생각이 들었다. 그레이스는 교회에서 제명당할 게 확실했다. 어쩌면 자신도 함께 말이다. 메건은 그레이스에게 속삭였다. "떠나야 해."

둘은 방으로 가서 남은 짐을 쌌다. 아버지가 화를 주체하지 못하며 악을 썼다. 어머니는 할아버지를 찾아가 부탁해보라고 두 딸에게 애원했다. 하지만 메건은 뒤뜰을 가로질러 할아버지 집에 가서 작별 인사를 했다.

메건은 다른 가족과도 포옹하며 작별 인사를 했다. 몇 시간 뒤 메건과 그레이스는 아버지의 도움을 받아 미니밴에 짐을 가득 실었다. 아버지가 두 사람을 모텔에 데려다주고 방값을 치렀다. 그러고는 짐을 내리고 딸들과 포옹한 후 차를 몰고 떠났다.

얼마 후 두 사람은 메건의 영어 선생님에게 연락했고, 선생님 집 지하실로 일단 짐을 옮겼다. 선생님은 몇 시간 동안 그들 곁에 있었고, 둘은 소파 위에서 잠이 들었다. 다음 날 그들은 이삿짐 차에 짐을 싣고 그곳을 떠났다.

## 접촉과 교류, 그리고 다정함

"교회를 나온 후에 굉장히 많은 문제에 대한 생각이 바뀌었어요." 메건의 말이다. "그런 변화가 그렇게 쉽게 일어날 수 있다는 게 믿기지 않아요. 예를 들어 동성애자나 유대인에 대한 관점이 그래요. 웨스트보로에 있을 땐 온갖 사람을 공격했죠. 그들에 대해 우리가 갖고 있던 견해는 틀린 거였어요."

잭처럼 메건도 웨스트보로 생활을 견딜 수 없었기 때문에 교회를 떠났다. 그곳을 떠나고 나서야 특정한 믿음과 태도에 관한 생각을, 특히 동성애자와 관련된 생각을 바꿨다. 하지만 그녀는 이렇게 말했다. "제 경우엔 생각을 바꾸기가 쉬웠어요. 거긴 이런 이유도 있어요. 우리는 사랑의 마음으로 그들을 바라본다고 믿었거든요. 저는 동성애자를 증오하다가 나중에 마음을 바꿔 좋아하게 된 게 아니에요. 저는 제가 그들을 사랑한다고 믿었어요. 그러다 그건 사람들을 사랑하는 일반적인 방식이 아니라는 걸 깨달았죠. 지금의 방식이 훨씬 나은 방식이에요."

나는 메건에게 어째서 웨스트보로에 있는 동안에는 그녀와 잭의 마음이 흔들리지 않았느냐고 물었다. 두 사람은 피켓 시위를 숱하게 하고 소셜 미디어 활동을 하면서 사고방식과 가치관이 다른 사람들을 만났는데도 마음이 동요하지 않은 이유는 무엇이었을까? 그들은 타인을 대하는 방식, 생각하고 느끼는 방식이 자신과 다른 수많은 반대 사례를 목격하지 않았는가.

메건은 '공동체 생활 때문'이라고 했다. "내가 사랑하고 또 나를 사랑하는 사람들에게 둘러싸여 살았어요. 그들은 내가 사랑받는다는 사실을 항상 일깨워주었어요. 그들의 존재와 사랑은 마치 공기 같았죠. 그런 환경에서 자라면서, 특히 웨스트보로처럼 극단적인 광신도 집단에서 자라면서…" 그녀는 적당한 말을 고르느라 잠시 멈췄다. "우리는 우리 관점을 뒷받침하는 성경 구절과 온갖 증거를 생각하고 항상 되뇌었어요. 날마다 성경을 읽었죠. 날마다 성경 구절을 암기했어요. 날마다 우리의 믿음을 옹호하면서 피켓을 들고 거리에 서 있었어요. 매일 그런 내러티브 속에서 사는 거예요. 그걸 믿어야 할 이유는 너무나도 많죠. 그게 옳다는 것을 보여주는 경험과 증거도 차고 넘치고요. 그 강력한 관성에 끌려가지 않을 도리가 없어요."

나는 그럴 만하다고 고개를 끄덕였다. 과학적으로 봐도 그녀의 말은 일리가 있었다. 하지만 여전히 이런 의문이 들었다. 자신이 들고 있는 극단적이고 잔인한 피켓 문구에 회의가 든 적은 없었을까?

"저는 웨스트보로의 믿음을 옹호하기 위해 다섯 살 때부터 피켓을 들고 거리에 섰어요. 그걸 하려면 그 신념을 완벽히 숙지하고 이해해야 하죠. 시위 현장은 굉장히 혼란스러워질 수 있거든요. 사람들이 다가와 우리에게 분노와 적대감을 표출하곤 했어요. 그럴 때 그들에게 해줄 대답이 준비되어 있어야 해요. 대답을 미리 준비하는 것도 의무였어요. 교회에선 '남들을 설득할 수 있다고 믿는 이유가 뭐냐고 묻는 모든 사람에게 해줄 대답을 항상 준비하고 있어라'라고 강조했죠. 교회의 신념을 옹호할 줄 아는 능력이 우리의 구원을 좌우했어요."

지금도 메건은 과거에 갖고 있던 잘못된 시각을 새롭게 깨닫는 경험을 한다고 했다. 그녀는 딸이 태어나기 3년 전부터 양육에 대한 온갖 책을 찾아서 읽었다. 하지만 다른 사람들이 실제로 자녀를 키우는 방식을 보면서 뜻밖의 중요한 깨달음을 얻을 때가 많다. 그녀는 사람 많은 곳에서 아이가 떼를 써도 부모가 흥분하거나 화내지 않는 모습을 보고서 깜짝 놀랐다고 했다.

나는 피아제의 설명이 떠오른다고 말했다. 우리는 어떤 정보가 틀렸다는 사실을 알게 되면, 그 정보를 얻은 출처에 오류가 있을 '가능성'을 깨닫는다. 그러면 우리가 신뢰하는 그 출처가 다른 많은 문제와 관련해서도 틀릴지 모른다고 생각하게 된다. 파스칼의 표현을 빌리자면, 뭔가가 틀렸다는 첫 깨달음은 빛이 들어오게 하는 틈이다.

메건은 "맞아요. 바로 제가 그런 경험을 한 거예요. 가끔 이런 생각을 해요. 나는 일 년 전에, 또는 몇 개월 전에 깨달음의 순간을 몇 번이나 경험했지? 다른 누군가가 지금의 나처럼 변화하려면 그런 경험을 얼마나 해야 할까?"라고 말했다.

메건은 자신과 그레이스, 잭이 자라면서 당한 학대에 대해 얘기했다. 체벌은 물론이고 더 심한 학대도 있었다고 했다. "도를 넘은 학대였어요. 빈번했고요. 물론 나는 절대 내 자식을 때리지 않겠다고 결심했죠. 그건 해서는 안 될 행동이니까요." 하지만 그보다 더 강한 깨달음이 있었다. 아이의 감정을 인정해주는 것이 체벌보다 훨씬 더 효과적이라는 사실을 알게 된 것이다.

"놀랍게도 아이들이 부정적 감정을 경험하게 놔두면 그 감정이 더 빨리 사라져요. 부모는 그런 감정을 억누르라고 가르치는 게 아니라 아이가 그 감정을 경험하고 극복하도록 곁에서 도와주는 역할을 하는 거죠. 제겐 놀라운 깨달음이에요. 부모님이나 큰오빠가 아이를 어떻게 키우는지 봐왔으니까요. 큰오빠가 엄격하게 억누를수록 아이들은 심하게 반항했어요. 부모도 아이들도 훨씬 더 힘들어질 뿐이었죠. 우리 부모님이 제 양육 방식을 본다면 애를 잘못 키운다고, 나약한 응석받이로 만들 셈이냐고 할 게 뻔해요. 하지만 전 요즘 딸아이가 하는 행동을 보며 깜짝 놀라곤 해요. 딸아이는 정서적 공감 능력이 뛰어나요. 아기 인형을 보면서 '그래, 아가야. 울어도 괜찮아. 화내도 괜찮아'라고 말한다니까요."

프레드 펠프스의 자녀 중 네 명이 웨스트보로를 떠났다.[15] 손자 중에서는 스무 명 이상이 떠났다. 여전히 교회에 남은 사람들은 세상으로부터 고립돼 있지 않다. 어른들은 지역사회의 일터에 다니고 아이들은 학교에 다닌다. 잭은 웨스트보로 신도였을 때 컴퓨터로 '디아블로Diablo'와 '모탈 컴뱃Mortal Kombat' 게임을 했고 인터넷을 자유롭게 했으며, 영화와 텔레비전을 즐겨 봤다. 메건은 데이비드 포스터 월리스David Foster Wallace의 작품을 읽었고, 코미디언 제이크 포겔네스트Jake Fogelnest를 좋아했으며, 포스터 더 피플Foster the People 같은 밴드의 음악을 들었다. 교회에서 보기에 그런 것들은 사소한 부분이었다. 웨스트보로에는 세상의 진짜 악과 싸우는 일이 중요했으므로, 젊은 신도들이 비디오게임에 나오는 디지털 악마와 싸우거나 자본주의를 비판하는 펑크 밴드의 음악을 듣는 것을 별로 신경 쓰지 않았다. 웨스트보로는 죄인으로 가득한 세상과 접촉하는 일 자체를 금지하지는 않았지만 그 접촉의 성격과 방식은 엄격하게 통제했다. 그리고 바깥세상 사람들과의 접촉에는 대개 적대감이 동반되었다.

잭은 웨스트보로에 있을 때 친구가 없었다. 가족 외 사람과는 대화를 나눠본 적이 거의 없었다. 교회 밖의 세상에서 그는 유령 같은 존재였다. 간호학교에 다닐 때 그곳 친구들을 좋아했지만 누구와도 친해지지 못했다. 그는 웨스트보로 바깥 사람들은 지옥에 가게 되어 있다고 믿었다. 그들은 웨스트보로 신도들과 달리 하나님의 백성이 아니었다. 그러므로 잭은 그들과 적당한 거리를 유지했다. 평생 교회의 교리에 갇혀 살았다. 그 교리가 답답한 잠수복처럼 항상 그의 심신을 감싸고 있었다. 늘 똑같은 사람만 만나고 그들하고만 대화했다. 그들은 피켓 라인 뒤에서 소리만 지르고 세상과 인간적 교류는 전혀 하지 않는 사람들이었다.

이제 잭은 그 잠수복을 벗었다. 심지어 웨스트보로 건너편에 있는 세계에도 발을 들였다. 평등의 집을 자주 방문하면서 웨스트보로에 반대하는 피켓 시위에도 참여했다. 동성애자를 위해 '당신들은 아름답습니다', '용서하세요. 그리고 잊으세요'라는 문구도 손에 들었다. 그런 시위에서 잭은 외쳤다. "다정함으로 저들을 감동시킵시다!", "이웃을 사랑하는 것이 무엇인지 저들에게 보여줍시다!"

웨스트보로를 떠나고 다섯 달 후, 잭은 소셜 뉴스 사이트 레딧<sup>Reddit</sup>의 '무엇이든 물어보세요<sup>Ask Me Anything</sup>'를 통해 실시간으로 사람들의 질문에 답변해주었다. 이는 인터넷으로 누구나 참여할 수 있는 Q&A 코너다. 그는 이제 성 소수자의 권리를 전적으로 지지한다고 사람들에게 말했다. "그들도 모두 인간입니다. 따라서 법의 보호를 받을 권리가 있습니다. 제가 뭐라고 타인의 사랑을 막거나 '당신들은 결혼하면 안 돼'라고 할 수 있겠습니까?"

잭은 사람들에게 웨스트보로 신도들을 사랑의 마음으로 대해달라고 부탁했다. 자신은 교회를 떠난 후 모든 적대감과 원망을 지워버렸다면서 말이다. 그는 오랫동안 어떤 사람들이 죽기를 기도했다. 하지만 이제는 모두가 행복해지기를 기도했다. 또 그는 미군 전사자의 장례식에서 피켓 시위를 한 일이 후회된다고 말했다. 당시에는 죄악의 길에서 돌아 나오지 않으면 지옥에 간다는 사실을 일깨우는 자신이 '세상에서 가장 자비로운 일을 행하고 있다'고 믿었다.

어떤 사람은 이렇게 말했다. "당신은 내 오빠의 장례식에서 피켓 시위를 했어요. 오빠는 아프가니스탄에서 전사한 군인이었죠. 당시 당신이 어떤 상황이었는지 알고 나니 조금은 마음이 풀리네요. 당신이 그 교회에서 나와서 다행이에요. 이런 말이 도움이 될지 모르겠지만, 당신과 당신 가족을 용서할게요. 그들이 원하는 평화를 얻길 바랍니다."[16]

잭은 웨스트보로가 변화할 수 있다고 믿는다. 하지만 그 변화는 세상 사람들이 웨스트보로 신도들이 표현하는 혐오감에 대해 똑같은 혐오감으로 대응하지 않아야만 가능해진다. 만일 신도들이 자신에게 증오가 쏟아지리라고 예상했는데, 그 대신 사랑이 돌아온다면 그들의 믿음이 틀렸다는 것을 깨닫는 데 도움이 될 것이다.

잭은 이렇게 말했다. "'나가 죽어라' 같은 말은 그냥 잊어버리면 그만이에요. 그런 말은 그들의 마음을 바꾸지 못해요. 오히려 믿음을 더 강화할 뿐이에요. 우리가 그들을 다정하게 대해주면, 그들은 자신의 성경 해석 방식이 엉터리라는 사실을 깨달을 겁니다. 그리고 서서히 마음을 열 거예요. 전 그렇게 믿어요."

잭은 다시 병원으로 돌아가 일하고 싶다고 했다. 태어나 23년 동안 세상에 적대감만 발산하면서 살아왔으므로 이제 그 반대로 살아야겠다면서 호스피스 병동에서 일하고 싶어 했다. 사람들이 삶의 마지막 시간을 홀로 보내게 해서는 안 된다면서.

그가 호스피스 병동에 관심을 갖게 된 것은 할아버지 때문이었다. 웨스트보로 설립자인 프레드 펠프스는 생의 마지막 6개월 중 대부분을 혼자 보냈다. 프레드는 2014년 84세의 나이로 세상을 떠났다. 할아버지가 살아 계실 때 잭은 일주일에 한두 번씩 찾아가 할아버지가 좋아하는 법정 리얼리티 쇼 〈판사 주디 Judge Judy〉를 함께 봤다. 할아버지는 잭이 어릴 때부터 성인이 되어서까지도 석 달에 한 번씩 직접 머리를 잘라주었다. "전 삶의 끝에서 할아버지처럼 절망을 겪을 누군가를 외면하고 싶지 않아요."

잭의 말에 따르면 프레드는 교회에서 제명당해 말년을 홀로 쓸쓸하게 보냈다. 교회 측에서는 이를 부인하지만 말이다. 프레드가 일군 교회의 장로들은 프레드가 '변심'했다며 그를 거부했다.

잭은 이렇게 말했다. "제가 아직 교회에 있던 시기에 할아버지가 제명당했어요. 할아버지가 교회 밖으로 나가 건너편에 있는 평등의 집을 향해 '당신들은 좋은 사람들입니다!'라고 외쳤기 때문이에요."

나는 평생 동성애자를 혐오하며 살아온 사람이 왜 그런 행동을 했느냐고 물었다.

잭은 할머니 마지 펠프스의 건강이 급격히 악화된 것이 영향을 미친 듯하다고 했다. 할머니는 병원에 입원해 기도로 삽입한 튜브에 의존해 호흡하고 있었다. 할머니는 할아버지와 62년간 결혼 생활을 하면서 자녀 13명과 손자 54명, 증손자 7명을 두었다. 프레드는 아내가 죽을지 모른다는 생각 때문에 크나큰 상심에 빠졌고 마음도 급격히 약해졌다.

"정확히는 모르겠지만, 제 경험에 비춰보면 이런 생각이 들어요. 사람이 극도로 우울해지면 더 나은 사람이 되려고 노력한다든지, 전에 갖고 있던 생각이 바뀐다든지 하잖아요. 세상을 다른 시각으로 보려고 애쓰기도 하고요. 강렬한 괴로움은 커다란 변화를 이끌어내는 것 같아요."

잭과 메건을 만나기 전에, 나는 그들이 웨스트보로를 떠난 이유가 동성애자에 대한 생각이 바뀌었기 때문일 것이라고 추측했다. 동성애에 대한 관점에서 교회와 갈등이 생겨 결국 탈퇴했다고 말이다. 하지만 사실은 그와 달랐다. 동성애자와 유대인에 대한 잭과 메건의 생각, 자녀 양육법에 대한 관점, 그리고 그들 자신에 관한 생각까지, 이 모든 것은 교회를 나온 '후에' 변화했다.

잭과 메건의 사례는 여러 면에서 다르지만 공통점이 있다. 공동체 의식을 상실한 것이 그들의 탈퇴를 자극했다는 사실이다. 그러자 마음을 바꿀 가능성이 한층 높아졌고 그들은 예전에 눈에 보이지 않던 증거, 터무니없거나 무의미하다고 여긴 증거를 재고했다. 하지만 스스로 회의를 느끼기 시작했다 할지라도, 웨스트보로를 완전히 벗어나는 데는 그들 말에 귀 기울이고 거기에 반박하되 인간적으로 대해주면서 호의를 보여준 바깥세상 사람들이 적지 않은 영향을 미쳤다. 잭의 경우 간호학교와 케이틀린 캐머런 같은 사람들이 그런 역할을 했다. 메건의 경우는 트위터와 데이비드 아비트볼 같은 이들이 그런 역할을 했다. 잭과 메건은 자신을 기꺼이 환영하며 받아주는 공동체가 바깥세상에도 존재한다는 사실을 깨닫고 나서야 과거의 세계관을 버릴 수 있었다.

잭과 메건이 변화에 이른 여정을 듣고 나니 찰리 비치의 이야기를 다시 생각해보지 않을 수 없었다. 찰리가 음모론자들에 대해 했던 말이 떠올랐다. 찰리는 그들의 생각이 틀렸다는 걸 납득시키려 애썼음에도 그들은 9·11 희생자와 유가족을 조롱했고, 찰리는 그런 그들이 짐승처럼 느껴졌다고 했다. 논쟁을 벌이면서 음모론자들의 확신은 더 강해졌지만 찰리의 확신은 약해졌다.

그리고 찰리의 이야기를 처음 들었을 때는 간과했지만 뚜렷하게 드러나는 점이 하나 있었다. 메건과 마찬가지로 찰리도 음모론 커뮤니티 바깥 사람들과 접촉해오고 있었다는 사실이다. 하지만 다른 점이 있다. 그는 폐쇄적인 주거 공동체에서 살지 않았고 태어날 때부터 자신을 길러준 가족에게 둘러싸여 있지도 않았다. 그럼에도 어쨌든 음모론 커뮤니티라는 공동체의 일원이었다. 찰리의 공동체는 주로 온라인을 기반으로 하고 최근에 생겨났지만, 다음 장에서 보게 되듯, 찰리를 움직인 심리적 메커니즘은 지금도 여전히 웨스트보로에 남아 있는 신도들을 움직이는 심리적 메커니즘과 동일하다. 그리고 그를 떠나게 만든 심리적 메커니즘은 잭과 메건 같은 신도들이 교회를 떠나게 만든 심리적 메커니즘과 동일하다.

# 6장　부족 심리

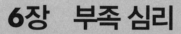

**좋은 구성원이 되기 위해**
**악행을 벌인다**

무리를 이룬 사람들이 자기 집단을 편애하고,
타 집단을 배척하게 되는 최소 조건은 무엇일까?
실험 결과, 그런 기준은 없었다.

아무리 사소하고 임의적인 차이라도 사람들은
일단 '우리'가 되면 '저들'을 미워하기 시작했다.

우리는 찰리가 꼭 데려가고 싶다던 음반 가게 겸 커피숍에서 한참 대화를 나누고 그곳을 나왔다. 한 블록쯤 지났을 때 그가 걸음을 멈추더니 멀찍한 곳에 그려진 벽화를 가리키면서 "사실 저건 가짜예요"라고 했다.

그가 가리킨 곳을 보니 실물 같은 아름답고 커다란 새 한 마리가 아치 형태의 덩굴 위에 앉은 모습이 벽돌 건물 옆면에 스프레이 페인트로 그려져 있었다. 찰리는 가까이 가보면 새의 오른쪽 밑에 컨버스Converse 로고도 그려져 있다고 일러줬다. 웃으면서 그게 무슨 뜻인지 추론해보라는 듯한 표정으로 나를 바라보았다. 나는 약간의 압박감을 느끼면서 곰곰 생각해봤다. 찰리가 무슨 말을 하고 싶은 것인지 감이 오지 않았다. 그는 어딜 가나 항상 숨은 의미를 찾아내려고 촉수를 곤두세우는 사람 같았다. 평범하고 일상적인 것이 특정 견해와 어젠다라는 더 큰 시스템과 맞물리는 방식을 주시했다. 그에게 이 벽화는 일종의 탄광 속 카나리아*였다. 평범한 그래피티조차 대기업의 의도가 담긴 가짜 예술일 수 있음을 일깨워주는 것이다. 그것은 이 세상이 겉으로 보이는 것과 다르다는 사실을 알려주는 신호였다. 그냥 예쁜 새 그림인 줄로만 알았던 나는 정신이 확 들었다. 찰리는 빙긋 웃고 모퉁이를 돌아서 걸어갔다.

나는 벽화를 올려다봤다. 그것은 리퀴텍스<sup>Liquitex</sup>, 이케아<sup>IKEA</sup> 등의 기업을 고객으로 두고 있으며 파우나그래픽<sup>Faunagraphic</sup>이라는 이름으로 활동하는 셰필드의 화가가 그린 작품이었다. 이 화가는 컨버스의 의뢰를 받아 영국 곳곳에 벽화를 그렸다. '월투월<sup>Wall to Wall</sup>'이라는 광고 프로젝트의 일환이었다. 물론 그 새 벽화는 그녀 혼자 그린 것이 아니고 작업 계약을 맺은 팀과 함께 커다란 크레인 두 대와 스프레이식 페인트를 사용해 이틀에 걸쳐 완성했다. 기업 광고용으로 벽화를 그리는 것이 좋은 일일까 나쁜 일일까? 쉽게 답이 나오지 않았다. 그러나 그것은 분명히 찰리가 아니었다면 보지 못했을, 표면 아래에 있는 진실 한 겹이었다.[1]


## '뭘 좀 아는' 사람이 된 기분

나는 찰리에게 어떻게 해서 음모론 신봉자가 되었느냐고 물었다. 그는 음모론 커뮤니티에 들어가기 전까지는 자신을 존중해주는 안정된 공동체에 속해본 적이 없다고 했다. 스코틀랜드의 선원인 그의 아버지는 유조선에서 일등항해사로 일했다. 아버지는 브라질 리

---

* 다가오는 위험이나 문제를 미리 경고해주는 존재를 일컬음―옮긴이

우데자네이루에서 일할 때 아내를 만났다. 찰리는 일곱 살 때까지 브라질에서 살다가 어머니, 형과 함께 탄자니아로 이사했다. 이후 아버지의 근무지가 바뀔 때마다 서아프리카, 카타르, 사우디아라비아 등으로 옮겨 다녔다. 2~3년마다 친구들과 헤어져 새로운 나라의 낯선 도시에 있는 낯선 학교에서 다시 친구를 사귀어야 했다. 늘 아웃사이더였던 그는 또래들에게 따돌림을 당했다. 아들이 혼자 제 앞가림을 할 정도의 나이가 되자 부모님은 그를 영국에 있는 기숙학교에 보냈다. 부모님은 사우디아라비아에서 살았다. 기숙학교에 다닐 때 그는 까맣게 탄 피부와 브라질식 억양 탓에 툭하면 인종차별적 모욕을 겪었다.

끊임없이 이곳저곳을 옮겨 다니는 삶은 차갑고 편안한 사무실 칸막이 안으로 들어가면서 끝났다. 그는 철학 전공으로 대학을 졸업한 후 금융계에 취직했다. 잠자고, 출근하고, 일하고, TV를 보는 생활이 매일 반복되었다. '인간다운 자연스러운 삶'이 사라진 듯한 기분이었다. 화이트칼라 직장인의 틀에 박힌 일상에 마지못해 순응하면서 그가 사랑하던 철학은 점점 더 뒤로 밀려났다. 그 어느 곳에도 속하지 못한 것 같은 기분이었다. 자신은 어느 부족의 일원도 아니라는 생각이 들었다.

그러다가 2006년 9·11 테러가 미국의 자작극이라고 주장하는 앨릭스 존스의 동영상을 봤다. 호기심을 느낀 찰리는 앨릭스 존스와 유사한 주장을 펼치는 영상에 점점 빠져들었다. 얼마 뒤 온라인에서 그런 집단의 회원들과 대화를 나누었고 나중에는 그런 집단의 일원이 되었다.

찰리는 이렇게 말했다. "전 분노로 가득한 청년이었어요. 권력 구조에, 엘리트에, 세상의 불공정함에 불만이 가득했죠. 모종의 내러티브를 구축하고 싶었던 제 욕망과 음모론이 딱 맞아떨어진 거예요. 많은 이들이 음모론에 빠지는 이유도 저와 비슷할 거예요. 세상에 대한 불만으로 똘똘 뭉친 채 책임을 전가할 희생양을 찾는 젊은이를 상상해보세요. 인생이 무의미하게만 느껴져요. 아무도 알아주지 않는 보잘것없는 존재예요. 그런데 갑자기 엘리트 세계의 일원이 된 기분이 들어요. '뭘 좀 아는' 사람이 된 기분이요."

"나는 깨우침을 얻은 집단의 구성원이 된다는 건가요?"라고 물었다.

"맞아요. 영화 〈매트릭스〉에서 오라클을 만난 후의 네오가 된 기분이랄까요. 세상 사람들을 보면 이런 생각이 드는 거예요. '저들은 가짜 현실을 살고 있어. 딱하기도 해라. 저들은 아무것도 몰라. 나는 다 아는데. 난 진실을 알고 있다고.' 자부심과 자존감이 말도 못하게 높아져요. 그런 음모론에 빠지면 으레 그렇듯이."

찰리는 직접 동영상을 제작했다. 처음엔 사이언톨로지교를 풍자하는 영상을 만들었고, 나중에는 지역 시위를 찍은 영상, 9·11 테러 이후 공공 감시가 강화된 런던을 비난하는 영상도 만들었다. 그는 다른 음모론 유튜버들과 함께 국민을 통제하려는 정부를 빈정대는 공익광고 내용을 확성기로 외치며 런던 시내를 돌아다녔다. 이들의 활동은 많은 구경꾼과 경찰을 끌어모았고 유튜브에서 엄청난 조회 수를 기록했다.

경찰들은 대개 찰리 무리에게 빨리 해산하라고만 했지만, 그가 미국 대사관 앞에서 영상을 촬영한 날에는 그를 제지했다. 그는 저항하면서 촬영을 강행했다. 잠시 후 더 많은 경찰이 투입되었다. 일부는 방탄복에 자동 소총으로 무장한 채였다. 그들은 찰리에게, 자신들에게는 영국테러법UK Terrorism Act에 따라 찰리의 동영상을 확인할 권리가 있다고, 그가 테러 목적으로 정보를 수집하기 위해, 또는 계획된 테러의 일환으로 카메라를 사용하고 있지 않은지 확인할 권리가 있다고 말했다.

찰리는 이 모든 과정을 유튜브에 올렸다. 전체주의라는 폭력을 휘두르는 자들을 극도로 경계하는 음모론자들이 보기에 이 영상은 그들의 우려와 두려움이 타당함을 보여주는 확실한 증거였다. 이 동영상에 대한 소문은 온라인에 급속히 퍼졌다. 며칠 후 찰리는 세계적으로 유명한 음모론자인 앨릭스 존스의 전화를 받았다. 처음 그의 열정에 불을 붙인 영상 속에 있던 바로 그 사람이 자신에게 손을 내민 것이다. 찰리는 앨릭스 존스의 구독자 중에서 선발되어 무대 행사에 참여해달라는 부탁을 받았다.[2]

2009년 찰리의 미국 대사관 영상은 앨릭스 존스의 라디오 프로그램과 유튜브 채널에 소개되었다. 찰리는 존스의 청중에게 자신의 유튜브 채널에도 들어와줄 것을 요청했다. 전체주의적이고 권위적인 국가가 되어가는 영국의 실체를 드러내는 영상을 풍부하게 볼 수 있다고 말했다. 조회 수가 늘어날수록 더 많은 콘텐츠를 만들어 올렸고 곧 수입이 꽤 발생했다. 그는 다니던 금융기관에서 해고되어 일자리를 잃었을 때 다른 직장을 알아볼 필요가 없었다.

나는 앨릭스 존스와 데이비드 아이크를 처음 만났을 때 느낌이 어땠느냐고 물었다. 물론 찰리도 구글을 검색해봐서 그들이 어떤 주장을 하는 인물인지 알았다. 존스는 독감 백신이 사람들을 노예로 만들기 위한 도구이고, 켐트레일chemtrail*이 개구리를 게이로 만들며, 각국 정부가 인종별 생물 무기를 개발 중이라고 믿었다. 아이크는 자신이 우주를 돌아다니는 파충류와 영적 접촉을 한다고 주장했다.

찰리는 당시에는 그들에 대한 어떤 특이한 정보보다도 자신이 받아들여진다는 기분과 소속감이 더 중요했다고 말했다. 그는 소외감을 느끼지 않기 위해 마음속 불신을 기꺼이 덮어두고 순종적인 일원이 되었다.

## 반박당할 때 곰을 마주친 듯 느낀다

메건과 잭을 만난 후 나는 두 사람과 찰리 비치에게 공통점이 있다는 느낌을 받았다. 그리고 사람들에게 반대 증거를 제시하면서 그들의 뇌를 스캔한 신경과학자들과의 인터뷰에서 그 공통점을 밝힐 첫 번째 실마리를 만났다.

2016년 인지신경과학자 세라 김벨Sarah Gimbel과 샘 해리스Sam Harris, 조너스 캐플런Jonas Kaplan은 특정 이슈에 대해 확고한 생각을 지닌 피험자 그룹을 대상으로 실험을 했다. 피험자들은 여러 주제의 문장을 보고 그것을 지지하는 강도를 1에서 7까지 숫자로 대답했다. 여기에는 정치적 주제와 중립적 주제가 섞여 있었다. 그런 뒤 연구 팀은 피험자를 MRI 기계에 들어가게 한 후 각 문장에 대해 다섯 가지 반론

---

\* 음모론자들이 비행운처럼 보이지만 실은 의도적으로 살포된 화학물질이라고 주장하는 구름—옮긴이

을 보여주었다. 예를 들어 만일 피험자가 토머스 에디슨이 백열전구를 발명했다고 생각한다면, 그에게는 백열전구가 '에디슨보다 70년 전에 발명되었다'는 반론을 보여주었다. 피험자가 총기 규제를 더 강화해야 한다고 생각한다면, 그에게는 '매년 공격용 총기 때문에 목숨을 잃는 사람보다 주방용 칼에 살해당하는 사람이 열 배 더 많다' 같은 반대 증거를 제시했다. 실험 목표는 피험자를 설득해 마음을 바꾸는 것이 아니라, 반대 증거를 만났을 때 뇌에서 어떤 일이 벌어지는지 관찰하는 것이었다.[3]

피험자들이 반론을 읽은 후, 연구 팀은 그들에게 처음에 읽은 문장에 대한 지지도를 1에서 7까지 숫자로 매겨달라고 다시 요청했다. 반론을 접하기 전과 후의 답변을 비교해보니, 중립적 문장에 대한 확신은 약해진 것으로 나타났다. 그러나 낙태와 동성 결혼, 사형 제도 같은 주제의 경우 다른 결과가 나왔다. 제시되는 반론의 수가 늘어날수록, 피험자들은 자신의 견해가 받는 위협이 마치 신체가 받는 위협인 것처럼 반응했다.

MRI 스캔 결과 낙태나 복지, 총기 규제 같은 정치적으로 민감한 이슈에서 자신의 견해와 반대되는 증거를 접하면 뇌가 투쟁-도피 모드로 변했고, 이 때문에 아드레날린 분비가 증가하고 근육이 경직되었으며, 비핵심 장기로 가는 혈액량이 줄었다. 김벨은 "이 실험에서 관찰된 두뇌 반응은 숲속에서 곰을 마주쳤을 때 일어나는 반응과 매우 유사하다"라고 설명했다.

어째서 그런 신체 반응이 나타나는 것일까? 상호 연결된 일련의 뇌 영역인 디폴트 모드 네트워크default mode network로 혈액이 몰리기 때문이다. 디폴트 모드 네트워크는 타인보다는 자기 자신에 대해 생각할 때 활성화된다. 예컨대 명상이나 환각제 사용은 자신의 정체성에 덜 집중하고 만물과 하나가 된 듯한 일체감을 느끼게 할 수 있다. 이것은 디폴트 모드 네트워크의 활동이 약해질 때 일어나는 현상이다. 즉 디폴트 모드 네트워크의 활동이 활발해지면 그와 반대로 만물과 하나가 된 듯한 일체감과는 멀어지고 자신의 정체성에 더 집중하게 된다. 피험자들은 자신의 정체성에 집중할수록 편도체와 섬피질<sup>insular cortex</sup>로 가는 혈액 흐름이 늘어났다. 이 둘은 분노와 두려움 조절, 심박 수와 발한 조절에 관여하는 뇌 영역이다.

캐플런은 이렇게 말했다. "뇌의 가장 중요한 임무는 우리 자신을 보호하는 일이에요. 이는 단지 신체적 자아뿐 아니라 심리적 자아에도 해당합니다. 어떤 믿음과 태도, 가치관이 우리의 심리적 자아의 일부가 되면, 뇌는 신체를 보호하려는 것과 똑같이 그것들을 보호하려고 합니다."

나는 왜 그렇게 되는지 물었다. 캐플런은 정확한 이유는 알 수 없지만 그런 뇌의 작동이 집단 정체성과 관련이 있을 것이라고 말했다. 그러면서 집단 정체성이 믿음에 영향을 미치는 방식을 연구하는 심리학자들을 만나보라고 했다.

## '우리 대 저들'에 관한 심리 실험

제2차 세계대전 이래로 많은 이가 집단이 구성원의 마음에 영향을 미치는 양상을 연구해왔다. 20세기 중반 이후 동조와 집단 갈등은 심리학 연구와 실험의 중요한 주제가 되었다.

대표적인 것은 솔로몬 아시Solomon Asch의 실험이다. 아시는 사람들에게 선분 하나를 보여준 뒤 서로 다른 길이의 선분 3개를 보여주면서, 그중 처음에 보여준 것과 길이가 같은 선분을 고르게 했다. 이때 실험 협력자인 가짜 피험자들이 처음에 본 선분과 길이가 다른 것을 고르면서 똑같은 길이라고 주장하자, 진짜 피험자는 자신이 보고 있는 진실을 부정했다. 즉 사회적 압력에 굴복해 나머지 사람들의 의견에 동의한다고 말한 것이다. 물론 실험이 끝난 후 진짜 피험자는 속으로는 나머지 사람들의 의견에 동의하지 않았다고 밝혔다.4

스탠리 밀그램Stanley Milgram이 진행한 복종 실험도 있다. 실험에서 밀그램은 피험자가 낯선 사람에게 전기 충격을 가하는 상황을 설계했는데(낯선 사람은 실험 협력자였고 전기 충격 장치도 가짜였다), 피험자의 무려 3분의 2가 실험자의 권위적인 지시에 따르면서 전기 충격 강도를 치명적 수준까지 높였다.5 하지만 집단 정체성에 대한 본격적인 연구를 보여주는 것은 이 두 실험이 이루어진 시기 사이인 1954년에 진행된 실험이다. 한 심리학 연구 팀이 소년들을 두 집단으로 나눴는데, 나중에 소년들은 상대편 집단에 매우 위험한 공격성을 표출하는 모습까지 보였다. 이 실험은 같은 해 출간된 소설 『파리대왕』의 모티브가 되기도 했다.

심리학자 무자퍼 셰리프Muzafer Sherif와 연구 팀은 캠프 지도자가 되어 오클라호마주의 로버스 케이브 주립공원에서 여름 캠프를 열었다. 연구 팀은 11~12세 소년 22명을 버스 두 대에 나눠 태운 후 서로 떨어진 두 곳의 캠핑장으로 보냈다.6

한동안 두 캠핑장의 소년들은 서로의 존재를 모른 채 지냈다. 캠핑을 하면서 그들은 각자 자신만의 문화를 만들었다. 며칠도 안 돼 자기들끼리 공유하는 임의적이고 미묘한 특징을 토대로 행동의 기준과 규칙을 정했다. 두 집단은 각각 자신에게 '독수리 부족'과 '방울뱀 부족'이라는 이름을 붙이고 서로 다른 의식과 금지 사항을 만들었다. 얼마 후 셰리프와 연구 팀이 소년들에게 그들과 비슷한 소년들로 이뤄진 다른 집단이 있다고 말해주자, 소년들은 다른 쪽 집단을 본 적이 없음에도 서로 상대편을 '침입자'나 '외부인'이라고 불렀다. 이후 두 집단은 야구, 줄다리기, 터치 풋볼 등의 게임을 하기 위해 만났다. 그들은 서로를 향해 모욕적인 말을 퍼부었고, 관중석에 있던 소년들은 상대편 선수들이 비겁한 플레이를 한다고 불평했다. 밤이 되자 잠자리에서 서로 다른 집단 아이들을 '쟤들'이라고 부르면서 헐뜯었다.

소년들은 나쁜 일이 생기면 그것이 다른 집단 아이들의 못된 계략 탓이라고 생각했다. 수영하는 웅덩이의 물이 평소보다 차가우면, 다른 집단 아이들이 얼음을 잔뜩 넣어놓아서 그렇다고 생각했다. 호숫가에 쓰레기가 보이면, 다른 집단 아이들이 버린 것이라고 생각했다. 며칠 전에 자기들이 버렸다는 사실을 까맣게 잊고서 말이다.[7]

이 실험은 3주째에 결국 종료할 수밖에 없었다. 두 집단의 적대감이 심해진 나머지, 독수리 부족이 방울뱀 부족의 깃발을 야구장에서 훔쳐 불태우는 일이 발생했다. 방울뱀 부족도 가만있지 않았다. 그에 대한 보복으로 공격 팀을 조직해 독수리 부족의 깃발을 불태웠다. 방울뱀 부족은 몸에 색칠을 하고 독수리 부족의 숙소를 습격했다. 독수리 부족도 보복하기 위해 방울뱀 부족을 습격했다. 밤에 그들은 정식 전투를 벌일 계획을 의논했다. 급기야 두 집단이 전면전을 위해 공격용 돌을 모으자 연구 팀은 서둘러 상황에 개입했다. 누군가 다치거나 죽는 것을 막기 위해 연구 팀은 두 집단의 캠프장을 서로 멀리 떨어진 곳으로 옮겼다.

셰리프의 캠핑장 실험에서 큰 인상을 받은 심리학자 헨리 타이펠 Henri Tajfel은 1970년대에 이 주제를 더 깊이 파고들었다. 폴란드 태생 유대인인 그는 특정 집단에 대한 한 집단의 증오가 얼마나 강해지면 대량 학살을 타당하게 느낄 수 있는가 하는 문제에 남다른 관심을 갖고 있었다. 그는 1950년대에 편견에 대해 연구했다. 당시 심리학계에서는 권력을 쥐고 사람들에게 영향력을 행사하는 공격적인 인물 때문에 두 집단 사이의 적대감이 형성된다고 보는 시각이 일반적이었다. 타이펠은 그런 시각에 회의적이었다. 또 그는 여러 대량 학살 사례를 살펴본 후, 사람들이 증오의 원인이라 주장하는 차이가 방울뱀 부족과 독수리 부족의 차이만큼이나 임의적이라는 사실을 발견했다. 캠핑에 참가한 아이들이 같은 동네 출신에 가정환경과 양육 방식도 비슷했고 가치관도 비슷한 소년들이었다는 점을 생각해보라.

타이펠은 이런 의문을 품었다. 만일 실험 환경에서 피험자들의 차이점을 모두 제거한 후 그들에게 특정한 집단에 속한다고 알려주면 어떤 현상이 일어날까? 그리고 작은 차이점을 한 번에 하나씩 추가하는 경우(예: 안경을 썼는지 여부에 따라 두 집단으로 나눔), 어느 시점에 이르면 사람들이 자기 집단에 편애를 보이고 타 집단에 대한 차별을 드러낼까? 타이펠은 그 시작점에 해당하는 최소 조건을 '최소 집단 패러다임minimal group paradigm'이라고 불렀다. 만일 그 시작점을 찾아낼 수 있다면 어떤 종류의 차이가 편견과 차별을 초래하는지 규정할 기준을 얻을 수 있다는 게 그의 가설이었다. 그러나 그는 그런 기준이 존재하지 않음을 발견했다. 종류에 관계없이 아무리 사소하고 임의적인 차이라도 '우리 대 저들'이라는 심리가 발동하기에 충분했다.

타이펠은 브리스틀에 사는 남학생들을 상대로 이런 실험을 했다. 피험자 대부분은 성장 배경과 가정환경이 거의 비슷했고 서로 친구 사이였다. 타이펠은 그들을 한 명씩 불러 점 40개가 그려진 종이를 0.5초간 보여주고 점 개수를 추정하게 했다. 그런 후 피험자가 대답한 점의 개수와 상관없이 그들을 무작위로 두 집단으로 나누고, 한 집단에는 실제 개수보다 적게 대답했다고(과소평가 집단), 다른 집단에는 실제 개수보다 많게 대답했다고(과대평가 집단) 알려주었다.[8]

그리고 나서 피험자 각각에게 연구 팀이 진행하는 다른 실험에서 돈을 분배하는 작업을 잠깐 도와달라고 부탁했다. 피험자의 친구들 (즉 과소평가 집단 또는 과대평가 집단에 속하는)이 방금 다른 과제를 수행했는데, 피험자에게 그와 관련한 보상 분배 방식을 결정해달라고 했다.

타이펠은 큰 금액을 공평하게 배분하는 것과 작은 금액을 나누되 한쪽 집단에 더 많은 금액이 가도록 배분하는 것, 둘 중 고르게 했다. 그는 단순히 점의 개수를 과대평가하거나 과소평가했다는 사소한 기준으로 집단을 나눴으므로 피험자가 돈을 공평하게 분배할 것이라고 예상했다. 그다음 단계에서 더 많은 차이점을 추가해, 그들이 편향과 차별을 드러내는 시점을 관찰할 생각이었다. 하지만 그의 예상은 빗나갔다. 점의 개수를 많이 셌거나 적게 센 것에 따라 나누기만 해도 피험자들은 자신이 속한 집단을 편애했다. 게다가 자신이 속한 집단이 받는 금액이 상대 집단이 받는 금액보다 크기만 하다면 작은 보상 금액이라도 기꺼이 택하는 경향이 있었다.

타이펠은 이와 같은 실험을 여러 번 진행했다. 좋아하는 화가에 따라, 또는 눈동자 색깔이나 모자 종류에 따라, 혹은 무작위로 할당된 짝수나 홀수에 따라 사람들을 나눴는데, 결과는 언제나 마찬가지였다. 공유하는 특징이 무엇이든 집단의식이 형성되었다. 사람들은 일단 '우리'가 되면 우리가 아닌 '저들'을 미워한다. 그리고 우리 집단이 이길 수만 있다면 모두가 함께 누릴 수 있는 더 큰 이익을 기꺼이 희생시킨다.

### 사회적 죽음이 신체적 죽음보다 두렵다

'저들'은 매우 강력한 단어다. 심리학과 신경과학 연구에 따르면, 우리의 정체성은 집단 충성심과 매우 밀접하게 연결되어 있어서 '정체성'이라는 말 자체가 우리를 '우리'로 규정하는 가장 효과적인 단어로 여겨진다. 이때 그냥 우리가 아니라 '저들이 아닌' 우리라는 점이 중요하다.

그것은 식욕이나 수면욕처럼 인간의 기본적 욕구다. 우리는 영장류 유전자로 이뤄진 영장류 뇌를 갖고 있으며, 이 뇌에는 외부의 감각 자극으로 촉발되는 고유한 심리 상태가 존재한다. 공감, 동정, 질투심, 수치, 창피함 등이 대표적 예다. 이런 심리 상태, 즉 우리의 의지와 상관없이 발생하며 원치 않아도 느껴지는 이런 감정들은 우리가 어떤 본성을 지닌 존재인가에 대한 실마리를 던져준다. 사회적 존재인 우리는 남들이 우리를 어떻게 생각하는지 신경 쓸 수밖에 없다.

인간은 단순히 사회적인 동물이 아니라 고도로 사회적인 동물이다. 인간은 집단을 형성하고 유지하는 과정을 통해 생존해왔다. 뇌 안에 있는 선천적 심리의 많은 부분은 집단을 이루고 그 집단을 보살 피는 일, 집단의 단결을 도모하는 일과 관련되어 있다. 집단이 생존 해야 우리도 생존한다. 따라서 수치나 창피함, 배척 등 우리 욕구와 동기의 상당 부분은 특정 구성원을 건강하게 만드는 일보다 집단을 안정적으로 유지하는 일과 더 깊이 관련되어 있다. 다시 말해 우리는 필요하다면 집단을 위해 자신과 타인을 기꺼이 희생한다.

심리학과 정치학, 사회학 분야에는 이런 심리 구조를 나타내는 여러 표현이 있다. 나는 '부족 심리tribal psychology'라는 용어를 선호하지만, 이런 심리 구조를 설명할 때 '극단적 파벌주의', '문화적 인지' 등의 용어도 종종 사용된다. 용어야 어떻든 사회과학 분야의 최신 증거는 인간이 옳은 행동을 하는 것보다 집단의 훌륭한 구성원이 되는 것을 훨씬 더 중요하게 여긴다는 점을 분명히 알려준다. 그래서 좋은 구성원이 되고 싶은 욕구를 집단이 충족시키는 한, 우리는 잘못된 행동을 기꺼이 택하곤 한다. 다른 구성원들에게 받아들여지고 신뢰를 얻을 수 있다면 말이다.

내가 이에 관한 의견을 묻자 사회학자 브룩 해링턴Brooke Harrington은 이런 말로 간명하게 요약해주었다. 그녀는 사회과학 분야의 $E=mc^2$에 해당하는 강력한 공식이 'SD〉PD'라고 했다. '사회적 죽음social death이 신체적 죽음physical death보다 더 두렵다'는 뜻이다.[9]

그래서 우리는 자기 정체성의 일부가 된 견해가 새로운 견해에게 도전을 받으면 강한 위협감을 느낀다. 우리를 집단의 구성원으로 만들어주는 견해를 가질 때, 우리는 개인으로서가 아니라 한 부족의 일원으로서 사고한다. 우리는 집단 내에서 신뢰할 만한 사람으로 여겨지길 원한다. 그리고 그렇게 여겨지기 위한 평판 관리가 종종 많은 다른 관심사보다 중요해진다. 심지어 목숨보다 말이다.

이는 완전히 불합리한 행동은 아니다. 세상에서 고립된 인간은 수많은 어려움에 직면한다. 옛날 우리 조상들이 살던 시대에 고립된다는 것은 죽음에 이르는 길과 마찬가지였다. 따라서 인간의 내면에는 집단을 만들고, 집단에 들어가고, 그 집단에 계속 소속되고, 다른 집단을 경계하려는 선천적 욕구가 있다. 그런데 사람들은 '저들'을 인식하는 순간 '우리'를 편애하기 시작한다. 그런 편애와 집단의식이 강해진 나머지, 양쪽 집단 모두 큰 이익을 얻는 경우와 양쪽 집단 모두에게 돌아가는 이익은 훨씬 적지만 우리 집단이 얻는 이익이 상대 집단보다 더 큰 경우, 이 둘 중 택하라고 하면 사람들은 후자를 택한다. 어떤 종류가 됐든 자원을 두고 갈등이 벌어지면 인간은 본능적으로 '우리 대 저들'이라는 대립 구도로 전환한다. 그것이 전체적으로 가장 이로운 전략이 아닐지라도 말이다. 이것이 부족 심리가 우리를 당황스럽게 하는 지점이다.

집단과 집단이 긴밀하게 접촉하면서 갈등이 커지는 시기에 개인들은 자신이 '저쪽 편'이 아니라 '이쪽 편'임을 같은 집단 구성원들에게 증명하려고 훨씬 더 애쓰게 마련이다. 이런 상황에서는 어떤 것이라도 집단 충성심의 신호가 될 수 있으며, 당신이 어떤 신호를 보내느냐에 따라 충성스러운 일원이 되기도, 배신자가 되기도 한다. 옷차림, 즐겨 듣는 음악, 몰고 다니는 자동차 등 그런 신호가 될 수 있는 것은 무궁무진하다. 특정 이슈에 대한 태도나 믿음, 의견이 집단 구성원임을 식별하는 기준이 되면, 그것은 충성의 표식이나 수치의 상징이 된다. 당신이 믿을 만한 구성원인지 아닌지 다른 구성원들에게 알려주는 신호가 된다.

부족 심리 전문가인 심리학자 댄 카한Dan Kahan은 이런 현상이 정치적 영역에만 나타나는 것이 아니라고 설명한다. 어떤 의견이든 집단 정체성과 결합할 수 있다는 것이다.[10]

그는 대표적 사례로 HPV 백신을 둘러싼 논란을 들었다. HPV 백신은 자궁경부암의 주원인인 인간 유두종 바이러스HPV 감염을 막는 백신이다. 기독교 보수주의자들은 지금도 여전히 이 백신 접종에 강하게 반대한다. 오래전 이 백신의 제조사는 남학생보다 여학생에게 먼저 접종하기 위한 승인을 받아 백신 접종을 의무화하려고 로비를 벌였다. 백신 승인 문제를 둘러싸고 연방 의회에서 논란이 일었고, 접종 의무화를 두고 여러 주 의회에서 논쟁이 벌어졌다. 그러자 의학 지식이 없는 일반 국민은 이 백신을 남학생이 아니라 여학생에게 의무 접종해야 하는 이유에 의문을 가졌다.[11]

카한은 이렇게 말했다. "누군가 집에 찾아와 이렇게 말한다는 소문이 돌았어요. '뒤뜰에서 그네를 타고 있는 게 이 집 따님이죠? 저 열두 살 소녀가 내년이면 누군가와 성관계를 할지 모르잖아요? 그러니 성병 예방접종을 해야 합니다. 그러지 않으면 학교에도 못 갑니다.'" 이후 HPV 백신을 맞으면 10대 초반 청소년이 성적으로 문란해질 것이라는 주장을 둘러싸고 좌파와 우파 진영 사이에 충돌이 일어났다.

한편 사람들이 HPV 백신으로 논쟁을 벌이던 바로 그 시기에 B형 간염 백신이 도입되었다. B형 간염 백신은 현재 10대 초반 여학생들에게 접종되고 있으며, 암을 유발할 수 있고 성적 접촉으로 감염되는 질병을 예방해준다. 카한은 "하지만 B형 간염 백신에는 아무도 이의를 제기하지 않았어요"라고 말했다. B형 간염 백신은 신속하게 승인되었고 현재 기독교 보수주의자를 포함해 95퍼센트의 학부모가 접종에 찬성하고 있다.

B형 간염 백신과 HPV 백신의 차이점은 이것이었다. 사람들은 의사를 통해 B형 간염 백신에 대해 알게 되었다. 하지만 HPV 백신 정보를 처음 접한 것은 MSNBC와 폭스 뉴스Fox News를 통해서였다.* 이들 채널이 HPV 백신이라는 주제에 '우리 대 저들'이라는 프레임을 씌워 보도하자 백신은 집단 간 대립 이슈가 되었다. 사람들은 각자 자신이 속한 집단의 의견에 기대 상황을 바라봤고, 일단 찬성 혹은 반대로 입장을 정하자 동기 기반 추론을 통해 각자의 해석과 정당화를 만들어냈다.

카한은 한 실험에서 열렬한 공화당 지지자와 민주당 지지자로 구성된 피험자들에게 나이 든 남자의 사진을 보여주었다. 사진 속 남자는 로버트 린덴이라는 매우 명망 높은 과학자로, 하버드에서 박사 학위를 받았고 현재 미국국립과학원 회원이며 MIT의 기상학 교수라고 설명했다. 그는 피험자들에게 린덴 박사가 지구온난화 문제의 전문가라는 점에 동의하는지 아닌지 의견을 표현해달라고 요청했다. 모든 피험자가 1~6점에서 가장 높은 점수를 주면서 '매우 동의한다'고 답했다. 이후 피험자들은 지구온난화에 관한 린덴의 견해가 적힌 자

---

* MSNBC는 진보 성향, 폭스 뉴스는 보수 성향이다.—옮긴이

료를 읽었다. 이때 전체 피험자의 절반은 린덴이 인간이 지구온난화의 주범이라는 것은 거짓이며 기후변화가 우려할 문제가 아니라고 생각한다는 내용(A)을 읽었다. 나머지 절반은 린덴이 인간이 지구온난화를 초래했을 뿐 아니라 기후변화가 인류 생존을 위협한다고 생각한다는 내용(B)을 읽었다.

카한은 피험자들에게 린덴이 지구온난화 문제의 전문가라는 데 여전히 동의하는지 아닌지 물었다. 그러자 자료 A를 읽은 그룹 중 공화당 지지자들은 변함없이 린덴이 전문가라고 대답했지만 민주당 지지자들은 처음 답변과 반대로 그가 전문가가 아니라고 대답했다. 그리고 자료 B를 읽은 그룹에서는 민주당 지지자들이 여전히 린덴을 전문가라고 답했지만 공화당 지지자들은 답변을 반대로 바꿨다. 두 경우 모두 린덴은 피험자들 중 절반에게 갑자기 제정신이 아닌 과학자가 되었다. 그의 경력과 자격은 그대로였는데도 말이다.[12]

부족 심리에 관한 연구는 이 점을 분명히 보여준다. 사실에 근거한 중립적인 과학적 이슈(예컨대 화산, 준항성, 큰박쥐)에서는 사람들이 이런 행동 패턴을 보이지 않는다. 그들은 대체로 전문가의 말을 믿는다. 그러나 집단 충성심이라는 요소가 개입되면 해당 이슈는 논쟁 대상이 된다.

카한은 이런 식의 동기 기반 추론이 불합리하게 여겨질지 몰라도 사실은 이성적인 것이라고 강조했다. 일반 사람 대다수의 경우 총기 규제나 기후변화, 사형 제도에 대한 신념이 그들의 일상에 직접적인 영향을 미치지 않는다. 그런 이슈에 관한 신념을 갖거나 그에 대해 논쟁하거나 남들과 같은 신념을 공유하는 현실적 이유는 오직 '집단 충성심을 드러내기 위해서'라고 카한은 말했다. 내가 속한 집단과 다른 입장을 취할 경우 친구나 광고주, 일자리를 잃거나 공개적인 창피를 당할지도 모른다면, 중립적이고 실증적인 증거라 할지라도 그 증거를 거부하는 것은 매우 이성적인 결정이다.[13] 집단 내에 합의가 형성된 이슈라면 집단 구성원들은 당신이 거기에 동의하는지 여부를 당신이 신뢰할 수 있는 사람인지 판단하는 척도로 삼을 것이다. 만일 개인의 가치관이 집단과 일치하지 않으면 '그 개인은 심각한 물질적, 정서적 피해를 겪을 수 있다'고 카한은 설명했다.

카한은 오랫동안 미 의회에서 손꼽히는 보수 인사였던 밥 잉글리스Bob Inglis를 언급했다. 2010년 잉글리스는 기후변화 문제가 심각하다고 생각하며 유권자들을 보호하기 위해 그 문제를 해결하는 데 힘쓰고 싶다고 공개적으로 말한 후 압도적 표 차이로 재선에 실패했다. 상대 후보의 득표율은 71퍼센트, 잉글리스는 29퍼센트에 불과했다. 카한은 이렇게 말했다. "잉글리스가 출마했던 사우스캐롤라이나주 제4구에서 일하는 이발사를 상상해보세요. 만일 이 이발사가 면도를 끝내고 손님들한테 기후변화로부터 북극곰을 구하기 위한 탄원서에 서명해달라고 한다면, 잉글리스처럼 그 이발사도 곧 일자리를 잃을 겁니다. 사람들은 늘 그런 종류의 압박과 함께 살아갑니다."[14]

## 소속감과 집단 정체성의 위력

신뢰하는 집단에서 자신의 위치가 위협받을 수 있다고 느끼면, 즉 마음을 바꿀 경우 믿을 수 없는 구성원으로 낙인찍힐지 모른다고 생각되면, 우리는 마음을 바꾸지 않으려 한다. 나는 찰리와 뉴욕에 동행한 음모론자들이 눈앞의 증거를 믿으려 하지 않았던 이유가 이해되었다.

우리가 아는 것은 믿음에 따라 달라진다. 믿음이란 우리가 사실이라고 가정하는 지식이다. 우리가 아는 것은 또한 태도에 따라서도 달라진다. 즉 대상을 긍정적으로 평가하느냐 부정적으로 평가하느냐에 따라 달라진다. 그리고 이 둘, 즉 믿음과 태도는 가치관에 영향을 미치는 동시에 가치관에서 영향을 받는다. 가치관이란 무엇이 가장 중요하고 무엇이 가장 시간을 할애할 가치가 있는지 판단하는 기준이다. 하지만 우리가 모든 것을 알거나 모든 사안을 평가하는 것은 불가능하다. 이 세상은 너무 방대하고 복잡하며, 끊임없이 변화한다. 따라서 우리 믿음과 태도의 상당 부분은 신뢰하는 동료와 권위자에게 얻은 지식과 지혜를 토대로 형성된다. 그것을 얻는 통로가 동영상이나 교과서든, TV 뉴스든, 설교단이든, 우리는 우리가 입증할 수 없는 사안에 대해서는 그들의 전문성을 믿기로 선택한다.

우리는 이러한 준거집단을 통해 토성의 위성과 그래놀라의 영양가치에 대한 지식을, 그리고 우리가 죽은 후에 어떻게 되는지, 아르헨티나가 중국에 진 빚이 얼마인지에 대한 지식을 얻는다. 또 준거집단은 재즈 트롬본, 원자력, 알로에 베라의 효능에 이르기까지 모든 것에 대해 우리가 취하는 태도에 영향을 미친다. 우리는 준거집단이 알려주는 것이 옳다고 여기며, 그 집단에 형성된 지배적인 태도가 합리적이라고 믿는다. 그들이 해당 정보를 면밀히 심사하고 검토했다고 믿기 때문이다. 우리가 그들을 신뢰하는 것은 그들과 동질감을 느끼기 때문이다. 그들은 우리와 가치관과 걱정을 공유한다. 그들은 우리처럼, 또는 우리가 되고 싶은 사람처럼 느껴진다. 그들은 우리와 같은 태도를 보이므로 우리는 기꺼이 그들의 믿음을 공유한다.[15]

일단 준거집단을 신뢰하면, 그 집단에서 채택한 믿음이나 태도 중 어느 '하나'에 대해서라도 의문을 품는 것은 그 '전체'에 의문을 품는 것과 매한가지가 된다. 이는 문제가 될 수 있다. 영장류인 인간은 고도로 사회적인 동물이다. 집단을 이뤄 살지 않을 수 없는 존재다. 만일 내가 마블의 팬 또는 기독교도가 된다면, 큐어넌 추종자나 완전 채식주의자가 된다면, 그런 집단 구성원들과 내가 공유하는 믿음, 태도, 가치관은 집단 정체성의 필수 요소가 된다. 나는 특정한 방식으로 사고하고 특정한 것을 믿는 사람이 된다. 그런 믿음에 의문을 제기하면 우리의 자아감이 위협받는다. 그리고 생물학적 차원에서는 두려움, 분노 등 투쟁-도피 모드의 감정적 반응이 나타난다.[16]

사람들이 각자 자신이 속한 준거집단의 특사로서 마주치는 상황을 생각해보라. 각자의 집단 정체성을 지탱하는 확고한 진실이 만나면 강한 대립과 논쟁이 벌어지는 것을 숱하게 목격해왔다. 평행선만 달리는 격렬한 토론을, 심각한 교착 상태에 빠지는 정치를, 수많은 목숨을 희생시키는 전쟁을 목격해왔다.

과학자와 의사, 학자도 예외는 아니다. 그러나 다행히 이들 집단에서는 대체로 자신의 견해를 기꺼이 의심하거나 타인의 견해를 조목조목 분석 및 비판하는 태도와 변화에 대한 유연성 역시 집단의 충실한 구성원인지 보여주는 신호가 된다. 이들이 추구하는 소속감은 정확성을 추구함으로써 달성된다. 반면 음모론 집단은 소속감과 정확성을 함께 추구하는 경우가 거의 없다. 집단의 믿음에 의문을 제기하면 쫓겨날 위험이 있기 때문이다.

우리는 내 머릿속 모델이 틀리는 것도 싫어하지만 새로운 정보를 거부하는 무지한 사람이 되는 것도 싫어한다. 그래서 새로운 정보를 나의 모델에 맞추는 식으로 그 문제를 해결한다. 그렇게 나의 모델과 과거 경험에 의존하는 것처럼 우리는 집단 구성원들에게도 의존한다. '그들이' 마음을 바꾸기를 거부하면, 그것은 '나의' 변화를 막는 무엇보다 큰 장애물이 된다. 같은 동기를 공유하는 집단의 울타리에 갇힌 사람은 마음을 바꾸는 것이 옳다는 사실을 입증하는 객관적 정보를 접해도 마음을 바꾸기 힘들 수 있다. 이를 무엇보다 잘 보여주는 예는 어떤 개인이 음모론에 대한 정보를 나누려는 동기를 공유하는 사람들로 이뤄진 집단에 빠지는 경우다.

음모론 커뮤니티를 연구하는 심리학자 애니 스터니스코<sup>Anni Sternisko</sup>의 설명에 따르면, 음모론자들이 처음에 자신과 생각이 같은 이들을 찾을 때 대체로 다음 두 가지 동기 중 하나가 작동한다. 현재 자신의 사회적 정체성에 만족하는 사람들은 음모론의 '내용'에, 즉 음모론의 구체적 정보와 내러티브에 끌린다. 한편 자신의 정체성을 아직 찾지 못했으며, 주변 이들에게 특별한 존재로 보이고 싶어 하는 사람들은 음모론의 '특성'에 끌린다. 이들은 평범한 나머지 세상 사람들은 모르는 불안감과 특정한 시각을 지닌 자신이 옳다는 것을 음모론이 입증해준다고 느낀다.[17]

스터니스코는 영화 고르는 것을 생각해보라고 했다. 애덤 드라이버<sup>Adam Driver</sup> 팬인 사람은 영화 장르가 중요하지 않을 수 있다. 공포물이든 드라마든 역사물이든 애덤 드라이버가 나오기만 한다면 그 영화를 본다. 한편 SF 영화를 좋아하는 사람은 우주선과 외계인만 등장한다면 출연 배우는 크게 신경 쓰지 않을 수 있다. 어쨌든 이 둘 모두 〈스타워즈Star Wars〉를 볼 것이다. 그러다 결국 스타워즈 컨벤션에도 참석하고 스타워즈 광팬이라는 새로운 정체성을 얻을 수 있다.

음모론 커뮤니티도 그와 같다고 스터니스코는 설명했다. 처음에 둘 중 어떤 동기로 커뮤니티에 발을 들이는가는 중요하지 않다. 남들이 황당하다고 여기는 견해를 믿으면, 그들에게 배척당할지 모른다는 두려움을 느끼고, 그러면 나와 같은 견해를 공유하는 이들에게 받아들여지는 것이 점점 더 중요하고 행복해진다. 그리고 마침내 다른 그 어떤 집단보다도 음모론 커뮤니티에 강한 동질감을 갖게 된다. 어느 시점이 되면 소속감을 느끼려는 동기가 다른 모든 동기를 밀어낸다.

일단 개인이 음모론자라는 집단 정체성에 묶이면 그의 사고는 변화를 받아들이기 몹시 어려운 상태가 된다. 그런 사람은 믿음에 대한 위협을 자아에 대한 위협과 동일시한다. 우리를 집단 구성원으로 묶어놓는 심리적 메커니즘이 우위를 차지하며, 그런 심리적 메커니즘은 해당 집단에서 빠져나오는 데 필요한 메타 인지(자신의 생각을 생각해보는 것)를 불가능하게 한다.


## 음모론 순환 루프, 인간의 본능

신경학자이자 음모론 전문가 스티븐 노벨라Steven Novella는 인지적 차원에서 볼 때 인간은 자신의 이익을 해치려고 음모를 꾸미는 이들을 민감하게 경계하도록 진화해왔다고 설명한다. 이를 뒷받침하는 연구도 존재한다. 이 연구에서는 '위험한 연합 세력'[18]을 감지하도록 진화한 오래된 심리 메커니즘이 뇌에 존재함을 보여주었다.

게다가 인터넷으로 어떤 정보든 접할 수 있는 세상이라는 점과 인간이 뛰어난 패턴 인식 능력을 지녔다는 점을 생각해보라. 9·11 테러처럼 복잡하고 위협적인 사건 앞에서 이와 같은 심리 메커니즘이 작동하면, 우리는 그런 일을 일으킨 악한 세력이 누구든 될 수 있다고 추측한다. 노벨라는 이렇게 설명했다. 우리는 두려움을 느끼면 혼란스럽고 복잡하며 불확실한 현실을 통제 가능하고 실체적인 무언가로, 맞서 싸울 수 있는 무언가로 만들려고 애쓴다. 예컨대 그 현실이 사악한 꼭두각시 조종자로 이뤄진 소수의 집단이 만든 결과라고 가정하기도 한다. 두려움과 불안이 극대화된 우리는 주변 개인이 아니라 정부나 모종의 기관, 정당(자신이 속하지 않았다고 느끼는 집단이다)을 의심의 눈초리로 바라본다.

이런 식의 사고는 '음모론 순환 루프'로 이어질 수 있다. 음모론에서 빠져나오기가 더욱 어려워지는 일종의 논리적 감옥에 갇히는 것이다. 음모론자들은 자신의 믿음과 반대되는 증거를 만나면, 그것이 자신을 진실에서 떨어뜨려놓기 위해 음모를 꾸민 쪽에서 만든 증거라고 결론 내릴 수 있다. 이는 그들이 처음에 생각한 것보다 음모의 실체가 훨씬 더 거대하고 복잡하다는 것을 암시하며, 더 깊이 파고들어 조사할 필요성의 근거가 된다. 음모론으로 설명되지 않는 구멍이 보이면 그것은 곧 음모 기획 세력이 뭔가 은폐하고 있다는 증거가 되고, 그 빠진 부분을 설명하기 위해 음모론의 규모가 점점 더 거대해진다.

그런 식으로 사람들은 음모론 순환 루프에 갇힌다. 음모론과 상충하는 정보가 나타나도 그것은 오히려 음모론이 옳다는 증거로 둔갑한다. 만일 음모론이 틀렸음을 입증할 증거가 없으면 음모론은 그들이 예상한 것보다 훨씬 더 확실한 이론이 된다.

대다수 사람과 마찬가지로 9·11 음모론자가 된 이들 역시 9·11 테러 이후 엄청난 두려움과 불안을 경험했다. 그중 예전부터 권력자와 국가의 통제에 불신을 갖고 있던 사람들에게, 9·11 테러 이후 일어난 일련의 사건은 그 불신을 더 굳힐 구실이 되었다. 시간이 흐르면서 그들은 온라인에서 커뮤니티를 형성했고, 이 커뮤니티는 진실 규명을 위한 수많은 정보와 자료를 생산했으며, 이 정보는 역시 9·11 테러의 진실을 밝히고 싶어 하는 또 다른 이들에게 전달되었다. 이런 커뮤니티는 내부자만 신뢰하는 폐쇄적 집단이 되었다.

하지만 우리는 타인을 설득하는 능력과 타인에게 설득될 가능성이 있는 사회적 동물이므로 이런 집단에서 벗어날 길이 존재한다. 만일 어떤 이유로든 '저들'이 아니라 '우리 집단'의 동료를 믿지 못하게 되면 우리는 논쟁을 통해 집단을 변화시키려고 시도한다. 만일 그것이 실패하는 경우 필요하다면 집단 바깥에서 공감과 유대감을 얻을 대상을 찾는다. 그리고 그것을 얻는 데 성공하면, 우리를 다정하고 인간적으로 대해주는 이들이 제시하는 반대 의견을 받아들이기 쉬운 상태가 된다. '저들'에 대해, 그리고 '우리'에 대해 갖고 있던 관점과 상충하는 의견을 말이다. 그러면 우리가 속한 집단과 공유하는 믿음과 태도, 가치관에 의문을 품어도 괜찮다고 느끼기 시작한다. 만일 '저들'에 대한 우리의 마음이 바뀌면 '우리' 자신에 대한 우리의 마음도 바뀐다.

찰리는 어떻게 음모론 커뮤니티를 떠났을까? 나중에 알게 된 바에 따르면, 그가 떠난 것은 객관적 정보 자체 때문만은 아니었다. 찰리의 마음에 그런 정보를 받아들일 준비가 되어 있었다는 점도 중요했다. 이는 메건처럼 찰리도 자신이 속한 집단보다 자신의 가치관과 더 잘 맞는 다른 커뮤니티 사람들과 교류하고 있었기 때문이다. 그리고 찰리도 그곳에서 연인을 만났다. 찰리와 애인에게 음모론 커뮤니티가 그들의 가치관을 실현하기에 적합하지 않은 집단으로 느껴지자 커뮤니티와의 유대감이 허물어지기 시작했고 동시에 변화에 대한 찰리의 거부감도 약해졌다.

## 자기 가치 확신의 중요성

찰리는 촬영 팀과 뉴욕에 가기 몇 달 전 트루스 주스 모임Truth Juice Gathering에서 연인 스테이시 블루어를 만났다.

트루스 주스 회원들은 영국 곳곳에서 열리는 행사장에 모이곤 한다. 이 행사에서는 뉴에이지, 트랜스휴머니즘, 오컬트, 영적 수련, 음모론 등 여러 분야의 강사들이 소규모 청중을 상대로 강연을 한다. 지정학, 텔레파시, 환각제, 아서 왕, 2010년 멕시코만 기름 유출 사건, 외계인이 존재한다거나 지구가 평평하다는 증거에 이르기까지 강연 주제도 매우 다양하다. 마이크와 슬라이드를 이용해 강연하는 사람도 있고, 비트 세대 시인처럼 자유로운 스타일로 강연하는 사람도 있다. 트루스 주스 모임에서는 이런 다양한 집단 사람들이 야외 행사장에 모인다. 천막을 치고 함께 음악을 듣고 캠프파이어도 즐긴다. 이

들은 어떤 특정한 종류의 진실이 아니라 그저 '진실 자체'를 추구한다.[19]

찰리는 이 모임에 참가하면서 9·11 음모론 집단에서 점점 멀어지고 편집증 성향이 덜한 다른 집단과 더 끈끈한 관계를 맺었다. 그가 중요하게 여기는 가치관을 공유하며 마음이 맞는 사람들로 이루어진 집단이었다.

2011년 트루스 주스 행사가 열릴 당시, 찰리가 이끄는 단체인 러브 폴리스Love Police 회원들은 트루스 주스 참가자들과 함께 웨일스의 렉섬에 있는 광장 바닥에 누워 몸을 이용해 'LOVE'라는 글자를 만드는 퍼포먼스를 했다.[20] 찰리는 2010년 제1회 트루스 주스 모임의 자유 발언 무대에 올라 이 사회의 '유리와 금속으로 만든 우리'를 탈출해야 한다면서, 물소를 뒤쫓아 말을 타고 벌판을 달리는 대신 '앵무새처럼 똑같은 말만 하면서 사는 것'이 얼마나 부자연스러운 삶인지 강조했다. 그는 청중에게 각자의 내면에 있는 신성神性을 끌어내야 한다면서 이렇게 말했다. "여러분의 무한한 내면으로 들어가십시오. 우리 누구나 내면 깊은 곳에 우주의 비밀을 간직하고 있습니다. 우리의 의식은 무한하고 프랙탈 구조이며 홀로그램 같기 때문입니다."[21]

트루스 주스에서 찰리는 9·11 음모론 집단에서보다 더 특별하고 주목받았다. 하지만 더 중요한 것은 진정한 자아를 발견한 기분을 느꼈다는 점이다. 찰리는 이 집단에서 자신의 진짜 자아가 받아들여진다는 만족감을 경험했다. 스테이시는 그에게 그런 소속감을 안겨주는 많은 사람 중 한 명이었다. 스테이시는 당시 트루스 주스 모임이

'새로운 사랑의 여름Summer of Love'* 같았다고 회상했다.

이 또 다른 비주류 문화 집단에 깊이 빠지면서, 찰리와 러브 폴리스는 곧 도래할 경찰국가의 불합리성을 세상에 알리는 일보다 인도주의적 가치와 이상理想에 대한 인식을 높이는 일에 더 주력했다. 찰리는 유튜브를 적극 활용하는 또 다른 운동가 집단인 카인드니스 오펜시브Kindness Offensive와 손잡고 활동했다. 이 단체는 무조건적인 친절을 베풀어 사람들을 돕는 활동을 실천하며, '노예처럼 일하고 돈을 선물로 받는' 패러다임을 깨부수자는 목표도 갖고 있다.[22] 찰리는 뉴에이지 공동체 사람들이 일컫는 이른바 '빛의 일꾼'이 되었다.

찰리는 아주 오랜만에 크나큰 만족과 희열을 느꼈다. 건강도 훨씬 좋아졌다. 사람들은 앞다투어 그와 사진을 찍으려 했고, 빛의 일꾼으로서 그가 하는 활동을 칭찬했으며, 그와 함께 시간을 보낼 기회를 얻으려고 애썼다. 그와 사람들이 나누는 소통의 성격도 변화했다. 그가 온라인에 올린 콘텐츠의 댓글 창과 이메일에 지지와 격려의 글이 넘쳐났다. 뉴에이지 운동이나 영적 깨달음과 관련된 행사에 초대받는 일이 계속 늘어났다.

찰리는 확성기를 들고 거리로 나가는 일을 그만두었으며 이제 영국의 새로운 뉴에이지 공동체의 주요 인물로 부상하고 있었다. 그즈음 BBC에서 연락이 왔다. 환경보호와 GMO(유전자 변형 농산물) 반대를 외치는 네오히피들의 음악 축제인 선라이즈Sunrise 축제에 참가할 준비를 하고 있을 때, BBC의 첫 번째 이메일을 받았다. 나중에 찰리와

---

* 1967년 미국 샌프란시스코에서 열린 대규모 히피 축제—옮긴이

뉴욕에 가게 될 BBC 관계자들은 그를 선라이즈 축제에서 만났다.

그로부터 몇 주 뒤 찰리가 뉴욕에 동행할 9·11 음모론자들을 만났을 때 사실 그는 이미 다른 부족의 일원이었다. 그는 새로운 집단 정체성을 지닌 상태에서 9·11 관련 정보를 바라봤다. 새로운 집단 정체성을 획득했다는 사실은 타임스스퀘어 동영상에서 한 말에도 드러난다. "우리는 멍청이가 아니다. 우리는 실제로 어떤 일이 일어났는지 알려고 노력하며 진실을 찾는 사람들이다." 동영상 제목인 '9·11 음모론에 끌려가지 마라. 가장 중요한 건 진실이다'에서도, 동영상 설명 끝에 단 문구인 '진실에 경의를 표하며, 찰리'에서도 드러난다.

뉴욕에서 만난 정보는 다른 음모론자들에게 음모론을 확증해주는 증거로 보였지만 찰리에게는 음모론을 반박하는 증거로 느껴졌다. 한때 숨겨진 진실을 말해주는 증거라고 믿었던 것이 더 깊은 다른 진실을 말해주는 증거가 되었다. 찰리가 자신의 믿음에 의문을 품을 수 있었던 것은 배척당하는 데 대한 두려움이 없었기 때문이다. 그는 9·11 음모론에 대한 생각을 바꿈으로써 음모론 커뮤니티에서 이단자가 됐지만, 그것이 트루스 주스 내에서는 그가 깨달음을 얻었다는 확실한 증거로 여겨졌다.

2000년대에 진행된 정체성 유지에 관한 연구는 평판 관리가 동료 집단과 묶어주는 접착제 역할을 한다는 사실을 보여주었다. 우리는 특정한 사실을 받아들일 경우 평판이 훼손되거나 배척당하거나 집단에서 추방될 수 있다고 느끼면, 기존 생각을 수정하는 데 크게 저항한다. 하지만 또 다른 집단 정체성을 확보하거나 스스로 자신의 가치를 상기하면 평판에 대한 위협감을 덜 느낄 수 있다.[23]

9·11 테러 이후 한 연구 팀이 이라크전쟁에 강하게 찬성하는 사람들을 대상으로 이런 실험을 했다. 피험자의 절반은 그들이 지닌 애국적 가치관의 중요성을 강조하는 자기 가치 확인self-affirmation 활동을 했다. 연구 팀은 그들에게 그런 가치관에 맞게 행동했던 경험을 떠올리라고 요청했다. 피험자의 나머지 절반은 대조군으로, 유머 감각과 창의성에 초점을 맞춘 활동을 했다. 그런 후 피험자들은 옷에 성조기 배지를 착용한 실험자들 또는 연구실 가운을 입은 실험자들을 만나 시간을 보냈다. 이후 피험자들은 미국의 외교정책을 비판하는 보고서를 읽었다. 9·11 테러가 발생할 조건이 형성된 데 미국 정부에 어느 정도 책임이 있다는 내용이었다. 많은 이들이 보고서에 반감을 드러냈다. 그러나 자기 가치 확인 활동을 하고 자신과 비슷한 애국자들과 함께 있다고 느낀 피험자들은 그렇지 않았다. 이 두 조건이 충족된 경우, 피험자들은 해당 보고서를 신중하게, 그리고 편견 없이 검토했다.[24]

후속 연구에서 연구 팀은 낙태 합법화 찬성자를 두 그룹으로 나눴다. 한 그룹은 누군가를 기쁘게 한 경험을 썼고, 다른 그룹은 누군가에게 상처를 준 경험을 썼다. 이후 연구 팀은 두 그룹의 피험자들 모두에게 민주당 의원 역할을 맡기고 반대 정당의 의원과 새로운 낙태 권리 법안을 두고 협상해야 하는 상황을 조성했다. 그러자 타인을 기쁘게 한 경험을 상기하며 자기 가치를 확인한 피험자들이 타인에게 상처 준 경험을 상기하면서 자신의 평판이 위태롭다고 느낀 피험자들보다 훨씬 더 효과적으로 반대 정당과 의견을 절충하고 합의에 도달했다.

찰리가 음모론 커뮤니티에 들어간 것은 저항적 정체성 때문이었다. 다시 말해 그는 반체제적 성향이었고 기존 질서와 엘리트들의 권력 구조에 반대하는 사회적 약자였다. 일단 음모론 커뮤니티에 들어가자 부족 심리에 빠졌고, 동료 음모론자들에 대한 믿음이 그가 신뢰할 만한 인물인지 아닌지 알려주는 신호가 되었다. 그러나 결국 찰리는 자신을 9·11 음모론으로 이끈 그런 가치관을 트루스 주스의 구성원으로 살면서 실천하면 이 사회에서 극단적인 이상치로 여겨지지 않는다는 것을 깨달았다. 그랬기에 다른 음모론자들과 달리 테러 희생자 유가족에게 공감을 표현하고 폭파 전문가의 설명을 받아들이며 동료 음모론자들을 무정하고 편협하다고 느낄 수 있었다.

우리는 자신의 가치관에 못 미치는 사람이라고, 또는 스스로 중요하게 여기는 기준에 비춰볼 때 거기에 부합하지 못한다고 느끼면, 자신이 그런 사람이 아니라는 신호를 보내고 싶어 한다. 즉 동료들의 마음에 들기 위해 집단의 믿음을 지지한다는 것을 보여주려 애쓴다. 그러나 자기 가치에 확신이 있는 경우, 반대 증거를 받아들이거나 새로운 관점을 고려하는 것에 대해 위협감을 덜 느낀다. 만일 우리가 여러 집단에 속해 있는데, 우리를 가혹하게 판단하는 집단에서 마음이 멀어졌다고 생각해보자. 뜻이 더 잘 맞는 다른 집단의 품으로 달려갈 수 있다면, 그런 자기 가치 확신은 더 강해질 것이다. 그리고 사람들은 자신이 중요시하는 가치관에 충실하게 살고 있다고 생각하면, 동료들 역시 그 가치관에 맞게 행동할 것이라고 기대한다. 만일 집단이 그 가치관에 못 미친다는 것을 깨달으면, 메건과 찰리가 그랬듯 그곳을 떠나는 것이 마땅하다고 느낄 수 있다. 우리는 마음을 바꿔도 안전하다고 느낄 수 있다.[25]

## 진실은 사회적이다

찰리의 이야기는 사회적 안전망을 확보하지 못한 사람의 경우 객관적 사실과 정보에 저항하는 것이 그들 나름대로는 합리적 선택임을 보여준다. 찰리가 자신의 생각이 틀렸음을 인정하자 벌어진 일을 생각해보라. 그가 음모론 부족의 신념에 반대한다는 신호를 보내며 마음을 바꾸자 그 부족은 사람들이 가장 두려워하는 처벌을 내렸다. 즉 찰리를 멀리하고 집단에서 내쫓았다.

그러나 메건과 잭, 찰리의 사례가 보여주듯 적절한 조건이 형성되면 부족 심리에 빠진 사람도 마음을 바꿀 수 있다. 로버스 케이브 주립공원의 캠프에 참가한 소년들도 나중에는 마음을 바꿨다. 연구 팀이 두 부족에 공통의 목표를 정해주자(예컨대 집에 돌아갈 때 타고 갈 버스의 엔진을 고치는 것) 소년들은 부족 심리에서 빠져나와 함께 협력했다. 이후 그들은 하나의 공동체가 되었고, 집으로 돌아가는 버스 안에서 부족을 가르지 않고 섞여 앉았다.[26]

나는 셰필드대학교에서 의사 결정과 학습을 연구하는 심리학자 겸 인지과학자 톰 스태퍼드Tom Stafford에게 신흥종교 집단이나 음모론 집단, 백신 접종 거부자 등 사실을 거부하는 하위문화 집단이 현대사회에 급증하는 이유가 무엇이라 생각하느냐고 물었다.[27]

스태퍼드는 '진실은 사회적이기 때문'이라면서 이렇게 설명했다. 음모 이론가들의 문제는 그들이 사회적이지 않은 사회적 집단을 토대로 번성한다는 점이다. 진정한 부족이라면 접촉과 교류가 활발하게 진행되는 공동체를 이룰 것이다. "진정한 공동체에서는 타인이 우는 걸 보면 나도 슬퍼지게 마련입니다. 함께 먹고 함께 사냥하고 뭔가를 함께 만들지요. 반면 그런 하위문화 집단들은 이상한 편협성과 계층구조를 띠고 있습니다." 활자를 통해서만 교류한다면 타인이 우는 모습을 볼 수 없다. "그들에게도 사회적 진실은 있지만 그 진실은 비정상적인 사회적 구조 안에 존재합니다."

음모 이론가와 비주류 집단은 그들 각자 나름대로 조리 있는 이론을 갖고 있을지 모르지만 진정으로 합의된 의견은 존재하지 않는다. 합의에 대한 가정만 있을 뿐이다. 만일 그들이 함께 모인다면 그 사실을 이해할지도 모르지만, 얼굴을 마주하는 일이 좀처럼 없기 때문에 각자의 이론을 고수하면서 자신이 부족의 지지를 받고 있다고 가정한다. 그들은 얼굴을 보며 토론할 기회가 없다. 따라서 생각의 진화도 이뤄지지 않고, 끊임없이 도전받고 방어하면서 중심 이론이 견고해지는 것도 경험할 수 없다. 각자 9·11 테러의 다른 측면을 믿거나 각자의 방식으로 백신이 유해하다고 믿지만, 공동체 안에 그 의견에 반대하는 사람이 얼마나 있는지는 알지 못한다. 믿음의 파편화에도 각 개인은 서로 토론을 벌일 동기를 느끼지 못한다. 모두가 각자의 생각을 제시할 뿐이다.

스태퍼드는 이를 의학 분야와 비교해서 말했다. "진정한 의사라면 의학의 모든 부분을 무턱대고 옹호하지 않습니다. 그들은 이렇게 말하죠 '이 이론에는 틀림없이 문제가 있어. 어디가 문제인지 분석해봐야지', '왜인지는 모르겠지만 이 방법은 효과가 있는 것 같아. 아마도 이런이런 이유 때문에 현재 이걸 쓰고 있는 거야. 하지만 10년 전에는 인정하지 않았던 방식이지.' 그러나 음모 이론가는 자신의 이론이 무조건 옳다고 우기지요."

스태퍼드는 토론에 대한 심리학 연구를 살펴보라고 권했다. 부족 심리에 빠진 채 혼자 컴퓨터 앞에 앉아 수많은 의견에 자신의 의견을 보태는 사람들은 마치 자신이 남들과 함께 토론하고 숙고하고 추론하는 것처럼 느낄 수 있다. 하지만 그들은 모두 각자 혼자 추론하는 반사회적 사회집단의 일원인 경우가 많다.

우리는 끊임없이 마음을 바꾸지만 신중함을 잃지 않는다. 우리 내면에 있는 생물학적인 또는 인공적인 모든 학습 장치에도 개인의 가정을 수정하는 일은 결국 리스크와 보상의 비교에 따라 결정된다. 만일 우리가 틀렸음을 인정하는 경우 겪을 리스크가 마음을 바꾸는 경우 받게 될 잠재적 보상보다 크다고 뇌가 판단하면, 우리는 조절 대신 동화를 택한다. 그리고 이는 대개 우리에게 도움이 된다.

만일 친구가 당신에게 표백제를 마시는 것이 완벽하게 안전할 뿐 아니라 사실은 건강에도 좋다고 말한다면, 아마도 당신은 표백제가 아니라 친구에 대한 생각을 바꿀 것이다. 그러나 우리는 '무언가'에 대해서는 생각을 바꾼다. 우리의 마음은 토론을 하기 전과 후에 동일하지 않으며 이는 인간만 지닌 독특한 특성이다. 학습 능력을 지닌 모든 생명체는 경험을 통해 자신의 마음을 바꿀 수 있다. 그러나 인간은 자신의 경험을 이용해 타인의 마음도 바꿀 수 있다. 심지어 앞으로 만날 일이 없을 타인의 마음도 말이다. 나는 스태퍼드와 대화를 나눈 후 이 주제를 더 깊이 알아보고 싶은 충동이 들었다. 다음 장에서는 우리가 그런 능력을 어떻게, 그리고 왜 갖게 되었는지 살펴볼 것이다.

찰리는 "부족이 진실을 좌우합니다. 저는 2009년에서 2011년까지 음모론 신봉자들 못지않게 굉장히 특이한 사람들과 어울렸어요. 주류에서 동떨어진 하위문화 집단에서 활동했죠"라고 말했다.

〈음모론 여행〉 촬영 팀도 그에게 도움이 되었다고 했다. 그들이 '전통적 스타일과 거리가 있는 흥미로운 타입'이었기 때문이었다고 한다. 그 자신이나 스테이시처럼, 그리고 트루스 주스에서 만난 사람들처럼 말이다. 하지만 찰리는 '트루스 주스 사람들은 9·11 음모론을 믿지 않았다'고 했다. 그는 트루스 주스 활동을 통해 자기 가치를 확신했고, 시간이 흐르며 자신의 믿음이 틀렸을 가능성을 받아들였다. 그들과 함께 시간을 보내고 음모론 커뮤니티보다 그들에게 더 친밀감을 느끼는 동안 내면에서 9·11 음모론과 관련된 인지 부조화가 갈수록 커졌다. 그러자 전문가들의 말에 귀를 기울이게 되었다.

"저는 늘 제가 속할 부족을 찾아왔어요. 9·11 음모론자들과 함께한 뉴욕 여행에서 제 뇌에 무슨 일인가가 벌어졌어요. 거기서 만난 모든 사람이 영향을 주었죠. 저를 그토록 반겨준 부족이 정신적으로 건강한 이들이 아니라는 생각이 들었어요."

나는 그에게 이렇게 물었다. 대다수 사람이 찰리와 같은 경험을 할수 없다면, 우리가 사람들의 마음을 변화시킬 수 있다는 희망이 있을까? 기후변화를 부인하는 사람들을 전부 남극으로 보내 그곳에서 빙하 샘플을 연구하는 과학자를 만나보게 할 수는 없지 않은가. 만일 그게 가능하다 할지라도 모두가 자신이 속한 집단을 탈퇴할 수는 없을 것이다. 찰리와 달리 모든 이들에게 사회적 안전망이 있는 것은 아니니까.

찰리는 그럴 필요가 없을 거라고 했다. 기후변화 문제의 경우 심리학자들이 흔히 쓰는 전략을 쓰면 된다고 했다. 사람들이 중요하게 여기는 가치관에 호소하는 것이다. 그들에게 그들이 속한 집단에 들어간 이유를 물어보라. 그들의 동기를 알아내라. 만일 기후변화를 부인하는 사람들이 가족이라는 가치관을 중시한다면, 100년 만에 찾아온 최악의 가뭄이 남아프리카공화국에 불러온 결과를 알려줘야 한다고 찰리는 말했다. "농작물 생산 감소로 먹을 것이 부족해 사망하거나 영양실조에 시달리는 아이들과 그 때문에 괴로워하는 가족을 보여주는 겁니다. 그래야 그들의 뇌에 영향을 미치고 마음을 움직일 수 있습니다. 하지만 관념적 설명만 늘어놓으며 설득하려 들면 그들은 이렇게 말할 거예요. '당신은 거짓말을 하고 있어. 대체 그 정보들 출처가 어디야?' 떼쓰며 우는 아기랑은 토론할 수 없어요. 우는 아이는 그냥 우는 아이일 뿐이죠."

나와 헤어지기 전에 찰리는 스코틀랜드의 철학자 데이비드 흄David Hume의 말을 인용하며 이렇게 말했다. "'이성은 감정의 노예다'라는 건 정말 맞는 말이에요. 타인의 마음을 움직이려면 핵심 부위를 가격해야 해요. 바로 마음이요."*

---

* 흄이 실제로 한 말은 다음과 같으며, 출처는 『인간 본성에 관한 논고』 제2편 3부 3장 '의지의 유력한 동기에 대하여'다. '이성은 정념의 노예이고 마땅히 그래야만 하며, 정념을 섬기고 그에 복종하는 것 외에 다른 임무가 있다고 주장할 수 없다.'

# 7장 논증과 토론의 힘

## 편향되고 게으른 우리의 뇌

"혼자서만 추론하는 경우 자기가 옳은 이유만 찾게 됩니다."

인지 반응 검사 실험에서
혼자 추론할 때 83퍼센트가 한 문제 이상 틀렸다면
세 명 이상 집단에서는 아무도 틀리지 않았다.

집단은 추론과 의견 불일치, 평가, 토론을 거쳐
결국 진실에 도달하도록 진화해왔다.

## 자신이 모른다는 사실을 모른다

2011년에 나는 『착각의 심리학』이라는 책을 냈고 이후 후속작 『똑똑하지 않은 뇌로 똑똑하게 살아가기 You Are Now Less Dumb 』를 냈다. 인간의 추론과 의사 결정, 판단 뒤에 숨어 있는 심리학적 프로세스를 살펴본 책들이다.

두 책의 요지는 이것이다. 우리는 자신이 모른다는 사실을 모른다. 자기 자신의 경험을 설명할 때 우리는 믿음직하지 않은 서술자다. 심리학에서는 이를 내성 착각 introspection illusion 이라고 부른다.

그동안 이뤄진 연구에 의하면 우리는 자신의 생각과 감정, 행동이 지닌 이력을, 자신이 특정한 동기와 목표를 갖게 된 원인을 잘 안다고 확신하지만, 사실은 제대로 모를 때가 많다. 우리는 관찰자가 타인을 보는 것과 유사한 방식으로 자신의 행동을 관찰하고 생각을 바라본다. 그리고 자신의 생각과 감정, 믿음에 대한 합리화와 정당화를 만들어낸다. 자신에 대한 우리의 생각은 따지고 보면 짐작과 추측인 셈이다. 그 추측은 때로 옳지만 많은 경우 틀리다. 그럼에도 우리는 그 사실을 좀처럼 인정하지 않고, 대신 허구적 전기 속에서 살아가는 쪽을 택한다. 그 전기는 늘 우리를 눈앞의 증거를 신중하게 숙고하는 합리적이고 이성적인 사람으로 묘사한다. 우리는 자신이 이성적인 결론을 내린다고 믿으며, 남들이 그런 결론을 내리려면 우리만큼 똑똑해야 한다고 믿는다.

나는 저서와 강연에서 이를 증명하기 위해 세 사례를 자주 활용한다. 첫 번째 사례는 이것이다. 나는 사람들에게 심리학자 피터 웨이슨Peter Wason이 고안한 간단한 게임을 소개한다. 내가 모종의 규칙을 이용해 숫자 3개를 고르면 사람들이 그 규칙을 알아맞히는 게임이다. 시작해보자.

2 - 4 - 6

혹시 벌써 규칙을 알아냈는가? 다음 숫자 3개는 이것이다.

10 - 12 - 14

이제 확신이 들지도 모른다. 하지만 혹시 모르니 한 세트를 더 제시하겠다.

24 - 26 - 28

청중이 많은 경우 나는 게임 시작 전에 사람들에게 손을 들고 있으라고 한다. 그리고 규칙을 알아냈다는 확신이 들면 손을 내리라고 한다. 위의 세 번째 세트를 제시할 즈음엔 거의 모든 사람의 손이 내려가 있다. 그런 다음, 나는 사람들에게 규칙을 맞혔다는 것을 증명하기 위해 그 규칙을 이용해 생성한 세 숫자의 다른 예를 말해보라고 한다.

당신이라면 어떤 숫자를 고르겠는가? 대다수는 다음과 같은 3개의 짝수를 말한다.

32 - 34 - 36

만일 당신도 이 숫자들을 골랐다면, 또는 2씩 증가하는 다른 3개의 짝수 조합을 골랐다면, 나는 "네, 그 숫자들은 제가 사용한 규칙에 부합합니다"라고 말할 것이다. 그리고 만일 여기서 중단하고 다른 주제로 넘어간다면, 당신은 자신의 직감이 옳았다고 확신한 채 남은 평생을 살지도 모른다. 하지만 내 규칙으로 생성할 수 있는 다른 숫자 조합은 다음과 같다.

1 - 2 - 3

55 - 56 - 57

33 - 3,333 - 99,999

내가 사용한 규칙은 '커지는 3개의 숫자'다. 하지만 2씩 증가하는 3개의 짝수도 이 규칙에 맞는다. 따라서 그게 답이라고 믿은 사람은 정보를 더 많이 찾거나 다른 가설을 고려해보기를 중단한다. 자신의 가설이 옳음을 확인했다고 느끼면 그 가설에 맞지 않는 사례나 증거를 군이 더 찾지 않는다. 이것이 우리가 지닌 가장 기본적인 인지적 경향인 확증 편향의 핵심이다. 우리는 자신의 직감에 대한 이유를 찾으려는 동기를 지닌 상태에서 그것을 뒷받침하는 증거를 찾으려는 경향이 있다. 그리고 그 확증을 찾았다고 믿으면 다른 정보를 더는 찾지 않는다.

내가 자주 소개하는 두 번째 사례는 마크 스나이더<sup>Mark Snyder</sup>와 낸시 캔터<sup>Nancy Cantor</sup>의 연구다. 이 실험에서 피험자들은 제인이라는 여성이 일주일 동안 생활한 기록을 읽었다.[1] 연구 팀은 일부러 자료에 제인의 성격이 외향적으로 느껴지는 내용과 내향적으로 느껴지는 내용을 섞어놓았다. 2주 후 연구 팀은 피험자들을 다시 불러 두 그룹으로 나눴다. 그리고 한 그룹에 제인이 부동산 중개인이 되려고 하는데, 그녀의 적성에 맞는 직업이라고 생각하느냐고 물었다. 그러자 대다수 피험자가 자료에서 읽은 제인의 활발하고 사교적인 모습을 근거로 대면서 그렇다고 대답했다. 그런 후 연구 팀은 제인이 도서관 사서도 고려 중이라면서 이 직업이 제인에게 어울리느냐고 물었다. 이번에는 대다수 피험자가 그렇지 않다고 대답했다. 그들은 머릿속에 형성된 이미지에 기대, 제인이 너무 외향적이라서 사서는 어울리지 않는다고 말했다. 연구 팀은 또 다른 그룹에 똑같은 질문을 하되 순서를 바꿨다. "제인이 사서라는 직업에 잘 맞을까요?" 피험자들은 제인이 혼자 있는 시간을 즐긴 내용을 떠올리면서 '그렇다'고 답했다. 부동산 중개인도 고려하고 있다고 말하자 피험자들은 그녀가 너무 내성적이라서 그런 직업을 싫어할 거라고 말했다.

피험자들은 처음에 똑같은 정보를 받았지만, 다른 질문을 받음으로써 다른 동기가 형성되자 서로 다른 결론을 내렸다. 실험자가 그 결론에 이의를 제기하자 그들은 자신의 직감을 뒷받침하는 정보를 언급했다. 질문 순서를 바꾸자 두 그룹이 최초에 제시하는 견해도 달라졌고, 처음엔 서로 구분되지 않던 사람들이 확증 편향이 작동하면서 두 집단으로 나뉘었다.

나는 동기 기반 추론의 힘을 알려주기 위해 이 두 사례를 사용한다. 게다가 연구에 따르면 더 똑똑하며 교육 수준이 높고 활용 가능한 정보를 많이 가진 사람일수록, 자신의 믿음과 태도를 합리화하고 정당화하는 데 더 뛰어나다. 해당 견해의 정확성이나 유해함과 상관없이 말이다. 우리는 자신의 믿음을 뒷받침하는 정보를 찾고 싶은 동기가 존재하는 상태에서는 그런 정보에만 집중한다. B가 아니라 A를 설명할 수 있는 이유를 찾으려는 사람은 반드시 그것을 찾아낸다.

내가 훨씬 더 애용하는 세 번째 사례는 이것이다. 심리학자 피터 디토Peter Ditto와 연구 팀은 피험자들에게 노란 색종이에 침을 묻히게 하고, 만일 심각한 질병이 없으면 종이가 20초 안에 초록색으로 변할 것이라고 설명했다. 사실 평범한 색종이였으므로 색깔이 변할 리 없었다. 피험자들은 색깔이 바뀌는지 몇 분 동안 지켜봤다. 그들은 검사의 정확성에 의문을 느끼면서 계속 색깔을 확인했다. 일부 사람은 색종이를 집에 가져가도 되느냐고 물었다. 하지만 연구 팀이 또 다른 그룹에 심각한 질병이 '있으면' 색깔이 변할 것이라고 말하자, 이들은 20초 기다렸다가 색깔을 확인하고 종이를 실험자에게 돌려준 뒤 방을 나갔다.[2] 특정 정보가 자신이 믿고 싶은 결과를 뒷받침하느냐 아니냐에 따라 해당 정보의 타당성에 대한 신뢰가 달라진다는 것을 보여주는 실험이다. 심리학자 대니얼 길버트Daniel Gilbert는 이 실험을 언급하면서 우리가 몸무게를 잴 때도 비슷한 심리가 작동한다고 했다. 체중계에 올라갔을 때 원치 않는 높은 숫자가 나오면 우리는 재차 확인하기 위해 몇 번씩 다시 재본다. 하지만 원하는 숫자가 나오면 체중계에서 내려와 곧장 일상생활로 돌아간다.[3]

확증 편향 탓에 우리는 항상 진실에 가까운 방향으로 추론하지는 않는다. 특정한 동기가 작동하면 추론을 통해 자신의 욕구에 부합하거나 원하는 결과에 들어맞는 결론을 내리곤 한다. 예컨대 피험자들에게 일련의 숫자와 문자를 보여준 실험에서, 모든 문자를 추려내면 금전적 보상을 받는 경우 사람들은 숫자 13을 대문자 B로 더 빈번하게 착각했다. 하지만 숫자를 찾아내면 금전적 보상이 주어지는 경우에는 대문자 B를 숫자 13으로 더 빈번하게 착각했다.

우리는 자신의 믿음과 가정을 뒷받침하는 정보를 찾는 경향이 있다. 우리의 경험과 기억에서도 그런 증거를 발견하면 그것을 옹호하느라 편향된 주장을 만들어낸다. 이런 행동이 오랜 시간 쌓이면 자신의 세계관이 신중하고 세심한 조사와 순수한 이성을 토대로 구축된 것처럼 느끼게 된다.

예전에 나는 이와 같은 사례가 인간의 추론이 얼마나 불완전하고 비합리적인지 보여준다고만 생각했다. 그러나 추론이 진화한 방식과 우리가 논쟁에서 이성을 활용하는 방식을 연구하는 과학자들을 만나고 나서 약간 생각이 달라졌다. 이에 대해서는 뒤에서 자세히 설명할 것이다. 일단은 우리 조상들이 나무 위에서 대부분의 시간을 보내던 시절로 돌아가보자.

### 세계관의 진화와 딜레마

인류학적 증거에 따르면 우리 조상인 원시인류는 대부분의 시간을 나무 위에서 보냈고 나뭇잎을 먹었다. 다 자란 잎은 독성을 띠는 경우가 많으므로, 원시인류는 해결책을 고안했다. 어린잎이 달린 나무를 주로 이용한 것이다.

그런데 어린잎만 먹는 전략에는 영역을 넓혀야 한다는 문제가 따랐다. 나무 한 그루에서 나는 어린잎은 순식간에 먹어치우니까 말이다. 따라서 원시인류는 잎을 먹는 행동 외에 영역 보호 습성도 갖추도록 진화했다. 영역은 다른 무리와 공유할 수 없는 대상이다. 식량인 나뭇잎이 부족해지기 때문이다. 영역을 지킬 필요성 때문에, 이제 영역 보호 습성 외에 부족을 중심으로 행동하는 습성도 생겨났다. 이는 특별한 유전자 조합을 지닌 인간에게 생존과 번식에 유리한 우위를 안겨주었다. 처음에는 다른 모든 동물보다, 나중에는 같은 영장류이지만 다른 무리에 속하는 개체보다 우위를 점하게 되었다. 이로써 우리는 나뭇잎을 먹고 영역 보호 습성이 있는, 그리고 얻기는 어렵지만 잃기는 쉬운 신뢰라는 끈으로 묶인 사회적 동물이 되었다.

다른 집단으로부터 우리 집단을 지키기 위해 혈족 중심의 공동체가 중요해졌고, 그러자 신원 확인이 중요해졌다. 우리는 자신이 속한 집단의 구성원과 다른 집단의 구성원을 구별하는 능력을 발달시켰다. 그 구별에는 냄새나 입으로 내는 소리가 활용되었다. 신호 사용에는 부수적 이점도 있었다. 한 구성원이 특정 신호로 나머지 구성원들에게 위험을 알리면 집단 전체가 안전해지는 것이다. 신호를 주고받는 습성을 지니게 된 우리 조상들은 점차 타인의 감정을 읽는 능력을 갖추게 되었고, 이후에는 의도를 갖고 의사소통하는 능력을, 나중에는 특정한 목적 아래 의사소통하는 능력을 갖추게 되었다.

원시인 세 명이 높은 언덕 위에 서서 각자 다른 방향을 보고 있다고 상상해보라. 그들 각각의 시점에서 보는 것을 모아 하나의 공통된 세계관으로 통합할 수 있다면 진화적으로 크게 유리해진다. 그 범위와 규모가 커지고 여러 추상적 개념까지 더해지면 문화라고 부르는

지적 혼합체가 생겨난다. 생존에 대한 압박에 개인 간 의사소통의 유용성까지 더해지면서, 원시 인간은 언어, 얼굴 표정, 감정이입, 수치심, 당혹감, 거울 뉴런, 감정 전염 등 다양한 도구와 능력을 발달시켰다. 인간의 뇌는 모종의 신호를 이용해 한 사람의 머릿속에 있는 내용을 다른 사람의 머릿속으로 옮기는 데 대단히 능숙해졌다.[4]

이 모든 복잡한 정보를 주고받는 과정이 진행되면서 주변 환경을 이해하는 공통된 모델, 즉 세계관이 뚜렷하게 형성되었다. 다른 집단의 방해나 영향을 받지 않는 한, 구성원들은 대체로 비슷한 세계관을 공유했다. 그 세계관을 토대로 암석과 강물과 염소와 구름을 이해했다. 특정한 집단이 경험하는 독특한 문제에 따라 해당 집단의 세계관은 그것을 공유한 구성원만이 갖는 고유한 것이었다. 시간이 흐르면서 유전자가 진화하듯 각 집단의 세계관도 진화했다. 규범과 이념, 의식과 관습, 가치관과 믿음이 불완전하게나마 한 사람의 뇌에서 다른 사람의 뇌로 옮겨졌고 때로 수정되었다. 그러한 이동과 수정은 사람들이 주기적으로 만나고 소식을 교환하고 기술을 가르치고 불가해한 일을 설명하면서 이뤄졌다.

이 시스템은 훌륭하게 작동했지만 시간이 흐르면서 새로운 딜레마를 만들어냈다. 그 모든 정보는 가만히 앉아서 대상과 현상을 객관적으로 기록하고 보고하는 관찰자들이 생성하는 것이 아니었다. 수많은 개인이 각자 자신의 목표를 갖고 움직이기 때문에, 믿을 만하다고 생각한 동료마저 남을 희생시켜 이익을 취하려고 타인을 속이거나 잘못된 정보를 제공할 수 있다. 이기적 유전자가 작동하는 것이다. 그리고 동료의 의도가 선할지라도 사람들 각자의 뇌는 스스로 감지한 것만 자신의 정보 풀에 추가할 수 있었다. 게다가 우리 뇌는 본래 쉽게 오류를 범하고 정보를 잘못 이해한 채로 타인에게 전달하기도 한다. 커뮤니케이션은 매우 유용한 활동이지만 그 속성상 불완전할 수밖에 없다.

그런 불완전한 속성으로 인해 개인 혼자서는 작은 그림도 명확히 볼 수 없고 큰 그림은 더더욱 볼 수 없는 탓에, 최대한 많은 타인에게 끊임없이 정보를 얻는 일을 포기할 수 없었을 것이다. 인간이 진화해오는 동안 집단의 친족과 동료에게 정보를 얻는 것은 생존에 반드시 필요한 행위였다. 따라서 인간은 정보를 수신하는 입장이 될 때 작동하는 인지적 도구를 갖추게 되었다. 그 도구는 인식적 경계epistemic vigilance다.

인식적 경계라는 인지 메커니즘은 정보가 교환될 때 개인이 기존에 갖고 있던 세계관을 너무 성급하게 수정하지 않도록 돕는다. 대략적 합의를 토대로 구축한 질서가 없다면 개인이 사회적 상황을 제대로 이해하며 처리하기 힘들어진다. 식량을 확보하고 생존하게 해주던 행동 방식이 더는 제 기능을 하지 못하게 될 수도 있다. 인간의 뇌와 집단은 잘못된 정보를 피함으로써 자신에게 꼭 필요한 결속력을 유지한다.

『이성의 진화』에서 인지심리학자 위고 메르시에와 당 스페르베르Dan Sperber는 신뢰와 경계의 이런 균형을 설명하면서 보행자가 많은 인도에 비유한다. 사람들이 지하철역에서 나와 거리의 인파 속으로 들어간다고 생각해보라. 그들이 각자 자신의 걸음에 집중할 수 있는 것은 남들도 그렇게 하고 있다는 것을 알기 때문이다. 각자가 자신의 걸음에만 신경을 쓰지만, '모두'가 똑같이 그렇게 하고 있으므로 '모두'가 낯선 타인과 몸을 부딪힐 걱정을 하지 않고 걸을 수 있다. 이때 문제를 일으킬 가능성을 지닌 신뢰할 수 없는 사람은 별로 문젯거리가 되지 않는다. 길을 걷는 군중 전체가 다음과 같은 확신을 갖고 움직이기 때문이다. 즉 만일 누군가가 일부러 행인을 향해 돌진하거나 부주의하게 인도의 보행 흐름을 방해하는 것을 어떤 사람이 알아채면, 그 사람이 옆으로 비켜섬으로써 옆에 있는 다른 이들에게도 몸을 피하라는 신호를 보낼 것임을 모두가 알고 있다.[5]

모종의 심리적 편향은 존재하지만 암묵적 신뢰가 형성된 환경에서는 개인이 공통되고 지속적인 전진의 흐름을 유지할 수 있는 것이다. 우리가 편향된 동기와 불완전한 감각을 지녔더라도 여기에 집단적 경계와 신뢰가 추가되면 각 개인의 뇌가 부담하는 인지적 작업량이 줄어들고, 이에 따라 집단 전체의 인지적 작업량도 줄어든다.

만일 친구가 당신에게 벌에 쏘인 곳에 독이 있는 베리를 문지르면 통증이 사라진다고 말한다면, 일단 의심하고 더 많은 정보를 찾아보면서 다른 이들도 그 말에 동의하는지 확인해보는 것이 좋다. 만일 그 친구가 과거에 당신이나 다른 사람들에게 잘못된 정보를 주어 난처하게 만든 적이 있다면 당신은 친구의 말보다 그의 평판을 더 중요하게 인식한다. 메르시에와 스페르베르는 그런 인지 시스템이 없었다면 인간이 정보를 주고받을 때 사용하는 생물학적 도구가 현재와 같은 복잡한 수준으로 진화하지 못했을 것이라고 설명한다. 우리에게는 잘못된 정보와 속임수에 넘어가지 않도록 해줄 인지적 도구가, 힘들게 확보한 질서를 포기해야 하는 상황을 막아줄 도구가 필요했다. 그게 있으면 나쁜 정보도 유용해질 수 있었다. 수신자가 그 도구를 이용해 정보를 분석하고 걸러서 오류나 허점을 찾아낼 수 있기 때문이다. 만일 그런 인지적 도구가 없다면 개인 간의 커뮤니케이션에서 너무 많은 리스크를 감수해야 한다. 우리 뇌는 기본적으로는 동료를 신뢰하되 잘못된 정보에 대한 경계심은 유지하는 정보처리 체계를 갖추게 되었다.

하지만 이런 경계 메커니즘에 대한 의존은 또 다른 딜레마를 낳았다. 때로 이 메커니즘이 거짓 부정false negative을 만들어내는 탓이다. 굉장히 유용한 아이디어나 발견, 혁신은 너무 훌륭해서 믿기 힘들 수 있다. 혹은 실행하기 너무 어려운 일처럼, 사회적 비용이 많이 들 것처럼 느껴진다. 실제로는 안전한데 독이 있는 것처럼 생긴 열매는 따지 않는다. 불을 피우는 새로운 방식을 발견했지만 그것이 무리에서 금기시되는 방법이라면 개인의 혁신으로만 남을 수 있다. 사실은 건설적인 변화인데도 믿음이나 행동, 태도의 변화가 정상 범위에서 지나치게 벗어나면, 인식적 경계가 작동해 그 변화를 꺼림칙한 것으로 잘못 규정할 수도 있다. 다수가 그런 식으로 꼬리표를 붙여버리면 집단에 이로울 수 있는 좋은 정보가 널리 확산되지 못한다.[6]

메르시에와 스페르베르는 이를 '신뢰 병목 현상trust bottleneck'이라고 칭한다. 사람들이 공유한 세계관에 어긋나는 새로운 아이디어에 의문을 품으면서 정상적인 정보 흐름이 정체되는 것이다. 이를 피하기 위해 우리 조상들의 뇌는 논증이라는 새로운 묘책을 진화시켰다.

여기서 집단 선택group selection의 힘이 작동한다. 자연선택의 원리는 다른 집단보다 더 우월한 집단에 진화적 유리함을 안겨주었다. 그리고 긴 시간을 놓고 보면 신뢰 병목 현상을 피해 가는 집단이 그렇지 못한 집단보다 우월해질 것이다. 집단 차원에서 볼 때 이러한 선택 압력은 인식적 경계로 신뢰 병목 현상이 일어나는 상황에 대비한 메커니즘을 진화시켰다. 논증이 그것이다.

메르시에는 이렇게 말했다. "상대방이 내 의견에 반대할지도 모를 이유를 예상하려면 굉장히 많은 인지적 노력이 필요합니다. 상대방은 내가 모르는 여러 믿음과 가정을 지니고 있기 때문에 특정 의견을 지닌 이유를 예측하기는 대단히 힘듭니다."

메르시에는 친구를 설득해 일식 식당에 데려가는 상황을 가정해 보라고 했다. 당신은 친구가 반대할 가능성이 있다는 사실을 알지만 그 이유를 예상할 수는 없다. 일본 음식을 싫어할 수도 있고, 그 식당이 너무 비싸다고 생각할 수도 있다. 어쩌면 얼마 전에 다녀와서인지도, 또는 전남편이 그 식당 직원이라서 가기 싫을지도 모른다. 친구가 제시할 만한 모든 이유를 추측해 각각에 대응할 완벽한 주장을 준비하려면 엄청난 정신적 노동이 필요하다. 메르시에는 이때 당신이 가진 가장 약한 논증으로 설득을 시작하는 편이 더 쉽다고 말한다. 예컨대 이런 식으로 말이다. "공원 근처에 있는 일본 식당에 가자. 거기 음식이 맛있거든."

만일 친구가 반대하면 그때 이유를 물어본다. 친구가 자신의 의견을 정당화하는 구체적인 이유를 알고 나면 거기서부터 대화를 조금씩 확대할 수 있다. 만일 친구가 "초밥을 싫어해서"라고 하면, 당신은 그 식당에 태국 음식도 있다고 말해줌으로써 논증을 개선할 수 있으며, 그런 뒤 친구가 뭐라고 하는지 들어본다.

메르시에는 "스스로 자신의 주장 중 미흡한 부분을 찾는 것보다 상대방으로 하여금 찾게 하는 것이 더 쉽습니다. 그런 후 필요할 경우 자신의 주장을 조정하는 거죠"라고 설명했다.

개인은 편향되고(내 관점을 뒷받침하는 근거만 택하는 경향이 있음) 게으른 (내 관점의 타당성을 엄밀하게 검사하려는 노력을 거의 안 기울임) 뇌를 사용해 논증을 생산한 뒤 그렇게 절약한 정신적 에너지를 평가 프로세스에 사용할 수 있다. 이는 어떤 영화를 볼지 결정하는 것처럼 간단한 사안에서도, 사랑하는 이의 생명 유지 장치를 유지할지, 또는 다른 나라와 전쟁을 벌일지 같은 중요한 사안에서도 마찬가지다. 논증과 토론을 통한 숙고는 집단 내의 다양한 관점을 드러낸다. 구성원들이 특정한 결정과 관련한 더 타당한 이유를 찾아나가면서 가장 합리적이고 타당한 이유에 초점을 맞출 수 있다.[7]

우리 뇌는 편향되고 게으르기 때문에 자기 자신과 토론을 벌이면 대개 승리한다. 자신의 독특한 경험과 동기를 토대로 자신에게 편리하고 이로운 결론을 내린다. 그리고 추론을 이용해 자신의 생각과 감정, 행동, 계획, 목표에 대한 정당화와 합리화를 만들어낸다.

메르시에의 설명에 따르면 바로 그렇기 때문에 심리학적 관점에서 볼 때 추론은 논리와 다르다. 사람들은 종종 추론reasoning과 이성 reason을 혼동한다. 이성은 인간의 지적 능력과 합리성을 나타내는 철학적 개념이다. 진술을 평가하고 교환하기 위한 공식 언어인 논리는 대단히 유용한 도구다. 또 인간은 '이성'의 범주에 포함시킬 수 있는 다양한 인지능력을 지니고 있다. 그러나 '이성을 사용한 추리'인 추론은 이성과 다른 것이다. 한마디로 추론은 논증을, 즉 자신의 생각과 감정, 믿음에 대한 타당한 정당화를 만들어내는 작업이다. 이때 타당하다는 것은 당신의 직감에 비춰볼 때 남들이 '합리적'이라고 생각하리라 여겨지는 것을 의미한다.

두 실험이 이를 잘 보여준다. 크리스토퍼 시Christopher Hsee 와 연구 팀은 사람들에게 다른 실험의 답례 선물로 초콜릿 2개 중 하나를 고르게 했다. 하나는 값싸고 질이 낮으며 크기가 작은 하트 모양이었고, 다른 하나는 비싸고 질이 좋으며 진짜 바퀴벌레처럼 생긴 커다란 초콜릿이었다. 연구 팀이 어떤 걸 선물로 받고 싶으냐고 묻자 대다수 사람이 하트 모양을 택하겠다고 답했다.

하지만 실험이 끝나고 선물을 받을 때가 되자 대다수가 실제로는 바퀴벌레를 선택했다. 어떤 게 더 나은 선택일지 고민하던 그들은 추론을 사용했다. 즉 각 결론('하트를 택한다' 또는 '바퀴벌레를 택한다')에 대한 정당화 이유를 찾았다. 그러자 남들에게 합리적인 사람으로 보이기 위해 바퀴벌레를 택해야 하는 이유(더 크고, 더 비싸고, 더 질이 좋음)가 하트를 택해야 하는 이유보다 더 많았다. 그들은 하트 선택을 정당화할 이유를 찾지 못했기 때문에 마음에 들지도 않는 초콜릿을 선택했다.[8]

아모스 트버스키Amos Tversky 와 에드워드 샤피어Edward Shafir가 진행한 다른 실험에서 연구 팀은 피험자들에게 동전 던지기를 했다고 상상한 후 앞면인지 뒷면인지 말해달라고 했다. 그런 후 그들이 이겼는지 졌는지 가상의 결과를 알려주었다. 만일 피험자가 이기면 200달러를 받고 지면 100달러를 잃는다고 가정했다. 결과에 상관없이, 즉 피험자가 이긴 경우와 진 경우 모두 실험자가 이렇게 물었다. "똑같은 게임을 한 번 더 제안받는다면, 하시겠습니까?"

실험의 첫 라운드에서 이긴 사람들은 "네, 또 게임을 하겠습니다 (난 이미 이기고 있으니까 두 번째 판에서 질 위험을 감수할 수 있다)"라고 답하는 경향이 있었다. 진 사람들도 "네, 또 게임을 하겠습니다(잃은 걸 두 번째 판에서 만회해야겠다)"라고 답하는 경향이 있었다. 즉 이겼든 졌든 두 번째 게임에 참여할 이유를 발견했다. 그런데 이 실험의 흥미로운 지점은 따로 있다. 두 번째 라운드에서는 실험자가 피험자에게 동전 던지기 결과를 알려주지 않았다. 앞에서는 대다수 피험자가 결과와 상관없이 게임을 또 하겠다고 답했음에도, 실험자가 결과를 알려주지 않자 대다수 사람이 게임을 또 하지 않겠다고 말했다. 어째서일까? 그 정보가 없는 상태에서는 자신의 결정을 정당화할 이유를 찾을 수 없기 때문이다. 그들은 "결과가 어떻든 상관없이 다음 게임을 하겠습니다"라고 말할 수도 있었지만 그러지 않았다.[9]

### 인간은 논증에 최적화되어 있다

연구에 따르면 사람들은 타인의 근거를 조목조목 비판하는 데 매우 뛰어나다. 반면 자신의 근거를 엄밀하게 비판하는 데는 서툴다.

메르시에가 설계에 참여한 2014년의 한 연구에서 에마뉘엘 트루슈Emmanuel Trouche가 이끄는 스위스의 인지과학자 팀이 이런 실험을 했다. 이 실험에서는 사람들을 교묘하게 속여서 자신의 논증을 다른 사람의 논증인 것처럼 보이게 만들어 평가하게 했다.

피험자들은 몇 개의 문제를 읽고 각각에 대한 결론을 도출한 뒤 그 결론을 옹호하는 논증을 제시했다. 예컨대 그들은 다양한 과일과 채소를 파는 식료품점에 대한 글을 읽었는데, 여기에는 '일부 사과는 유기농이 아니다'라는 내용이 있었다. 이후 실험자가 "이 가게의 유기농 과일 판매 여부에 대해 확실하게 알 수 있는 사실이 무엇인가?"라고 물은 뒤 몇 가지 답 중 결론을 고르게 했다. 옳은 결론은 '이 가게에서 파는 일부 과일은 유기농이 아니다'였다. 하지만 많은 사람이 '모든 과일이 유기농이 아니다'라는 결론을 골랐다. 어떤 사람은 유기농 여부에 대해 확실하게 말할 수 있는 점이 없다고 했다.[10]

피험자들은 각자의 결론을 도출한 뒤 그것을 정당화하는 논증을 작성했다. 만일 자신의 추론에 결함이 있다고 생각되면 언제든 다른 결론으로 바꿀 수 있었다. 그러나 대다수가 바꾸지 않았다. 옳은 결론이든 틀린 결론이든, 대부분 최초 답변을 그대로 고수했으며 그것을 정당화해준다고 느끼는 이유를 제시했다. 다음 단계에서 피험자들은 처음에 본 문제를 다시 읽었는데, 이때 자신과 다른 결론을 내린 사람의 논증도 함께 읽었다. 만일 다른 사람의 논증이 더 타당하게 느껴지면 답변을 바꿀 수 있었다. 그런데 이때 실험자가 약간의 속임수를 썼다.

문제들 중 하나에서 실험자가 다른 사람의 논증이라고 보여준 것이 사실은 피험자 자신의 것이었다. 연구 팀의 예상대로, 피험자들은 논증이 자신의 것이 아니라고 생각할 때 69퍼센트가 틀린 논증을 거부하고 올바른 결론을 택했다. 자신의 형편없는 논증을 타인의 논증인 줄 알고 읽자 결함이 뚜렷이 보인 것이다.

메르시에는 이렇게 말했다. "사람들은 추론에 대해 잘못 이해해왔습니다. 대개 추론이 개인의 인지 도구라고만 생각하죠. 만일 그게 추론의 역할이라면 끔찍할 겁니다. 추론은 가장 형편없는 인지 메커니즘이 될 거예요. 개인 혼자서만 추론하는 경우 자신이 옳은 이유만 찾게 됩니다. 그 이유가 옳은지 아닌지에는 관심도 없죠. 추론은 매우 피상적이고 얕은 활동이 됩니다."

고려할 만한 다른 관점이 존재한다는 것을 아무도 말해주지 않으면, 아무도 우리 가설에서 허점을 찾아내지 않으면, 아무도 우리 추론의 약점을 드러내지 않으면, 반론을 제기하거나 잠재적 위험을 밝혀내지 않으면, 우리는 인식론적 쳇바퀴만 계속 돌게 될 것이다. 한마디로 우리 자신과 논쟁을 하면 우리가 이긴다.

메르시에와 스페르베르가 말하는 '상호작용주의 모델interactionist model'에서는 추론의 기능이 집단 환경에서 논증을 펼치는 것이라고 상정한다. 이 모델에서 추론이란 우리가 성숙할수록 더 복잡해지는 선천적 행동이다. 마치 아기가 처음에는 기다가 똑바로 서서 걷게 되는 것처럼 말이다. 우리의 정체성은 사회적 동물이 먼저고 개별적 추론자가 그다음이다. 진화를 통해 생물학적으로 그렇게 구축되었다. 그리고 개인의 추론은 불가피하게 잘못된 정보를 만날 수밖에 없는 환경에서 구성원들 간의 커뮤니케이션을 촉진하기 위해 선택 압력에 따라 진화한 심리 메커니즘이다. 그런 환경에서는 확증 편향이 매우 유용한 기제임이 드러난다. 사실은 편향 자체가 매우 유용해진다.

커뮤니케이션이 이루어지는 집단에서는 설령 틀린 관점이라도 모든 관점이 가치를 지닌다. 따라서 우리는 자신의 관점을 뒷받침하는 논증을 생산하는 것이 최선이다. 그럼으로써 절약한 인지적 에너지를 집단 차원의 평가에 사용할 것이므로, 우리는 일단 스스로 만족스러운 이유를 토대로 성급한 판단과 빠른 결정을 내린다. 만일 다른 이들이 우리에게 반대 논증을 제시하면 그때 우리 논증을 개선하고 가정을 수정할 수 있다.

메르시에는 이렇게 말했다. "이 모든 걸 개인의 목적을 위한 무언가로 본다면 굉장히 형편없는 메커니즘처럼 느껴집니다. 하지만 논증과 토론을 위해 만든 것으로 보면 더없이 타당한 시스템입니다. 그것은 논증이라는 작업에 놀랄 만큼 최적화된 인지 메커니즘입니다."

추론은 추론하는 이에게 유리하게 이뤄진다. 사람들은 각자 강하게 편향된 관점을 내놓는다. 또 추론은 게으르게 이뤄진다. 우리는 인지적 노력을 집단 프로세스에 떠넘기기를 기대한다. 모든 사람은 인지적 구두쇠가 되어 자신의 에너지를 절약할 수 있다. 이는 의견이 충돌하면 인지적 분업 덕분에 집단이 개인보다 더 똑똑해지기 때문이다.

지금껏 인간이 만들어낸 수많은 훌륭한 지적 결과물이 협력을 통해 완성된 것도 그 때문이다. 사람들은 어떤 문제를 해결하거나 예술작품을 완성하기 위해 함께 노력해왔다. 수학, 논리학, 과학, 예술 등 온갖 분야에서 옳은 길을 발견해낸 사람들이 나머지 사람들을 인도할 수 있다. 서로를 신뢰할 수 있는 환경에서 공통된 목표를 지닌 이들은 논증과 토론을 통해 결국 진실에 도달한다. 사실상 모든 인간 사회는 영화 〈12인의 성난 사람들12 Angry Men〉의 확장 버전이라고 할 수 있다.*

인지심리학자 톰 스태퍼드는 이를 '진실이 승리하는 시나리오truth

---

* 이 영화는 살인 혐의를 받고 있는 소년의 재판에서 배심원 12명 중 11명이 유죄를 확신하고 단 한 명만 무죄를 주장하는데, 이들 간의 논증과 반박, 토론을 거쳐 결국 소년이 무죄로 판명되는 내용이다.—옮긴이

wins scenario'라고 부른다. 그는 저서 『논증을 위하여<sup>For Argument's Sake</sup>』에서 개인의 추론이 실패하는 상황에서 집단 추론이 올바른 결론에 도달하는 것을 보여주는 여러 연구를 소개한다.[11]

그중에 인지 반응 검사<sup>Cognitive Reflection Test</sup> 문제를 푸는 사람들에 대한 연구가 있다. 인지 반응 검사는 적극적 사고 대신 직관적 추론을 택하는 경향을 측정하는 도구다. 이때 사람들은 혼자서 추론할 때는 거의 틀린 답을 말한다. 그러나 집단 추론을 하면 금세 올바른 답을 택하는 경향이 있다.

예를 들면 이런 문제다.

1. 기계 5대로 부품 5개를 만드는 데 5분이 걸린다. 그렇다면 기계 100대로 부품 100개를 만드는 데는 얼마의 시간이 걸릴까?

2. 호수 일부분이 수련 잎으로 덮여 있다. 수련 잎에 덮인 면적은 매일 두 배로 커진다. 만일 수련 잎이 호수 전체를 덮는 데 48일이 걸린다면, 호수의 절반을 덮는 데는 며칠이 걸릴까?

1번 문제의 정답은 5분이다. 기계 1대가 부품 1개를 만드는 시간은 5분이다. 그러므로 동시에 작동하는 기계 100대가 부품 100개를 만드는 데 걸리는 시간은 5분이다. 2번 문제의 정답은 47일이다. 47일째에 절반이 덮여야 그다음 날 두 배가 되어 호수 전체를 덮는다.

혼자서 추론하는 경우, 이 검사를 받은 사람의 83퍼센트가 적어도 한 문제 이상 틀린 답을 말했고 3분의 1은 '모든' 문제에서 틀린 답을 말했다. 그러나 세 명 이상으로 이뤄진 집단에서는 아무도 틀리지 않았다. 집단 내에서 적어도 한 명은 옳은 답을 생각해냈고 이후 토론이 벌어져 틀린 사람들이 마음을 바꾸었다. 게으른 추론, 의견 불일치, 평가, 토론의 과정을 거쳐 진실에 도달한 것이다.[12]

메르시에는 '만일 우리가 마음을 바꾸는 일이 불가능하다면 논증을 제시하고 토론하는 일은 아무 의미가 없을 것'이라면서 이렇게 덧붙였다. 만일 질병이 전 세계를 휩쓸어 이후 모든 사람이 청각장애인으로 태어난다면 음성언어는 얼마 안 가 인간의 뇌에서 사라질 것이다. 수천 년간 빛이 도달하지 않는 심해에서 살아온 어류의 눈이 퇴화하는 것과 마찬가지다. 만일 사람들이 그저 끝없이 논증을 주고받되 한쪽이 우위를 점하는 일도 없고 아무도 자신이 틀렸음을 인정하거나 타인의 견해를 받아들이지 않는다면, 토론이라는 활동은 오래전에 진화의 쓰레기통으로 들어갔을 것이다.

## 설득, 진화의 산물

그렇다면 어째서 소셜 미디어는 영혼에 해로운 독처럼 느껴지는 것일까? 이에 대해 메르시에와 스태퍼드는 같은 견해를 제시했다. 훌륭한 추론자가 되는 것보다 적절한 환경에서 추론 활동을 하는 것이 훨씬 중요하기 때문이라는 것이다. 온라인에서 이뤄지는 토론은 숙고 활동처럼 보일 수 있지만, 중요한 집단 역학과 외부 관점에서 고립된 개인들은 사실상 자기 자신과 토론하는 것과 다를 바 없다.

논쟁을 벌일 때 사람들은 법학자 캐스 선스타인Cass Sunstein이 말하는 '집단 극단화 법칙law of group polarization'에 지배당하기 쉽다. 즉 의견이 같은 사람들끼리 형성한 집단은 시간이 갈수록 태도가 더 확고해지고 극단적으로 흐르는 경향이 있다. 그 원리는 이렇다. 나는 집단 내에서 중도파가 되고 싶은데 다른 구성원들이 나보다 '훨씬 더' 극단적인 입장을 취하는 것을 보게 된다. 이때 내가 중간이 되기 위해서는 극단에 좀 더 가까운 방향으로 입장을 이동시켜야 한다. 그러면 극단적 입장을 취하고 싶은 사람들은 중간에서 멀어지기 위해 현재보다 더 극단적인 쪽으로 이동해야 한다. 이 같은 비교가 일종의 피드백으로 작용해 반복되면 시간이 갈수록 집단은 전체적으로 더 극단화되고, 모종의 합의가 구축되면서 개인들이 그것에 반대하는 일이 더 줄어든다.[13]

도덕적 이슈나 정치적 이슈의 경우 우리는 전문가와 엘리트의 의견을 따르곤 한다. 메르시에와 스페르베르는 이렇게 썼다. '전문가 의견을 따르는 것은 합리적이다. 만일 그러지 않으면 우리는 직접 경험하거나 능숙하게 사고할 수 없는 여러 중요한 이슈에 대해 무지한 상태가 될 것이다. 일단 일부 전문가의 의견을 따르기 시작하면 당연히 제3자의 반박 논증을 상대적으로 덜 중요하게 여기게 된다.'[14]

이런 심리적 함정과 반향실 효과echo chamber*가 존재함에도 메르시에와 스페르베르는 숙의 민주주의deliberative democracy의 실현 가능성을 낙관적으로 본다. 우리가 토론이 진화한 배경과 맥락을 망각할 때만 문제가 생긴다는 것이다. 그들은 그런 희망의 근거로 입법자들의 광범위한 논증과 토론의 결과로 노예제가 폐지된 일을 들었다. 또 정치

---

* 생각이 같은 사람들끼리 모이면 신념과 믿음이 더 증폭되고 다른 정보는 불신하게 되는 것—옮긴이

학자 로버트 러스킨Robert Luskin과 제임스 피시킨James Fishkin의 연구도 소개했다. 이들은 북아일랜드에서 아일랜드공화국군Irish Republican Army 의 폭탄 테러가 발생한 후 이곳의 구교도와 신교도가 함께 주민 회의 에서 특정 정책을 토론하게 했다. 그 결과 불안과 분노가 고조된 시 기임에도 주민들이 지역사회에서 가장 양극화된 주제에 대해 기꺼 이 자신의 관점을 업데이트하고 잘못 생각했던 점을 수정하는 것을 목격했다.[15]

메르시에와 스페르베르는 우리의 추론이 불완전하거나 비합리적 이지 않다고 못 박는다. 단지 편향되고 게으를 뿐이다. 우리의 추론 은 그것이 진화한 배경 속에서 보면 적응력이 높고 합리적이다. 그 배경이란 합의와 공통의 목표에 도달하려는 집단 숙고가 진행됨과 동시에 각각의 관점을 정당화하는 논증을 생산하는 것이 진화적으 로 유리한, 언어 중심의 정보 생태계다.[16] 스태퍼드는 "메르시에와 스 페르베르가 주장하는 내용을 한마디로 표현하면 인간의 이성이 타 인을 설득하기 위해(그리고 나를 설득하려는 타인의 말을 의심하기 위해) 진화 했다는 것이다"라고 말한다.

따라서 메르시에와 스페르베르, 스태퍼드는 필터 버블이 일시적 골칫거리이며 침투 가능한 것이라고 확신한다. 물론 인터넷은 편향 되고 게으른 추론을 중심으로 집단을 형성하는 일을 더 쉽게 만든다. 그러나 인터넷은 우리 집단 밖에 있는 사람들의 논증을 접하는 통로 도 된다. 온갖 논증과 토론이 일어나고 온갖 잘못된 견해가 서로 싸 우는 공간인 레딧이나 트위터, 페이스북에서 시간을 보내보라. 설령 당신은 논쟁에 참여하지 않고 지켜보기만 할지라도, 누군가가 당신과 비슷한 견해를 표현할 것이고 다른 누군가는 또 그들과 논쟁을 벌일 것이다. 구경꾼 입장에서도 우리는 자신의 견해가 지닌 약점이 노출되면 그것을 깨달을 수 있다.

스태퍼드는 우리가 더 성숙하고 질 높은 온라인 환경, 즉 논쟁 자체를 피하는 것이 아니라 생산적 논쟁이 일어날 확률이 높은 환경을 만들 수 있다면, 훗날 이 인식론적 혼란의 시대를 되돌아보며 과학으로 인류의 힘든 도전 과제를 수행해냈다고 느낄지 모른다고 했다. 그는 그런 미래를 낙관한다며 이렇게 말했다. "세균과 마찬가지로 잘못된 정보는 늘 존재했고 진실은 늘 찾기 힘들었다. 인구가 모이고 도시가 형성되면서 공중위생 문제가 생겨났다. … 세대를 거치며 우리는 손 씻기가 했던 것과 같은 역할을 하는 지식을 습득해야 할 것이다."

이제 나는 이런 궁금증이 일었다. 어떤 논증을 접하고 '내가 틀렸을지도 모른다'는 생각을 한다면, 그런 논증은 우리가 설득력이 약하다고 느끼는 논증과 어떤 면에서 다를까? 메르시에와 스페르베르의 연구는 인간이 서로 정보를 교환하며 수천 년간 진화하면서 설득하고 설득당하는 능력을 갖추게 되었으며 특히 자신이 속한 집단의 판단이 틀렸거나 잘못된 방향으로 향하고 있다고 느끼면 설득 욕구가 더욱 강해진다는 것을 보여준다. 그런데 어떻게 하면 설득을 위한 메시지가 마음을 바꿀 가능성이 높아질까? 다음 장에서는 우리가 우리를 설득하려는 사람의 주장을 평가하는 방식을 살펴본 뒤 설득 자체의 심리학을 깊이 들여다볼 것이다.

# 8장 설득의 심리학

## 메시지를 효과적으로
## 관철시키는 심리 전략

보드카 광고에 유명인이 등장하는 이유는 무엇일까?

취업, 건강보험, 원자력 문제 등
내 삶과 직결되는 문제가 아니면
우리는 '모델이 매력적인가' 하는
비합리적인 이유로 결정을 내리기도 한다.

## 믿음, 태도, 의견, 가치관

1980년대 이전만 해도 설득에 대한 연구는 혼란스러운 상태였다. 영향력에 대한 심리학적 연구는 늘 사회과학의 주요 관심사였지만 제2차 세계대전 이후에는 그 주제에 한층 더 관심이 쏠렸다. 전 세계 사람들은 나치당이 어떻게 집권하게 되었는지, 그들이 어떻게 사람들을 대량 학살에 동참하게 설득할 수 있었는지 궁금해했다.

심리학자들은 광고와 마케팅, 프로파간다의 힘을 연구했는데, 그중 다수는 미국 정부에서 고용한 이들이었다. 그로부터 40년이 지난후에야 통합 이론이 등장했지만, 심리학자들이 믿음과 태도가 크게 다른 정신적 구조물이라는 것을 깨달으면서 통합 이론의 대략적 윤곽이 나타났다.

심리학자들이 태도의 힘을 깨달은 것은 제2차 세계대전 때였다. 당시 미국의 군 당국은 할리우드의 유명 영화감독 프랭크 카프라Frank Capra의 협조를 얻어 독일의 프로파간다에 맞서기 위한 일련의 영화를 제작했다. 〈어느 날 밤에 생긴 일It Happened One Night〉, 〈스미스 씨 워싱턴에 가다Mr. Smith Goes to Washington〉 등의 영화를 만든 성공한 감독인 카프라는 다른 많은 이들과 마찬가지로 진주만 공습 직후 군대에 재입대했다. 제1차 세계대전 참전 용사인 44세의 카프라는 소령으로 임관되었다. 군에서는 그에게 여론이 형성된 몇몇 문제에 대해 신병들의 마음을 바꾸는 데 도움이 될 전쟁 홍보 영화의 제작을 맡겼다. 미국 정부가 보기에 해당 여론은 효과적인 군 운용과 전쟁 진행에 걸림돌이 될 만한 것이었다. 또 초기 추정치에 따르면 징집병까지 모두 합쳐 1,200만 명 이상이 입대할 것으로 예상됐으며, 그중 다수는 총을 만져본 적도 없는 10대였다. 군에서는 젊은이들이 군대에 들어와서도 과일 맛 푸딩과 드라이브인 극장, 멋지게 개조한 자동차를 타고 하는 데이트를 그리워할까 봐 우려했다. 피 흘리는 전장을 목격하고 향수병이 고개를 들면 사기가 뚝 떨어질 수도 있었다.[1]

풍부한 자금과 군 소속 사회과학자로 이루어진 스태프의 도움을 받아, 카프라는 〈우리는 왜 싸우는가Why We Fight〉라는 전쟁 홍보 영화 시리즈를 완성했다. 디즈니에서 만든 애니메이션이 포함된 첫 번째 영화에서는 문명의 역사를 훑는다. 자유와 관련된 모세, 마호메트, 공자의 인용구와 미국 헌법 문구가 화면에 뜨는 동안 내레이터가 이들 사상과 개념이 어둠 속 등대 같은 역할을 했다고 설명한다. 그리고 나치당은 전 세계에 타오르는 자유의 불꽃을 꺼버리려는 세력으로 묘사된다. 나치의 선전 활동과 대규모 집회, 군중을 향해 연설하는 히틀러, 다리를 뻗은 채 들어 올리면서 기계처럼 행진하는 독일 병사들의 모습이 화면에 나온다. 내레이터는 당신이 입대한 것은 진

주만 공습 때문이 아니라면서 "바로 '이것'이 우리가 싸우는 이유입니다"라고 단언한다.[2]

이 영화 시리즈에는 널리 퍼진 오해를 불식하기 위한 메시지도 담겼다. 당시 미국의 국민 대다수는 독일군 병력이 약하므로 전쟁이 일년 안에 끝날 것이라고 믿었다. 또 대다수가 영국이 전쟁에서 제 몫을 다하지 못하고 있기 때문에 미국이 바다 건너 유럽까지 가서 뒤치다꺼리를 하고 있다고 생각했다. 영화는 오해를 바로잡으려고 애썼다. 예를 들어 영화는 1940년의 영국 본토 항공전을 소개하면서 당시 독일 공군력이 얼마나 막강했는지, 영국이 여러 불리한 조건에도 어떻게 독일군을 격퇴했는지 보여준다. 카프라는 당시 영국 국민이 보여준 투지와 결의, 영국 공군의 용맹함을 강조했다.[3]

모두의 직관적 예상처럼 미군 고위층에서도 사실과 정보를 알려주면 사람들이 전쟁에 대한 의견을 바꿀 것이라고 생각했다. 군 당국은 심리학자들에게 이 영화의 효과를 측정해달라고 부탁했다. 하지만 이들의 연구가 보여준 결과는, 훗날 심리학계에서 사실과 정보를 중심으로 타인의 의견을 변화시키려는 접근법에 대해 알아낸 것과 동일했다. 영화는 사실을 전달하는 작업을 훌륭하게 수행했다. 신병들의 오해를 바로잡고 그들이 아는 정보의 빈틈을 메워주었다. 그러나 신병들의 의견을 살펴보니, 영화를 보기 전에 한 대답과 본 후에 한 대답이 거의 차이가 없었다. 그들 대부분은 전쟁에 대한 의견이 거의 바뀌지 않았다.

비록 군의 사기를 걱정하는 군 관리들은 낙담이 컸지만 연구를 진행한 심리학자들은 반색을 표했다. 믿음과 태도가 다른 것이라는 사실을 깨달았기 때문이다.

오늘날 심리학에서는 '믿음'을 우리가 사실이라고 간주하는 진술이라고 정의한다. 믿음에 대한 확신이 강할수록 우리는 특정 정보가 진실에 부합한다고 느낀다. 확신이 약할수록 특정 정보가 근거 없는 통념이라고 느낀다.

하지만 '태도'는 우리가 특정 대상을 생각할 때 일어나는 긍정적 또는 부정적 감정을 토대로 한 평가다. 우리는 대상의 가치를 추정할 때 자신이 느끼는 긍정적이거나 부정적인 감정을 토대로 추정한다. 그런 감정은 우리가 대상에 끌리거나 거부감을 느끼게 하고, 따라서 우리의 동기에 영향을 미친다. 그리고 무엇보다 태도는 다면적이다. 우리는 태도를 '좋다' 또는 '싫다'로, '인정하기' 또는 '반대하기'로 표현하며 때로 반대 감정이 공존할 때는 '양가감정'을 느끼기도 한다.

믿음과 태도가 합쳐져 가치관을 형성한다. 가치관은 우리가 가장 중요하다고 여기는 생각과 문제, 목표에 대한 체계다.

그러나 제2차 세계대전 당시 학계에서 '태도'라는 단어는 비교적 새로운 용어였으며, 본격적인 과학적 연구에서 거의 활용되지도 않았다. 그 이전까지 대다수 서적에서는 '믿음', '태도', '의견', '가치관' 등의 용어를 구분 없이 혼용하곤 했다. 그러나 심리학자들이 믿음보다 태도가 의견에 더 강한 영향을 미친다는 사실을 깨닫자 그들 앞에 미개척 영역이 등장했다. 인간의 정신적 구조물을 위한 새로운 분류 체계가 필요해졌고, 이후 예일 커뮤니케이션 및 태도 변화 프로그램Yale Communications and Attitude Change Program이라는 연구소가 설립되었다. 이 곳에서 〈우리는 왜 싸우는가〉의 효과를 연구한 심리학자들이 다른

298

과학자들과 함께 어떤 종류의 메시지가 사람들의 마음을 바꾸는지 연구하기 시작했다.

이후 이뤄진 연구는 심리학계의 지형을 바꿔놓았다. 그리고 곧 모든 대학에서 태도 변화에 관한 연구를 쏟아냈다. 하지만 수십 년이 흐르는 동안 그런 연구 결과들은 하나의 거대 이론으로 통합되지 못했다. 수많은 학자가 자신의 연구 팀에서 상당한 양의 증거를 발견했다는 논문을 발표했지만 그것들 사이에 의미 있는 일관성이 없어 보였다. 이를테면 어떤 환경에서 효과를 발휘하는 메시지가 다른 환경에서는 그렇지 못했다. 특정 메시지에 설득력을 더해주는 조건이 다른 메시지의 효과는 약화시켰다. 어떤 청중을 효과적으로 설득하는 화자가 다른 청중은 설득하는 데 실패했다. 1980년까지 태도 변화에 관한 연구는 서로 모순돼 보이는 엄청난 양의 증거와 연구의 무게에 짓눌려 방향을 잃어버린 상태였다.

그러다 1984년에 한 모델이 이 혼란을 해결했다. 심리학을 전공하는 두 대학원생 리처드 페티Richard Petty와 존 카치오포John Cacioppo가 인간이 그들의 마음을 변화시키기 위해 제시된 메시지를 처리하고 그것에 설득되는 과정을 설명하는 대단히 효과적인 모델을 개발했다. 하지만 이들의 정교화 가능성 모델Elaboration Likelihood Model, ELM(이하 ELM)은 심리학계의 지형을 변화시키려는 원대한 목적에서 나온 것이 아니었다. 시험을 통과하기 위한 고군분투로 탄생한 결과였다.[4]

### 면도기 광고에는 왜 유명인이 나올까

대학원생 페티와 카치오포는 스트레스를 받고 있었다. 시험에 통과하려면 태도 변화에 관한 많은 개별적 연구 결과를 암기해야 했기 때문이다.

페티는 당시를 떠올리며 말했다. "그것들을 종합할 수 있는 개념상의 일관성이 전혀 없었습니다. 심리학 서적을 읽다 보면 혼란스럽기만 했죠 '이런 효과를 발견했다'고 주장하는 연구를 정작 자세히 읽어보면 근거가 형편없어요. 그런데 또 다른 연구를 보면 정반대 효과를 말하고 있고요. 그래서 다들 두 손 들고 포기하기 일쑤였지요. 이 연구에서는 신뢰도 높은 정보원이 설득에 효과적이라고 하는데, 다른 연구에서는 오히려 설득력을 떨어뜨리는 결과가 나왔고, 또 다른 연구에서는 또 다른 변수가 작용한다고 했어요. 수많은 연구 결과만 있을 뿐 종합적인 이론은 없었어요."

페티와 카치오포는 방의 벽 전체에 칠판 페인트를 칠하고 거기에 심리학 자료의 내용을 체계적으로 정리했다. 각 연구를 요약해 분필로 적었고, 공부하기 편리하도록 특정 기준에 따라 연구 결과를 그룹으로 묶어 분류했다. 그러다 보니 놀랍게도 어떤 패턴이 보였다.

많은 심리학 연구는 사회학자 겸 정치학자 해럴드 라스웰Harold Lass-well이 제시한 아이디어에 토대를 두고 있었다. 그는 인간의 모든 커뮤니케이션이 다음의 다섯 가지 요소로 이뤄진다고 말했다. '누가, 무엇을, 누구에게, 어떤 채널을 통해 전달하며, 어떤 효과를 내는가?' 이때 '누가'는 메시지를 전달하는 화자를 의미한다. '무엇을'은 메시지를 의미한다. '누구에게'는 청중을 의미한다. '어떤 채널을 통해'는 매체나 환경을 의미한다. '어떤 효과를 내는가'는 메시지가 청중에게 미치는 영향을 의미한다.[5]

수십 년간 심리학 연구에서 중심이 된 것은 이 영향이었고 나머지는 독립변인이었다. 심리학자들은 청중에게 미치는 '영향'이 메시지의 '내용'을 '이해하는 것'에 달려 있다고 확신했다. 그들은 어떤 상황에서 설득력 높은 메시지가 다른 상황에서는 효과가 떨어지는 것을 이해하기 힘들었다. 같은 턱시도라도 세련된 나이트클럽에서 입으면 멋져 보이지만 야구장에서는 그렇지 않은 것처럼 말이다.

페티와 카치오포는 심리학자들이 의문을 풀지 못한 이유가 더 높은 수준의 두 가지 변인이 작동하기 때문이라고 생각했다. 수신자가 메시지 내용을 주의 깊게 숙고하는 정도에 따라 메시지를 분류하자 모든 실험 결과가 두 범주로 거의 정확히 나뉘었다. 즉 두 종류의 사고 과정이 드러났다. 두 종류의 사고 모두 태도 변화를 일으킬 수 있었고, 메시지의 특성과 질, 전달 방식이 둘 중 어떤 사고가 활성화될 가능성이 높은지에 영향을 미쳤다.

페티와 카치오포는 이 두 종류의 사고를 '높은 정교화high elaboration'와 '낮은 정교화low elaboration'라고 칭했다. 그들은 '학습learning'이라는 표현을 의식적으로 피했다. 학습도 두 프로세스의 일부이긴 하나 별개의 개념이라는 판단에서였다. 정교화란 '수신자가 메시지를 주의 깊게 생각하며 인지적 노력을 기울이는 정도'를 의미한다.

1920년대 이래로 심리학자들은 무언가에 대한, 예컨대 흡연에 대한 사람들의 태도를 변화시키려면 흡연이 해롭다는 것을 가르칠 효과적인 방법을 찾아야 한다고 생각했다. 안전벨트를 착용하게 하려면 안전벨트를 착용하지 않았을 때 따르는 위험을 알려주면 된다고 생각했다. 요컨대 사실과 정보를 제공하면 마음을 바꿀 수 있다고 믿었다.

따라서 대부분의 초기 심리학 연구에서는 어떤 종류의 메시지가 학습하기 쉬운지 알아내는 데 집중했다. 그러나 페티와 카치오포의 연구는, 메시지의 모든 세부 정보를 학습하고도 마음이 바뀌지 않을 수 있음을, 그리고 메시지를 전혀 학습하지 않고도 완전히 마음이 바뀔 수 있음을 보여주었다. 따라서 정교화 가능성 모델에서는 설득이 단지 정보의 학습에 달린 것이 아니라고 말한다. 정교화는 수신자가 메시지를 받아들인 뒤 맥락화하는 작업이다. 로르샤흐 검사<sup>Rorschach</sup> <sub>test</sub>*에서 사람들이 잉크 얼룩을 저마다 다르게 해석하는 것과 비슷하다고 할 수 있다.

페티는 세탁 세제를 예로 들어 설명했다. 만일 광고에서 "이 세제를 사용하세요. 옷에서 향기가 날 거예요"라고 한다면, 그 정보만으로는 몇몇 사람을 설득하기에 충분하지 않을 것이다. 개인마다 정보를 머릿속 기존 모델에 동화하는 방식이 다른 탓이다. 어떤 사람은 이 메시지를 듣고 '옷에서 향기가 나면 사람들이 내 옆에 오려고 하겠지'라고 생각한다. 반면 어떤 사람은 '종일 나한테 꽃향기가 난다면 난처할 거야'라고 생각한다. 동일한 메시지가 어떤 사람은 설득하지만 어떤 사람은 설득하지 못하는 것이다. 페티와 카치오포는 이런 중요한 결론을 내렸다. 만일 정교화가 특정 메시지의 추론에 대한 긍정적 평가를 낳으면 설득에 성공한다. 중립적 또는 부정적 평가를 낳

---

* 종이에 잉크 방울을 떨어뜨리고 반으로 접은 후 생긴 대칭 모양 얼룩을 피험자가 어떻게 해석하는지 보고 심리 상태를 파악하는 검사—옮긴이

으면 설득에 실패한다.[6]

그들의 또 다른 중요한 결론은 이것이다. 개인의 머릿속에서 정교화가 일어날 가능성은 여러 조건의 영향을 받는다는 점이다. 모든 사람이 설득용 메시지를 정교하게 처리할 동기를 느끼거나 그럴 능력을 갖추는 것은 아니다. 이때 '동기'는 정보를 주의 깊게 처리하려는 의지와 욕구를 뜻하고, '능력'은 정보처리를 위한 인지적 도구를 뜻한다.

정교화 가능성을 높이는 동기 요인에는 개인적 관련성, 정확한 결론을 내리려는 인센티브, 메시지의 주장을 이해해야 한다는 책임감, '강한 인지 욕구high need for cognition'라는 성격적 특성 등이 포함된다. 능력 요인에는 주의력이 분산되지 않음, 메시지의 주제와 관련한 경험이나 지식, 메시지가 얼마나 명확하게 전달됐느냐 여부 등이 포함된다. 어떤 이유로든 동기와 능력이 강화되면 정교화 가능성이 높아지며, 정교화의 성격에 따라 메시지를 수용하느냐 거부하느냐가 달라진다.

페티와 카치오포의 설명에 따르면 정교화 가능성이 높을 때 사람들은 '중심 경로central route'를 택하는 경향이 있다. 하지만 정교화 가능성이 낮으면 '주변 경로peripheral route'를 택하는 경향이 있다.

말하자면 중심 경로는 논증이라는 도시의 중심을 관통하는 번잡한 도로와 같다. 중심 경로를 거칠 때 우리는 천천히 가면서 집중력을 쏟고 주의 깊게 앞으로 나아간다. 메시지 수신자는 이런 생각을 한다. 화자의 요지가 무엇인가? 그 요지가 논리적인가? 논점이 조리 있게 연결되는가? 화자가 근거를 제시하고 있는가? 근거가 타당하고 정보원이 믿을 만한가? 한편 주변 경로는 논증이라는 도시의 외곽으로 우회하는 고속도로에 해당한다. 우리는 빨리 달려도 된다고 느끼며, 멀찍이 떨어진 도시를 볼 수는 있지만 세부 정보는 습득하지 않는다. 메시지는 흐릿해지고 가장 눈에 쉽게 띄고 단순한 단서만 우리에게 영향을 미친다. 중심 경로에서는 논증이라는 도시가 좋은 면이든 나쁜 면이든 세세하게 보인다. 더러운 길거리, 예쁜 상점, 독특한 복장의 사람, 평범한 회사원 등등. 주변 경로에서는 논증이라는 도시가 대략적으로만 보인다. 당신이 보는 것은 도시의 스카이라인과 광고판, 잘 알려진 명소, 네온 불빛이다. 메시지 수신자는 이런 생각을 한다. 화자가 매력적인가? 메시지에 주의를 사로잡는 강렬한 표현이 많이 등장하는가? 화자가 말주변이 좋은가? 화자가 명망 높은 집안 사람인가? 유명한가? 이 강연이 끝나면 청중에게 피자를 제공하나?

중심 경로에서 중요한 변수가 주변 경로에서는 무의미해지고 그 반대도 마찬가지다. 그렇기 때문에 특정 변수가 어떤 상황에서는 효과를 내고 다른 상황에서는 그렇지 않은 것이다. 중심 경로에서는 메시지가 지닌 강점이 중요하다. 주변 경로에서는 그런 강점이 무시되고 사람들이 단순하고 감정적인 단서에 더 주의를 기울인다.

페티와 카치오포는 실험을 했다. 그들은 대학생들을 불러 졸업반 학생이 반드시 종합 시험을 통과해야 졸업시키는 정책에 대한 생각을 듣고 싶다고 했다. 연구 팀은 이 정책과 관련한 논증 영상을 보여주기 전에 일부 학생들에게 이 정책이 그해부터 당장 시행될 예정이라고, 나머지 학생들에게는 몇 년 후부터 시행된다고 말했다. 그러자 전자 그룹은 영상에 집중하려는 강한 동기를 느꼈고 후자 그룹은 동기를 덜 느꼈다. 연구 팀은 동기가 강한 그룹과 약한 그룹을 다시 각각 두 그룹으로 나눴다. 그리고 한 그룹은 근거가 강한 논증을 9개 또는 3개 봤고, 다른 그룹은 근거가 약한 논증을 9개 또는 3개 봤다. 근거가 강한 논증에서는 예컨대 최고의 대학들에서는 자신의 졸업생이 똑똑한 인재임을 증명하기 위해 그런 시험을 시행한다는 사실과 그런 대학을 졸업한 사람은 고소득 직장에 채용될 가능성이 높다는 사실을 제시했다. 근거가 약한 논증에서는 종합 시험이 고대 그리스의 전통을 이어받은 것이라고, 시험이 초래하는 두려움 때문에 학생들이 더 열심히 공부하게 될 것이라고 말했다.

연구 팀은 동기가 강한 학생일수록 중심 경로를 택하는 것을 발견했다. 이들은 더 집중력을 발휘했으며, 따라서 근거가 강한 논증이 설득 효과가 더 컸다. 그리고 3개가 아니라 9개를 본 경우에 효과가 더 컸다. 하지만 중심 경로를 택한 학생들에게 근거가 약한 논증은 먹히지 않았다. 그들은 감정적이고 주관적인 견해에 근거한 메시지의 결점을 발견해 조목조목 비판했다. 실제로 동기가 강한 학생이 근거가 약한 논증 9개를 본 경우에는 3개를 본 경우보다 정책을 더 반대했다.

반면에 동기가 약한 학생들은 주변 경로를 택했다. 이들의 경우 근거가 강한 논증과 약한 논증이 모두 설득 효과가 있었다. 근거가 탄탄한지 아닌지와 상관없이 이들은 논증의 개수가 적을 때보다 많을 때 정책에 더 찬성했다. 이들은 논증 내용을 주의 깊게 이해하고 분석하는 대신 개수에 관심을 기울인 것이다. 논증을 구성하는 추론에

는 관심을 갖지 않고 그저 '논증이 많으니까 좋은 정책일 거야' 하고 생각했다.[7]

페티와 카치오포는 다른 실험에서 피험자들에게 두 종류의 일회용 면도기 브랜드의 광고를 보여주었다. 광고를 보여주기에 앞서 한 그룹에 귀가할 때 면도기 한 상자를 받을 것이므로 두 브랜드 중 하나를 고르라고 말했다. 다른 그룹에는 그런 제안을 하지 않았다. 전체 피험자 중 일부에게는 광고와 함께 근거가 강한 논증을 보여주었다. 과학적으로 설계됐고, 손잡이에 미끄럼 방지 처리가 돼 있고, 비교 테스트 결과 경쟁 제품에 비해 밀착 면도 성능이 3배 더 높다는 내용이었다. 다른 이들에게는 근거가 약한 논증을 제시했다. 물에 잘 뜨고, 인상적인 경험을 선사하며, 색상이 여러 종류라는 내용이었다. 일부 피험자들에게는 이런 내용을 유명한 테니스 선수가 소개했고, 다른 피험자들에게는 무명 배우가 소개했다. 정교화 가능성 모델의 예측대로 무료 면도기 한 상자를 집에 가져갈 수 있다는 말을 들은 사람들은 더 강한 동기가 형성되었고, 근거가 약한 논증보다 탄탄한 논증에 더 잘 설득되었다. 그러나 면도기를 약속받지 않은 사람들은 최선의 결정을 내릴 동기가 형성되지 않아, 논증의 견고함이 전혀 중요하지 않았다. 이들의 설득에 가장 큰 영향을 미친 요소는 광고에 유명인이 나오느냐 여부였다.[8]

연구에 따르면 중심 경로를 거쳐 태도 변화가 일어나는 데는 더 많은 인지적 노력이 필요하지만, 이 경우 형성되거나 변화한 태도가 더 오래 지속된다. 주변 경로를 통한 메시지의 설득은 빠르고 쉽게 일어나는 경향이 있다. 이 방식은 제품을 판매하거나 사람들을 투표하도록 설득할 때 유용하지만, 변화한 태도의 지속성이 약하다. 주변 경로를 통해 형성된 태도는 시간이 흐르면 약해지고 적은 자극으로도 반대로 바뀔 수 있다.

그렇다면 사람들에게 어떤 경로를 택하도록 자극하는 것이 좋을까? 그것은 상황에 따라 다르다. 예를 들어 보드카는 무색무취이고 대개 특별한 맛이 없다. 이는 브랜드 사이에 큰 차이가 없다(다음 날 아침에는 느껴질지 모르지만). 이 경우 사람들이 주변 경로를 택하도록 유도해야 한다. 보드카 제조사는 시선을 끄는 포장, 유명인 모델, 브랜드의 고급스러움이나 경쾌한 이미지를 강조하는 광고에 초점을 맞추는 것이 낫다. 주변 경로를 통한 태도 변화가 장기적으로 유지되지 않는다는 점을 상쇄하려면, 감정에 호소하는 요인을 지속적으로 제공하고 메시지 전달 방식을 주기적으로 바꿀 필요가 있다. 광고에서 유명인 모델과 슬로건, 로고 등을 계속 바꿔서 활용하는 것도 한 방법이다.

그러나 이민, 건강보험, 원자력 문제 등 사실 정보를 토대로 한 복잡한 이슈에서 태도를 변화시키고자 할 때는 청중을 더 세심하고 정확하게 이해해야 한다. 무엇이 그들의 동기를 형성시키는가? 그들이 정보를 갖고 있는가? 주의력이 분산되어 있는가? 사실 정보가 설득 효과를 발휘하려면 그 정보가 중심 경로를 거치게 해야 한다. 만일 사람들이 해당 주제와 관련해 동기가 형성돼 있고 어느 정도 지식을 갖췄다면 필요한 작업의 상당 부분이 끝난 셈이다. 그렇지 않은 경우, 그들이 새로운 정보를 받아들이기 쉬운 환경에서 신뢰가 가는 정보원을 통해 사실을 전달해야 한다.

페티는 30년 전 카치오포와 정교화 가능성 모델을 개발한 이래로 사람들의 메시지 처리 방식에 일어난 가장 큰 변화는, 특정 이슈가 자아 개념 및 집단 정체성과 연결되는 경우가 훨씬 많아진 것이라면서 이렇게 말했다.

"사람들은 내가 속한 집단이 그렇게 믿기 때문에 기후변화가 거짓말이라고 믿습니다." 과거에 사람들이 특정 주제에 대해 잘 모를 때 그들이 주의를 기울이는 유일한 단서는 과학자로서의 신뢰도였다. 오늘날은 과학자가 사람들이 속한 내집단의 기준에 비춰봤을 때 신뢰할 수 있다고 여겨지거나, 만일 가능하다면 정치적으로 완전히 중립적이어야 한다. 그래야 메시지를 개인의 집단 정체성에 위협이 되지 않는 것으로 느낀다. 그렇지 않을 경우 중심 경로가 계속 접근 불가능 상태로 남는다.

## 나와 관계있는 메시지에 끌린다

페티와 카치오포가 ELM을 제시하고 얼마 후, 당시의 설득 연구를 체계화하려는 또 다른 모델이 등장했다. 이 모델은 ELM과 비슷한 시기에 개발됐지만 ELM을 보완하는 모델로 평가받는다.

1980년대 후반 셸리 체이컨Shelly Chaiken과 앨리스 이글리Alice H. Eagly는 휴리스틱-체계 모델Heuristic-Systematic Model, HSM(이하 HSM)을 제시했다. 이 모델은 우리가 정보를 처리하는 두 가지 경로를 이렇게 설명한다. 세상을 이해하는 다양한 대안적 방식에 대해 게으른 사고가 이뤄질 때 우리는 휴리스틱, 즉 경험을 토대로 한 어림짐작을 이용하며 이런 휴리스틱은 대체로 우리가 옳다고 말해준다. 반면 주의 깊고 적극적인 사고가 이뤄질 때는 우리가 틀렸을 가능성을 고려하면서 체계적으로 정보를 처리한다.

HSM은 사람들이 옳은 태도를 갖추고 싶은 동기가 있다는 것을 보여준다는 점에서 심리학적으로 의미가 있다. 이때 '옳은'이란 자신이나 집단에 유리하다는 것을 의미한다. 다시 말해 이는 평판 관리와도 관련된다. 우리는 자신의 근거나 이유가 남들에게 합리적인 것으로 비치지 않을 듯하다고 느끼면, 우리와 그들 사이의 '확신의 격차'를 없앨 때까지 정보를 더 찾으려 애쓴다.[9]

ELM과 마찬가지로 HSM도 우리가 동기와 능력에 따라 메시지를 다르게 처리한다고 말한다. 하지만 약간 다른 점은 HSM에서는 휴리스틱 프로세스(경험 법칙, 심리적 지름길을 택함)와 체계적 프로세스(신중하고 주의 깊게 사고하기)가 동시에 일어날 수 있다고 본다는 점이다. 편리한 휴리스틱이 존재하면 대개 우리는 거기에 의지한다. 뇌는 인지적 구두쇠이기 때문이다. 우리의 에너지 대부분은 생각하는 데 소비된다. 따라서 우리는 자신의 생각에 대해 생각하느라 많은 에너지를 소비하기보다는, 단순한 단서를 이용하면서 자신의 경험과 기대를 토대로 주변 세상을 이해하는 것을 선호한다. 이는 설득을 위해 제시된 메시지를 이해하고 처리할 때도 마찬가지다.

페티의 제자였으며 현재 ELM과 HSM을 연구하는 심리학자 앤디 루트렐Andy Luttrell은 이렇게 말했다. "ELM의 중요한 전제는 우리에게 세상에 대한 옳은 정보를 가지려는 욕구가 있다는 겁니다. 따라서 우리는 그 목표를 달성할 수 있는 범위 안에서 정보를 처리합니다. ELM에서는 당연히 사람들이 옳은 판단을 하고 싶어 한다고 봅니다.

다만 자신이 이미 옳다고 믿는다는 게 문제죠. 그런 확신은 주관적 생각을 객관적 해석으로 느껴지게 합니다. '이건 올해 최고의 영화야'라고 말하는 사람은 확신에 차서 말합니다. 그에게는 그게 '사실'로 느껴지니까요."[10]

루트렐은 사람들이 최대한 정확한 믿음을 형성하는 데, 예컨대 나뭇잎이 바스락거리는 소리가 호랑이가 아니라 바람 때문이라는 것을 확인하는 데 필요한 노력을 기꺼이 쏟을 것 같지만 사실은 그렇지 않다고 말했다. "항상 모든 정보를 다시 평가하려면 너무 많은 물리적, 정신적 비용이 필요합니다. 만일 내 삶의 유일한 목표가 완벽하게 정확하고 옳은 사람이 되는 것이라면 항상 모든 정보를 정밀하게 조사하고 검토하겠지만 말이에요." 주변 모든 사람이 무언가를 옳다고 말하면 나도 그것을 옳다고 가정하는 것이 에너지와 노력이 덜 들어간다. 세 군데서 같은 정보를 접하면 그 말이 맞을 것이라고 믿어버린다. 무언가가 직감적으로 맞는다고 느껴지면 그것을 계속한다.

"우리는 광고, 정치 뉴스, 소셜 미디어를 통해 하루에도 수많은 메시지를 받습니다. 그 모든 메시지와 관계를 형성할 수는 없습니다. 하지만 분명 어떤 메시지는 우리에게 영향을 미치죠. 우리가 관심 또는 이해관계를 갖고 있거나 정보를 깊이 분석할 수 있다면 메시지가 우리에게 영향을 미치는 방식이 달라집니다. ELM과 HSM, 두 모델은 그 영향력이 청중이 메시지와 얼마나 깊은 관계를 형성하느냐에 달려 있다고 말합니다. 이들 모델이 나오기 전까지는 심리학계에서 집중하지 않았던 부분이에요."

루트렐은 바로 그렇기 때문에 개인의 가치관과 동기를 파악하는 것이 매우 중요하다고 했다. 만일 당신이 누군가에게 월마트에서 야구 모자를 판매하는 것을 금지하기 위한 탄원서에 서명해달라고 부탁한다면 그 사람은 설득되지 않을 것이다. 하지만 그가 환경문제에 큰 관심이 있다면 당신이 야구 모자가 기후변화의 가장 큰 주범이라고 말했을 때 그는 당신의 메시지를 적극적으로 처리할 것이다.

### 설득을 위한 4가지 조건

ELM과 HSM는 예일대학교 법학 교수 해럴드 라스웰이 1948년 발표한 커뮤니케이션 모델에 토대를 두었다. 앞서 언급했듯 이 모델에 따르면 모든 설득 프로세스는 '누가, 무엇을, 누구에게, 어떤 채널을 통해 전달하며, 어떤 효과를 내는가'를 고려해야 한다.

정교화 가능성 모델이 등장하자 마침내 심리학자들은 라스웰의 모델을 검증하는 과정에서 나온, 모순되어 보이는 연구 결과를 이해할 수 있었다. 그 이후 쌓인 엄청난 양의 증거와 자료를 살펴보면 설득을 목적으로 한 메시지가 성공할 확률을 높이는 몇 가지 특성이 일관되게 존재한다.[11]

### 누가: 메시지 전달자를 신뢰할 수 있다고 느껴야 한다

메시지의 신뢰도를 평가할 때 가장 중요한 요인은 정보원의 신뢰도다. 연구에 따르면 우리는 이를 세 가지 방식으로 판단한다. 먼저 우리는 화자가 전문가인지 생각해본다. 그리고 화자가 모종의 방식으로 우리를 속이려 하는지 아닌지 살펴본다. 또 화자가 우리가 속한 집단과 같은 의견을 가졌는지 살펴본다.

그러나 신뢰성이 낮은 정보원에게 나온 메시지를 거부하더라도 만일 그것이 설득력 높은 주장이라면 수신자의 마음속에 오래 남게 된다. 만일 동일한 메시지를 다른 포맷이나 다른 화자를 통해 들으면, 해당 메시지와 신뢰성 낮은 정보원과의 연관성이 우리 마음속에서 희미해진다. 메시지를 거부할 이유는 사라지고 메시지의 설득력만 남는다. 심리학에서는 이를 수면자 효과 sleeper effect 라고 부른다. 처음에는 메시지를 거부했지만 시간이 흐르면 뭔가에 홀린 듯 점점 동의하게 되는 것을 말한다. 사람들이 메시지를 거부하는 이유가 내용 자체보다 전달자와 더 관련된 경우, 다양한 정보원을 통해 제시하면 때로 설득에 성공할 수 있다.[12]

## 무엇을: 흔한 반론을 함께 제시하면 메시지의 영향력이 더 커진다

메시지를 받아들이려 하지 않는 청자에게 반론을 함께 제시하면 큰 효과를 낼 수 있다. 법정 재판에 관한 연구에 따르면, 피고 측 변호인이 자기 쪽에 불리한 증거를 먼저 언급하면 배심원단이 피고 측 변호인에게 느끼는 신뢰감이 상승한다. 랩 배틀에서든 정치적 토론에서든 당신이 상대편 주장을 상대편보다 먼저 설명하면, 이미 다른 의견도 충분히 고려해봤음을 드러냄으로써 당신 의견에 대한 자신감을 보여줄 수 있다. 또 당신이 상대방의 지적 능력을 존중한다는 것을 보여주게 되어 신뢰감을 높일 수 있다.

양측 주장을 함께 제시하는 것이 더 낫다면 어느 쪽을 먼저 제시해야 할까? 연구에 따르면 청자의 현재 태도에 가장 부합하는 주장을 먼저 제시하는 것이 가장 효과적이다. 그러면 청자는 자신의 태도에 대한 확신과 긍정적 감정을 느껴 그와 반대되는 메시지에 대한 수용력이 더 커진다. 예를 들어 "네가 지금 잠자리에 들고 싶어 하지 않는 걸 나도 잘 알아. 하지만 아침 일찍 학교에 가야 하잖니"라고 말하는 것이 "넌 아침 일찍 학교에 가야 해. 그러니 지금 잠자리에 들어"라고 말하는 것보다 훨씬 더 효과적이다. 심리학에서는 이를 양면 커뮤니케이션two-sided communication이라고 부른다.

### 누구에게: 청자의 처리 능력 및 동기를 고려해야 한다

이것은 규칙에 예외가 너무 많아 지배적인 모델이 필요해진 부분이다. 메시지를 명확하고 단순하게 만들면 청자의 처리 능력이 높아지고, 청자의 삶에 강한 영향을 준다고 느끼게 만들면 그들이 메시지와 자신의 관련성을 더 높게 느낀다. 하지만 가장 간단한 전략은 메시지를 수사 의문문으로 제시하는 것이다. "마리화나 사용이 합법화된다면 얼마나 좋을까요?"라는 말은 사람들이 자신의 태도에 대한 설명과 이유를 내놓도록 유도한다. "마리화나 사용을 합법화해야 한다고 생각합니까?"라는 말은 사람들이 자신의 태도를 결론으로 표현하게 만들 뿐이다.

### 어떤 채널을 통해: 메시지를 전달하는 매체가 적합해야 한다

책을 통해 효과적으로 전달되는 메시지를 영화로 전달할 때는 수정이 필요하고 그 반대도 마찬가지다. 에세이를 토대로 유튜브 동영상을 만들 때는 에세이가 아니라 유튜브의 언어를 사용해야 효과를 극대화할 수 있다.

메시지의 내용과 종류에 상관없이 단연코 가장 효과적인 방식은 대면 커뮤니케이션이다. 인간은 생물학적으로 타인의 얼굴에 반응하도록 프로그램되어 있다. 갓난아기는 사람 얼굴에 대한 선호를 드러내며 세상에 태어난 순간부터 다른 패턴보다 얼굴을 먼저 인식한다. 이때 뇌에서 안면 인식 기능을 담당하는 측두엽이 중요한 역할을 한다. 안면 인식은 생물학적 필수 기능이다. 대면 커뮤니케이션으로 형성되는 라포르가 메시지 수용 능력을 돕기 때문이다.[13]

수전 핑커Susan Pinker가 저서 『빌리지 이펙트』에서 설명했듯 무리를 이뤄 사는 영장류였던 우리는 생존과 번영을 위해 몸짓과 표정의 단서를 읽고 상대의 의도를 판단하는 능력이 매우 중요했다. 말의 억양과 보디랭귀지라는 요소까지 더해진 대면 커뮤니케이션은 원활하게 이뤄질 경우, 정보를 주고받는 양측 모두의 뇌에 옥시토신을 분비시킨다. 같은 메시지라도 다른 채널을 통해 전달하면, 줌Zoom을 통해 전달한다 해도 옥시토신 분비량이 줄어든다. 옥시토신이 많이 분비될수록 우리는 경계를 풀고 마음을 연다.[14]

모든 미디어 캠페인에서 가가호호 방문하는 방법을 쓸 수는 없고 매번 세미나나 대면 모임을 열 수도 없다. 그러나 메시지 수신자가 서로 교류하면서 당신의 제품이나 메시지, 또는 특정 후보에 대해 활발한 대화를 나누도록 이끄는 콘텐츠를 만들면, 그들의 마음을 바꿀 확률이 대면 커뮤니케이션을 한 경우와 비슷하게 높아진다.

지금까지 잘 따라왔다면 이제 책의 마지막 부분을 읽을 준비가 충분히 된 셈이다. 다음 장에서는 SURFPAD 법칙과 딥 캔버싱 등 지금까지 배운 내용을 유념한 상태에서 한 번의 대화로 타인의 마음을 움직이는 방법을 알아볼 것이다. 어떤 주제에서든 강요하지 않고 사람들의 마음을 바꾸는 단계별 전략을 소개할 텐데, 이 전략에서는 올바른 순서로 올바른 종류의 질문을 던지는 것이 중요하다.

# 9장 길거리 인식론

## 단 한 번의 대화로 충분하다

"우리의 목표는 대화가 끝날 때쯤
상대방이 자기 자신을 더 잘 알게 되는 것입니다."

타인의 마음을 바꾸는 것이 아니라,
확신이나 의심에 도달하는 더 나은 방법을 안내하는 것.
그것이 길거리 인식론의 궁극적 목표다.

길거리 인식론 실험

8월이었고 텍사스주였다. 앤서니 매그너보스코 Anthony Magnabosco 는 텍사스대학교 샌안토니오 캠퍼스의 실내 경기장 옆 광장에 서 있다가 한 여학생에게 인사를 건넸다.

여학생도 한여름의 매미 소리를 뚫고 "안녕하세요"라고 말했다. 간단한 인사를 주고받은 뒤 앤서니가 물었다. "잠깐 인터뷰에 응해 주실 수 있나요?" 여학생은 그러겠다고 대답했다. 실시간으로 이 대화를 듣고 있는 사람들도 귀를 쫑긋 세웠다.

점심시간이 될 무렵에는 유동 인구가 늘어나 앤서니 설득 기법을 사용할 기회가 많다. 이 기법이 꽤 효과적이라서 그동안 그에게는 수많은 청중이 생겼고 그중 일부는 채팅 앱 디스코드 Discord 에 접속해 실시간으로 대화를 청취한다. 앤서니는 일주일에 한 번 이상 디스코드 채널을 오픈한다. 그는 작은 화이트보드와 타이머, 틱택 Tic Tac 민트 캔디, 동그란 모양으로 맞춰진 색깔 퍼즐 조각을 들고 텍사스대학교 샌안토니오 캠퍼스 한복판에 선다. 그리고 지나가는 사람에게 그들이 가진 믿음에 대해 함께 이야기를 나눠볼 생각이 있는지 묻는다.

앤서니는 여학생이 다가오자 설명을 시작했다. "길거리 인식론street epistemology은 사람들이 사실이라고 생각하는 주장에 대해 질문을 던지면서 함께 생각해보는 대화예요." 여학생은 "음, 흥미롭네요. 좋아요"라고 말했다.

앤서니는 얼마 전 대화를 나눈 여성의 얘기를 들려주었다. 그 여성은 외계인이 존재한다고 믿었다. 앤서니는 그녀가 외계인의 존재를 믿는 이유와 그 확신 정도에 대해 대화를 나눴다. 여학생은 "아, 재미있네요" 하고 대꾸했다. 앤서니는 대화 주제는 어떤 것이든 가능하지만 의견은 다루기가 좀 더 어렵고 사실과 관련한 주장이 더 낫다고 덧붙였다. "예를 들면 이런 거예요. 신이 존재한다고 믿거나, 인과응보 법칙이 진짜라고 믿거나, 지구가 평평하다고 믿거나, 백신이 자폐증을 초래한다거나 초래하지 않는다고 믿는 것 등에 대해 얘기를 나누는 겁니다. 당신을 특정한 방식으로 행동하게 만드는 주장을 하나 고르면, 제가 정중하게 그와 관련된 질문을 할 거예요."

여학생은 기꺼이 대화하겠다는 의사를 표시했다. 앤서니가 전공이 뭐냐고 묻자 생물학이라고 했다. 부전공으로 음악을 공부하고 싶다고, 편입을 알아보느라 고생하고 있다고도 했다. 앤서니는 타이머를 4분으로 맞춰놓을 건데 괜찮으냐고 물었다. 여학생은 그러라면서 자신을 딜리아라고 소개했다.

앤서니는 자기 가슴에 달린 고프로GoPro 카메라와 근처의 가로등에 설치한 또 다른 카메라를 가리키며 딜리아가 괜찮다고 하면 대화를 녹화할 예정이라고 설명했다. 딜리아는 흔쾌히 녹화를 허락했다. 앤서니는 그녀의 이름을 화이트보드에 적고 제시하고 싶은 주장이 무엇이냐고 물었다.

딜리아는 혼령이나 천사 같은 것이 존재하는지 불확실하다고 생각한다고 말했다. 앤서니는 그 이유를 물었다.

그녀는 거짓말과 진실을 구분하기 힘들기 때문이라고 했다. 하지만 수호천사 같은 영적 존재를 믿는 것은 마음에 위안을 준다고 덧붙였다. 그러자 앤서니는 하이킹 코스에서 만나 인터뷰한 여성의 이야기를 들려주었다. 남편이 죽고 일주일 후에 벌새 한 마리가 날아와 그 여성의 어깨 위에 앉았는데, 그녀는 벌새가 남편이 환생한 모습이라고 확신했다. 앤서니는 딜리아에게 그런 종류의 믿음, 즉 위안을 얻는 믿음이 있느냐고 물었다. 딜리아는 사실 최근 몇 년간 다른 종교를 접하면서 가톨릭 신자로서 자신의 믿음에 대해 생각하는 중이라고 말했다.

앤서니는 가톨릭 신자로서 믿는 내용 중 그녀에게 위안이 되는 것 하나를 말해달라고 했다. 그녀는 신의 존재에 대한 믿음이라면서, 신은 '속마음을 털어놓을 수 있는 바위처럼 단단한 존재'이고 밤마다 기도할 수 있는 대상이라고 했다. 그녀에게는 '바위처럼 단단하다'는 것이 매우 중요했다. 만일 기도하면서 계속 의문을 품는다면 더는 위안을 느낄 수 없을 것이라고 했다.

앤서니는 길거리 인식론의 다음 단계로 넘어갔다. 그는 그녀가 신을 믿는 이유를 알고 싶다고, 그게 충분한 이유라는 걸 설명할 수 있는지 보고 싶다고 했다. 딜리아가 좋다고 하자 앤서니는 "내가 당신의 말을 제대로 이해했다면, 이런 얘기인가요? 신의 존재에 의문을 품으면 삶이 덜 행복해질 거라고 생각하는 거죠?"라고 물었다. 딜리아는 신의 존재 여부를 따지면서 원점부터 다시 시작한다면 불안하고 혼란스러울 거라고 했다.

앤서니는 그녀의 말을 정리해 이렇게 바꿔서 표현했다. "위안을 주는 바위처럼 단단한 존재가 환상이라고 생각하면 매우 큰 충격을 받을 수 있겠군요." 딜리아는 고개를 끄덕였다.

앤서니는 이번엔 이렇게 물었다. "만일 그 바위가 실재하지 않는다고 밝혀진다면 당신은 그걸 알고 싶습니까?"

딜리아는 "아뇨, 그걸 알게 되면 마음이 편하지 않을 거예요"라고 답했다. 앤서니는 그녀의 말을 반복하면서 자신이 제대로 이해했는지 확인한 후 그녀의 입장을 정확히 알겠다고 말했다. 그녀는 종교의 신비와 불가사의함이 종교를 유지시킨다고 말했다. 그러면서 종교가 명상과 비슷하다고 했다. 마음이 편안해지고 삶을 제대로 살기 위해 뭔가를 믿기로 마음먹는 것이라고 했다. "그게 결국 종교의 본질이에요"

앤서니는 종교가 없어도 편안한 마음을 갖고 충만한 삶을 살면서 의미를 발견하는 것이 가능하다고 생각하느냐고 물었다. 딜리아는 자기 생각을 말했다. 대화 시간은 4분을 넘긴 지 오래였고 이제 14분을 넘기고 있었다.

앤서니는 "만일 뭔가를 믿을 충분한 이유를 확신하지 못하는데 그것을 사실이라고 믿는다면, 안 좋은 점이 있을까요?"라고 물었다. 딜리아는 그럴 것 같다고 답하고 이렇게 덧붙였다. "사실 저도 늘 스스로 질문을 던져요. 하지만 즐거운 일은 아니에요." 앤서니는 그게 어떤 기분이냐고 물었다.

딜리아는 성당에서 성가를 부르는 동안 마음속에 질문이 떠오르면 주변을 둘러본다고 했다. "속으로 이런 생각을 하죠. 와, 저 사람들은 평생 아무런 의심도 품지 않는 것 같아. 어떻게 그럴 수 있을까?" 그녀는 '다른 이들 모두가 굳게 믿는' 무언가에 질문을 던지면서 외로운 기분을 느꼈다. "그런 순간에는 공동체 감각이 사라져버려요. 갑자기 수많은 군중 속에서 혼자가 된 기분이랄까요. 혹시 길을 잃어버린 것 같은 기분을 느껴본 적 있나요? 낯선 나라에서 아는 사람이 한 명도 없을 때처럼요."

앤서니는 "그럼요, 느껴본 적 있죠. 사람들에 둘러싸여 있지만 나를 이해해주는 이는 아무도 없는 듯한 기분요"라고 답했다.

"맞아요, 그런 거예요."

앤서니는 그럴 때 성당에서 그녀와 똑같은 기분을 느끼는 사람들이 주변에 있을 수도 있지 않겠느냐고 물었다.

딜리아는 "그럼요. 있을 거예요"라고 답하고 정확히 알 수 없으니 사람들 머리 위에 말풍선이 달려 있으면 좋겠다는 상상을 종종 한다고 했다.

앤서니는 자신도 한때 그녀와 비슷했다고 말했다. 그는 교회 신도석에 앉아 있었지만, 옆에 있는 사람들이 믿는 것과 똑같은 것을 믿을 만한 이유를 못 느꼈다. 어쩌면 그들도 마찬가지지만 그냥 만족하고 지내는 것인지도 몰랐다. 하지만 앤서니는 그 이상의 뭔가가 필요했다.

앤서니는 딜리아와의 대화가 만족스러웠다. 이야기를 나누며 딜리아가 믿음을 유지할 이유를 발견하게 도왔고, 그 이유가 그녀의 확신을 제대로 뒷받침하는지 생각해보게 이끌었다. 길거리 인식론자로서 그의 임무는 거기까지였다. 그는 그녀의 행운을 빌며 대화를 마무리했다.

광장을 떠날 준비를 하면서 앤서니는 대화를 나누며 적은 메모를 다시 훑어봤다. '위안을 주는 바위. 그녀에겐 불가사의함이 중요한 요소 같음. 매우 열린 태도, 솔직함. 수호천사 언급함.' 그는 디스코드에 접속해 귀를 기울이고 있는 사람들을 향해 말했다. "…그리고 그녀는 약간 태도를 바꿔 스스로 애매하다고 했던 바로 그 대상이 자기 삶에서 중요하다고 말했습니다." 디스코드 대화 창에 들어온 누군가는 앤서니가 "만일 진실을 알고 싶지 않은 사람이라면 자신의 믿음에 대해 질문을 던질까?"라고 물어봤다면 좋았을 거라고 말했다. 앤서니는 매우 좋은 피드백이라고 했다.

나는 근처 관목 숲 뒤에서 나와 앤서니에게 걸어갔다. 관목 뒤에서 두 사람을 내내 지켜보면서 디스코드에 접속해 대화를 열심히 듣고 있었다. 앤서니가 빌려준 무선 이어폰이 없었다면 곤란할 뻔했다. 근처에서 학생들이 행군 악대의 공연을 준비하는 동안 커다란 금관악기를 든 남학생 둘이 계속 광장을 돌아다녔기 때문이다.

앤서니는 이렇게 말했다. "딜리아가 우리에게 상기시킨 장면이 꽤 인상적이에요. 그녀의 말에 공감하는 사람이 많지 않을까요? 교회나 이슬람 사원에 앉아 '내 옆에 있는 사람들도 나 같은 의문을 품고 있을까?' 하고 궁금해하는 사람들 말이에요." 앤서니가 화이트보드와 카메라 등 물건을 챙긴 후 우리는 차를 세워둔 곳으로 걸어갔다.

나는 문득 궁금해져서 물었다. "그런데 틱택은 왜 갖고 다니는 거예요?" 앤서니는 본격적으로 대화를 시작하기 전 라포르 형성 단계에서 진실에 대한 대화자의 관점을 알아보는 몇 가지 방법을 써봤는데, 틱택이 가장 효과적이라고 말했다.

그는 먼저 상대에게 틱택 한 통에 담긴 캔디의 개수가 홀수 아니면 짝수여야 한다는 데 동의하느냐고 묻는다. 사람들은 대개 그렇다고 답한다. 가끔은 둘 다 될 수 있다고 하는 사람도 있지만 말이다. 어느 쪽이든 그는 어떤 방법을 이용해 캔디 개수에 대해 결론을 내릴 것이냐고 묻는다. 그리고 답변을 들은 뒤 이렇게 묻는다. "만일 당신이 캔디 개수를 세어보고 홀수라는 결론을 내렸는데, 다른 누군가가 짝수라고 말한다면 어떨까요? 만일 그 사람이 그것이 '그 자신이' 믿는 진실이라고 말한다면, 당신은 어떻게 하겠습니까?"

### '어떻게', '왜' 믿는지 물어보라

앤서니는 샌안토니오에 있는 집에서 자신의 유튜브 채널을 보여주었다. 딜리아처럼 거리에서 만난 수많은 이들과 나눈 대화를 유튜브에 업로드한 지 6년이 넘었다고 했다. 대화 주제도 다양했다. 끌어당김의 법칙, 음모론, 유령, 지적 설계론, 정의, 『시크릿』, 그리고 역사나 과학, 의학 분야의 온갖 정설 등. 그렇게 나눈 대화를 온라인에 공개하면 다른 이들이 댓글을 달고 분석하고 비판하면서 함께 사고의 발전을 이뤄간다.

"이 기법을 이용하면 그 어떤 주장에 대해서든 깊은 대화를 나눌 수 있어요. 방법은 이렇습니다. 내 의견은 일단 완전히 접어두고 상대의 주장을 듣습니다. 그런 뒤 상대에게 해당 주장의 내용을 믿는 이유를 물어보고, 그가 결론에 이르는 데 사용하는 방법의 타당성을 함께 생각해봅니다. 이 기법은 어떤 주제에든 적용할 수 있습니다."

처음 거리로 나섰을 때는 종교에 대해 물었다. "하지만 길거리 인식론의 주제는 자연스럽게 다양해졌어요. 어떤 형태가 됐든 신을 믿지 않는다거나 종교를 주제로 이야기하고 싶지 않다는 사람이 많았거든요." 그는 그냥 돌아서는 대신 다른 주제로 대화를 이어갔다. "가끔 종교 단체 사람들이 반발하기도 했어요. 그들은 이 기법이 자신의 종교를 무너뜨리기 위해 고안되었다고 생각했거든요."

앤서니는 그게 바로 처음에 자신의 마음속에 있었던 생각임을 인정한다. 종교가 툭하면 교육제도와 법률에까지 영향을 미치는 현실에 불만이 많았던 그는 한때 과격한 무신론자였다. 그는 지역적으로 또는 세계적으로 활동하는 몇몇 무신론자 단체에 가입했다. 소크라테스식 대화법을 사용해 사람들에게 질문하는 방법에 대해 철학자 피터 버고지언Peter Boghossian이 쓴 책을 읽은 후에는 주말마다 알라모 드래프트하우스 영화관 앞에 가서 그 대화법을 사람들에게 소리치며 전도하는 거리 설교자들에게 사용했다.

나는 "둘 다 서로에게 쉬운 목표물이었겠군요" 하고 말했다. 그는 웃으면서 전혀 그렇지 않다고 했다. "시속 100킬로미터로 달려 담벼락에 부딪히는 기분이었달까요? 일단 장소 선택이 부적절했어요. 그리고 소크라테스 대화법과 반대되는 제 스타일이 계속 튀어나왔고요." 그는 상대의 말을 경청하지 않았다고 했다. 이해하려고 노력하지도 않았다. 하지만 온라인에 동영상을 올리자 사람들이 이런저런 피드백을 주었다.

"사람들은 말했어요 '이렇게 해봐요', '이건 어때요?', '왜 그런 질문을 했나요?' '당신들이 뭔데 나한테 이래라 저래라야?'라고 생각하는 대신 그들의 의견에 마음을 열어봤죠. 댓글을 읽다가 기분도 자주 상했어요. 하지만 '저 의견을 반영해 더 발전할 방법이 무얼까?'라고 생각했어요."

이런 과정은 그의 활동에서 필수적인 부분이 되었다. 처음엔 댓글창에서, 나중에는 디스코드의 실시간 대화를 통해 사람들과 소통을 했다. 그가 낯선 이와 나눈 5분간의 대화는 일주일 동안 토론의 소재가 되었고, 그런 토론 속에서 더 나은 대화 방법을 발견했다. "사람들이 내게 이렇게 말했어요 '이 점을 알아챘나요? 대화자가 처음엔 이런 생각을 갖고 있었는데, 당신이 이런 말을 한 후에는 생각의 방향이 바뀌었네요.' 우리는 마치 어떤 게 착 달라붙는지 알아보려고 온갖 종류의 물건을 벽에 던져보는 사람들 같았습니다."

다른 이들도 앤서니의 대화 기법을 시도하고 그 내용을 찍어 온라인에 올렸다. 점차 커뮤니티가 형성되었고 다양한 관련 자료를 갖춘 웹사이트도 제작했다. 이후 팟캐스트, 워크숍, 소셜 미디어, 아테오스Atheos 앱 등 여러 플랫폼을 통해 길거리 인식론이 사람들에게 알려졌다. 심리학자와 생물학자, 철학자도 길거리 인식론 커뮤니티에 들어와 조언을 하거나 직접 이 기법을 활용했다. 길거리 인식론을 적용한 수천 건의 대화가 집단 점검 프로세스를 거치면서 세계 곳곳의 사람들이 개선점을 찾고 의견을 교환했다. 인종차별, 정치, 신용 사기, 인터넷의 가짜 뉴스 등 다루는 주제도 다양했다. 현재 길거리 인식론 정식 로고가 박힌 티셔츠와 스티커도 판매되고 있으며, 앤서니는 세계 곳곳의 콘퍼런스에서 강연을 한다.

앤서니는 6년 동안 수많은 이들과 길거리에서 대화를 나눈 후 마음속 분노가 사라졌다고 했다. 2000년대에 온라인에서 모인 많은 전투적 무신론자들처럼, 앤서니와 길거리 인식론 커뮤니티 사람들은 리처드 도킨스Richard Dawkins 같은 논쟁적 인물이나 피터 버고지언과도 활동의 성격이 달랐다. 버고지언은 소셜 미디어를 통해 '사회적 정의를 위한 전사social justice warrior'*를 비판하곤 했다.

앤서니와 길거리 인식론 커뮤니티 사람들은 인도주의 분파에 속한다. 그들은 트랜스젠더의 권리와 인종 정의 문제에 남다른 열정을 갖고 있다. 또 길거리 인식론 기법을 활용해 양자역학 또는 지구에 버섯을 퍼뜨려 인간의 진화를 촉진한 고대의 존재에 대해 깊은 토론을 할 수 있다면 그 누구와도 우주의 수수께끼를 놓고 이야기를 나눌 준비가 되어 있다. 어떤 주제도 금기시하지 않으며 이상한 것을 믿는 사람을 멍청이나 미친 사람 취급하지도 않는다.

앤서니는 그런 점에서 길거리 인식론이 우리를 자유롭게 한다고 말했다. 이 커뮤니티 사람들은 길거리 인식론을 더 나은 생각 방법을 찾는 도구로 여기며, 이 도구를 최대한 많은 이들에게 알리고 싶

---

* 소수자 권리, 정치적 올바름, 페미니즘 등의 사안에서 지나치게 민감하고 강경하게 반응하는 사람을 경멸적으로 지칭하는 표현—옮긴이

어 한다. 이들의 목표는 타인의 마음을 바꾸는 것이 아니다. 더 엄밀하고 정확하게 사고하는 법을, 확신이나 의심에 도달하는 더 나은 방법을 사람들이 발견하게 돕는 것이 목표다. 대화의 초점은 사람들이 '무엇을' 믿는지가 아니라 '어떻게', 그리고 '왜' 믿는지에 맞춘다. 그러나 내가 보기엔 사람들 각자의 인식론을 바꾸게 유도하는 과정이 실제로는 그들의 마음을 바꾸는 것 같았다. 이 기법은 그들 뇌 안의 무언가를, 믿음과 태도, 가치관보다 더 깊은 무언가를 바꾸고 있었다.

앤서니는 '마음을 바꾸다'라는 표현이 많은 것을 의미한다고 했다. 그는 무엇이 사실이고 아닌지, 무엇이 도덕적인지 또는 중요한지에 대해 상대방의 생각을 바꾸겠다고 마음먹고 대화를 시작하지 않는다. 그럼에도 앤서니와 길거리 인식론 기법으로 대화를 나누고 나면 사람들의 생각에 대개 변화가 생긴다.

## 길거리 인식론의 9단계

길거리 인식론을 처음 알게 된 것은 캐나다 브리티시컬럼비아주 빅토리아에서 청각장애인과 난청인을 가르치는 한 교사의 이메일을 받고서였다. 나는 트위터에 설득이라는 주제에 관심이 많다고 자주 표현하면서, 이 책의 초반 원고를 집필하는 동안 만난 사람들의 이야기도 간간이 소개하고 있었다. 그 교사는 길거리 인식론의 접근법을 자기네 교육 프로그램에서 활용하고 있는데, 내 이야기의 많은 부분이 그것과 비슷하다고 이메일에 썼다. 그는 앤서니의 동영상을 볼 수 있는 링크를 보내주면서 확인해보라고 했다.

그로부터 몇 주 뒤 나는 앤서니와 통화를 했고, 그다음 달에는 그의 집 거실에서 길거리 인식론 기법에 대한 설명을 들었다. 이 기법은 다음과 같은 단계로 구성된다.

1. 라포르를 형성한다. 상대방에게 수치심이나 모욕을 줄 의도가 전혀 없음을 느끼게 해 안심시키고, 함께 대화하는 데 동의를 구한다.

2. 주장을 제시해달라고 요청한다.

3. 상대방에게 그 주장을 반복해 들려주며 확인한다. 당신이 제대로 이해하고 요약했는지 묻는다. 상대방이 만족할 때까지 반복한다.

4. 용어의 정의를 명확히 한다. 당신의 정의가 아니라 상대방의 정의를 사용한다.

5. 해당 주장에 대해 확신하는 정도를 숫자로 표현해달라고 한다.

6. 그만큼 확신을 갖게 된 이유가 무엇인지 묻는다.

7. 그 이유의 타당성을 판단하는 데 사용한 방법이 무엇인지 묻는다. 이후에는 그 방법에 대화의 초점을 맞춘다.

8. 경청하고 요약하고 반복한다.

9. 마무리하고 인사를 나눈다.

앤서니는 이 기법의 핵심이 메타 인지 유도라고 설명했다. 즉 상대방으로 하여금 자신의 생각에 대해 생각해보게 유도하는 것이다. 단, 그런 메타 인지 과정은 그들이 자신의 추론을 통해 특정한 주장을 제시하고 그에 대한 이유를 설명한 후에 진행된다. 이 기법을 통해 사람들은 자신이 결론을 내린 방법을 평가하고, 자신의 이유에 의문을 품고, 자신의 주장이 지닌 강점을 평가할 수 있다.

### 1단계: 라포르 형성하기

상대방이 열린 자세를 취하도록 하는 것이 매우 중요하다. 당신은 먼저 동의를 구하고 투명한 태도를 보여야 한다. 그의 삶에 호기심을 표현하고 어떤 일을 하며 가장 많은 시간을 보내는지, 오늘의 계획은 무엇인지 등을 물으며 친근감을 형성한다. 앤서니는 "그들의 이야기를 듣고 그 이야기에 실린 감정에 귀 기울여야 합니다"라고 말했다. 주제로 곧장 들어가고 싶어서 이 단계가 성가시게 느껴질 수도 있다. "그렇지만 이 단계는 매우 중요합니다. 사람들은 누구나 상대가 자기 말을 경청해주길 원하니까요. 상대가 자기 말에 귀 기울여줄 사람임을 느끼고 싶어 합니다."

그는 이를 의료진이 환자를 대하는 태도에 비유했다. 우리는 '나를 잘 알고 내 말에 귀 기울여주는' 의사나 간호사를 신뢰한다. 또 경청하는 태도는 수치나 모욕을 당할지 모른다는 불안감을 제거한다. 상대방이 적대감을 느낀다면 그건 대화를 시작하기도 전에 끝내는 지름길이다. 만일 당신이 '그런 생각을 갖고 있다면 창피해야 마땅해'라고 생각한다고 상대방이 오해하면, 당신에게 돌아오는 것은 상대방의 분노다. "무례함이 넘치는 세상이잖아요. 그러니 자기 말에 귀를 기울이면서 자기 삶에 관심을 갖고 질문해주는 누군가를 만나면 사람들은 안도감을 느끼고 경계를 풀어요. 경계를 풀면 자연히 마음을 활짝 열게 되지요."

## 2단계: 주장 요청하기

주장을 제시해달라고 직접적으로 요청한다. 길거리 인식론은 실증적이고 사실과 관련한 주장을 놓고 대화를 나누기에 가장 적합하다. '지구는 평평하다', '정부가 인공지능 비서 알렉사를 이용해 우리를 감시한다'가 그 예다. 하지만 '조 바이든은 나쁜 대통령이다', '딸기 아이스크림이 바닐라 아이스크림보다 더 맛있다' 같은 태도 중심의 주장에도, 그리고 '세금은 항공모함 제조가 아니라 학자금 대출을 탕감해주는 데 써야 한다' 같은 가치관 중심의 주장에도 활용할 수 있다. 어떤 경우든 길거리 인식론의 핵심은 해당 주장을 뒷받침하는 추론을 자세히 살펴보는 것이다. 이에 반드시 선행되어야 하는 것은 대화 주제를 양측 모두 정확히 인지하는 일이다.

## 3단계: 주장 확인하기

"제가 맞게 이해했다면 당신은 ~라고 주장하는 것이군요"라고 말하며 해당 주장을 다시 한번 확인한다. 하지만 이것을 공식처럼 여길 필요는 없다. 사람들과 몇 번 대화를 나누다 보면 상대방 주장을 자연스럽게 재확인하는 방법을 터득하게 마련이다.

## 4단계: 정의를 명확히 하기

토론에 흔히 수반되는 문제는 이것이다. 용어에 대한 우리의 정의와 상대방의 정의가 다른 탓에 사실상 토론을 하는 것이 아닐 때가 많다. 예컨대 '정부'를 보자. '당신'은 정부라는 말을 유권자를 만족시키려 애쓰는 공직자의 집합체라는 뜻으로 사용하고 '상대방'은 사악한 갑부들이 둘러앉아 나라를 나눠 먹을 계략을 꾸미는 밀실이라는 뜻으로 사용할지도 모른다. 당신이 상대방도 '정부'라는 말을 당신과 똑같이 이해한다고 가정하면, 결국 상대방의 생각은 제대로 파악하지 못한 채 당신 자신하고만 토론을 하는 셈이 된다.

앤서니는 "그러면 서로 딴소리를 하게 됩니다. 정의를 명확하게 하는 것은 '심령', '진실', '신념' 같은 여행 가방 단어 suitcase word*를 사용할 때 매우 중요합니다. 하지만 이는 전체 그림의 일부에 불과합니다. 특정 단어를 어떤 뜻으로 쓰는지 확인하는 과정은 전체 대화의 10퍼센트 정도입니다"라고 말했다.

## 5단계: 확신의 정도 묻기

본격적인 대화가 시작되는 단계다. 여기서는 상대방에게 확신의 정도를 0~100의 숫자로 매겨달라고 요청한다. 이를 통해 그는 자신의 머릿속을 들여다보며 주장을 얼마나 확신하는지 스스로 생각해보게 된다. 앤서니는 이때 뭔가가 보인다고 했다. 즉 사람들이 자신의 주장에 대해 곰곰이 생각해본 적이 있는지 알 수 있다고 했다.

당신이 신뢰감을 충분히 주면서 솔직하고 열린 태도를 보였다면 상대방은 기꺼이 이 요청에 응할 것이다. 이는 또한 자연스럽게 대화를 진전시킬 기회가 된다. 만일 그가 80이라고 답하면 당신이 "100이 아닌 이유가 뭐죠?"라고 물으며 대화를 이어갈 수 있다.

---

* 다양한 정의가 가능하거나 많은 의미를 담을 수 있는 단어─옮긴이

## 6단계: 확신을 갖는 이유 묻기

상대방이 해당 숫자를 대답한 이유가 무엇인지 묻는다. 만일 여러 가지를 답한다면 공통분모를 뽑아 한 가지 이유로 정리해본다. 그의 확신에 가장 큰 영향을 미치는 이유는 무엇인가?

앤서니는 이렇게 말했다. "때로 사람들은 인과관계는 없는데 단순히 시간적으로 선행하는 어떤 것을 이유라고 대답합니다. 이유를 생각해내려고 애쓰다가 그렇게 되는 거죠. 그냥 그 순간에 문득 생각난 이유를 대기도 하지요. 하지만 실은 진짜 이유가 아닐 수도 있어요. 그들의 관점을 지탱하는 다른 이유가 있곤 하죠. 따라서 이런 질문을 던질 필요가 있습니다. '만일 당신이 말한 이유가 당신의 강한 확신을 뒷받침하는 충분한 이유가 아님을 알게 된다면, 그걸 당신 스스로 깨닫거나 이 대화를 통해 깨닫게 된다면, 아까 대답한 것보다 더 낮은 숫자로 바꾸겠습니까?' 만일 그가 '충분히 이유가 못 된다는 것을 알게 되더라도 내 확신 강도는 바뀌지 않을 겁니다'라고 답한다면, 그 이유는 목록에서 삭제합니다. 그리고 진짜 이유를 찾아낼 때까지 이 과정을 반복합니다."

## 7단계: 이유의 타당성 묻기

이 단계가 가장 중요하다. 하지만 문자 그대로 "어떤 방법으로 그 이유의 타당성을 판단했습니까?"라고 물을 필요는 없다. 앤서니의 설명에 따르면 이 단계의 목표는 사람들이 '자신이 생각하는 이유의 타당성을 판단'하는 데 주로 사용하는 방법의 신뢰성을 검증하도록 유도하는 것이다. 그러고 나서 여전히 해당 방법을 사용해도 그 이유가 현재의 확신 강도를 뒷받침할 수 있는지 묻는다.

 길거리 인식론 웹사이트나 관련 자료, 또는 그들의 세미나에서는 이 단계가 가장 큰 관심을 받는다. 이 단계에서 던질 수 있는 질문의 형태와 종류가 매우 다양하기 때문이다. 가장 효과적인 질문은 상대방의 사고가 지닌 모순과 약점을 드러내준다. 소크라테스식 대화법이 그렇듯 말이다. 앤서니는 질문의 몇 가지 예를 들려줬다. 물론 대화자가 지금까지 이야기한 내용에 따라 예시 질문의 단어를 바꿔야 한다고 덧붙였다. "당신의 방법을 사용해 누군가는 완전히 다른 결론에 도달할 수도 있을까요?" 만일 그렇다고 하면 "이는 당신의 믿음에 도달하는 데 사용한 방법의 신뢰성에 대해 무엇을 말해줄까요?"

 앤서니는 길거리 인식론자들이 즐겨 쓰는 방법을 소개했다. 대화 상대에게 이렇게 말하는 것이다. "다른 누군가가 똑같은 증거를 본 뒤 당신과 다른 결론을 내렸다고 상상해보세요. 이제 제3자가 두 사람의 주장을 검토합니다. 제3자는 어느 쪽 결론이 옳은지 어떻게 판단할까요?"

 나는 앤서니에게 지구 평면설의 대표 주자인 마크 사전트<sup>Mark Sargent</sup>를 만날 계획이라고 말했다. 그가 설명해준 기법을 이용하면 마크와의 대화가 어떻게 전개될지 궁금했다. 앤서니는 이런 질문을 던지라고 권했다. "지구가 평평하다고 믿는 가장 큰 이유가 무엇입니까? 당신의 확신에 가장 큰 영향을 미치는 이유 말입니다. 만일 사실이 아님을 알게 될 경우 당신의 확신을 가장 크게 흔들 만한 이유가 무엇인가요? 만일 유치원생들에게 지구가 평평한 이유를 설명해야한다면 어떤 논증을 사용하겠습니까?"

나는 아마도 마크가 전파 원격 측정을 이용해 비행기들의 항로를 추적해보면 절대 남반구를 지나지 않는다는 점을 근거로 들면서 그것이 남반구가 존재하지 않기 때문이라고 설명할 것 같다고 말했다. 이것은 지구 평면론자가 자주 제시하는 근거다. 물론 쉽게 논박할 수 있는 주장이다.

앤서니는 그런 식으로 대화를 풀어가면서 진짜 이유에 접근하라고 했다. 지구 평면론자에게 지구가 평평하다는 믿음을 갖기 전을 떠올리게 하라고 했다. "지구가 평평하다고 지금처럼 확신하게 된 결정적 사건이 무엇이었나요? 비행기 항로 때문이었나요? 비행기 항로에 대한 이야기를 듣고 지구가 평평하다는 확신이 강해졌나요?" 만일 그들이 자신은 평소 정부나 그와 유사한 권력에 의심을 품었다고 말한다면, 지구 평면설을 믿게 된 진짜 이유가 과학이나 권력 시스템에 대한 불신 때문일 가능성이 있다. 하지만 당신은 그런 추측을 겉으로 드러내서는 안 된다. 진짜 이유를 그들 스스로 깨닫게 해야 한다.

앤서니는 지구 평면설의 경우 이런 질문을 하라고 했다. "만일 비행기가 남반구를 지나지 않는 것이 지구가 평평해서가 아니라 다른 이유 때문이라는 것이 당신이 충분히 납득할 방식으로 증명된다면, 당신의 믿음에 영향을 줄까요?" 또 자기라면 이렇게 묻겠다고도 했다. "나는 이 분야의 전문가가 아닙니다. 그러니 우리 둘 다 신뢰할 수 있는 항공 전문가들을 함께 만난다고 가정합시다. 그들이 10시간 동안 비행기 운항과 관련한 세부 사항과 그런 기술적 측면이 실제로 지구 상공에서 적용되는 방식을 설명해준다면 이것이 당신의 믿음에 어떤 식으로든 영향을 미칠 것 같습니까?"

앤서니는 증거의 중요성을 인식해야 한다고 말했다. 그는 상대방에게 던지는 질문의 예를 더 들었다. 만일 같은 정보를 보고 다른 결론을 내리는 사람을 보면 어떨 것 같습니까? 당신은 반박 증거를 평가할 때도 당신이 믿는 증거를 평가할 때와 똑같은 기준을 사용하겠습니까? 당신은 그것이 당신의 견해를 뒷받침하는 가장 신뢰 있는 근거라는 결론을 어떻게 내리게 됐습니까? 여기서 핵심은 상대방의 주장 자체를 파고들지 않고 그가 자신의 주장을 평가하는 방식을 생각해보게 유도하는 것이다. 그는 자신의 믿음의 오류를 발견할 준비가 되어 있는가? 이것은 길거리 인식론 기법에서 가장 어려운 부분이다. 또 앤서니의 틱택이 도움이 되는 지점이기도 하다.

"사실 상대방이 심리적으로 불편해하는 것을 보면 나도 불편합니다. 그냥 대충 넘어가고 싶은 충동이 들죠. 하지만 그래선 안 됩니다. 불편한 기색이 보인다는 것은 곧 뭔가 의미 있는 시작점에 도달했다는 의미니까요. 한번은 누군가 제 동영상에 이런 댓글을 달았어요. '당신은 사람들을 편안하게 만들면서 불편하게 하는 재주가 뛰어나군요.' 그게 바로 이 기법의 핵심입니다. 상대방이 자기 자신의 생각에 대해 돌아볼 만큼 불편함을 느껴야 하고, 대화를 중단하고 화를 내면서 가버리지 않을 만큼 편안함을 느껴야 해요. 이건 타인의 잘못이나 허점을 들춰내 지적하기 위한 대화가 아니에요. 그들이 결론에 어떻게 도달했는지 함께 생각해보고 그걸 인지하게 돕는 게 목적입니다."

## 8단계: 경청하고 요약하고 반복하기

어떻게 보면 이 단계에는 모든 단계가 포함되었다고 할 수 있다. 상대의 말을 반복하되 다른 표현으로 바꿔 들려주면서 당신이 올바르게 이해했는지 확인한다. 만일 상대방이 이야기를 멈추고 시선을 돌린 채 뭔가 생각한다면 충분히 기다려줘야 한다. 철학에서는 이런 순간을 아포리아aporia라고 한다. 자신의 생각에 모순이 있음을 자각하고 놀람과 실망을 느끼며 깊은 생각에 빠지는 것이다. 이때 곧장 끼어들어 생각을 방해하지 않는 것이 중요하다. 또 이는 대화를 마무리할 때가 되었다는 신호이기도 하다.

원한다면 상대방의 확신 정도를 1에서 100까지 숫자로 다시 말해달라고 요청해도 된다. 하지만 앤서니는 꼭 해야 하는 것은 아니라고 했다. 더 중요한 것은 시간을 내준 데 감사를 표하고 지금까지 대화한 내용을 더 생각해보기를, 자기 자신의 생각에 대해 생각하는 습관을 기르기를 당부하는 일이다. 앞에서 그럴 틈이 없었다면 해당 주제에 대한 당신의 생각을 들려주는 것도 좋다. 만일 상대방이 이번에는 그가 당신에게 질문을 던지면서 대화를 나눠보고 싶어 한다면, 그렇게 하라. 그렇지 않으면 마무리한다.


## 9단계: 마무리하고 인사 나누기

앤서니는 이 점을 강조했다. 길거리 인식론이 사람들이 특정한 믿음에 도달하는 방식을 개선하려는 접근법이지 무언가를 믿게 설득하기 위한 대화법이 아니라는 것이다. 길거리 인식론 커뮤니티는 특정 믿음을 권유하거나 강요하지 않고, 특정 어젠다나 정책에 사람들이 찬성 또는 반대 의견을 갖게 유도하는 일도 없다. 그들이 길거리 인식론 기법을 통해 확실히 깨달은 것 하나는 앤서니를 포함해 커뮤니티 사람들 그 누구라도 틀릴 수 있다는 사실이다.

앤서니는 솔직한 태도가 중요하다고 거듭 강조했다. 돌려 말하지 말고 단도직입적으로 이렇게 요청하라고 했다. "당신이 동의한다면 당신의 주장을 뒷받침하는 추론 과정을 함께 살펴보고 싶습니다. 그 과정에서 제가 던지는 질문으로 당신의 논리가 더 강해질 수도 있고 약해질 수도 있습니다. 우리의 목표는 대화가 끝날 때쯤 우리 자신에 대해 더 잘 아는 상태가 되는 것입니다." 그것을 목표로 삼지 않는다면 이 기법은 효과를 발휘하지 못한다. 다른 꿍꿍이를 갖고서 그런 목표를 추구하는 척해서는 안 된다.

"당신의 생각을 잘못 이해하는 일이 없었으면 합니다. 그러니 제가 뭔가 오해했다면 즉시 바로잡아주세요"라고 말해야 한다. 상대방의 말을 중간에 끊지 말아야 하고, 그의 속도에 맞춰 대화를 진행해야 한다. 그리고 때로 잠깐 멈춰 생각할 수 있게 기다려준다. 상대방이 쓰는 용어의 의미와 추론을 존중하고, 당신의 사고가 아니라 상대방의 사고에 집중한다. "당신의 믿음에 어떤 근거가 있는지 알고 싶습니다. 이건 사실적인 옳고 그름을 따지는 대화가 아닙니다. 저는 전문가가 아니에요. 어차피 우리에겐 전문적 세부 사항을 따질 시간도 없고요. 당신의 주장이 옳은지 틀린지 따지는 대신, 그런 결론에 대한 당신의 믿음에 충분한 근거가 있는지 함께 생각해보고 싶습니다."

이 대화의 초점은 사람들을 혼자만의 생각 순환 고리에서 빠져나오게 이끄는 것, 메타 인지 상태로 유도하는 것이다. 나의 추론 과정을 복사해 타인의 머릿속에 갖다 붙이려고 해서는 안 되고, 그렇게 할 수도 없다. 앤서니는 그게 핵심이라고 했다. 사람들이 자신의 추론 과정을 되돌아보고 제대로 이해하게 이끄는 것. "사실 그게 전부예요. 그리고 그게 전부라는 것도 놀랍죠."

## 변화를 위한 피라미드

앤서니의 동영상을 보고 길거리 인식론에 대한 설명을 들으면서, 이 기법과 딥 캔버싱이 여러 면에서 대단히 유사하다는 생각이 들었다.

딥 캔버싱은 목표 지향적 활동이다. 리더십 랩은 자신들과 같은 방향으로 사람들의 마음을 바꾸고 싶어 한다. 그리고 딥 캔버싱은 믿음보다 태도에 더 초점을 맞추는 활동이다. 하지만 딥 캔버싱 역시 사람들로 하여금 자신의 생각과 자신이 무언가를 확신하는 이유를 생각해보게 유도하며, 그런 접근법은 사실과 주장 자체에만 집중하는 것보다 효과가 훨씬 더 컸다.

길거리 인식론은 메건 펠프스가 웨스트보로 같은 집단의 사람들에게 다가가는 방법이라고 설명한 네 단계와도 유사하다. 그 네 단계란 상대에게 나쁜 의도가 없다고 가정하고, 차분함을 유지하고, 질문을 던지고, 토론하는 것이다. 또 길거리 인식론에서는 ELM과 HSM의 요소도 느껴졌다. 라포르를 통해 신뢰감을 형성하고, 대면 커뮤니케이션을 활용하고, 인지 부하와 주의력 분산 요소를 줄이고, 대화하는 상대방에게 적절한 메시지를 택하고, 인내심 있게 경청한다는 점에서 그렇다. 무엇보다도 길거리 인식론은 뇌의 적극적인 정보처리 프로세스를 자극하고 사람들이 중심 경로를 택하게 하므로, 마음이 바뀔 경우 그 변화가 지속적일 수 있다.

앤서니는 길거리 인식론의 교육과정에서 사용하는 피라미드를 보여주었다. 피라미드 맨 위의 작은 삼각형에는 '무엇을', 중간에는 '왜', 맨 아래층에는 '어떻게'라고 적혀 있었다. 각 층은 주장, 그렇게 주장하는 이유, 이유의 타당성을 판단하는 방법의 상대적 중요성을 나타낸다. 이 피라미드를 보니 딥 캔버싱 교육에서 본 3단 케이크가 떠올랐다. 이 두 커뮤니티는 각자 나름대로 설득과 관련한 가장 효과적인 법칙을 발견했다는 생각이 들었다.

다른 이유와 목적으로 시작했지만 이들은 각자의 방식을 수년간 반복하면서 수많은 이들과 대화를 나눴다. 그 과정에서 효과가 없는 것은 폐기하고 효과가 있는 것은 유지하면서 믿을 만한 기법을 발견했다. 각자 다른 대륙에 있는 발명가들이 최초의 비행기를 만들려고 애쓰는 상황을 생각해보라. 결국 하늘로 날아오르는 그들의 발명품은 비슷할 것이다. 토대가 되는 물리학 원리가 동일하기 때문이다. 마찬가지로 설득 기법도 어느 곳에서 개발하든 비슷한 결과물이 나온다. 대화를 나누는 사람들의 뇌가 비슷한 원리로 작동하기 때문이다.

나는 앤서니를 만나고 몇 주 후 스마트 폴리틱스Smart Politics의 카린 타메리우스Karin Tamerius를 만났을 때 그것을 더 확실히 느꼈다.

딥 캔버싱과 길거리 인식론에 대해 조사하고 있다는 글을 트위터에 올리고 얼마 후 타메리우스에게 이메일을 받았다. 그녀는 자신도 그들과 비슷한 것을 발견했다면서 내게 이들 커뮤니티의 관계자를 소개해줄 수 있느냐고 물었다. 정신과 의사인 그녀는 정신과 치료에 효과적이었던 접근법이 정치적인 주제의 대화에서도 효과를 발휘할 것이라 생각했다. 이후 리더십 랩과 앤서니 매그너보스코가 했던 것처럼 사람들과 대화를 나누었고 비슷한 결과를 얻었다. 그녀는 스마트 폴리틱스라는 비영리단체를 설립해 진보 성향 사람들에게 보수적인 가족과 대화하는 법을 가르쳤다. 나를 만나기 얼마 전에는 이 단체에 대한 글을 써서 《뉴욕타임스》에 기고했다. 그녀는 '삼촌봇unclebot'도 만들었다. 삼촌봇은 가족 모임에 으레 한 명쯤 있는, 논쟁하기 좋아하는 친척 역할을 하는 인공지능 채팅 상대다.

함께 만나서 각자 알아낸 것을 비교해보자는 내 제안에 그녀는 흔쾌히 응했다.

타메리우스는 "나와 상대방이 사실에 대해 대화를 나눈다고 믿는 것은 착각입니다. 양측은 특정 이슈에 대해 이야기하고 있다고 생각하죠. 하지만 그보다 더 중요한 것은 사람입니다"라고 말했다.

그녀는 정신과 의사로 일하면서 어떤 설득에서든 나와 상대방의 관계를 강화하는 대화를 하는 것이 가장 중요하다는 사실을 깨달았다. 상대방에게 내가 적군이 아님을, 상대방이 '저들'이라고 여기는 쪽의 멤버가 아니라는 것을 보여주려고 노력해야 한다. 그리고 내 쪽에서도 마찬가지다. 상대방을 적군으로 보지 않고, '저들'이라는 범주에 넣지 않으려고 노력해야 한다.

나는 타메리우스의 대화 기법에도 단계가 있는지 물었다. 그녀는 이렇게 설명했다.

첫째, 위협적이지 않으면서 답변자가 자유롭게 의견을 말할 수 있는 질문을 던진다. 예컨대 "요즘 백신에 관한 기사를 많이 접했는데, 혹시 읽어보신 적 있나요?" 둘째, 상대방의 대답에 귀를 기울인 후 당신의 호기심을 표현하고 일방적 판단을 피하는 후속 질문을 던지면서 라포르를 형성한다. 셋째, 상대방의 말을 다른 말로 바꿔 표현해본다. 지금까지 들은 내용을 요약해 다시 말함으로써, 상대방이 자신의 말이 경청되고 존중받고 있다는 기분을 느끼게 한다. 넷째, 상대방과 당신의 공통분모를 찾는다. 상대방의 주장 자체에 동의하진 않을지라도, 당신의 가치관도 그와 비슷하다는 사실을, 또는 비슷한 두려움이나 불안, 걱정, 목표를 가졌음을 표현할 수 있다. 해당 문제에 대해 양측이 생각하는 최선의 해결 방법이 약간 다를 뿐이라고 생각하게 하라. 다섯째, 당신의 가치관과 관련된 개인적 경험을 들려주면서 유대감을 강화한다. 마지막으로, 당신의 현재 관점이 시간이 흐르면서 바뀐 것이라면 그렇게 변하게 된 과정을 들려준다.

타메리우스는 이 기법의 핵심은 사람들을 움직이는 내면 동기를 파악하는 것이라고 했다. 그녀 역시 그림을 하나 보여주었다. 변화를 위한 대화 피라미드Change Conversation Pyramid로, 다음 단계로 넘어가기 전에 각각의 동기가 충족돼야 한다는 것을 계층 구조로 보여주는 그림이었다. 피라미드의 맨 꼭대기는 '변화'다. 맨 아래서부터 각 칸에 '편안함', '유대감', '이해', '공감', '변화'라고 적혀 있다. 그녀는 자신의 웹사이트에서 이 피라미드를 설명하며 이렇게 썼다. '정치를 주제로 한 대화에서 우리가 흔히 하는 실수는, 사람들이 변화하려면 반드

시 충족돼야 하는 아래쪽 욕구들은 외면한 채 피라미드 꼭대기로 직행하려 하는 것이다.'

나는 스마트 폴리틱스의 기법이 딥 캔버싱이나 길거리 인식론과 매우 유사하다고 타메리우스에게 말했다. 그리고 메건 펠프스가 TED 강연에서 들려준 방식과도 비슷했다. 타메리우스는 고개를 끄덕였다. 그러면서 그들의 접근법이 지난 50년간 심리 치료 전문가들이 변화시키기 힘든 내담자를 상담하면서 알게 된 내용과 크게 다르지 않은 것 같다고 말했다. 그녀는 사람들의 마음을 바꾸기 위해 사용하는 심리 치료 기법이 동기 강화 상담motivational interviewing에 대한 연구에 자주 의지한다고 덧붙였다.

나는 그런 상담에서 이뤄지는 대화의 예를 들어달라고 요청하면서 백신 접종이 주제라면 좋겠다고 말했다. 우리가 만났을 무렵엔 많은 이들이 백신 접종을 거부하는 가족 때문에 골머리를 앓고 있었기 때문이다. 타메리우스가 설명해준 프로세스는 다음과 같다.

### 1단계: 라포르 형성하기

먼저 상대방을 비난하거나 수치심을 느끼게 할 의도가 없음을, 또는 그가 남들에게 따돌림 당하게 만들 의도가 없음을 알려 안심시킨다. 당신의 열린 태도와 존중하는 마음을 보여주고 거듭 대화에 대한 동의를 구한다. 공격적인 태도는 절대 금물이다. 설령 당신이 동의하지 않더라도 상대방의 관점을 수용해준다. 말을 끊지 않고 경청한다. 섣불리 대응하지 않고 상대방의 입장을 이해하려고 노력한다. 무엇보다도 양측의 공통분모를 찾으려고 노력한다. 호기심을 갖고 적극적으로 공감하며 듣는 태도는 그 어떤 사실이나 통계수치보다도 높은 설득력을 발휘한다.

### 2단계: 숫자로 표현하기

"백신을 접종하고 싶은 의사를 1~10의 숫자로 표현한다면, 당신은 몇입니까?"라는 물음에 1이라고 답한다면, "백신을 거부하지 않는 다른 사람들이 그보다 높은 숫자를 대답한다면 그 이유가 무엇일까요?"라고 묻는다. 1이라고 대답한다면 심리학 용어로 숙고 전 단계 precontemplation stage 상태다. 타메리우스는 학습 마인드를 갖추어야 변화가 가능하다고 설명했다. 안전하다는 느낌을 받지 못하면 뭔가를 학습하려는 동기도 생기지 않는다. 그러면 당연히 설득 단계로 넘어갈 수도 없다. 먼저 그를 적극적 학습 상태로 유도해야 한다. 숙고 전 단계에서 나와 숙고 단계 contemplation stage 로 넘어가게 해야 한다.

동기 강화 상담에서는 내담자가 숙고 단계로 넘어가지 못하는 가장 흔한 이유로 네 가지를 꼽는다. 첫째, 현재의 동기에 의문을 제기하는 정보나 지식을 접해본 적이 없다. 둘째, 자신의 행위 주체성이 위협받는다고 느낀다. 셋째, 과거 경험으로 미뤄볼 때 자신은 변화할 가망이 없다고 느낀다. 넷째, 합리화의 순환 고리에 빠져 있다. 이는 수십 년간 전문가들이 알코올이나 여타 약물의 중독자를 치료하는 과정에서 알게 된 것이다.

따라서 어떤 내담자에게는 그의 동기에 의문을 제기하는 새로운 지식을 알려줘야 한다. 어떤 경우에는 내담자의 행위 주체성이 위협받지 않는다고 안심시켜야 한다. 어떤 내담자에게는 변화할 가망이 없다는 믿음을 깰 새로운 경험이 필요하다. 물론 치료자는 이 모든 것을 동시에 활용할 수 있지만, 상담 과정에서 가장 집중하는 부분은 합리화의 순환 고리를 인지시켜 거기서 벗어나게 이끄는 일이다.

타메리우스의 설명에 따르면, 일단 사람들이 숙고 전 단계에서 숙고 단계로 넘어간 후에 그들의 마음을 1에서 10까지의 숫자로 표현해달라고 요청하면 대개 2나 그 이상의 숫자를 대답한다. 이는 해당 사안에 대해 양가감정(변화에 대한 저항과 변화 욕구가 공존하는 심리 상태)을 느끼기 때문이다.

### 3단계: 숫자를 선택한 이유 묻기

1보다 높은 숫자를 답하면 "더 낮은 숫자를 택하지 않은 이유가 무엇인가요?"라고 묻는다. 상대방이 양가감정을 느낀다면 왜 그보다 낮은 숫자를 택하지 않았는지 물어본다. 만일 5라고 답했다면 "어째서 4는 아닙니까?"라고 묻는다. 이때 중요한 것은 그의 양가감정을 구체적으로 들여다보게 돕는 일이다.

### 4단계: 의견 확인하기

상대방이 이유를 설명하면 당신이 표현을 바꿔 반복해 들려주며 제대로 이해했는지 확인한다. 상대방이 변화하고 싶지 않은 이유를 계속 설명하게 해서는 안 된다. 여기서 목표는 그가 자신이 생각하는 이유의 타당성을 돌아보게 유도하는 것이다. 그가 처음보다 높은 숫자를 택한 이유를 설명하는 동안, 당신은 그가 느끼는 양가감정의 반대쪽(변화 욕구)을 더 강조해야 한다. 더 낮은 숫자를 택하지 않은 이유에 집중한다. 물론 이는 쉽지 않으며 시간이 걸린다. 때로는 여러 번 대화할 필요가 있다.

길거리 인식론이나 딥 캔버싱과 마찬가지로 첫 단계인 라포르 형성이 가장 중요하다. '우리 대 저들'이라는 적대 감정이 생기면 적극적 정보 처리 프로세스로 들어가거나 학습 마인드가 되기 힘들다. 또 라포르를 형성하기 위해 여러 번 대화해야 할 수도 있다. 만일 두 사람 사이에 뭔가 불편한 감정이 있었다면 그것부터 먼저 풀어야 한다.

라포르가 형성됐더라도 다시 깨지기도 쉽다. 심리 치료사들은 문제를 겪고 있는 내담자에게 '생각을 이렇게 바꿔라' 또는 '이렇게 행동하라'고 말해주고 싶은 충동이 자연스럽게 들지만(이를 '교정 반사 righting reflex'라고 한다) 절대 그래서는 안 된다고 말한다. 그러면 내담자를 방어 모드로 만들기 때문이다. 방어 모드가 된 내담자는 술을 끊어야 할 이유 대신 술을 마셔야 할 이유를 설명한다. 변화하지 않고 싶은 이유를 옹호하면서, 변화에서 멀어지는 쪽으로 자신의 양가감정을 해결하는 것이다.[1]

### 확신은 감정의 산물이다

나는 데이브 플라이셔와 앤서니 매그너보스코에게 타메리우스를 소개하는 이메일을 보냈다. 모두 비슷한 뭔가를 발견한 것 같으니 함께 만나보면 좋겠다고, 모종의 콘퍼런스를 기획해도 괜찮겠다는 의견도 덧붙였다. 한편 나는 관련 자료를 더 찾아보다가 놀랍게도 딥 캔버싱과 길거리 인식론, 스마트 폴리틱스의 접근법, 동기 강화 상담을 비롯한 여러 설득 기법이 이미 몇 달 전에 '방법 반박하기technique rebuttal'라는 이름으로 분류되었다는 사실을 알게 되었다.

나는 그것들을 분류한 심리학자인 필립 슈미트Philipp Schmid와 코르넬리아 베치Cornelia Betsch에게 연락했다. 두 사람은 다양한 설득 기법에 대한 연구를 종합해 분석한 뒤 모든 기법을 두 종류의 전략 중 하나로 분류할 수 있음을 알아내고 이를 논문으로 발표했다. 두 전략은 '방법 반박하기'와 '내용 반박하기topic rebuttal'다.[2]

내용 반박하기를 통한 설득에서는 사실적 정보만으로 특정 주장에 대응한다. 이는 과학과 의학 등 일반적인 학계에서 주로 사용하는 접근법이다. 그런 환경에서는 해당 분야 및 특정한 전문 집단 내에서 합의된 기준에 비춰볼 때 가장 타당하고 확실한 증거가 있는 결론을 택하는 것을 당연하게 여기므로 학문적 신뢰와 책임감이 중요하기 때문이다. 이 경우 사실적 정보와 근거가 풍부할수록 더 효과적이다. 반면 방법 반박하기를 통한 설득에서는 개인이 정보를 처리하는 방식과 결론을 확신하게 된 이유에 집중한다. 이때는 특정 사안 자체보다 그 사안에 반대하는 이유에 초점을 맞추면서, 반대하는 데 사용한 방법의 결점을 찾아낸다. 방법 반박하기는 사람들이 한 걸음 뒤로 물러나 자신의 정보처리 과정을 돌아보면서 특정 결론에 이른 과정과 자신의 추론 방법이 타당한지 생각해보게 한다.

슈미트는 종종 사람들이 방법 반박하기를 꺼린다면서, 특히 청중이 있는 경우 더 그렇다고 설명했다. 상대방의 동기와 추론을 파헤쳐 교묘하게 심리를 조종하는 기술처럼 느껴지기 때문이다. 사실적 정보를 알려주고 대화를 끝내는 것이 도덕적으로 더 나은 방법처럼 느껴진다. 상대방이 감정적인 것 같으면 우리는 이성적으로 보이고 싶어 한다. 토론에서는 특히 사실에 대한 토론에서는 절대 감정이 개입되어서는 안 된다고 느낀다. 그러나 슈미트 같은 추론 전문가들은 그것이 불가능하다고 말한다. 확신 자체가 이미 감정이기 때문이다.

1986년 우주왕복선 챌린저호 폭발 사고가 일어난 후 심리학자 울릭 나이서Ulric Neisser는 학생 106명에게 이 사고와 관련해 어떤 이야기를 들었는지, 그들이 어디 있었는지, 무엇을 하고 있었는지, 어떤 감정을 느꼈는지 등을 적게 했다. 그리고 2년 반 뒤 그들을 불러 똑같은 질문을 던졌더니 불과 10퍼센트의 학생만이 과거에 적은 것과 일치하는 답변을 했다. 그런데 흥미로운 것은 그들의 기억이 불완전하다는 점이 아니라 그들이 자신의 기억이 '불완전할 수 있다'는 사실을 인정하지 않았다는 점이다. 심지어 한 학생은 2년 반 전에 자신이 쓴 글을 보고도 "내 글씨체는 맞지만 거기 적힌 내용은 사실과 다르다"라고 말했다.

신경학자 로버트 버턴Robert Burton은 이 연구 사례를 접하고 확신이라는 개념에 강한 호기심을 갖게 되었다.[3] "그건 심리적 동기가 작동할 이유가 없는 상황이었어요. 그냥 '아, 내가 착각했나 봐요' 하면 그만이잖아요. 하지만 그 학생은 자기가 쓴 글의 내용이 틀리다고 강하게 확신했어요. 새로 형성된 기억이 맞다는 확신이 너무 강한 나머지 자신이 착각하고 있을지 모른다는 생각을 하지 못하는 겁니다. 그걸 보고 이런 생각이 들었습니다. '심리적 동기가 작동하는 게 아니라면 더 근원적인 인지적, 신경학적 메커니즘이 있는 건지도 몰라.' 그 학생이 가진 확신이 그가 의지로 통제할 수 없는 뭔가가 아닐까 생각해보았습니다. 확신이라는 것이 사고가 아니라 감각 내지는 느낌이라는 생각이 들었습니다."

버턴은 『뇌, 생각의 한계』라는 저서에서 이 주제를 다루면서 신경과학을 바탕으로 확신이란 무엇인지 파헤쳤다. 그는 챌린저호 사례를 들면서, 우리가 틀렸다는 증거를 맞닥뜨려도 뇌가 확신이라는 정신적 상태를 계속 만들어내면 자신이 옳다고 믿을 수밖에 없다고 설명했다. 심지어 자신이 직접 쓴 글이 그 증거인 경우에도 말이다. 강도에 따라 다르지만, 우리가 틀렸을 가능성(사실관계에서든 도덕적으로든)을 마주할 때 경험하게 되는 '내가 옳다는 것을 안다'는 느낌 때문에 우리는 과거의 자기 자신과 의견이 충돌하곤 한다. 마치 우리 자신의 확신이라는 신경학적 감옥에 갇힌 것처럼 말이다.[4]

버턴은 심리학과 신경학 자료들을 전부 살펴봤지만 만족스러운 용어를 발견하지 못했다. 그래서 '안다는 느낌the feeling of knowing'이라는 용어를 만들었다. 이는 확신, 신념, 맞음, 옳음 등을 아우르는 용어다. 우리는 느끼는 것을 알고, 느끼지 못하는 것은 알지 못한다.

버턴은 안다는 느낌이 뭔지 설명하기 위해 이런 예를 든다. 다음 글을 읽어보라.

신문이 잡지보다 낫다. 장소는 거리보다 해변이 더 낫다. 처음에는 걷는 것보다 뛰는 게 낫다. 여러 번 시도해야 할지도 모른다. 기술이 필요하지만 배우기 쉽다. 어린아이도 즐길 수 있다. 일단 성공하면 복잡한 문제가 거의 없다. 새들이 너무 가까워지는 일은 별로 없다. 하지만 비는 매우 빨리 스며든다. 너무 많은 사람이 하면 문제가 생길 수 있다. 한 사람에게 많은 공간이 필요하다. 뒤얽히지 않으면 매우 평화로울 수 있다. 돌이 닻 역할을 한다. 하지만 그것이 거기서 떨어져나가면 두 번째 기회란 없다.

이것을 읽으면 무엇에 관한 글인지 확신이 들지 않을 것이다. 하지만 내가 당신에게 '연'에 관한 설명이라고 말해주면, 당신은 위 글을 다시 읽으면서 완전히 다른 감정을 느낄 것이다. 그 느낌은 당신이 선택할 수 있는 종류가 아니다. 그 느낌은 '당신에게' 일어난다. 우리는 이 글이 연에 관한 것이 맞다고 확신하기로 의식적으로 결정하거나 선택하지 않는다. 그것은 그저 느낄 수 있는 것이다. 버턴은 이것이 추론을 통한 결론이 아니라고, 결론처럼 느껴지는 감정이라고 말한다.

그는 뇌가 하는 일 대부분이 의식적 사고의 아래쪽에서 일어난 뒤 의식으로 투사된다면서 이렇게 설명했다. 손을 뻗어 커피 잔을 잡는 최적의 방법이 됐든, 운전 중 대화하면서 차가 도로 밖으로 나가지 않게 하는 방법이 됐든, 우리가 의식하지 못할지라도 뇌는 뭔가를 끊임없이 계산하며 평가하고 있다. 갈증을 느끼는 프로세스도 마찬가지다. "체내의 삼투질 농도가 높아지면 뇌는 그것을 감지하고 갈증을 느낍니다. 그런 뒤 우리는 의식적 언어로 '나는 목이 마르다'라고 표현하지요."

버턴은 우리가 확신이나 불확신을 느낄 때도 마찬가지라고 설명했다. "당신이 2 더하기 2가 4가 맞다고 느낀다면, 그렇게 확신하는 이유는 당신 머릿속에 선천적인 수학 모듈이 있기 때문일까요, 아니면 어릴 때 그것이 맞는 답이라고 배웠기 때문일까요? 어느 쪽이든 간에, 뇌 안의 무언가가 잠재의식 차원에서 확신이라는 느낌을 만들어내는 것입니다. 갈증을 경험할 때처럼 당신은 그것을 느끼지 않을 수 없습니다. 설령 언어로 표현하지 않더라도 말입니다."

버턴은 군중 속에서 믿기지 않는 누군가를 발견하는 상황을 상상해보라고 했다. 당신은 외국의 낯선 여행지에서 할아버지의 얼굴을 발견한다. 할아버지가 돌아가셨음에도 말이다. "당신은 그 사람이 할아버지일 확률을 생물학적 차원에서 느낍니다. 본능적으로 어떤 느낌이 일어나는 거죠. 그리고 그 느낌, 즉 확신 정도를 퍼센트로 표현할 수 있을 겁니다." 이를테면 당신은 그가 할아버지임을 10퍼센트 확신한다고 말할 수도 있다. 하지만 만일 오래된 지인의 얼굴을 발견한다면 숫자는 더 커질 것이다. 이때는 그 사람에게 다가가 당신의 추측이 맞는지, 정보를 더 얻으면 숫자를 조정해야 하는지 확인해볼 필요가 있을 것이다.

"그 모든 느낌은 무의식 차원에서 뇌가 계산하고 평가한 결과물입니다. 그리고 여러 진화적 이유 때문에 그런 계산과 느낌이 합쳐져 의식으로 드러나게 됩니다. 어떤 사고나 추론과도 무관하게 말입니다. 우리의 확신은 느낌이지만 추론에 의한 결론처럼 보이는 거죠. 이것은 진화가 만들어낸 일종의 거대하고 놀라운 속임수입니다."

버턴의 설명에 따르면 믿음과 의심은 우리의 소유물이 아니라 모종의 프로세스로 봐야 한다. 병에 담긴 구슬이나 선반의 책, 컴퓨터에 저장된 파일 같은 것이 아니라는 얘기다. 믿음과 의심은 확신의 느낌 또는 확신의 부족을 생성시키는 뇌의 신경망이 만든 결과물이다. 신경망의 작동과 판단에 따라 우리는 특정 진술을 맞다고 또는 틀리다고 느낀다.

버턴은 "내가 이 주제를 너무 오랫동안 파고들었는지도 모릅니다. 직관적으로 너무 당연하게 느껴져서 안타깝게도 나는 확신이라는 것에 대해 다른 식으로는 생각할 수가 없습니다"라고 말했다.

## 경청과 스토리텔링의 효과

앤서니 매그너보스코를 통해 길거리 인식론(확신이라는 감정 상태, 즉 안다는 느낌을 강화하거나 약화하는 대화법이다)을 알게 된 후, 나는 데이비드 브룩먼과 조시 칼라에게 이메일을 보냈다. 그사이 딥 캔버싱 연구에 더 진전이 있었는지 궁금했다.

우리는 줌으로 만나 대화를 나눴다. 나는 그동안 알게 된 것들을 들려주었다. 두 사람은 내가 한 말이 전부 자신들이 발견한 내용과 맥을 같이한다면서 언젠가는 길거리 인식론도 연구해보면 좋겠다고 했다. 현재 여전히 딥 캔버싱을 연구하고 있다고, 다른 영역에 딥 캔버싱을 적용하는 방법에 대한 새로운 연구 결과를 몇 개 발표했다고 했다. 딥 캔버싱은 다른 영역에서도 효과가 있었다. 사람들이 투표하고 싶은 후보를 바꾸게 하는 것에서부터 이민 문제에 대한 태도 변화에 이르기까지 모든 이슈에서 효과를 발휘했다.

칼라는 내가 그들을 처음 만났을 당시에는 너무 많은 측면과 단계를 살펴보느라 정리가 제대로 이뤄지지 않았다고 했다. 그처럼 '가능한 모든 것을 다루는 접근법'에서는 어떤 것이 유효 성분이고 어떤 것이 대화 시간만 채우는 성분인지 정확히 구별하기 힘들었다는 것이다.

딥 캔버싱의 단계를 다시 짚어보면 다음과 같다.

1. 라포르를 형성한다. 상대방의 수치심을 유발하거나 비난할 의도가 전혀 없음을 알리고 대화에 대한 동의를 구한다.

2. 대화 주제인 이슈에 대한 지지도를 0∼10으로 표현해달라고 한다.

3. 이 이슈에 영향을 받는 누군가에 대한 이야기를 들려준다.

4. 지지도를 다시 묻는다. 만일 숫자가 바뀌었다면 이유를 묻는다.

5. 숫자가 그대로이든 바뀌었든 이렇게 묻는다. "어째서 그 숫자가 적당하다고 생각합니까?"

6. 상대방이 이유를 설명하면, 당신이 표현을 바꿔 다시 들려주면서 제대로 요약했는지 묻는다. 상대방이 만족할 때까지 반복한다.

7. 과거에 그런 생각을 하지 않았던 적이 있느냐고 묻는다. 있다면, 현재의 태도를 갖게 된 계기나 이유가 무엇인지 묻는다.

8. 경청하고 요약하고 반복한다.

9. 당신이 왜 현재와 같은 견해를 갖게 됐는지 개인적인 이야기를 잠시 들려준다. 단, 대화가 논쟁이 되지 않도록 주의한다.

10. 마지막으로 지지도를 다시 묻는다. 대화를 마무리하고 인사를 나눈다.

칼라는 말했다. "어떤 요소가 중요하고 어떤 요소가 덜 중요한지 파악할 필요가 있었습니다." 여기에는 현실적 이유와 학문적 이유가 있었다. 이런 방법 반박하기 전략은 교육하기가 쉽지 않다. "만일 7분 대화의 효과가 15분 대화와 똑같다면 두 배나 많은 사람과 대화할 수 있습니다." 이는 현실적인 부분이다. 한편 학문적으로 보면 "사회과학에서 우리가 알고 있는 무엇이 딥 캔버싱과 긴밀히 연결되는가?"라는 질문에 대한 답을 찾아야 했다.

브룩먼과 칼라는 나와 마지막으로 만난 이후 세 차례의 실험을 진행했다. 총 230명의 딥 캔버싱 진행자가 미국 내 7개 지역에서 유권자 약 7,000명을 만나 이민 정책과 트랜스젠더 혐오에 대해 대화를 나눴다. 유효 성분을 알아내기 위해, 이들은 상대를 설득하려는 주장은 사용하지 않았다. 그리고 개인적 판단을 피하며 서로에 관한 이야기를 주고받는 대화를 어떤 경우에는 빼고 어떤 경우에는 넣었다. 결과를 살펴보니 그런 이야기를 나누지 않고 딥 캔버싱을 진행하자 효과가 없었다. 반면 그런 스토리텔링을 포함했을 때는 효과가 컸다.

"판단하지 않는 태도로 경청하면서 이야기를 공유하는 단계를 제외하자 효과가 사라졌고, 다시 포함하자 효과가 돌아왔다"고 칼라는 말했다. 이것은 존중하는 태도로 상대방의 개인적 경험에 귀를 기울이고 그다음엔 나의 이야기를 들려주는 식으로 이루어진다. 이는 타인을 설득하고 싶을 때 사용할 수 있는 전략이라고 칼라는 설명했다.

흥미로운 점은 캔버싱 진행자가 들려주는 이야기가 본인의 경험이든 타인의 경험이든 상관이 없었다는 사실이다. 해당 이슈 때문에 영향을 받은 누군가의 이야기이기만 하면 된다. 심지어 다른 누군가가 이야기하는 모습을 찍은 영상을 보여주는 것도 효과적이었다. 그러나 대화에서 이런 부분을 없애면 설득 효과도 함께 사라졌다.

칼라는 이렇게 말했다. "깔끔하고 단순한 접근법이 최선인 것 같습니다. 사람들을 찾아가 공감할 만한 이야기를 들려주고 그들의 이야기도 성의껏 들어주는 거죠. 그 과정을 통해 인간적인 느낌과 공감이 형성되고 서로를 더 잘 이해하게 됩니다. 사실 그게 설득에서 가장 큰 역할을 하는 것 같아요." 그들의 태도가 0에서 10까지 중 어디쯤이냐고 묻는 것도 도움이 되는 것으로 보인다. 어떤 숫자를 답하든 캔버싱 진행자가 부정적인 반응을 나타내지 않으므로 사람들은 자신이 창피나 비판을 당하지 않을 것임을 느끼기 때문이다.

"어떤 숫자가 나오든 존중하는 태도로 들어야 합니다. 그리고 이렇게 묻는 거죠. 왜 그렇게 생각합니까? 어떻게 해서 그런 태도를 갖게 되었나요? 진심으로 궁금해하는 태도여야 합니다. 그래야 그들이 새로운 관점에 마음을 열 가능성이 높아져요. 이것은 대화를 시작하고 첫 3~4분 동안 이뤄지는 과정입니다. 만일 내가 당신 집 현관에 찾아가 다짜고짜 트랜스젠더에 관한 내 생각과 이야기를 들려준다고 생각해보세요. 당신은 거북할 거예요. 하지만 판단하지 않는 태도로 경청하기부터 시작하면 라포르와 신뢰감이 형성됩니다. 그러면 편안하고 솔직하게 대화를 이어갈 수 있어요."

또 다른 유효 성분은 이야기 도취narrative transport의 힘으로, 이는 라포르가 형성돼 저항감이 사라진 후에야 효과를 발휘할 수 있다. 칼라는 이것이 심리학이라는 사회과학과 딥 캔버싱이 매우 긴밀히 연결되는 지점이라고 설명했다. 이야기 도취는 이야기에 흠뻑 빠져서 잠시 자기 자신조차 잊어버리는 상태다. 우리는 책이나 연극, 팟캐스트, TV 프로그램, 영화를 통해서도, 아니면 캠프파이어 주위에 둘러앉아서 또는 현관 앞에서 듣는 이야기를 통해서도 그런 경험을 할 수 있다. 연구에 따르면 이야기 도취가 일어나기 위해서는 이야기에 세 요소가 포함돼야 한다. 청자가 딴 데로 주의력을 돌리지 않게 하는 요소, 지속적으로 강한 감정 반응을 유발하는 요소, 머릿속에 시각적 이미지를 그리게 하는 요소가 그것이다.[5]

어째서 이야기 도취가 설득에 도움이 될까? 반론을 제기하는 상황을 없앨 수 있기 때문이다. 우리는 푹 빠져서 이야기를 들을 때 반박할 말을 준비하지 않는다. 이야기는 우리의 마음을 바꾸겠다고 달려들지 않는다. 이야기는 우리의 자율성이나 정체성을 위협하지도 않는다.

나는 제대로 이해했는지 확인하려고 칼라에게 이렇게 말했다. "그러니까 먼저 '나도 사회적 동물이고 당신도 사회적 동물이다. 그리고 지금 우린 둘 다 선한 의도를 갖고 있다'라는 신호를 보낸 다음, 상대방이 반박하며 논쟁해야 한다는 기분을 느끼지 않게끔 정보를 전달하는 거군요."

"맞아요, 바로 그겁니다."

## 사실을 믿는 세상을 위한 기법들

방법 반박하기를 이용하는 설득 기법 중 길거리 인식론은 실증적 문제에 관한 믿음을 다룰 때 가장 효과적이다. 예컨대 유령이 실제로 존재하는가, 비행기들이 켐트레일을 뿌려 인간 정신을 조종하는 물질을 살포하는가 등의 문제를 들 수 있다. 딥 캔버싱은 '그 CEO는 나쁜 사람이다', '그 정책이 나라를 망칠 것이다' 같은 태도, 즉 메시지에 대한 감정적 평가를 변화시키고자 할 때 가장 효과적이다. 스마트 폴리틱스의 방식은 우리가 가장 중요하게 여기는 목표의 체계인 가치관을 다룰 때 가장 적절하다. 즉 총기 규제나 이민 정책 등의 이슈가 이에 해당한다. 그리고 동기 강화 상담은 사람들의 행동 변화를 유도할 때 가장 효과적이다. 예컨대 팬데믹을 종식시키기 위해 백신을 접종하도록, 또는 기후변화를 막기 위해 쓰레기 재활용에 참여하도록 유도할 때 적절하다.

이들 기법을 쓰면 때로 180도 변화가 일어나지만 항상 그런 것은 아니다. 대개는 변화하기까지 여러 번의 대화가 필요하다. 라포르를 형성하는 데만도 한 번 이상의 대화가 필요할 수 있다. 일단 경계 태세를 풀면 사람들은 적극적 정보처리 상태로 들어간다. 대화자가 사람들을 판단하거나 창피를 주지 않는 태도로 그들 자신의 생각에 대해 생각해보게 유도하면, 그들의 확신이 약간이라도 움직이거나, 태도가 특정 방향으로 조금이라도 이동하거나, 가치관을 다소 재고해볼 필요성을 느끼거나, 그들의 의도와 계획을 조정하는 일이 일어날 수밖에 없다.

뭔가가 사실이라는 믿음에서 거짓이라는 판단으로 또는 긍정적 태도에서 부정적 태도로 바뀌는 것, 그리고 확신하던 것에 의심을 품기 시작하거나 매우 긍정적인 태도에서 약간 긍정적인 태도로 바뀌는 것, 이 두 종류의 변화는 종종 양적으로 따지자면 동일한 변화라고 볼 수 있다. 따라서 카린 타메리우스는 완벽한 180도 변화만 목표로 삼으면서 좌절할 필요가 없다고 했다. 물론 그런 변화가 일어나는 경우도 있다. 그러나 강도와 종류에 상관없이 어떤 식으로든 변화가 감지된다면 그것은 상대방의 마음이 움직였다는 의미다.

이런 기법들은 여전히 각자의 방식을 반복해서 활용하고 있다. 길거리 인식론 커뮤니티의 경우 특히 더 활동이 활발하다. 비교적 최근에 형성된 이 커뮤니티는 사람들끼리 적극적으로 교류하면서 자신이 타인과 나눈 대화를 공유하고 피드백을 얻는다.

앤서니는 "지금 우리가 이용하는 대화법은 2년 전보다 더 발전한 방식입니다. 아마 요즘 찍은 동영상을 10년 후에 보면 '어쩌면 저렇게 구식 방법을 썼을까?' 하는 생각이 들 거예요"라고 말했다.

나는 길거리 인식론에 대한 열정을 갖고 계속하게 만드는 동력이 무엇이냐고 물었다. "사람들이 사실을 믿는 세상이 됐으면 좋겠어요. 하지만 조롱하거나 화를 내거나 '당신은 틀렸어'라고 말하는 것은 그들에게 도움이 되지 않습니다. 따지고 보면 우리 모두가 똑같은 처지예요. 누구나 자신의 관점을 정당화하는 이유를 꼭 붙잡고 놓지 않으니까요. 그 사실을 인식한다면 타인에게 공감하기 시작할 수 있습니다. 그리고 자신이 믿는 것에 대해 인식론적 겸손함을 가질 수 있습니다."

## 왜 타인의 마음을 바꾸고 싶은가

텍사스주에서 앤서니를 만나고 돌아온 후, 캐나다의 한 산장에서 길거리 인식론을 사용해볼 기회가 생겼다. 음모론적 사고와 확증 편향에 대해 강연해달라는 요청을 받고 간 곳이었다.

기차를 타고 한참 들어가 외딴 시골에서 내려 다시 버스로 갈아타고 몬트리올 북쪽으로 올라가 목적지에 도착했다. 그곳에서 약 40명의 사람들이 모여 강연을 하고 캠프파이어도 즐기면서 일주일을 함께 보냈다. 밤에는 천체관측소가 있던 자리에 세운 대형 산장의 이층 침대에서 잠을 잤다. 인터넷도 없는 그곳은 이를테면 어른을 위한 여름 캠프 같았다. 다들 금방 친해졌고, 산장 내 식당에서 같이 밥을 먹고 술잔을 기울이면서 서로의 발표 주제와 관심사에 대해 편하게 이야기를 나눴다.

나는 주로 설득 방법에 대해 이야기했다. 강연에서도 길거리 인식론을 언급했지만 자세히 다루지는 않았다. 그런데 강연이 끝난 후, 캠프파이어 앞에서 나와 오래 이야기를 나눴던 스타트업 경영자 제이선 라이켈Jaethan Reichel이 다가오더니 길거리 인식론을 직접 경험해보고 싶다고 했다. 나는 이따 저녁 식사 때 함께 해보자고 말했다.

금방 소문이 퍼져서, 제이선과 내가 테이블에 마주 앉자 작은 청중 무리가 형성돼 우리를 지켜보았다. 대부분 실리콘밸리 타입의 사업가였지만 사회운동가와 저널리스트도 섞여 있었다. 나는 제이선에게 대화 주제는 어떤 것이든 상관없지만 이 기법을 가장 효과적으로 보여주려면 그에게 삶의 바탕이 되는 중요한 무언가여야 한다고 말했다. 삶의 여러 영역에서 그의 생각에 영향을 미치는 무언가를 주제로 골라달라고 했다. 나는 이렇게 물었다. 내게 도전받고 싶은 당신의 믿음은 무엇입니까?

제이선은 대담하게도 신에 대한 믿음이라고 답했다. 나는 그런 주제를 시험대에 올리는 것은 위험하다고 조언했지만 그는 기꺼이 해보겠다고 했다.

함께 충분히 많은 시간을 보냈으므로 라포르는 이미 형성돼 있었다. 그래서 나는 다음 단계로 넘어가, 신의 존재를 얼마나 확신하는지 0~100의 숫자로 표현해달라고 요청했다. 그는 50이라고 답하면서 때에 따라 그보다 높기도, 낮기도 하다고 덧붙였다. 나는 물었다. 왜 0이 아닌가요? 왜 100이 아닌가요? 당신이 그렇게 확신하는 이유는 무엇인가요? 그는 이야기를 하나 들려주고 싶다고 했다. 일 년에

한 번쯤밖에 안 하는 이야기지만 지금은 해야겠다면서. 나는 의자에 등을 기대고 귀를 기울였다.

"나는 태어난 동네에서 성인이 될 때까지 죽 살았습니다. 대학에 안 가고 비디오가게에서 일했죠. 거기 손님 중에 유독 옛날 영화를 좋아하는 남자가 있었어요. 우리는 얘기가 잘 통해서 친해졌고 나중에는 그의 집에도 놀러 갔죠. 알고 보니 그는 해외 근무 경력이 있는 군인이었어요. 그리고 제대 후에 아프가니스탄으로 갔습니다."

친구는 그곳에서 탈레반에 맞서 싸우는 북부동맹Northern Alliance을 돕는 활동을 시작했다. 하지만 어머니가 암에 걸렸다는 소식을 듣고 다시 고향으로 돌아왔고, 그로부터 3주쯤 후 제이선을 우연히 다시 만났다. 얼마 후 제이선은 먼 동네로 이사해 대학에 다녔지만 대학 생활은 재미가 없었다. 10월쯤 친구에게 편지를 보내 보도 사진가가 되고 싶다고, 중동에 가서 활동하고 싶다고 말했다. 그러면서 친구의 의견을 물었다 "내가 이 일을 할 능력이 될까? 이게 좋은 생각일까? 네 생각은 어때?" 친구에게서 크리스마스이브 전날 전화가 왔다. "좋은 생각인 것 같아. 나도 함께 가자."

제이선은 가슴에 코란 구절을 문신으로 새긴 그 친구와 함께 이스라엘로 날아갔다. 예루살렘에서 제이선은 그의 종교인 루터교에 대해 그보다 훨씬 더 해박한 많은 사람을 만났다. 제이선과 친구는 유대인 정착촌에 있는 한 가정에 머물면서 탈무드 학자의 딸 결혼식에 참석했다. 그날 밤 제이선은 그 탈무드 학자와 함께 성서와 관련 문헌을 살펴보면서, 구약성서의 인물들과 역사를 해석하는 다양한 관점을 토론했다.

"그는 내가 믿는 종교에 대해 나보다 더 지식이 깊었어요." 제이선은 자신이 어릴 때부터 믿어온 종교를 체계적으로 해부하는 데 대부분의 시간을 쏟았다. 어느새 그는 무신론자가 되기로 마음먹고 있었다.

이후 잠시 다른 지역에서 지내던 그는 그곳 상황이 위험해지자 다시 예루살렘으로 돌아갔다. 그리고 성묘교회 Church of the Holy Sepulchre 근처에 거처를 정했다.

"잘 모르는 분도 있겠지만 성묘교회는 기독교인들에게 매우 신성한 곳이에요. 예수그리스도가 십자가에 못 박힌 곳에서 가까울 뿐 아니라 예수가 묻혔다고 여겨지는 장소거든요. 교파에 따라 차이는 있지만 아무튼 기독교에서 가장 중요한 성지입니다."

그런 성묘교회를 둘러보던 중 제이선은 강렬한 '믿음의 위기'를 경험했다. '만일 하나님이 내가 계속 믿음을 갖길 원하신다면, 성서의 역사에 대해, 그 모든 이야기와 인물이 연결되는 방식에 대해, 성서 내용을 이렇게가 아니라 저렇게 해석해야 하는 이유에 대해 내가 가진 논리적 의문에 속 시원히 답해줄 누군가를 보내줘야 마땅하지 않을까?'

이런 생각에 빠져 걷고 있는데 교회에서 한 남자를 만났다. 제이선은 남자에게 마음속 회의를 털어놓았다. 그간 겪은 일을, 종교를 버리려는 지금 얼마나 혼란스러운지 털어놓았다.

남자는 위로의 말을 건네는 대신, 예수가 하나님의 아들이라는 사실을 증명하는 바티칸의 비밀문서를 갖고 있다고 말했다. 그러면서 100달러를 내면 그 비밀문서를 보여주겠다고 했다. 제이선은 욕을 하며 남자를 쫓아버렸다.

제이선은 다시 마음을 추스르고 교회를 한 번만 더 둘러보기로 했다. 그것으로 마지막 마침표를 찍기로 마음먹었다. "인생의 그 시점까지 믿어온 모든 것을 버리기로 마음을 굳힌 거죠." 그는 교회 안의 여러 구역을 돌아다녔다. 흔들리는 촛불들이 4세기에 지은 교회의 유리창을 비추는 아름다운 모습을 쳐다봤다. 그때 근처 우묵하게 들어간 곳에서 희미한 여자 울음소리가 들렸다.

제이선은 잠시 이야기를 멈추고 거칠게 숨을 쉬었다. 이제 산장의 40명 모두가 우리 주변에 모여 있었다. 누군가는 서서, 누군가는 우리 테이블 근처로 옮겨 온 의자에 앉아 귀를 기울였다. 제이선은 턱수염을 문지르고 잠시 바닥을 내려다보다가 다시 이야기를 이어갔다.

"나는 여자가 괜찮은지 확인하러 다가갔습니다. 의식을 잃기 직전이었어요."

제이선은 유서를 발견했다. 제이선은 그 유서를 지금도 간직하고 있다고 했다. 그가 대체 어떻게 된 거냐고 물었다. 여자는 죽으려고 약을 삼켰다고 했다. 나중에 유서를 읽고 알게 된 바에 따르면, 여자는 무슬림 남자와 결혼하고 싶어 했다. "그녀는 열아홉 살의 아랍인 기독교도였는데 가족이 결혼을 반대했더군요. 나는 여자를 안아 들고 돌로 된 거리를 따라 내려가 택시를 잡은 뒤 병원으로 데려갔습니다. 여자는 위세척을 받고 천만다행으로 목숨을 건졌어요."

제이선은 병원에서 그녀 곁을 지켰다. 그녀의 소지품 중에서 전화번호들이 적힌 수첩을 발견해 결국 가족을 찾아 연락을 취했다. 가족이 도착한 후에도 제이선은 그들과 함께 있었다. 다행히 의사는 여자가 정상적으로 회복할 수 있다고 말했다. 그로부터 일주일 후 그는 여자의 집을 방문해 그들과 함께 저녁 식사를 했다. "현재 그녀는 간호사가 됐어요. 가정도 꾸렸고요."

제이선은 전화기를 꺼내 우리에게 유서를 찍은 사진을 보여주었다. 사진 속 유서에 그녀의 눈물 자국이 선명했다.

"타이밍이 정말 놀랍지 않나요? 다 죽어가는 여자를 데리고 택시를 잡아타고 생명을 살리기까지 얼마나 정신이 없었는지 모릅니다. 이게 그날 저녁 이후 지금까지 제가 가슴에 품고 살아온 이야기입니다. 난 그곳에서 생각지도 못한 경험을 했어요. '우리가 지금은 거울로 보는 것같이 희미하나 그때에는 얼굴과 얼굴을 대하여 볼 것이요'라는 고린도전서 말씀이 떠올랐습니다. 나는 가장 깊은 회의의 지점에 있었어요. 아슬아슬한 상태였지요. 그날의 경험을 생각해보면 신에 대한 믿음을 버리지 말아야 할 것 같습니다." 제이선은 그곳에서 자신의 종교에 끝없이 의문을 품었지만 아이러니하게도 그 과정에서 여전히 이해하려 고군분투 중인 뭔가에 대한 믿음을 되찾은 듯한 기분이었다. 만일 신이 존재한다면, 그렇다고 할 수 있을 것 같았다. 거기서 조금 더 나아간다면, 여자의 생명을 구한 그 순간만큼은 신이 제이선을 통해 진짜 자신의 모습을 보여준 것 같다는 생각마저 들었다.

제이선의 이야기가 끝난 후 나는 길거리 인식론 기법을 머릿속에서 되짚었다. 당연히 다음 단계를 알고 있었지만 계속 진행해야 할지 확신이 서지 않았다. 나는 "그 경험을 하기 전에 당신은 0에서 100까지 중 몇이었습니까?"라고 물었다. 그는 0이었다고 대답했다. 그리고 현재는 50이라고, 때에 따라 그보다 조금 높거나 낮다고 말했다.

나는 즉흥적으로 물었다. "지금 여기서 내가 어떤 기계를 만든다고 가정할게요. 유리 상자 안에 버튼이 있는 기계입니다. 만일 당신이 유리 상자를 열고 그 버튼을 누르면 당신의 믿음은 다시 0으로 돌아갑니다. 당신은 버튼을 누르겠습니까?"

주변에 있는 모두가 제이선의 대답을 기다렸다. 제이선은 고민하며 망설이는 표정이 역력했다. 잠시 후 그가 내 눈을 보며 말했다. "아뇨, 누르지 않겠어요."

나는 그동안 배운 설득 기법에 관한 내용을 떠올렸다. 길거리 인식론을 진행하는 방법을 적은 메모도 내려다봤다. 나중에 스웨덴에서도 활용하게 될 메모였다. 제이선의 주장에 계속 질문을 던지며 대화를 이어갈 방법은 얼마든지 있었다. 하지만 다른 사람이라면 어땠을지 몰라도 어쨌든 제이선은 자신이 신에게 가까이 다가갔다고 느꼈고, 나는 그런 그의 마음을 굳이 조목조목 따지며 파헤치고 싶지 않았다. 그동안 사람의 마음을 변화시키는 법을 공부해왔지만 그 순간엔 제이선의 마음을 변화시키는 것이 쓸데없는 짓이라는 생각이 들었다. 나는 제이선에게 이 대화를 계속 진행하는 것은 그가 버튼을 누르게 만드는 것과 매한가지라는 생각이 든다고, 그래선 안 될 것 같다고 말했다.

제이선은 내게 고맙다고 했다. 나 역시 이야기를 들려줘서 고맙다고 말했다. 그는 믿음이 자신의 선택에 달린 문제라는 것을 명확히 알게 되었다고 했다. 나는 그것으로 충분하다고 말했다. 누를 경우 믿음을 잃어버릴 버튼이 존재하고 자신이 오늘은 그 버튼을 누르지 않을 것임을 아는 것, 그것으로 충분했다. 우리는 의자에서 일어나 서로를 안아주었다. 내내 건성으로 대화를 듣고 있던 저널리스트 데이비드 보일이 상체를 한껏 뒤로 젖히더니 "와우" 하고 내뱉었다. 그러고는 다가와 우리 어깨에 팔을 둘렀다. 거기 있는 사람 모두가 가까이 모여들었고 우리는 눈물을 흘렸다.

친구이자 커뮤니케이션 전문가 미샤 글로버먼Misha Glouberman에게 제이선을 만난 얘기를 들려주자, 그는 내가 갈등 해결의 가장 중요한 원칙 하나를 우연히 깨달은 것 같다고 했다. 그 원칙은 늘 가장 먼저 '나는 왜 상대방의 마음을 바꾸고 싶은가?'를 생각해봐야 한다는 것이다.

당신 자신에게 질문을 던져라. '왜 이것이 내게 중요한가?' 어떤 대답이 나오든 생각하고 또 생각해보라. 그리고 답을 상대방에게도 말해줘라. 미샤는 이것이 꼭 필요한 이유가 대개 사람들이 '관심'이 아니라 '입장'의 차원에서 충돌하기 때문이라고 했다. 입장은 '내가 무언가를 원한다'고 말하는 것이고, 관심은 '내가 그것을 원하는 이유'와 관련된 부분이다. 서로 입장은 대립하지만 관심은 일치하는 경우가 의외로 많다.

미샤는 몽둥이가 아니라 말로 서로를 공격하기 때문에 얼핏 보기에 논쟁이 의견 충돌을 관리하는 교양 있는 방식처럼 느껴진다고 말했다. 그러나 이는 위험한 발상이다. 논쟁에서 이기는 유일한 길은 내 마음을 바꾸지 않는 것이기 때문이다. 논쟁의 '패자'만이 새로운 정보나 관점을 얻는다. 세상에 패자가 되고 싶은 사람은 없다. 미샤의 말에 따르면, 더 교양 있는 접근법은 누가 옳으냐를 따지는 대신 서로 의견이 다른 이유가 무엇인지 생각해보는 것이다. 양측이 다른 관점을 갖게 된 이유를 이해하려 노력하면 협력할 수 있게 된다.

투명한 태도는 신뢰를 낳는다. 신뢰가 형성되면 우리의 말이 경청

되리라는, 우리의 행위 주체성이 위협받지 않는다는, 약점을 보여도 괜찮다는 확신을 느낄 수 있다. 이런 종류의 신뢰가 일단 형성되면 의견 충돌이 있더라도 양측이 반대 관점을 기꺼이 고려해볼 가능성이 커진다.

미샤는 어떤 대화를 할 때든 사람들에게는 반대 의견을 말해도 안전하다고 느끼고 싶은 욕구가 있다고 덧붙였다. 그 욕구가 충족되면 서로 관점이 다르다는 사실을 발견해도 양측 모두 그 발견에서 이로움을 얻을 수 있다. 따라서 미샤는 항상 갈등 해결 워크숍에서 열린 커뮤니케이션의 중요한 세 요소를 강조한다. 그것은 투명한 태도와 호기심, 공감이다.

나는 ELM과 동기 강화 상담, 딥 캔버싱, 길거리 인식론 등 모든 설득 기법에 또 다른 단계, 즉 '0단계'를 추가해야 한다는 생각이 들었다.

그것은 "나는 왜 이 사람을 설득하고 싶은가?"라고 자신에게 묻는 일이다.

타인의 마음을 왜 바꾸고 싶은가? 왜 이 대화를 하려는 것인가? 100년 동안 쌓인 설득에 관한 심리학적 연구 결과를 활용해 최대한 효과를 얻고 싶다면, 그 이유가 무엇인가? 나의 목표는 무엇인가? 내가 상대에게 영향을 미치기 위해 활용하고 싶은 생각과 감정과 가치관은 무엇인가?

나라면 그 누구에게든 설득 기법을 알려주기 전에 먼저 이 질문들을 생각해보게 할 것이다.

# 10장 사회 변화의 순간

## 진정한 변화를 이끄는
## 네트워크의 조건

수없이 숲에 던져지던 담배꽁초가 어느 날 대형 산불을 일으킨다.

똑같은 종류의 충격이 10억 번 가해지다가

10억 번 바로 다음 회의 충격으로 거대한 변화가 촉발한다.


세상을 변화시키려면

우리는 끊임없이, 집요하게 두드려야 한다.

## 빙하기의 혼란이 인류에게 남긴 것

약 250만 년 전 우리의 먼 조상은 몇 가지 도구와 물건을 만들었다. 하지만 화석 기록이 보여주는 바에 따르면 그 의미 있는 진전 이후 상당히 오랫동안 발전이 거의 일어나지 않았다.

뇌는 계속 커졌고 간단한 언어를 구사하기도 했지만 석기 시대 기술은 엄청난 시간의 흐름 속에서도 거의 변하지 않았다. 화석 기록을 보면 원시인류가 동족의 행동을 모방하고 기억으로 보존했다가 다음 세대에 물려주었다는 것을 알 수 있다. 그러나 1,000년이 지나고 또다시 1,000년이 지나도 여전히 석기를 사용했다. 세대가 바뀌면서 사용자만 바뀌었을 뿐 여전히 돌로 만든 도구로 생활했다. 생각과 관습이 교차 수분되고 축적된 결과물로서의 진정한 문화는 나타날 기미가 보이지 않았다. 문화를 축적하는 인간의 성향은 내면에 잠재해 있었을 뿐 아직 발현되지 않았다.[1]

그러다 변화가 일어났다. 그 변화는 오랫동안 안정됐던 지구환경이 추워지고 척박해진 플라이스토세<sup>Pleistocene</sup>에 속한 시기에 일어났다. 플라이스토세는 흔히 빙하기로 불린다. 이 시대에는 지금은 멸종한 털매머드와 검치호랑이가 지구를 활보했다. 그러나 혹독한 추위 속에서 모든 동물이 멸종한 것은 아니었다. 사슴과 토끼, 곰은 살아남았고 우리 조상들도 살아남았다. 그러나 우리 조상들은 단순히 생존에서 그친 것이 아니라 '번영'했다. 그들은 기술을 발전시키면서 이전 시대의 문화적 정체에서 벗어났으며 끊임없는 변화의 사이클을 거치며 오늘날의 문명에 이르렀다.[2]

플라이스토세 이전의 기후는 20세기와 비슷했고 그런 온난한 기후는 꽤 오랫동안 지속되었다. 그러나 플라이스토세 후반에는 사정이 완전히 달라졌다. 빙기와 간빙기가 번갈아 나타났고 맹추위가 계속될 때는 비가 거의 오지 않았다. 빙하가 넓은 지역에 걸쳐 많은 양의 지하수를 잡아뒀기 때문에 해수면이 큰 폭으로 상승했다가 하강하곤 했다. 심하게 변하는 기후와 환경을 버티지 못한 동물들은 식량과 생활 터전의 부족으로 멸종했다.

동물학자 피터 리처슨<sup>Peter J. Richerson</sup>은 이때가 '빈번한 환경 변화로 인한 혼돈의 시대'[3]였다고 말했다. 환경 변화가 빈번하게 일어나자 유전적 진화 속도가 느린 많은 동물은 버텨내지 못하고 사라졌다. 먹이를 사냥하고 둥지나 굴 같은 보금자리를 만들고 동족을 찾아내고 짝짓기에 적당한 지역으로 이동하는 것 등과 같은 본능적 기술은 특정 개체의 세대가 이전 스무 세대와 동일한 환경을 만날 가능성이 높을 때만 생존에 도움이 된다. 결과적으로 매머드와 검치호랑이, 거대 나무늘보, 다이어 울프는 살아남지 못하고 멸종했다. 그러나 우리 조상들은 살아남았다.

빙하가 계속 전진하거나 후퇴하는 동안 지구의 환경은 수백 년 단위로 변화했다. 이는 생물체의 유전자가 따라잡기에는 너무 빠른 속도였다. 우리 조상들은 새로운 환경에 딱 들어맞는 새로운 신체를 만들 충분한 시간을 확보하지 못했고, 새로운 환경에 맞는 새로운 행동 패턴이 내장된 새로운 뇌 구조를 빨리 진화시키지도 못했다. 그러나 그들의 뇌는 상황에 따라 그때그때 새로운 행동을 만들고 그것을 서로 따라 하는 데 필요한 일련의 도구를 '이미' 갖춘 상태였다. 뇌 가소성, 추상화 능력, 메타 인지, 언어, 사회적 학습, 완벽한 모방, 마음 이론, 추론 능력 등이 그것이다. 이것들은 강력한 적응 우위를 제공해 인간을 다른 동물과 확연히 다른 존재로 만들었다. 또 우리 조상들은 많은 문화 레퍼토리를 저장할 수 있는 큰 뇌를 갖고 있었다. 무엇보다도 그들은 영장류의 정치적 삶을 관리하는 데 필요한 다양한 사회적 메커니즘을 지닌 집단을 이루어 생활했다.

환경의 압박 속에서 능력 있거나 운 좋은 소수 혁신가는 기존 행동 방식을 변형했다. 그리고 각 개인은 훌륭한 혁신의 결과물을 매우 충실하게 모방할 수 있는 능력을 지녔으므로, 새로운 행동 방식과 관습이 뇌에서 뇌로 옮겨 가며 빠르게 퍼져나가 기존 행동 방식을 대체했다. 이 과정에서 플라이스토세의 원시인류는 덜 혼란스러운 환경에 살았던 그들의 조상과 달리 곧 망치와 불, 요리법 등 여러 기술을 개발했다. 100만 년 동안 지속된 기존 생활 방식이 몇 세대 만에 바뀌었다.

플라이스토세의 인류는 비록 신체적으로는 환경 변화를 따라가기 힘겨웠지만 유전자가 할 수 있는 것보다 더 빠른 속도로 자신의 정신을 변화시켰다. 물론 생물학적 측면의 유전적 진화도 여전히 진행 중이었다. 그러나 동시에 그 유전자들은 우리에게 생각과 믿음, 관습을 만들고 변화시키고 축적할 수 있는 능력을 주었다. 우리는 문화를 만들어내는 능력을 갖게 됐고, 그 문화라는 환경 속에서 또 새로운 방향으로 진화했다.

문화가 유전자에 영향을 미쳤고, 유전자가 문화에 영향을 미쳤다. 문화와 유전자는 각자의 경로를 따르는 프로세스이지만, 약 150만 년 전 그 둘은 손을 잡았고, 그 이후 지금까지 손을 놓지 않은 채 진화의 무도장에서 빙글빙글 돌며 춤을 춰오고 있다.[4]

예측 불가능한 생존이 주는 압박 속에서 인류는 유전적 진화의 느린 속도를 극복할 수 있도록 적응했다. 그러지 못했다면 인류 역시 멸종했을 것이다. 빙하기의 혼란은 문화의 적응을 낳았다. 이는 환경이 불리해질 때 유전적 변화가 우리를 구해주기를 기다릴 필요가 없다는 의미였다. 이제는 환경이 빠르게 변화하면 우리도 빠르게 변화했다.

수십 년간 초원에서 생활한 원시인류 집단이 환경 변화로 어쩔 수 없이 숲으로 들어간 상황을 상상해보라. 처음에는 숲이라는 새로운 환경의 생활 방법을 아무도 모르므로 초원에서 쓰던 기술과 아이디어, 기존의 믿음과 규칙, 관습을 그대로 적용했다. 사람들은 굶어 죽거나 다치거나 맹수에게 잡아먹혔다. 초원에서 활용하던 방식과 기술이 숲이라는 새로운 환경에 맞지 않았기 때문이다. 그러나 소수의 혁신가가 숲속 생활에 더 적절한 행동과 도구와 기술을 발견했고, 집단에서 그것을 먼저 수용한 이들이 따라 하기 시작했고, 이후에는 변화를 거부하던 이들도 동참하면서 집단 구성원 모두가 과거의 방식을 버리게 되었다. 그러는 동안 새로 형성된 문화는 더 복잡한 수준으로 발전했다. 한 세대에 해당하는 시간에 집단은 새로운 전통과 관습으로 옮겨 갔다. 뒤늦게 초원을 떠난 새로운 무리가 숲에 도착해 이 1세대 숲 거주자들을 만났을 때, 그들 역시 숲의 생활 방식에 무지한 상태였을 것이다. 그러나 그들이 빠르게 변화하면, 즉 더 효과적인 방식을 따르면, 1세대 정착자들보다 훨씬 더 빠르게 적응하면서 죽음과 질병, 기아를 피할 수 있었다.

이번에는 이구아나 무리가 먹이 부족으로 어쩔 수 없이 툰드라 지역으로 이주했다고 상상해보라. 이구아나는 느린 유전적 진화를 통해 운 좋게 살아남기를 기대해야 한다. 만일 100~200년 뒤 툰드라 지역이 녹는다면, 운 좋게 살아남았던 진화의 승자들은 또다시 생존을 운에 맡겨야 하는 처지가 된다. 혹독한 환경이 결국 그 동물들을 멸종시켰을 것이다. 하지만 인간은 혹독한 환경 덕분에 더 강해졌다.

혼란스러운 환경의 압박을 이겨나가는 과정에서 우리는 적절한 행동 방식이 아무런 예고 없이 바뀌어도 적절하게 행동할 줄 아는 능력을 갖추게 되었다. 우리 조상들에게 적절한 행동 방식이란 혹독한 자연 속에서 생존하게 해주는 행동 방식을 뜻했다. 오늘날은 적절한 행동 방식을 한마디로 정의하기 어렵다. 이제는 생존 자체만이 목적이 아닌 만큼 선택할 수 있는 문화적 변형물이 너무 많고, 사람들은 온갖 다양한 대안을 중심으로 모여들어 무리를 형성한다. 그러나 우리는 다수의 합의를 형성해 빠른 변화를 이뤄낼 필요가 있을 때는 충분히 그렇게 할 수 있는 능력을 갖추었으며, 이는 조상들에게 물려받은 적응력 덕분이다.

활용 가능한 정신적, 육체적 도구가 점진적으로 발전하고 축적되면서 인간은 지구 곳곳으로 퍼져나가, 느리게 진화하는 신체가 적응하기 힘든 지역들까지 진출했다. 그리고 정착한 곳에서 생존하고 번영했다. 그 과정에서 한때 옳은 방식이었던 것이 틀린 방식이 되곤 했다. 사회적 변화는 한때 옳았던 것이 틀린 것이 될 수 있다는 사실을 일깨웠으며 우리가 사회 구성원으로서 빠르게 적응하는 능력을 갖추게 했다. 그런 적응력 덕분에 우리는 문화를 구축했고, 우리의 규범이 해롭거나 잘못됐거나 위험하거나 옳지 않음을 깨달으면 전 사회적인 연쇄 작용을 통해 집단정신을 변화시킬 수 있게 되었다. 마음을 변화시키는 능력은 인간이라는 종이 지닌 가장 훌륭한 강점이 되었다.

## 10년 만에 뒤바뀐 동성 결혼 찬반 논쟁

심리학자 레슬리 뉴슨Lesley Newson은 '문화의 변화는 환경의 변화 때문에 일어난다'고 설명했다. 그녀는 동물학자 피터 J. 리처슨과 공동으로 발표한 논문에서 동성 결혼에 대한 여론의 급격한 변화를 분석하고, 그런 변화를 문화적 진화의 관점에서 설명할 수 있음을 제시했다. 내가 찾아갔을 때 두 사람은 런던의 선상 가옥에서 그릴에 고기를 굽는 중이었다. 그들은 내게 연구 결과를 차근차근 들려줬다.[5]

뉴슨과 리처슨의 설명에 따르면, 동성 결혼의 수용을 확산시켰고 지금도 계속 확산되게 만드는 환경적 변화는 사회의 상대적 부와 안정성이다. 물리적, 경제적으로 안정된 환경에서 자랐거나 나중에 그런 안정을 획득한 사람이 많은 사회일수록 개인의 개성과 자율성, 자기표현을 중시하는 가치관이 형성되기 마련이다.

하지만 같은 공동체의 구성원은 공통의 환경에 대한 반응 방식을 결정할 때 같은 아이디어 풀pool에서 선택하기 때문에, 환경 변화가 일어난 직후의 시기에는 가장 많은 이들이 택한 아이디어가 여전히 큰 영향력을 발휘한다. 따라서 환경 변화에 대한 문화 전반에 걸친 전체적 반응은 종종 지연된다. 환경 변화가 먼저 일어나고 이후 문화적 변화가 뒤따르지만 후자는 때로 오랫동안 지체된다. 그 변화는 불가피하지만 수 세대가 걸릴 수도 있다. 그러나 어떤 경우에는 수십 년 안에 일어나기도 한다.

산업혁명 이후의 경제 발전이 수백 년간 안정되게 유지돼온 사회 구조와 제도를 완전히 바꿔놓았을 때, 서구인들은 자급자족적인 농장 중심 삶에서 공장 노동 중심의 삶으로 이동했다. 사람들은 공장으로 통근하거나 공장 근처로 이주했다. 도시가 커지고 복잡해졌다. 사람들은 친구와 직장 동료, 같은 도시 거주자와 더 많은 시간을 보냈고 가족이나 친족과 보내는 시간은 줄어들었다. 영향력 비중의 구조가 바뀐 것이다. 사회적으로 전달되는 정보의 통로가 부모 대신 동료인 경우가 더 많아졌다. 사람들은 동시에 여러 부족의 구성원이 됐으며, 그러자 사회적 대가를 치르지 않고도 자유롭게 생각을 바꿀 수 있게 되었다. 그 이전까지 사람들은 대가족을 유지하기 위한 수많은 문화적 규범을 갖춘 공동체에서 살았고, 대개 그런 규범은 나이 많은 가족 구성원을 통해 전달받았다. 대가족을 이뤄 사는 것은 생존에 필수였다. 그것은 농장 중심의 삶에 수반되는 공통된 도전 과제에 대한 문화적 해결책이었다.

뉴슨은 "그런 규범들은 개인으로 하여금 가족의 이익이 곧 개인의 이익과 선호라고, 또는 개인의 이익과 선호보다 더 중요하다고 여기는 것이 도덕적으로 옳다고 믿게 했다"라고 설명했다.

이후 150년 동안 결혼 및 자녀 양육과 관련한 규범이 크게 변화했다. 농장의 삶에서 멀어진 19세기 서구인들은 대가족을 꾸리는 것이 도덕적 의무라는 생각을 버렸다. 20세기에는 결혼이 종족 번식을 위한 활동이라는 생각이 약화되고 결혼을 사랑과 행복을 얻는 수단으로 보게 되었다. 결혼에서 사랑이 중요해지자 좋은 배우자의 기준도 문화 전반에 걸쳐 빠르게 변화했다.

1939년 위스콘신대학교의 연구에 따르면 배우자를 택할 때 중요하게 여기는 기준에서 남성은 '상대에 대한 끌림과 사랑'을 4위로, 여성은 5위로 꼽았다.[6] 그렇다면 가장 중요한 기준은? 여성은 '믿고 의지할 수 있는 품성'을 꼽았고 남성은 '정서적 안정'을 꼽았다. 하지만 1977년에 동일한 조사를 했을 때는 남성과 여성 모두 '상대에 대한 끌림과 사랑'이 1위를 차지했다. 38년 사이에 결혼 관련 규범이 크게 변한 것이다. 이는 태도와 믿음, 규범에서의 또 다른 변화를 낳았다. 끌림과 사랑이 결혼 생활을 유지하는 가장 중요한 이유가 되자, 사람들은 그런 감정이 없어지는 것을 이혼의 합리적인 이유로 여기기 시작했다. 미국에서는 20세기 후반에 초혼 부부의 이혼율이 치솟았지만 이후 2016년까지 계속 낮아졌다.[7] 결혼 생활 중간에 '사랑하는 사람과 결혼할걸' 하고 후회하는 대신 처음부터 사랑해서 결혼하는 사람이 많아진 결과였다. 때로는 규범이 빠르게 변화하면 제도를 수정하는 대신 아예 깨뜨리는 일이 발생한다.

대가족을 이루지 않는 것, 사랑 때문에 결혼하는 것, 사랑이 식으면 이혼하는 것이 정상이라고 여겨지자, 결혼해서 자녀를 낳지 않는 것, 결혼하지 않고 아이를 키우는 것, 결혼하지 않고 동거하는 것, 또는 그 모두를 하지 않는 것 역시 정상으로 여겨졌다. 이 변화는 앞서 언급한 대가족 가치관이나 배우자의 기준에 일어났던 변화보다 훨씬 더 빠른 속도로 진행되었다. 그즈음엔 동성 커플이 결혼할 수 있어야 한다는 생각도 형성되기 시작했고, 그러자 동성 결혼과 관련한 규범과 태도, 믿음이 10년 남짓 후에 뒤집어질 수 있는 사회적 분위기가 조성되었다.

2012년 5월 9일 ABC는 정규 프로그램을 중단하고 특별 보도를 내보냈다. 버락 오바마 미국 대통령이 동성 결혼에 대한 입장을 바꿨다는 내용이었다.[8]

오바마는 텔레비전 화면에서 "이 이슈에 대한 생각에 변화가 생겼다"라고 말했다. 그는 이 문제를 상당히 심사숙고했다고 밝혔다. 주변 지인과 가족, 이웃, 관점이 다른 사람들과 충분한 대화를 나눴으며, 자신이 4년 전에 결혼은 반드시 남성과 여성 사이에 이뤄져야 한다고 말한 것이 잘못된 생각이었음을 깨달았다고 말했다.

오바마는 자신의 자녀의 친구들 중에도 부모가 성 소수자인 아이가 있다고 말했다. 그의 참모 중에도 성 소수자가 있었고 그들에게도 자녀가 있었다. 그는 그의 행정부가 '묻지도 말고 말하지도 마라' 정책Don't Ask Don't Tell*을 폐기한 후에도 여전히 결혼할 수 없는 군인들에 대해 끊임없이 생각해봤다. 그들은 국가를 위해 목숨을 걸고 싸웠음

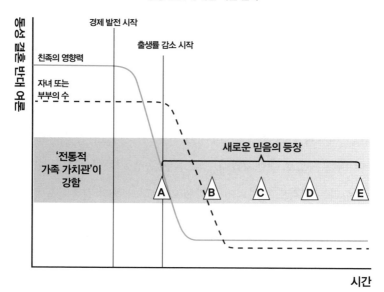

동성 결혼에 대한 여론 변화

A. 부부가 원하면 출산 자녀의 수를 줄여도 괜찮다.
B. 사랑하고 자신에게 행복을 주는 사람과 결혼해야 한다.
C. 자녀가 있어도 부부 중 한 사람 또는 두 사람 모두 불행하다면 이혼할 수 있다.
D. 이혼한 사람이나 결혼하지 않은 커플도 훌륭한 부모가 될 수 있다.
E. 서로 사랑하는 동성 커플은 결혼할 수 있는 권리를 가져야 한다.
출처: '동성애에 관한 도덕적 믿음들: 문화적 진화 가설의 검증(Moral Beliefs about Homosexuality: Testing a Cultural Evolutionary Hypothesis)'(2016년), 레슬리 뉴슨과 피터 J. 리처슨, 캘리포니아대학교 데이비스 캠퍼스 환경 과학 및 정책 학과.

에도 동성애자라는 이유로 사랑하는 이와 결혼하지 못하는 것이다. 오바마는 그 모든 것이 자신의 결정에 영향을 미쳤다고 인터뷰 진행자인 ABC의 로빈 로버츠Robin Roberts에게 말했다. 과거에 그는 전통과

---

\* 공개적으로 성 소수자임을 밝히는 자의 복무를 금지하는, 즉 성 소수자가 성 정체성을 숨기는 것을 전제로 군 복무를 허용하는 차별적 정책—옮긴이

사람들의 종교적 믿음을 존중해야 하므로, 그리고 논쟁적 입장을 취함으로써 나라를 분열시키고 싶지 않으므로 동성 결혼에 반대했다. 그러나 그런 이유가 이제는 자신의 머릿속에서 소용돌이치는 새로운 생각에 맞설 힘을 잃었다고 말했다.

재선 도전을 앞둔 오바마 대통령이 입장 변화를 공개적으로 선언했다는 것은 동성 결혼에 대한 미국의 전반적 여론이 바뀌었다는 사실을 반영했다. 선거를 앞두고 이면에서 어떤 정치적 연금술이 진행되고 있었든 간에, 오바마 진영에서는 그의 동성 결혼 지지를 인정하는 것이 안전할 뿐만 아니라 재선에 성공하는 데도 도움이 될 것이라고 판단했다. 공화당 지지자들은 대부분 여전히 동성 결혼에 반대했지만, 민주당 지지자들의 찬성 비율은 중간을 넘어선 상태였다. 여론 조사 결과 민주당 지지자의 51퍼센트가 동성 결혼에 찬성했다.

여론의 변화는 상당히 단기간에 일어났다. 20년 전에는 공화당 지지자의 81퍼센트가 동성 결혼에 반대했지만 현재 이 수치는 56퍼센트다. 민주당 지지자의 경우 43퍼센트가 반대했지만 현재는 75퍼센트가 찬성한다. 미국 국민 전체를 놓고 보면 1997년에는 73퍼센트가 반대했지만 현재는 70퍼센트가 찬성하는 입장이다. 2016년 설문 조사에 따르면 국민의 절반 이상이 동성 결혼을 지지할 뿐 아니라 이 이슈가 자신의 투표에 영향을 미친다고 대답했다.[9]

미국인들이 동성 결혼 이슈가 특정 후보에 대한 지지 여부에 영향을 미칠 것이라고 대답한 것은 그때가 처음이 아니었다. 12년 전에도 미국인의 절반 이상이 자신은 동성 결혼에 반대하며 동성 결혼을 불법으로 유지하자고 말하는 후보에게 투표하겠다고 밝혔다. 그리고 많은 전문가가 조지 부시George W. Bush가 동성 결혼에 반대했기 때문에 2004년 재선에 성공했다는 데 동의한다.[10]

2004년 매사추세츠주가 미국에서 처음으로 동성 결혼을 합법화한 주가 된 이후, 부시는 미국 모든 주에서 동성 결혼을 금지하도록 헌법 개정을 추진하겠다고 공개적으로 밝혔다.[11]

《보스턴글로브Boston Globe》의 기사에 따르면, 그로부터 9년 뒤인 2013년 조지 부시는 메인주 케네벙크포트에 사는 두 여성의 결혼식에 증인으로 참석했을 뿐 아니라 주례를 서주겠다는 제안까지 했다.[12]


## 접촉, 경계에서 기적을 만들다

1969년 경찰이 뉴욕의 몇 안 되는 성 소수자 술집 중 하나인 스톤월인에 들이닥쳤을 때 그곳에 있던 손님들은 저항했다. 그들은 한목소리로 '우리는 승리하리라We Shall Overcome'를 불렀다. 소란이 계속되자 150명쯤 되는 사람이 술집 앞으로 모여들었다. 경찰관이 한 여성 손님을 거칠게 떠밀자 그녀는 물러서지 않고 격렬히 저항했다. 구경하던 군중이 야유를 퍼부었고 경찰과 그녀 사이에 실랑이가 시작되었다. 그녀는 경찰에게 폭행당한 후 사람들에게 간절히 외쳤다. "그렇게 구경만 할 거예요?"[13]

군중은 점점 격분했다. 말다툼은 금세 폭동으로 변했고 사람들은 경찰을 향해 술병을 던졌다. 500~600명이 이 저항적 싸움에 합류했다. 흥분한 사람들이 쓰레기통과 돌멩이, 벽돌을 던지자 경찰들은 술집 안으로 피해야 했다. 사람들은 불을 지르고 유리창을 깨부쉈다. 소요 사태가 며칠간 이어진 후 항쟁은 폭력적 저항에서 시위로 바꿔었다. 기존 규범과 법에 저항하는 의미로 성 소수자들은 드러내놓고 사랑을 표현했다. 성 정체성을 군이 숨기려 하지 않았다. 그중 일부는 자신들의 활동을 체계적으로 조직했고 그 결과 게이 해방 전선 Gay Liberation Front을 비롯한 초창기 성 소수자 권리 단체가 생겨났다. 이러한 결속과 조직화가 이뤄지고 그들의 활동이 더 알려지자 더 많은 시위와 저항이 일어났으며, 많은 커뮤니티의 리더가 성 소수자들에게 당당하게 자신을 밝힐 것을 독려했다.[14]

당시 미국인 대부분은 이들의 활동을 잘 알지 못했다. 그러나 투쟁의 결과 1973년 『정신 질환 진단 및 통계 편람』에서 동성애가 삭제되자 성 소수자 커뮤니티의 움직임이 훨씬 더 널리 알려졌다. 미국정신의학회American Psychiatric Association에서 발간하는 DSM은 정신과 의사와 심리학자들이 정신 질환 진단의 기준으로 사용하는 자료다. 그 변화 이후 이들 전문가와 접촉하는 많은 미국 국민이 성 소수자에 대한 새로운 과학적 연구 결과를 접하게 되었다.[15]

1980년대에 에이즈AIDS가 뜨거운 사회적 이슈가 된 것은 이러한 흐름에 제동을 걸었지만 한편으로는 성 소수자 운동을 재점화하는 계기도 되었다. 동성애 권리 반대자들은 에이즈를 '동성애 암gay cancer'이라고 부르면서 성 소수자를 질병을 옮기는 비정상인으로 몰아갔다. 그러나 이런 반대 목소리는 운동가들이 한층 더 조직력을 갖춰 워싱턴D.C.에서 일련의 시위행진을 벌이도록 자극했다. 가장 규모가 컸던 1993년에는 성 소수자 커뮤니티에 대한 인식을 높이기 위해 100만 명 이상이 미국의 수도에 결집했다. 이 시위를 조직한 일련의 과정, 그리고 시위 기간 중 진행된 성 소수자 권리에 관련된 워크숍과 강연, 이 모든 활동이 전국적으로 성 소수자 권리 운동가와 지지자의 대규모 네트워크가 형성되는 데 기여했다. 이들은 이렇게 구축된 네트워크와 소통 시스템을 이용해 성 소수자 권리 운동을 한층 확대할 수 있었다.[16]

1990년대에 이루어진 이런 투쟁 덕분에 미디어에서 에이즈를 다루는 시각도 더 동정적으로 변했다. 아카데미상을 수상한 영화에 에이즈와 싸우는 인물이 등장했고 '동성애 혐오homophobia'라는 표현이 널리 사용되었다. 한편 수많은 동성 커플이 결혼 허가증 발급을 신청함으로써 공개적으로 용감하게 주 법에 항의했다. 이에 미 의회는 결혼보호법Defense of Marriage Act*을 연방법으로 제정했다. 동성 커플의 결혼 움직임에 대한 반발은 각 주로 확대돼 결국 30개 주에서 동성 결혼 권리를 얻어내기 위한 재판 자체를 불가능하게 하는 법 조항이 만들어졌다.[17]

그러나 사회적 흐름은 변하고 있었다. 눈에 띄는 여러 문화적 사건이 그런 변화를 반영하고 있었고 동시에 변화를 촉진했다. 워싱턴 D.C.의 시위행진이 열렸고, 에이즈 환자인 주인공이 겪는 부당한 차별을 다룬 톰 행크스Tom Hanks 주연의 영화 〈필라델피아Philadelphia〉가 아카데미상을 받았으며, 동성애자이며 에이즈 환자인 페드로 자모라Pedro Zamora가 TV 리얼리티 쇼 〈더 리얼 월드The Real World〉에 출연해 성 소수자 이슈에 대중의 관심을 환기시켰고, 엘런 드제너러스Ellen DeGeneres가 커밍아웃과 동시에 《타임》 표지를 장식했다. 그리고 주인

---

\* 결혼을 남성과 여성의 결합으로 규정한 법―옮긴이

공이 동성애자인 TV 시트콤 〈윌 앤드 그레이스Will and Grace〉가 높은 시청률을 자랑하며 사랑받았다. 전국 곳곳에서 커밍아웃하는 동성애자가 늘어나면서 사람들의 머릿속에 있는 현실 모델을 수정하라고 압력을 가했다. 그리고 인터넷이 우리 삶에 확산되면서 성 소수자 이슈 및 새로운 관점을 접할 기회가 현저히 늘어났다. 커밍아웃을 해도 안전하다고 느끼는 사람들이 많아졌다. 작은 도시에서, 회사에서, 집의 거실에서 불가피하게 성 소수자인 친구나 가족, 동료를 접촉하게 되었다.

접촉은 마음을 바꾼다. 이는 심리학계에서 매우 강력한 이론으로 인정받는 접촉 가설contact hypothesis의 기본 주장이다. 심리학자 고든 올포트Gordon Allport는 접촉 가설의 원칙을 1954년 기념비적 저작 『편견』에서 소개했다. 심리학계에서는 한참 전부터 편견이라는 주제에 주목하고 있었다. 제2차 세계대전 시기에는 여러 인종이 섞인 전투 부대 내에서 타 인종에게 갖는 편견에 대해, 종전 후에는 미국의 흑인 민권 운동이라는 배경 속에서 편견에 대한 연구가 활발히 이뤄졌다.

오랫동안 편견을 깊게 연구한 올포트는 소수집단이나 외집단의 구성원에 대한 생각이 바뀌려면 먼저 의미 있는 접촉을 해야 한다고 주장했다. 첫째, 사람들이 동등한 지위를 가진 상황에서 만나야 하며 특히 직업적 접촉일 때 효과가 크다. 둘째, 공동의 목표를 지녀야 한다. 셋째, 그 목표 달성을 위해 정기적으로 협력해야 한다. 넷째, 비공식적 상호작용이 있어야 한다. 즉 상대방의 집, 대중적인 행사장처럼 의무적이거나 공식적인 자리가 아닌 곳에서 만나는 것이 필요하다.

마지막으로, 편견의 피해자에 해당하는 이들의 애로 사항을 당국에서 주목하고 해결해야 하며 입법을 통한 제도적 지원이 이뤄지면 더욱 효과적이다.

또 올포트의 연구는 단순한 접촉만으로는 충분하지 않음을 보여주었다. 그는 주거지, 학교, 교회 등 미국 사회의 모든 곳에서 인종 분리 정책이 시행된 1950년대에는 흑인과 백인의 접촉 대부분이 분리된 두 세계의 경계에서만 일어났다는 점을 지적했다. 그런 접촉은 두 인종의 갈등을 부추길 뿐이었다. 백인은 흑인과의 접촉을 거의 대부분 피할 수 있었고, 설령 같은 직장에서 일해도 두 인종은 동등한 지위를 갖지 못했으므로 그 접촉은 균형이 무너진 접촉이었다. 이런 어설픈 접촉은 편견이 있는 사람의 생각을 더 강화한다고 올포트는 설명했다. 특히 그런 사회학적 경계 지대에서 멀리 떨어진 곳에 있는 사람들은 편견이 더 심해진다.[18]

성 소수자와 동성 결혼에 대한 미국인들의 태도 변화는 인종에 대한 태도와 비교할 때 매우 단기간에 일어났다. 흑인들은 접촉 자체를 위해, 동등한 지위를 얻기 위해, 학교와 직장에 들어가기 위해 싸워야 했기 때문이다. 성 소수자들이 커밍아웃하고 성 정체성을 공개적으로 밝히기 시작하자, 불과 몇 년 사이에 많은 미국인이 성 소수자인 상사나 동료, 부하 직원이 자신과 같은 지역사회의 구성원임을 깨달았다. 가족과 친구, 사회적 리더, 유명 인사도 커밍아웃을 했다. 물론 그런 변화에 이르기까지의 시간은 길고 힘들었지만, 일단 그들의 존재가 드러나기 시작하자 변칙 현상이 너무 많아서 무시할 수 없는 양이 되었다. 미결 바구니가 꽉 차서 넘칠 지경이었다. 기존 모델로는 부조화를 설명할 수 없었다. 곧 미국의 많은 주에서 법률이 여론을 따라가지 못하고 뒤처지는 상태가 되었다.

모든 심리적 변화에서 으레 그렇듯, 처음에 사람들은 저항하면서 자신의 기존 모델을 사용해 새로운 정보와 증거를 해석하려고 했다. 즉 동화 전략으로 부조화를 해결하려 했다. 곳곳에서 성 소수자 권리에 반대하는 목소리가 튀어나왔다. 그러나 그들이 제시하는 이유는 피할 수 없는 강력한 증거와 사실 앞에서 점점 힘을 잃었다. 그 강력한 증거란 20여 년에 걸쳐 지속된 성 소수자 권리 투쟁, 점점 더 긍정적이고 현실적인 시각으로 성 소수자를 묘사하는 미디어, 그리고 가장 중요한 것으로, 성 소수자 커뮤니티와 그 지지자들과의 접촉과 상호작용이 크게 늘어난 일이다. 성 소수자 이슈를 다룰 때 대부분의 미국인이 사용하던 범주는 (동화가 아닌) 조절을 위해 수정될 수밖에 없었다.

### 더 나은 설명, 더 나은 변화

새로운 개념적 범주가 만들어지는 것은 조절이 대규모로 진행되고 있다는, 따라서 사회 변화가 임박했다는 강력한 신호다. 예를 들어 '지정 운전자designated driver'*라는 용어를 보자. 공중 보건 캠페인의 일환으로 하버드 알코올 프로젝트Harvard Alcohol Project에서 만든 이 용어는 이후 〈치어스Cheers〉, 〈L. A. 로L.A.Law〉 등의 인기 TV 프로그램에

---

* 모임에서 술을 마시지 않고 나중에 운전해서 일행을 집에 데려다주기로 미리 정해놓은 사람—옮긴이

서 사용되었다. TV 출연자들이 특정한 행동 방식을 특정한 이름으로 부르는 것을 본 시청자의 마음속에 새로운 개념적 범주가 형성되었다. 그 용어를 받아들이고 사용하기 시작하자 이는 음주 운전을 하고 싶은 충동과 충돌해 인지 부조화를 발생시켰다. '음주 운전을 해도 괜찮다면 술 마신 친구들을 데려다주는 사람을 칭하는 용어가 왜 존재할까?' 부조화를 해소하려면 머릿속 기존 모델을 수정해야 했다. 술을 마시면 운전을 해서는 안 된다는 인식이 생겨나기 시작했다. 하버드 알코올 프로젝트에 따르면, 1988년 이 용어를 대중에 알리며 캠페인을 시작한 후 음주 관련 교통사고 사망자 수가 4년 사이에 24퍼센트 감소했다. 사람들의 태도에 대단히 빠른 변화가 일어난 것이다. 오늘날 대다수 미국인은 살면서 적어도 한 번 이상 지정 운전자 역할을 했다고 말한다.[19]

콰메 앤서니 아피아Kwame Anthony Appiah는 『명예 규율The Honor Code』이라는 저서에서 존엄성의 정의가 확장된 것이 영국의 노예제 폐지를 낳았다고 주장한다. 1500년대에 존엄성은 계급에 좌우되는 것으로 여겨졌다. 많은 철학자도 명백히 어떤 사람들은 다른 사람들보다 더 존엄성을 지닌다고 말했다. 세상이 계급에 따라 조직돼 있다는 관점은 이미 널리 받아들여지는 패러다임이었다. 식물에서 인간에 이르기까지 모든 것에 선형적 순서가 존재했다. 심지어 식물과 인간도 서로에게 맞는 짝이 있었다. 농부는 땅속에서 자라는 지저분한 식물을 먹었고, 귀족은 높은 곳에 열리는 예쁜 과일을 먹었다. 그 시대 사람들에게 동물 기름으로 양초를 만드는 사람이 왕과 똑같은 존엄성을 지닌다는 것은 상상할 수도 없는 일이었다.

아피아는 명예와 존엄성을 지닌다는 것은 개인이 타인에게 존중 받을 자격이 있음을 의미한다고 설명한다. 모든 인간이 단지 인간이 라는 이유만으로 그런 존엄성을 누릴 자격이 있다는 생각은 당시의 명예 규율이 지지할 수 없는 관점이었다. 그러나 기술 발전이 가져온 산업화로 공장 노동자의 소득과 정치적 영향력이 증가하면서 노동 자 계층이라는 개념이 생겨났다. 이것은 새로운 개념적 범주였다. 노 동자 계층은 자신들의 이익을 대변할 누군가를 정부에 보낼 수 있기 를 요구했고 사회에서 존중받기를 요구했다.

존중의 대상에 이 새로운 개념적 범주를 포함하자 존중의 정의를 한층 더 확장할 수 있었다. 여러 아이디어와 사상이 축적되고 발전하 면서, 태어날 때부터 특정한 경제적 계층에 속했다는 이유만으로 그 들이 더 높은 존엄성을 갖는다고 생각하는 것이 불합리하게 여겨졌 다. 존엄성을 재정의하게 된 것이다. 곧 존엄성이란 계급에 상관없 이, 이후에는 성별과 인종에 상관없이 지니는 것으로, 나중에는 모든 인간이 지니는 것으로 바라보게 되었다. 아피아는 많은 이가 모든 인 간은 존엄성을 지닌다는 심리적 도식을 갖게 되자, 그 합의된 현실 모델로는 노예제를 지지할 수 없게 되었다고 설명한다.[20]

결투라는 관습이 사라진 과정도 그와 비슷했다. 1700년대 말을 살 던 이들에게 명예는 무엇보다 중요한 가치였다. 명예를 갖는다는 것 은 곧 남들에게 자신의 지위에 걸맞은 가치를 지닌 사람으로 여겨지 는 것을 의미했다. 그런 종류의 명예는 노력해서 얻을 수 있는 것도 아니었고 정도의 차이에 따라 명예의 여러 단계가 존재하는 것도 아 니었다. 명예를 얻거나 얻지 못하거나, 둘 중 하나였다. 아피아의 설명에 따르면, 이런 가치관을 지닌 사람들은 '명예의 세계honor world'에서 살았다. 이는 일종의 도덕적 패러다임을 표현하는 아피아의 용어다. 명예의 세계 안에 사는 사람은 그 세계에 걸맞은 기준을 충족시키지 못하는 것을 수치스럽게 여긴다. 수치심을 느끼지 못한다는 것은 명예로운 남자가 아니라는 뜻이었다. 가장 하등한 인간은 수치심을 모르는 인간이었다. 만일 당신이 누군가에게 모욕을 당하거나, 거짓말쟁이라는 소리를 듣거나, 누군가가 당신이 명예롭지 못하다는 말을 사람들에게 했다면, 먼저 당신은 그를 찾아가 사과를 요구해야 한다. 그러나 심각한 수준의 모욕을 당했다면 그 사람에게 결투를 신청한다. 그리고 불명예스러운 인간으로 남느니 차라리 명예를 지키기 위해 기꺼이 목숨을 걸겠다는 것을 보여줘야 한다.

결투는 오랫동안 비난의 대상이었다. 1800년대에 이르기까지 많은 학자와 전문가가 결투를 두고 문명사회에 어울리지 않는 혐오스러운 관습이라고 비판했다. 그럼에도 해마다 수많은 이들이 모욕을 당했다는 이유로 결투를 벌여 총에 맞아 목숨을 잃었다. 그렇다면 결투는 어떻게 사라졌을까? 신문 때문이다. 인쇄 기술이 혁신적으로 발전하고 보급되면서 식자율이 크게 높아지고 새로운 미디어가 등장했다. 신문들은 유명한 인물이 결투에서 사람을 죽이고도 아무 처벌을 받지 않았다는 기사를 실으면서 결투를 우스꽝스러운 관습으로 표현했다. 만화로 그려 조롱하기도 했다. 그러는 사이 한편에서는 상류층을 닮고 싶어 하는 부유한 상인들이 결투를 따라 하기 시작했다.

오랫동안 결투는 귀족이 서민에게 자신의 고귀한 명예를 보여주는 방법이었다. 그러나 조롱당하는 흔해빠진 관습이 되자 귀족들은 이 관습을 30년도 안 되는 사이에 폐기했다. 아피아는 사회적 규범으로서 결투가 사라진 현상에 담긴 핵심을 보여주는, 오스카 와일드Oscar Wilde의 다음 말을 인용했다. "전쟁이 사악한 것으로 여겨지는 한 전쟁은 언제나 매력을 지닐 것이다. 전쟁이 천박한 것이라고 여겨지면 인기가 없어질 것이다." 한 역사가는 결투가 사라진 것을 언급하며 이렇게 말했다. "근엄한 귀족이 결투장에 나갔을 때 그에게 돌아오는 것은 젊은이들의 비웃음이었다. 전통에 의해 정당성을 획득한 그 어떤 관습이라도 그런 조롱을 견뎌내기는 힘들다."[21]

하나의 패러다임에서 다른 패러다임으로 이동할 때 나타나는 흥미로운 특징이 있다. 기존 패러다임에 동화시킬 수 없었던 변칙 현상을 수용할 수 있는 더 나은 설명 방식이 등장하는 순간, 그 변칙 현상이 정상적인 사실이 된다는 점이다. 우리는 범주를 재정비하고, 새로운 범주를 생성하고, 수정된 정의를 채택한다.

토머스 쿤은 이를 '막대기의 다른 쪽 끝을 잡는 것'이라고 불렀다. 이는 패러다임 전환이 일어날 때 과학자들이 이전과 동일한 데이터를 다루지만 그 데이터를 서로 관련시키는 새로운 방식과 다른 프레임워크를 사용하게 되는 것을 비유한 표현이다. 우리 앞에 놓인 정보는 과거에도 존재한 동일한 정보지만 우리가 그것을 다루는 방식이 달라진다. 노예제와 결투, 음주 운전, 성 소수자의 경우 그것들의 본질적 특성은 변하지 않았다. 다만 범주와 정의가 변한 것이다. 켄터키주의 목사이자 인권 운동가 데릭 펜웰Derek Penwell은 미국인들의 태도 변화에 대해 이렇게 말했다. "2004년보다 지금 동성애자 수가 더 많아진 게 아닙니다. 우리와 그들의 관계가 변화한 거죠."[22]

오바마 대통령은 동성 결혼과 관련한 믿음과 태도, 의견의 광범위한 변화를 두고 "다른 많은 이슈에 비해 이 이슈에 대한 변화는 대단히 빠르게 일어났다"라고 말했다.[23] 내가 인터뷰한 사회과학자들도 이것이 오랫동안 유지된 국민 여론이 역사상 가장 단기간에 바뀐 사례라는 데 동의했다.[24] 그런데 우리는 코로나19의 확산으로 또 다른 변화를 목격하게 되었다.

## 백신 거부자에게 벌어진 폭포 효과

2019년 12월 여론조사에서 코로나19 백신을 맞지 않겠다고 말한 영국인 중 약 86퍼센트가 2021년 4월에는 마음이 바뀌었다고 대답했다.[25] 어떻게 이런 변화가 일어났을까? 우리는 거기서 어떤 교훈을 얻을 수 있을까?

전문가들은 한마디로 그것이 신뢰와 관련한 문제였다고, 우리는 현재 탈진실의 세상이 아니라 '탈신뢰'의 세상에 살고 있다고 말한다. 언론, 과학과 의학, 정부를 불신하는 사람은 아무리 많은 정보와 증거를 들이밀어도 백신 접종을 거부할 가능성이 크다. 특히 그들이 '신뢰하는' 사람들도 똑같은 태도를 지니고 있을 경우 더욱 그렇다.

미국과 마찬가지로 영국에서도 백신을 가장 강하게 거부하는 사람들은 정부에 대해 부정적 태도를 지닌 이들이었다. NPR은 이렇게 보도했다. "과거 대영제국의 통치를 받은 조상을 두었고 정부 시스템을 더 불신하는 경향이 있는 일부 흑인들과 남아시아인들 사이에서 허위 정보가 활개를 쳤다. ... 소수집단 사람들을 약물 시험에 이용한 역사도 그들의 불신을 증가시켰다."[26]

그렇다면 보건 당국은 그 불신을 어떻게 누그러뜨렸을까? 메시지와 사실을 전달하는 데 치중하는 대신, 이슬람 사원인 모스크를 통해 백신을 보급했다.

백신에 저항하는 이들 중에서도 가장 저항이 약한 사람들을 추릴 수 있다. 이들의 경우 자신의 종교 리더가 백신 접종에 찬성하는 것을 보자 마음이 바뀌어 백신을 맞았다. 첫 2~3일 안에 1만 5,000회분 이상의 접종이 이뤄졌다. 이후 이 집단은 그들보다 더 강하게 저항하는 이들에게 영향을 미쳤다. 백신 거부자들은 자신의 종교 지도자뿐 아니라 많은 동료 신자도 백신에 찬성하는 것을 목격했다. 일종의 폭포 효과가 시작돼 저항이 덜한 각각의 집단이 그다음 단계의 저항자들에게 영향을 미치면서 나중에는 거의 모든 이들의 태도가 변했다.

각 집단이 변화하면 결국 변화하는 총 사람 수가 늘어나고 따라서 사람들의 영향력도 강해진다. 확산 효과 또는 침투 현상이라고도 불리는 이런 네트워크 효과는 모든 주요한 여론 변화를 추동하는 힘이다. 대규모 집단에 속한 사람들의 태도가 변할 때는 언제나 일련의 순서를 따른다. 즉 처음에 혁신가에서 시작해 초기 수용자로, 그다음에는 대다수 구성원, 마지막으로 완강한 저항자로 변화가 옮겨 간다. 이때 핵심은 공동체와 긴밀히 연결된 충분히 많은 수의 초기 수용자가 새로운 태도를 채택하게 하는 일이다. 그러면 영향력을 지닌 사회적 단위가 형성돼 폭포 효과를 촉발할 수 있다.

그러므로 백신을 거부하는 태도를 변화시키려면 먼저 거부하는 이들이 누구인지 파악하고, 그들이 어떤 단체를 가장 신뢰하는지 알아낸 후, 그 단체의 활동을 통해 백신을 보급해야 하며, 그 활동이란 해당 인구 집단 내에서 가장 사회적으로 긴밀히 연결된 그룹에 호소할 수 있는 방식이어야 한다. 이는 백신만이 아니라 그 어떤 이슈에서도 마찬가지다.

인간의 사회적 환경은 복잡하므로 다양한 요인이 폭포 효과에 영향을 미친다. 하지만 가장 중요한 요인은 자주 접촉하는 사람들 각자의 동조 임계점conformity threshold이다.

앞에서 우리는 정서적 티핑 포인트와 관련 연구를 살펴봤다. 이는 뇌가 변칙 현상을 더는 동화시킬 수 없어서 동화 대신 조절 모드로 변하는 시점이다. 그 임계점은 사람마다 다르다. 사회학자 마크 그래노베터Mark Granovetter는 이 임계점 모델을 연구한 것으로 유명하다.[27] 어떤 집단에서든 일부 구성원은 변화를 빨리 수용하고 일부 구성원은 완강하게 거부하며 다수는 그 중간에 속한다.

이런 상황을 가정해보자. 장소는 대학교 강의실이다. 현재 강의실은 비어 있다. 하지만 제일 먼저 도착한 학생이 문을 열지 않기로 결정한다. 그 이유는 그의 성격과 관련돼 있는데, 사회학에서는 이를 내부 신호라고 부른다.

이 학생은 개강 첫 주에 강의실 문을 열고 들어갔는데, 안에서는 아직 수업이 진행 중이었고, 모두의 시선이 쏠리면서 웃음거리가 되었다. 그때 몹시 창피했기 때문에 이후로는 지나치게 조심했다. 현재 이 학생은 복도에서 스마트폰을 보며 기다리기로 결심했다. 강의실의 수업이 곧 끝날 거라고 생각하면서 말이다. 잠시 후 두 번째 학생이 도착한다. 그는 앞의 학생처럼 창피를 당한 경험은 없지만, 모르는 사람과 말을 섞고 싶지 않아서, 또는 바보 같은 짓이 될까 봐 첫 번째 학생에게 강의실에 들어가지 않는 이유를 묻지 않는다. 그래서 그와 눈이 마주치는 것을 피한 채 한쪽 구석에서 스마트폰을 들여다본다. 세 번째 학생이 도착한다. 그의 평소 스타일에 비춰볼 때 만일 제일 먼저 도착했다면 문을 열고 비어 있는지 확인했겠지만, 먼저 온 두 명이 기다리고 있으므로 그들이 자신이 모르는 뭔가를 알고 있을 거라고 가정한다. 그리고 그들의 행동을 따라서 기다린다. 세 번째 학생은 외부 신호가 강한 탓에 자신의 내부 신호를 무시한다.

우리는 여기서 폭포 효과가 나타나기 시작함을 알 수 있다. 이제 학생들은 각자의 동조 임계점에 따라 남들의 행동을 따라 하기로 결정한다. 첫 번째 학생은 과거에 비슷한 상황에서 했던 경험을 토대로 자신의 행동을 결정했다. 두 번째 학생의 행동은 사회적 관계의 불안감 때문이었고 이는 그가 과거에 사회적 관계에서 겪은 경험에서 기인했다. 그러나 세 번째 학생은 자기보다 먼저 와서 기다리고 있는 사람의 수를 토대로 행동을 결정했다. 폭포 효과가 시작된 것이다. 폭포 효과의 힘은, 도착하는 학생이 계속 늘어날수록 그 폭포를 중단시키는 데 필요한 용기의 양이 늘어난다는 사실에서 온다.

네 번째, 다섯 번째, 여섯 번째 학생은 먼저 와 있는 무리의 행동을 보고 자신의 행동을 결정할 것이다. 무리가 커질수록, 새로 도착한 사람이 강의실 문을 열었다가 창피를 당해도 무리의 시선을 전혀 신경 쓰지 않는 사람일 확률은 점점 낮아진다. 모두가 강의실에 들어가지 않고 기다리는 데는 그럴 만한 충분한 이유가 있을 거라고 가정하는 것이 더 안전하다. 실제로는 그런 이유가 없을지라도 말이다.

이제 환경이 아니라 네트워크가 그 안에 속한 사람들의 행동을 좌우한다. 열다섯 번째 학생은 동조 임계점이 꽤 높을지도 모른다. 하지만 폭포 효과가 너무 강력해서 저항하기 힘들다. 예전 같았으면 10명이 기다리고 있어도 문을 열고 강의실을 확인했을 것이다. 그가 강의실이 비어 있음을 발견하면 폭포 효과가 깨졌을 것이다. 그리고 사람들 모두가 집단의 행동이 아니라 '그의' 행동을 따라 했을 것이다. 그러나 그의 동조 임계점은 10명이므로 14명은 그가 저항하기엔 그 수가 너무 크다. 사람들 규모는 그가 저항할 수 있는 지점을 넘어섰다. 그가 합류하면 이제 기다리는 무리는 15명이 되고, 뒤에 새로 도착하는 사람이 폭포 효과를 없애기 위해 필요한 동조 임계점이 한층 높아진다. 폭포 효과가 중단되려면, 이상하게 쳐다보는 시선을 기꺼이 무릅쓰고 강의실 문을 열어보는 사람이, 즉 현재 무리의 그 누구보다도 용감한 누군가가 도착해야 한다. 하지만 무리의 규모가 일정 수준 이상으로 커지면 그런 사람이 나타나기 힘들다.

폭포 효과가 사라지게 하는 유일한 방법은, 현재의 시스템에 새로운 정보가 추가되거나(예: 강의실 안에서 누군가 문을 열고 나와 비어 있음을 알려준다), 충분한 시간이 흘러서 누군가가 기다리는 괴로움을 견디느니 차라리 창피를 당하게 될 리스크를 무릅쓰기로 하고 문을 열어보는 것이다.

이런 폭포 효과가 얼마나 빨리 퍼질 수 있는지 보여주는 또 다른 예는 하우스 파티다. 파티 같은 사교 모임은 집단 차원의 조정 활동이 없어도 끝나곤 한다. 피곤하거나 지루해진 한 사람이 집에 간다고 가정하자. 남은 사람 중 동조 임계점이 낮으면서 피곤을 느끼는 사람이 아무도 없다면 흥겨운 파티는 계속된다. 그러나 동조 임계점이 낮으면서 피곤을 느끼는 사람이 여럿 남아 있다면, 맨 먼저 귀가한 사람이 그들도 집에 가도록 자극할 수 있다. 떠나는 사람이 점점 늘어나 동조 임계점이 높은 사람들까지 귀가하고 싶어지게 만들면, 결국 폭포 효과 때문에 마치 모두가 집에 가자고 동시에 합의한 것처럼 파티가 끝나게 된다.

강의실과 파티의 예에서 나타난 심리 메커니즘이 문화의 다른 영역에서 작동한다고 상상해보라. 예를 들어 친구 집단이나 직장 동료 집단을 금연하도록 설득해야 할 때도 이러한 메커니즘을 유도할 수 있다. 우리는 폭포 효과로 인한 연쇄적 변화가 문화 전반으로 퍼질 가능성을 충분히 감지할 수 있다. 이런 연쇄적 변화가 전 세계적으로 일어나 수백만 명의 마음을 바꾸면 수십 년간 안정적으로 유지되어 온 시스템이 갑자기 무너지는 것처럼 보일 수 있다.

혁신 전문가 그레그 사텔Greg Satell은 『캐스케이드Cascades』에서 다음과 같은 내용을 설명한다.[28] A, B, C라는 세 집단이 있다고 가정하자. 각 집단의 구성원은 자신과 같은 그룹에 속하는 다른 구성원의 생각과 감정, 행동을 늘 주의 깊게 살핀다. 그런데 이렇게 구성원끼리 밀접하게 연결된 각 집단에서 일부 사람은 나머지 두 집단의 일부 사람과 정기적으로 접촉한다. 따라서 이 세 집단에는 동조 임계점이 서로 다른 사람들이 섞여 있을 뿐 아니라(일부는 매우 낮고, 일부는 매우 높으며, 대다수는 그 중간 수준임), 타 집단 사람의 영향을 받아 변화에 대한 저항이 누그러질 수 있는 사람들도 섞여 있다.

구성원들의 동조 임계점의 수준이 다르고 연결 관계가 복잡한 이런 전체 네트워크는 대개 상당히 안정적으로 유지된다(물론 사람들이 관계를 형성하거나 끊고, 집단에 합류하거나 떠나기도 하므로 복잡함의 정도는 계속 변한다). 그러나 모종의 조건이 형성되어 동조 임계점이 낮은 사람들이 상호 연결된 타 집단 사람들과 정기적으로 접촉하면, 주변 네트워크가 광범위한 폭포 효과에 취약한 상태가 된다.

사텔은 다음과 같은 상황을 가정해 설명한다.

1. A 집단 구성원 중 동조 임계점이 30퍼센트인 사람(이들은 특정 아이디어를 채택해 행동하려면 그것을 이미 채택한 동료 구성원이 30퍼센트는 돼야 한다)이 C 집단 구성원 중 동조 임계점이 0퍼센트인 사람(동료 구성원의 행동과 상관없이 곧장 채택한다)과 연결되어 있다.

2. A 집단의 또 다른 구성원이며 동조 임계점이 70퍼센트인 사람(완고한 저항자)이 B 집단 구성원 중 동조 임계점이 0퍼센트인 사람과 연결되어 있다.

3. B 집단 구성원 중 동조 임계점이 20퍼센트인 사람이 C 집단 구성원 중 동조 임계점이 70퍼센트인 사람과 연결되어 있다.

이와 같은 상황에서 A 집단 사람들이 마음을 바꾸기 시작해 그 집단 내에서 폭포 효과가 일어나면, 이는 B 집단과 C 집단에도 퍼지게 마련이다. 그리고 각 집단은 나머지 두 집단과 연결되어 있기 때문에 폭포 효과가 커질수록 확산 속도도 빨라진다.

구체적으로 설명하면 이런 식이다. A 집단 안에서 발생한 폭포 효과가 점점 강해져 동조 임계점이 30퍼센트인 사람의 마음을 바꾼다고 치자. 그러면 이 사람은 C 집단의 동조 임계점이 0퍼센트인 사람에게 영향을 미칠 것이다. 이 사람이 마음을 바꾸면 C 집단 내에서도 폭포 효과가 시작된다. 시간이 흘러 A 집단 내의 폭포 효과로 동조 임계점이 70퍼센트인 완고한 저항자까지 마음이 바뀐다. 그러면 이 사람은 또 다른 초기 수용자, 즉 B 집단의 동조 임계점이 0퍼센트인 사람에게 영향을 미친다. 이제 이는 B 집단 내에 폭포 효과를 촉발한다. C 집단 내에서 일어난 폭포 효과가 C 집단의 완고한 저항자에게 까지 미칠 때쯤에는, 그와 연결된 B 집단의 사람(동조 임계점 20퍼센트)은 이미 마음이 바뀐 상태다. 따라서 C 집단의 완고한 저항자는 자신이 속한 집단의 내부와 외부에서 동시에 영향을 받는다. 그러므로 이 완고한 저항자는 마음을 더 쉽게 바꿀 뿐 아니라, A 집단의 동조 임계점이 70퍼센트인 사람보다 더 빠른 속도로 바꾸게 된다.

사회학자들은 이런 식으로 연결된 집단으로 이뤄진 클러스터를 '확산 취약 클러스터'라고 부른다. 이때 각 집단은 내부적으로 강하게 연결되어 있는 동시에 타 집단과 약하게 연결되어 있다. 클러스터 전체의 차원에서 보면 다양한 수준의 동조 임계점을 보이는 이들이 적절히 섞여 있으므로 결국 연쇄 작용이 일어날 수 있다. 이런 클러스터에서 특정한 충격이 가해지거나 폭포 효과가 시작돼 퍼져나가면, 그 안에서 상호 연결된 모든 집단의 모든 구성원을 변화시킬 가능성이 있다. 이들은 클러스터 밖 다른 이웃 집단에 영향을 미치고 다시 그들이 자신의 이웃을 변화시키면서 네트워크 전반에 걸쳐 폭포 효과가 일어난다. 그 네트워크란 기업이 될 수도, 도시나 국가가 될 수도 있다.

물리학자였다가 사회학자가 된 덩컨 와츠Duncan Watts의 비유를 활용해 이렇게 생각해보자. 숲을 가로질러 도로가 나 있다. 날마다 몇몇 사람이 차창 밖으로 불씨가 남은 담배꽁초를 버리지만 대부분은 나무 있는 곳까지 다다르지 않는다. 그러나 가끔 다다르는 것도 있다. 몇몇 담배꽁초는 아스팔트에서 튕겨져 나가 덤불로 굴러간다. 하지만 언제나 덤불의 축축한 습기 탓에 꺼진다. 담배꽁초는 모두 숲 전체로 번질 수 있는 불길을 촉발할 잠재력을 지니고 있지만 삼림이 취약한 상태가 아니므로 산불이 일어나지 않는다. 그런데 얼마 후 가뭄이 시작된다. 땅의 넓은 면적이 점점 건조해지고 나무들이 말라 죽는다. 예전과 같은 수의 사람들이 담배꽁초를 버리지만 역시 대부분 아무 일도 일어나지 않는다. 그러나 만일 덜 꺼진 담배꽁초 하나가 건조한 구역에 있는 바싹 마른 풀에 닿으면 불길이 일고, 불길이 퍼져 말라 죽은 나무 한 그루를 휩싸고, 금세 다른 나무들에까지 옮겨붙을 것이다. 산불이 커지면 주변의 습기가 증발해, 불이 잘 번지지 않던 구역도 원래 건조했던 구역과 똑같이 화재에 취약해진다. 얼마 안 가 몇 킬로미터에 걸친 시골 지방 전체가 불길에 휩싸인다.

일단 숲 한 구역이 취약해지면, 담배꽁초처럼 작은 물건도 번개나 폭탄, 쓰레기통에 붙은 불처럼 큰 무언가도 거대한 산불을 일으키는 첫 불씨가 될 수 있다. 그러나 조건이 형성되지 않으면, 즉 시스템의 일부분이 취약해지지 않으면, 그처럼 훨씬 더 강력한 자극 요소도 작은 담배꽁초와 마찬가지로 큰 화재를 일으킬 가능성이 별로 없다. 하지만 조건이 충족되면 작은 불씨 하나로도 산불이 발생한다.[29]

## 누구라도 불씨가 될 수 있다

네트워크 상태가 대규모 폭포 효과의 발생 가능성을 좌우한다는 사실은, 어떤 아이디어는 유행하고 어떤 아이디어는 그러지 못하는 이유를 설명해준다. 그뿐 아니라 어떤 아이디어는 끊임없이 반복해 등장하면서 아무 성과도 없다가 어느 날 갑자기 모든 것을 바꿔놓는 이유도 설명해준다. 담배꽁초가 숲에 수없이 던져지다가 어느 날 대형 산불을 일으키는 것처럼, 똑같은 종류의 충격이 시스템에 10억 번 가해지다가 10억 바로 다음 회의 충격이 가해질 때 확산 취약 클러스터에 영향을 미칠 수 있다. 예를 들어 스톤월 인에서 일어난 것 같은 충돌은 샌프란시스코와 로스앤젤레스, 시카고, 뉴올리언스, 그리고 미국 전역의 수많은 작은 동네에서 날마다 일어났다. 그러다가 어느 날 뉴욕의 스톤월인이라는 술집에 있던 한 여성의 저항이 대규모 폭포 효과를 촉발했고, 결국 이는 역사상 가장 단기간에 여론의 반전이 일어나는 데, 그리고 연방 대법원이 동성 결혼 합법화 판결을 내리는 데 기여했다.

사회는 고정된 실체가 아니다. 커다란 사회 시스템은 비록 안정되고 변동이 없는 것처럼 보일지라도 그 안에 있는 구성원들이 감지할 수 없는 미묘한 방식으로 항상 변화하고 있다.

어느 한 집단 내에서 구성원들의 동조 임계점이 높은 수준으로 계속 유지돼 폭포 효과가 일어날 추진력을 얻지 못하더라도, 온갖 종류의 상황과 환경이 집단과 집단을 연결하는 고리의 평균 개수에 영향을 미칠 수 있고, 이는 모종의 조건을 변화시켜 확산 취약 클러스터의 형성을 촉진할 수 있다. 어떤 사회든 자신도 모르는 사이에 대규모 폭포 효과가 일어나는 것이 불가능한 사회에서 그것이 언제라도 일어날 수 있는 사회로 바뀔 수 있다. 시스템에 반복적인 충격이 가해져도 이전에는 헛되게 느껴졌지만, 이제는 그 충격이 세상을 바꿀 잠재력을 갖게 된다.

변화는 수십 년간 어떤 의미 있는 진전의 신호도 없이 조용히 진행될 수 있다. 이런 상황에서는 기존 시스템이 구성원 모두의 합의에 기초한 것처럼, 안정되고 영원한 것처럼 느껴진다. 사람들의 마음을 바꾸는 것이 불가능하게 느껴진다. 그러다가 어느 날 유효한 자극 하나가 상당한 변화를 촉발해 확산 취약 클러스터 내에 있는 모두의 임계점이 충족된다. 그러면 문화 전반에 걸쳐 변화가 번진다. 이런 식의 폭포 효과에 따른 사회 변화는 임계점이 아주 높은 사람이나 네트워크와 단절된 클러스터(예: 폐쇄적 종교 집단, 오지에 위치한 공동체)에 속한 사람을 제외한 모든 구성원에게 영향을 미친다.

노예제 폐지, 동성 결혼에 대한 생각의 변화, 마리화나 관련 정책에 일어난 빠른 변화, 경찰 폭력에 대한 항의 시위의 급속한 확산 등은 미국 역사 속 몇 개의 사례에 불과하다. 세계 곳곳에서 일어난 많은 중대한 사건이 우리의 생각을 변화시켜 옳다고 믿은 것이 틀린 것이 되고 사실이 거짓이 되고 평범한 것이 금기가 되었으며, 또는 그 반대가 되기도 했다. 가축 사육의 등장, 진화론의 정립, 코페르니쿠스 혁명, 종교개혁, 산업혁명, 프랑스혁명, 냉전의 종식 등 이 모든 사안에서 불연속적 관점과 혁신이 신속한 대규모 폭포 효과를 발생시켜 기존 시스템을 깨고 변화를 만들어냈다.

초기 수용자도 완강한 저항자도 아닌 대부분의 사람은 정규분포

곡선의 두꺼운 가운데 부분에 속하기 때문에 그런 변화가 하루아침에 일어난 것처럼 느낄 수 있다. 따라서 영향력과 힘을 가진 핵심 인물이 변화를 일으키는 가장 중요한 요인이라는 믿음이 생겨났다. 질병의 매개체가 바이러스를 퍼뜨리듯 그들이 아이디어를 퍼뜨리는 것이라고 말이다. 몇몇 사람이 아이디어 확산에 더 중요한 역할을 하는 것처럼 느껴진다. 애플 초기 광고에 나온 유명 인사, 미쳤다는 소리를 듣는 창의적 괴짜, 유행의 선구자, 트렌드세터, 사고 리더, 사회적 영향력을 발휘하는 엘리트 같은 사람들 말이다. 과거에는 이들이 마음을 바꾸면 나머지 사람도 그 뒤를 따를 것이라고 생각했다. 정보나 행동 방식을 확산시키고 싶다면 네트워크 안에서 연결 가지가 가장 많은 노드, 즉 사람들이 생각하고 행동할 때 기준점으로 삼는 인물을 공략해야 한다는 것이 일반적 생각이었다. 하지만 실제 현실에서는 그렇지 않다. 그 누구라도 폭포 효과를 촉발하는 시발점이 될 수 있다.

아이디어가 네트워크 전반에 퍼져 거의 모든 사람의 생각이나 태도가 변하는 데 사고 리더나 엘리트는 필요하지 않다. 가장 중요한 요인은 네트워크의 민감성이다. 여러 집단에 걸쳐 임계점이 낮은 충분히 많은 사람이 연결되어 있다면 어떤 충격이라도, 또는 어떤 사람이라도 폭포 효과의 시작점이 되어 사회 구성원 대다수를 변화시킬 수 있다.

덩컨 와츠가 말했듯, 산사태가 시작되는 데 원자폭탄은 필요하지 않다. 일단 충분한 조건이 형성되면 슬쩍 치기만 해도 산사태는 일어난다.

과학사학자 제임스 버크James Burke는 자신의 저서 『우주가 바뀌던 날 그들은 무엇을 했나』에서 "우리가 알고 있는 것이 곧 우리 자신이다. 지식 체계가 변화하면 우리도 변화한다"라고 말했다.

인류 역사의 굽이굽이마다 도덕적 가치관의 변화, 발견이 가져온 순차적 영향, 국가나 집단 간 접촉의 증가, 놀라운 혁신, 가속화되는 발명이 이루어졌고, 이 때문에 우리가 현실 자체를 정의하는 데 사용하는 모델을 구성하는 믿음과 태도가 끊임없이 업데이트되었다.[30]

개인의 차원에서든 문화 전체의 차원에서든 우리는 한 패러다임에서 다른 패러다임으로 이동한다. 패러다임이란 현실을 설명하는 모델이며, 우리가 그것을 유지할 수 있는 동안만 자신의 역할을 한다. 버크는 내게 "따라서 어떤 시점에든 우리는 세상을 정의하고 세상이 어떤 것인지 설명해주는 상자 안에서 살아갑니다. 그 정의들은 우리가 생각하는 내용을, 그리고 우리가 '생각할 수 있다고' 생각하는 내용을 강요합니다"라고 말했다. 코페르니쿠스 이전에는 태양 중심의 우주 모델은 상상도 할 수 없는 것이었다. 지구가 우주의 중심이었다. 코페르니쿠스가 그것이 틀렸다는 증거를 제시했을 때 처음에 사람들은 오류로 여기고 미결 바구니에 집어넣었다. 문제를 해결하기 위해 더 나은 새로운 모델이 필요해졌고 이는 기존 모델이 폐기되어야 함을 의미했다. 버크는 이렇게 말했다. "엄청난 혼란이 찾아왔습니다. 지구가 세상의 중심이 아니라면, 인간이 사는 특별한 행성이라서 신이 지구를 중심에 두었다는 믿음을 버려야 했죠. 이 우주에서 우리가 신에게 특별한 존재가 아니라면, 그건 몹시 받아들이기 힘든 현실이었던 거예요."[31]

1990년대에 미국인들은 동성 결혼뿐 아니라 동성애 자체에 반대했다. 오늘날은 많은 이들이 그런 태도가 기러기가 나무에서 자란다는 믿음만큼 터무니없다고 생각한다.

우리의 과거 역사 속에는 이제는 폐기된 현실 모델이나 믿음, 도덕적 기준, 대체된 과학 이론이 존재한다. 한때 그것들은 누구도 바뀌리라 예상하지 못한 최종 결정이었다. 지금의 기준으로 보면 그때 우리는 틀렸다. 우리는 틀렸다는 사실을 몰랐으며 우리가 옳다고 믿었다. 우리는 틀렸다는 것이 과거의 일에 대해서만 쓰는 표현이라고 생각한다. 현재 우리는 우리가 마침내 확실한 진실에 도달했다고 믿으며 앞으로도 죽 그렇게 믿을 것이다.

어느 시대에든 어떤 문화에서든 사람들은 진실을 안다고 믿었다. 그러다 어느 순간 그렇지 않다는 것을 깨달았다. 진실이 바뀌면 문화도 더불어 변화했다. 인간은 종종 근시안적이고 무지한 존재처럼 보이지만, 나는 인간이 마음을 바꾸는 놀라운 능력을 지닌 존재라고 여기고 싶다. 우리가 기러기 나무를 더는 믿지 않는다는 사실, 지구가 태양 주위를 돈다는 것을 믿는다는 사실은 우리의 현실 모델이(지식, 믿음, 태도가) 대체 가능하고 변화 가능하다는 것을 보여준다.

대부분의 충격은 흡수되어 사라진다. 대부분의 폭포 효과는 최초의 클러스터 바깥으로 퍼져나가지 못한다. 그러나 모든 안정된 시스템에는 간간이 임의적인 대규모 폭포 효과가 예상치 못한 상태에서 발생한다. 그것이 어느 순간 느닷없이 나타난 것처럼 보이기 때문에 우리는 사후에 그것을 분석하면서 그 원인, 즉 폭포의 수원을 탁월한 능력과 비전을 지닌 인물이나 세계를 뒤흔드는 중요한 발명에서 찾곤 한다. 하지만 진짜 원인은 따로 있다. 네트워크의 노드가 충분히 민감해지고 서로의 연결성이 강화되어 조건이 형성되면 과거에는 아무 효과가 없던 충격이 네트워크에 전파는 다른 결과를 만들어낸다. 바로 그때 폭포 효과가 확산하기 시작하는 것이다.

덩컨 와츠는 대다수 사람이 임의성이라는 개념을 매우 싫어한다고 말했다. 어떤 일의 결과가 나온 것은 그럴 만한 이유가 있었기 때문이라고 믿고 싶어 한다는 것이다.

"사람들은 뭔가를 제대로 알려고 하지 않아요. 답답할 따름입니다. 그러면 현상을 제대로 설명할 수 있는 방법을 찾으려는 끈질긴 노력을 하지 않게 되거든요. 그런 태도가 뿌리 깊게 박혀 있어요. 그건 꽤 위험합니다." 나는 네트워크 전체에 새로운 씨앗을 뿌려서 사람들의 마음을 변화시켜보고 싶다고 말했다. 누가 알겠는가? 이번에는 성공할지도 모른다. 그게 핵심이다. 끈질긴 시도에 약간의 운이 더해지면 사람들의 마음을 변화시킬 수 있다. 천재적 수완이 필요한 일이 아니다. 세상을 변화시키는 아이디어는 포기하지 않고 계속 시도하는 이들의 머릿속에 있는 아이디어다.


### 계속 두드려라, 곧 열릴 것이니

지금까지 우리는 자연스럽게 마음을 바꾸는 프로세스로 사람들을 유도하는 여러 방법과 가장 효과적인 설득 기법을 살펴봤다. 부족 심리의 효과를 약화하는 법을 살펴봤고, 더 나은 온라인 세상을 만들어 우리에게 자신과 타인을 설득하는 능력을 갖추게 한 진화의 힘을 십분 활용할 길도 살펴봤다. 또 동화와 조절, 추론, 정교화, 관점 전환, 사회적 학습 등 유전적 진화가 우리에게 준 선물도 살펴봤다. 이것들은 토론을 SURFPAD 법칙과 부족 이데올로기에 지배당하는 사람들의 마음을 변화시킬 수 있는 무기로 만들어준다. 이런 도구를 한층 많은 이들이 활용하는 동시에 네트워크 효과로 예측 불가능한 폭포 효과가 시작될 조건이 형성되면 기존 패러다임을 흔들 수 있다. 그어떤 시스템도 영원하지 않다. 모든 시스템은 때때로 취약해진다. 한나라나 지구를 변화시키는 열쇠는 끈질기게 시도하는 것이다.

역사의 어느 시점에든, 어떤 시스템에서든, 수많은 이들이 세상을 변화시키길 바라는 마음으로 시스템을 계속 두드리며 충격을 가하고 있다. 그러나 취약한 클러스터가 어디인지 아무도 모른다. 어느 누구도 자신의 의지로 시스템이 폭포 효과를 일으키게 만들 수 없다.

변화가 일어나려면 시스템이 취약해져야 한다. 그 상태에서 충분히 많은 이들이 시스템을 두드리면, 누군가로부터 폭포 효과가 시작되는 일이 불가피해진다. 하지만 그 누군가란 미리 운명 지워진 누군가가 아니다. 어떤 특권을 지닌 사람만 기존 시스템에 충격을 가하기 시작할 수 있는 것은 아니다. 그것은 누가 통제할 수 있는 것이 아니다. 당신이 '통제할 수 있는' 것은 그 두드리는 행동을 멈출 것인가 아닌가 하는 점이다. 만일 당신이 바라는 변화가 상당히 큰 변화라면 평생 두드려야 할지도 모른다. 미국에서 인종 평등을 위한 투쟁이 진행된 기나긴 시간 동안, 기존 시스템을 두드리던 사람들은 손에 쥔 망치를 다음 세대에 물려줘야 했다. 일단 그런 투쟁이 시작되면 취약한 클러스터를 집요하게 찾는 누군가가 늘 있기 마련이다. 폭포 효과의 규모와 세기는 일정하지 않았지만 폭포의 발생은 '불가피'했다. 중요한 것은 손에 쥔 망치를 내려놓지 않는 것이다.

포기하지 않고 끈질기게 시도하는 이들이 세상을 변화시킨다. 데이브 플라이셔 같은 이들 말이다. 플라이셔는 지금껏 1만 3,000개가 넘는 현관문을 두드린 단체를 이끌고 있으며, 지금도 주민들의 집을 찾아가 문을 두드린다. 매번은 아닐지라도 종종 그의 노크는 변화를 만들어낸다. 그에게는 이 접근법에 대한 확신이 있으며 연구 결과도 그런 확신을 뒷받침한다. 그는 늘 생각한다. 어쩌면 이번 노크는 헛수고일지도 모르지만 결국 현관문을 두드리는 그의 손이 기존 시스템을 흔들어 크나큰 변화를 이끌어낼 것이라고 말이다.

## 나가며

# 우리가 뿌려놓은 변화의 씨앗들

원고 집필이 끝나갈 무렵 스웨덴의 개더 페스티벌<sup>Gather Festival</sup>에 초대받았다. 지구 평면설 커뮤니티의 유명 인사인 마크 사전트를 청중 앞에서 인터뷰해달라는 요청이었다.

내가 그곳에 초대받은 것은 다큐멘터리 〈그래도 지구는 평평하다 Behind the Curve〉와 인연이 있었기 때문이다. 지구가 평평하다는 믿음을 중심으로 커뮤니티를 형성한 사람들을 관찰하며 동기 기반 추론과 음모론자의 사고방식을 탐구한 다큐멘터리다.[1]

당시 이 다큐멘터리는 넷플릭스에서 인기가 높았다. 나는 다큐멘터리 제작자들을 팟캐스트에 초대해 행성과 우주, 인간 심리와 관련된 과학을 주제로 흥미로운 대화를 나눴다. 개더 페스티벌의 관계자들이 이 팟캐스트를 들었고, 이후 나와 마크에게 연락해 무대에서 인터뷰 형식의 대화를 나눠달라고 요청했다. 마크는 이 다큐멘터리에서 집중적으로 다룬 지구 평면론자였다.

대부분의 음모 이론가처럼 지구 평면론자도 대개 이성적이고 똑똑하며 과학적 호기심이 가득한 이들이다. 그들도 우리처럼 가족을 사랑하고, 직장에 다니고, 공과금을 낸다. 즉 미친 사람도 아니고 멍청이도 아니다. 그렇다면 이성적이고 똑똑하고 과학적 호기심이 많은 이들이 어떻게 지구가 평평하다고 믿게 됐을까? 지구가 평평하다고 믿는 것과 그 믿음을 중심으로 커뮤니티가 형성되는 현상의 중심에는 지금까지 이 책에서 살펴본 정상적이고 흔한 심리적 메커니즘이 자리한다. 이는 백신 접종 거부자, 달 착륙 음모론자, 진화론 거부자, 9·11 음모론자, 샌디훅 총기 난사 사건이 가짜라고 주장하는 사람, 오바마 대통령의 출생과 관련한 음모론을 믿는 사람, 큐어넌 추종자, 마스크 착용 거부자, 코로나19 치료용으로 구충제 이버멕틴Ivermectin을 먹는 사람, 피자게이트Pizzagate*를 믿는 사람을 만들어내는 것과 동일한 메커니즘이다.

구체적으로 어떤 모델을 믿든 간에 지구 평면론자의 공통된 관점은 어느 순간 지구가 평평하다는 사실을 알게 된(우주로 가서 직접 보았든, 평평한 지구의 가장자리에 가보았든) 비밀스럽고 강력한 '세력'이 존재하며, 그들이 모종의 이유 때문에 그 사실을 은폐하고 있다는 것이다.

지구 평면설은 다른 음모론을 설명해주는 강력한 음모론이다. 지구 평면설은 달 착륙이 가짜라는 근거가 된다. 지구 평면설은 정부가 외계인의 존재를 숨기는 이유도 된다. 존 F. 케네디는 지구가 평평하

---

* 힐러리 클린턴 전 국무 장관이 피자 가게로 위장한 장소에서 미성년자 성매매 조직을 운영하는 데 관여했다는 음모론—옮긴이

다는 사실을 알고 있었기 때문에 암살당했다. 딥 스테이트<sup>Deep State*</sup> 가 지구가 평평하다는 진실을 숨기고 있다. 그리고 지구 평면설 커뮤니티에도 여러 분파가 존재한다. 한 종교 시스템에 여러 교파가 있는 것처럼 말이다. 어떤 이들은 지구를 둘러싼 투명한 돔에 우주의 모습이 투사되는 것이며, 그 돔의 안쪽 면에 태양과 달이 붙어 있어서 우리 눈을 속이는 것이라고 믿는다. 어떤 이들은 톱니바퀴와 기계식 팔들이 달린 복잡한 구식 태양계 모형을 제작해 우주 공간 속에서 평면 지구가 뒤집어지면서 밤과 낮이 바뀌는 원리를 보여준다. 그런가 하면 어떤 이들은 외계인이 평평한 지구를 만들었다고 믿고, 어떤 이들은 여러 신이 만들었다고 믿는다.

대개 이런 세부적인 이론 차이는 큰 문제가 되지 않는다. 결국 중요한 것은 '진실'을 숨기는 거대한 '세력'이라는 개념이기 때문이다. 이 세력의 존재가 그들이 더 깊이 파고들고, 또 다른 지구 평면론자를 찾고, 커뮤니티를 형성하게 추동하는 힘이다. 그 세력의 존재에 대해서만큼은 모두가 동의한다. 그리고 집단 심리가 형성된다. 동족의식으로 묶여 있는 이들에게는 집단 내에서의 평판을 관리하는 것이 중요하다. 지구가 구형이 아니라는 핵심 신념을 신봉함으로써 자신이 충실한 구성원임을 서로에게 보여준다.

이러한 신념을 유지시키는 가치관 하나는 과학에 대한 믿음이다. 지구 평면론자들은 과학적 방법 자체를 불신하는 것이 아니라 그것을 사용하는 기존 제도권을 불신한다. 따라서 자신들의 믿음을 검증

---

* 정치와 사회에 막대한 영향력을 행사하는 숨겨진 권력 집단─옮긴이

하는 데 과학적 방법을 동원하곤 한다. 하지만 실험을 진행해 그들의 가설이 틀렸음을 보여주는 결과가 나오거나 경쟁 가설을 뒷받침하는 증거가 등장하면, 그것을 변칙 현상으로 간주하고 무시해버린다.

시간이 흐르면 그들도 그동안 과학의 역사에서 일어난 변화가 밟았던 것과 동일한 길을 따를 가능성이 있다. 화학과 물리학, 심리학, 천문학 등 각종 분야에서 하나의 이론이 물러나고 다른 이론으로 대체되곤 했던 것을 생각해보라. 그들도 피아제가 말한 동화와 조절 단계를 거쳐 쿤이 말한 패러다임 전환에 도달할 것이다. 현재의 모델이 한동안은 유지되겠지만 언젠가는 변칙 현상이 쌓여 현실을 설명해줄 다른 모델이 필요하다는 것을 명확히 깨달을 것이다.

이것이 애초에 우리가 과학을 만들어낸 이유다. 과학은 과학자보다 더 똑똑하고 과학적 방법은 계속해서 모종의 결과를 생산해낸다. 그러나 과학이 힘을 발휘하려면 그것을 사용하는 자가 자신이 틀렸음을 기꺼이 인정하는 태도를 지녀야 한다. 만일 그의 평판이나 생계가, 또는 공동체 내에서의 위치가 위태로워질 가능성이 있다면 그런 태도를 갖기가 어려울 수 있다.

나는 〈그래도 지구는 평평하다〉 제작자들을 인터뷰할 때 이런 말을 했다. 호기심 많고 논리적이고 똑똑한 사람들이 내면의 심리 메커니즘 탓에 엉뚱한 길로 향하는 것을 보면 사실 우리 누구나 그런 사고에 빠질 수 있는 것이라고 말이다. 이는 충돌과 논쟁이 넘치는 이 시대에 우리에게 필요한 겸손과 공감의 태도를 상기시킨다.

확증 편향은 우리가 두려움이나 불안, 분노 등의 감정으로 내면에 강한 동기가 생성될 때 쓰는 안경과도 같다. 이런 감정 상태에서는 내가 느끼는 감정을 정당화할 확증을 찾는다. 비유하자면 이런 상황과 비슷하다. 외딴 숲속에서 캠핑을 한다고 생각해보라. 이상한 소리가 들리면 당신은 손전등을 들고 텐트 밖으로 나가, 자신이 느끼는 불안감이 정당한지 밝혀줄 증거를 나무들 사이에서 찾을 것이다.

예컨대 백신 접종을 꺼리는 사람들은 저마다 다른 이유로 불안감을 느끼지만, 그 때문에 나타나는 행동은 동일하다. 그들은 인터넷에서 자신의 태도와 감정이 합리적이라는 증거를 찾는다. 숲속에서는 자신의 불안감에 대한 증거를 찾다가 그 불안감이 옳지 않다는 증거를 찾아내거나 아무것도 찾지 못할 수도 있고 또는 실제로는 위험 요소가 없는데 있다고 판단하게 만드는 단서를 만날 수도 있다. 그러나 인터넷에서는 우리의 감정을 뒷받침하는 확증을 반드시 찾게 된다. 설령 인터넷에 존재하는 정보의 99퍼센트가 당신의 감정이 틀렸음을 뒷받침할지라도, 나머지 1퍼센트를 찾으려는 당신은 그 정보를 '반드시' 찾게 된다.

그 이유는 우리가 사회적 동물이기 때문이다. 우리는 정보를 공유하는 인터넷이라는 환경에서 자기 관점을 옹호하려는 목적 아래 편향된 시각으로 정보를 수집하되, 같은 목표를 위한 공동의 행동 계획을 만들어내는 집단에서 그런 정보 수집 활동을 하는 습성이 있다. 게으른 우리는 인지적 노력을 집단 숙고 프로세스에 떠넘기고 싶어 하며, 그 프로세스에서는 숲속을 비추는 많은 손전등이 각자 단서를 보태 논증을 만들어내고 이후 공통된 동기에 따라 어떻게 행동할 것인가가 결정된다.

따라서 백신 접종을 꺼리는 사람을 설득하고 싶을 때는 당신과 상대방 모두 똑같은 두려움과 불안을 느끼고 있음을 일깨우고 서로 존중하면서 공동 목표를 위해 협력한다는 프레임을 설정하면 설득 가능성을 훨씬 높일 수 있다. 당신이 상대방의 관점과 의견에 충분히 귀 기울일 자세가 돼 있음을 보여줘야 한다.

당신과 상대방이 둘 다 숲속에서 이상한 소리를 들었다고 치자. 둘 모두 두려워서 각자의 손전등을 들고 소리의 원인을 찾는다. 두 사람의 추측은 다를지라도 무엇보다 중요한 것은 서로의 생각을 공유한 후 함께 결론을 내리는 것이다. 공감하며 질문하고 듣는 과정을 통해 상대방이 그렇게 추측하게 된 추론 과정을 함께 살펴보라. 그가 확신하는 이유를 물어보라. 그리고 당신 자신의 추론과 이유도 들려줘라.

개더 페스티벌에서 사전트를 인터뷰해달라는 요청을 받았을 때, 길거리 인식론과 딥 캔버싱에서 배운 것을 청중 앞에서 시도해볼 좋은 기회라는 생각이 들었다. 나는 앤서니 매그너보스코에게 연락해 길거리 인식론에 대한 설명을 다시 들었다. 그런 뒤 방법 반박하기와 내용 반박하기를 연구한 학자들에게도 연락했다. 그들은 내게, 그처럼 많은 청중을 앞에 둔 상황에서는 사전트의 주장을 논박하려 들지 말고 그의 추론 과정에 대해 질문하는 식으로 대화를 이어가는 것이 좋다고 조언했다.

직접 만나보니 사전트는 재미있는 구석이 있는 매력적인 남자였다. 나는 그를 안심시켰다. 그를 조롱할 생각이 전혀 없고 청중 앞에서 웃음거리로 만들 생각은 더더욱 없다고 말했다. 그는 만일 내가 그러더라도 상관없다면서, 오스트레일리아의 스포츠 베팅 앱 광고에 출연한 이야기를 들려주었다. 광고에서 그는 시청자를 향해 이 앱을 쓰면 누구나 쉽게 베팅할 수 있다고, 심지어 자신도 할 수 있다고 말했다. 이 광고는 "바보라도 할 수 있습니다!"라는 말로 끝난다.

무대 위 인터뷰에서 나는 그에게 지구 평면론자가 되기 전에 어떤 삶을 살았는지, 어디서 어린 시절을 보냈는지, 직업이 무엇이었는지 물었다. 그는 과거에 잠깐 시애틀의 지중해식 식당에서 요리사로 일했다고 했다. 이후 컴퓨터 핀볼 게임의 모든 기록을 깬 챔피언이 된 뒤 게임 회사에 고용돼 게임장을 돌며 게임 기계를 홍보하는 일을 했다. 전국 곳곳을 돌아다니면서 '게임이 실제보다 훨씬 더 재밌어 보이게 만드는' 활동을 했다.

나는 그게 씨앗을 뿌린 것인지도 모르겠다고 말했다. 그런 경험을 계기로 세상은 보이는 현상이 전부가 아니라 사람들을 속이는 숨은 세력이 존재한다는 생각을 하기 시작했을지도 모른다고 말이다.

그는 "맞아요, 전 게임 회사가 꾸민 음모에 가담한 자였죠"라고 대꾸했다.

한때 게임 챔피언으로 유명했고 지금 또다시 유명해져서 세계 곳곳을 다니며 지구 평면설 강연을 하고 다큐멘터리와 광고에도 출연하니 기분이 좋겠다고 말했더니 그는 그렇다고 답했다.

어떤 계기로 지구가 평평하다고 믿게 되었느냐고 묻자, 그는 자신이 세상의 시선이 두려워서 방 안에 꼭꼭 숨는 부류가 아니라는 말부터 했다. 그는 이런저런 음모론에 흥미를 느꼈는데, 어느 시점이 되자 더 깊이 파고들고 싶은 음모론이 없어졌다. 그렇게 지루함을 느끼던 중 유튜브에서 지구 평면설에 관련된 동영상을 보고 고개를 끄덕이게 되었다. "그걸 보자 제 안에서 본능적인 반응이 일어났어요. 이상하게 흥분이 되더군요."

그는 지구 평면설을 반박할 수 있는 모든 자료를 뒤져봤지만 찾아 보면 볼수록 이 이론을 더 확신하게 되었다. 인터넷에는 엄청난 자료 가 있었다. 그것들을 아홉 달 동안 섭렵한 뒤 가장 설득력 높다고 판 단되는 근거를 종합해 직접 동영상을 제작했다. 이 영상에 대한 소문 은 급속도로 퍼졌고 조회 수가 100만 회를 넘기면서 이메일과 강연 요청이 쏟아졌다. 그는 곧 지구 평면설 커뮤니티에 들어갔고 시간이 흐르면서 이 커뮤니티를 대변하는 대표 인물이 되었다. 현재 그는 세 계 여러 곳으로 강연을 다닌다. 그해에만 오스트레일리아, 런던, 텍 사스주에 다녀왔고 이제 이곳 스웨덴 스톡홀름에 와 있었다.

그는 날마다 지구 평면설을 반박해보려고 시도하지만 매번 실패 한다고 했다. 그에게 이 이론은 치밀한 자료 조사를 통한 종합적 사 고의 결과였다. 그는 가능한 모든 조사를 하고 타당한 정보를 찾는 다. 어떤 정보는 그의 믿음에 들어맞고 어떤 정보는 그렇지 않았지 만, 그럼에도 그 모든 것은 동일한 결론을 가리켰다. 한 가지 걸리는 점이라면 지구 평면설을 지지하면서 친구나 동료들과 멀어졌다는 점이다. 하지만 이제는 지구 평면설 커뮤니티가 굉장히 커졌고 이곳 에서 끈끈한 애정과 동료애를 느끼므로 괜찮다고 했다. 심지어 데이 트를 하고 싶지만 자신의 믿음을 드러내면 거부당할 것을 두려워하 는 지구 평면론자를 위한 웹사이트도 있다.

나는 마크에게 그 믿음이 구체적으로 어떤 것이냐고 물었다. 그는 여러 주장을 들려주었고 나는 충분히 고개를 끄덕였다. 나는 지구가 평평하다는 결론에 이른 그의 추론 과정에 대해 물었다. 이의를 제기하지 않고 그의 대답에 정성껏 귀를 기울였으며, 내가 보기엔 그가 기존 과학계가 너무 성급하게 결론을 내렸다는 생각을 갖고 있는 것 같다고 덧붙였다. 우주와 시간, 행성의 형성 원리에 대해 아직 우리가 모르는 게 많다고 말이다. 그는 그 말에 동의했다.

나는 이렇게 말했다. "우주에 아직 풀지 못한 미스터리가 많은 건 사실이죠. 우리는 필요한 모든 도구를 갖고 있진 않아요. 우리에겐 아직 할 일이 남아 있죠. 지구 평면론자는 과학으로 모든 걸 설명할 수 있다고 보는 것 같군요. 하지만 제가 당신 말을 제대로 이해한 거라면, 이 지구 평면설 모델에도 아직 풀리지 않은 수수께끼가 많다는 얘기로 들립니다."

마크는 "맞습니다. 저도 모든 답을 알지는 못합니다. 아직 멀었지요"라고 말했다.

나는 "그렇다면 어째서 지구 평면론자는 지구가 평평하다고 믿는 것인가요?"라고 물었다.

마크는 대륙들이 담긴 평평한 원반에 투명한 돔이 덮인 작은 모형을 꺼내 청중에게 보여주며 말했다. "제가 지금 당장 법정에서 이 모형이 옳다는 것을 완벽히 증명할 수 있을까요? 아닙니다." 그러고는 작은 구형球形 지구를 꺼내 보여주며 말했다. "하지만 제가 이것(구형 지구)에 대한 합리적 의심을 충분히 많이 제시해서 여러분이 저 모델(평면 지구)을 믿을 수밖에 없는 일이 가능할까요? 저는 하루 종일이라도 그 의심의 근거를 제시할 수 있습니다."

나는 평면 지구 모델에 대해서도 구형 지구 모델의 경우와 똑같은 수준의 철저한 과학적 조사와 검증을 하느냐고 물었다. 그는 지구 평면설 운동은 역사가 짧아서 해야 할 일이 많다고 답했다. 지구가 둥글다는 기존 믿음 체계를 뒷받침하는 수백 년간의 연구를 따라잡으려면 아직 멀었다고 말이다.

나는 만일 그가 지구 평면설이 여러 가설 중 하나일 뿐이라는 데 동의한다면 다른 가설과 마찬가지로 지구 평면설 역시 과학적 검증의 대상으로 삼을 수 있을 것이라고 말했다. 하지만 합리적인 과학적 토론을 위해서는 모종의 기준이 필요할 것이다. 그는 내 말에 동의했다. 나는 그에게 지구가 평평하다고 얼마나 확신하는지 0~100의 숫자로 표현해달라고 요청했다. 그는 99라고 답했다. 나는 앤서니의 조언대로 이렇게 물었다. "만일 평면 지구 모델이 틀렸음이 당신이 충분히 납득할 수 있는 방식으로 증명된다면 어떻게 하겠습니까?"

그는 이렇게 대답했다. "그렇다면 이 모델을 버릴 겁니다. 주저 없이요."

대화를 시작한 지 1시간이 다 되어가고 있었다. 그 대답을 끝으로 인터뷰를 마무리하는 것이 적절할 것 같았다. 우리는 지구 평면설 커뮤니티에서 계획한 실험에 대해 잠깐 더 얘기를 나눴다. 여기에는 평평한 지구의 가장자리라고 믿는 곳에 가보는 것도 포함되었다. 나는 그에게 인터뷰에 응해줘서 고맙다고 말하고 무대를 내려왔다.

마크는 지구 평면설을 주제로 대화를 나눠본 중에 오늘처럼 즐거웠던 적이 없었다고 내게 말했다. 그날 저녁 우리는 함께 술집에 가서 스웨덴을 주제로 수다를 떨었다. 나는 무대에서 나눴던 것과 같은 대화를 언젠가 또다시 나눠보고 싶다고, 하지만 오늘 저녁은 다른 화제가 좋겠다고 말했다. 우리는 즐거운 마음으로 음식을 주문했다.

# 감사의 글

책을 완성하는 데 오랜 시간이 걸렸다. 시간이 흐를수록 그만큼 세상도 변했다. 분명해 보이던 것이 의심스러워졌고 의심스럽던 것이 분명해졌다. 그런 시간을 거쳐 지금 여기에 이르렀다. 비단 과학적 연구 결과뿐 아니라 지금까지 지나온 모든 여정에서 마음이 바뀌는 원리에 대해 많은 것을 배웠다.

이 여정에서 많은 이들에게 여러 도움을 받았다. 감사의 마음을 제대로 표현하지 못할까 봐, 귀중한 격려와 비판과 조언을 해준 모든 이들에게 고마움을 전하기 위한 이 지면을 제대로 활용하지 못할까 봐 걱정스럽다.

아내 어맨다 맥레이니Amanda McRaney의 조언과 영감이 없었다면 나는 답을 찾지 못한 질문을 품은 단계 이상으로 나아가지 못했을 것이다. 아직 다듬어지지 않은 아이디어를 듣고 책으로 쓰면 좋겠다고 말해준 것도 당신이었지. 크고 작은 섹션을 추가하고 빼고 교체하자는 당신의 아이디어가 책 곳곳에 반영돼 있어. 당신의 도움과 응원에 진

빚은 평생 갚아도 모자랄 거야. 말로 다하지 못할 만큼 고마워.

내 에이전트 에린 멀론 보바Erin Malone Borba에게 크나큰 감사를 전하고 싶다. 당신은 처음부터 내 원고를 믿어줬고 함께 싸워줬어요. 그리고 예상치 못한 운명의 장난이 연이어 찾아올 때도 전혀 흔들림 없이 제 곁을 지켜줬습니다. 제가 블로그 활동을 하던 시절부터 줄곧 당신은 내 챔피언이었어요. 이 세계로 나를 끌고 온 것도 당신이었지요. 큰맘 먹고 새로운 모험에 뛰어들기로 결심했을 때 당신이 길을 터주었습니다. 감사합니다.

니키 파파도풀로스Niki Papadopoulos, 당신은 두서없는 원고에 숨겨진 잠재력을 뽑아내 책을 만들 줄 아는 보기 드문 훌륭한 편집자입니다. 초고에 인간미가 부족함을 간파하고 그것을 보완할 방법을 알려줬지요. 당신의 비전과 끈기에 많은 빚을 지고 있습니다. 감사합니다.

트리시 데일리Trish Daly, 당신이 꼼꼼하게 편집해준 덕분에, 그리고 때로는 빠진 것을 추가하자고 때로는 중심 스토리와 목적에 불필요한 곁가지를 쳐내자고 고집을 부려준 덕분에 글의 흐름이 분명해졌습니다. 내 생각엔 굳이 안 만나도 될 것 같을 때도 당신은 늘 얼굴을 보고 애길 나누자고 했죠. 매번 헤어질 때는 속으로 '좀 더 빨리 만날걸' 하고 생각했어요. 감사합니다.

에이먼 돌런Eamon Dolan, 내가 음모론에 대한 무려 3만 단어 분량의 챕터를 보냈을 때 당신은 제게 전화해 한숨을 푹 쉬고는 대체 생각이 있는 거냐고 물었죠. 그 첫 통화가 다음 통화로, 또 그다음 통화로 이어졌어요. 당신 덕분에 전작의 난해한 재탕이 될 뻔한 원고가 내 안전지대를 훌쩍 벗어난 멋진 원고로 탈바꿈할 수 있었습니다. 감사합니다.

미샤 글루버먼Misha Glouberman, 당신은 내 딴에는 번뜩이는 통찰력인 줄 알고 열정적으로 쏟아낸 의견을 귀 기울여 들은 뒤 하나씩 해체하곤 했어요. 당신의 전문적 식견에서 많은 걸 배웠습니다. 당신의 우정과 피드백은 너무나 소중했습니다. 감사합니다.

윌 스토Will Storr, 제가 보낸 초고에 대해 당신은 더없이 적절하고 솔직한 칭찬과 비판을 보내주었죠. 우리가 나눈 대화가 붙인 불은 지금도 제 머릿속에서 계속 타오르고 있습니다. 설득하기 힘든 사람들에 대해, 그리고 우리가 우리 자신에게 하는 이야기에 대해 당신이 쓴 책들과 당신의 연구는 내게 도전의식과 영감의 원천이었습니다. 감사합니다.

위고 메르시에, 이 책은 그간 내가 써온 모든 글과 관련해 나 자신의 마음을 바꾸면서 탄생한 결과물이며, 그 변화는 논증과 설득에 대해, 그리고 마음이 바뀔 때 뇌에서 벌어지는 일에 대해 당신과 대화를 나눈 뒤에 일어났습니다. 감사합니다.

아울러 다음 분들에게도 깊은 감사를 전한다. 나의 부모님 제리와 에벌린 맥 레이니Jerry and Evelyn McRaney, 앨리스터 크롤Alistair Croll, 조 핸슨Joe Hanson, 데이브 플라이셔와 리더십 랩, 데이비드 브룩먼, 조시 칼라, 톰 스태퍼드, 사이먼 시넥Simon Sinek, 닉 앤더트Nick Andert, 캐럴라인 클라크Caroline Clark, 대니얼 J. 클라크Daniel J. Clark, 카린 타메리우스, 롭 윌러Rob Willer, 샘 아브스먼Sam Arbesman, 조너스 캐플런, 세라 김벨, 첸하오 탄Chenhao Tan, 고든 페니쿡Gordon Pennycook, 앤디 루트렐, 에이다 파머Ada Palmer, 데이비드 레들로스크, 피터 디토, 앤서니 매그너보스코, 찰리 비치, 메건 펠프스-로퍼, 잭 펠프스-로퍼, 로버트 버턴, 스티븐 루언다우스키Stephen Lewandowski, 데이비드 이글먼, 릴리아나 메이슨Lilliana Mason, 도널드 호프먼Donald Hoffman, 덩컨 와츠, 댄 카한, 스티븐 노벨라, 브렌던 니한Brendan Nyhan, 제이슨 라이플러Jason Reifler, 제이선 라이켈, 데버라 프렌티스Deborah Prentiss, 고故 리 로스, 멜라니 그린Melanie C. Greene, 리처드 페티, 파스칼 월리시와 제이 반 베이블Jay Van Bavel을 비롯한 뉴욕대학교 사회과학자들, 로리 서덜랜드Rory Sutherland와 오길비 체인지Ogilvy Change의 팀원들.

그리고 어릴 적 TV에서 즐겨 본 과학 다큐멘터리를 만든 위대한 과학사학자 제임스 버크를 빼놓을 수 없다. 우주와 사물이 어떻게 생겨났는지, 그것들이 왜 다른 모양이 아니고 지금의 모양을 하고 있는지, 미래에는 어떻게 바뀔 수도 있는지에 대한 호기심을 내게 처음 심어준 것은 그의 다큐멘터리 〈커넥션Connections〉과 〈우주가 바뀌던 날The Day the Universe Changed〉이었다. 그것만으로도 제임스에게 고마워할 이유는 충분하다. 게다가 나는 운 좋게도 그와 오래 친분을 쌓았고 몇몇 프로젝트도 함께 진행했다. 과학사학자로서 그는 인류가 향후 500년간 맞이할 미래에 대해 놀랄 만큼 낙관적인 시각을 갖고 있다. 함께 대화를 나눌 때면 그는 늘 나를 냉소주의에서 빠져나오게 했다. 고마워요, 제임스

제임스는 〈커넥션〉에서 '대안적 역사관'을 제시했다. 이에 따르면 위대한 아이디어와 혁신은 변칙 현상과 실수 때문에 생겨났다. 사람들이 무언가를 만들고 나면 그것이 본래의 목적과 다른 뜻밖의 결과로 이어지거나, 그들 자신은 상상하지 못했을 다른 물건 또는 아이디

어와 결합되었다는 것이다. 역사 속 혁신은 지식 분야 사이의 공간에서 일어났다. 특정 지식 집단의 바깥에 있어 범주적 사고와 직선적 관점에 얽매이지 않은 사람들이 그런 제도에 갇힌 이들의 성과물을 연결하고 통합한 것이 혁신의 동력이었다. 특정 지식 집단에 갇힌 사람은 다른 이들의 활동과 성과를 알 수 없고, 따라서 자기 자신의 연구가 미래에 어떤 식으로 활용될지 예측하지 못하며 역사의 궤도는 더더욱 예측하지 못한다.

〈우주가 바뀌던 날〉에서 제임스는 지식이란 발견되기도 하고 만들어지기도 한다고 말했다. 새로운 아이디어가 기존 지식의 '가장자리를 조금씩 갉아먹다가' 어느 시점이 되면 영원불변하리라 여겨지던 가치 체계가 시대에 뒤떨어진 무언가가 된다. 물리적 도구가 시간이 흐르면 쓸모없는 구식 물건이 되듯이 말이다. 제임스는 이런 말을 했다. 우주가 오믈렛으로 만들어졌다고 믿으면서 우주 공간에서 달걀의 흔적을 찾아낼 도구를 만들려고 애쓰는 과학자들을 상상해보라. 은하계와 블랙홀의 증거가 관찰돼도 그들에게는 불필요한 잡음 같은 정보로 해석될 것이다. 그들의 우주 모델은 아직 눈앞의 증거를 수용할 수 없다. 제임스는 이런 말도 덧붙였다. "만일 자기 자신이 삶은 달걀이라고 믿는 사람이 있다면, 그에 대해 확실히 말할 수 있는 것은 그가 소수에 속한다는 사실뿐이다."

환경이 변화하면 사고도 변화해야 한다. 우리 뇌는 잠정적 결론으로 향하는 구불구불한 길 위에서 저항과 동의를 반복하면서 조절 모드로 움직인다. 하지만 그게 전부가 아니다. 제임스는 최근까지만 해도 우리의 지식과 발견 체계가 한 번에 한두 가지 이상의 세계관을 사용할 줄 몰랐다고 내게 설명했다. 따라서 우리는 오랫동안 지배적 세계관 또는 이념적 이분법을 따를 것을 요구했다. 하지만 인터넷이 모두의 손안으로 들어오면서 완전히 다른 세상이 되었다.

제임스는 미래에 누구나 엄청난 양의 정보를 손쉽게 얻을 수 있는 날이 오리라 예견했고, 그동안 그가 만든 다큐멘터리와 책에는 우리가 그 정보를 제대로 이해하고 활용하도록 도우려는 목적이 담겨 있었다. 내가 이 책을 쓰는 내내 잊지 않았던 것은 그가 〈커넥션〉 말미에서 던진 아래의 조언이었다.

"당신의 내면에는 무엇이든 이해할 수 있는 능력이 있음을 깨달으십시오. 당신에겐 그 능력이 분명히 있습니다. 충분히 명확한 설명만 제공된다면 당신은 이해할 수 있습니다. 그러니 설명을 요청하세요. '무엇에 대한 설명을 요청해야 하지?'라는 생각이 든다면, 삶에서 변화시키고 싶은 것이 무엇인지 생각해보십시오. 거기서부터 시작하면 됩니다."

# 주

## 들어가며

1 Benjamin I. Page and Robert Y. Shapiro, *The Rational Public: Fifty Years of Trends in Americans' Policy Preferences* (Chicago: The University of Chicago Press, 2005).

2 Daniel J. O'Keefe, *Persuasion: Theory and Research* (Newbury Park, CA: Sage Publications, 1990).

3 Richard M. Perloff, *The Dynamics of Persuasion* (New York: Routledge, 2017).

## 1장

1 '9/11 Conspiracy Road Trip', Conspiracy Road Trip, BBC, 2011, https://www.bbc.co.uk/programmes/b014gpjx.

2 Mark Hughes, 'Royal Wedding: Masked Anarchists Thwarted by Police', *The Telegraph*, April 29, 2011, https://www.telegraph.co.uk/news/uknews/royal-wedding/8483761/Royal-wedding-masked-anarchists-thwarted.by.police.html.

3 Charlie Veitch, 'No Emotional Attachment to 9/11 Theories – The Truth Is Most Important', YouTube, June 29, 2011, https://www.youtube.com/watch?v=ezHNdBE5pZc.

4 Aodscarecrow, 'Why Charlie Veitch Changed His Mind on 911-1/3', YouTube, July 1, 2011, https://www.youtube.com/watch?v=SavpCQlu2GA.

5 2016년 3월 7일 스테이시 블루어와 진행한 인터뷰.

6 Anti New World Order, 'Alex Jones Says He Knew Charlie Veitch Was an Operative a Year Ago', YouTube, July 26, 2011, https://www.youtube.com/watch?v=02ybVM8jmus.

7 2017년 4월 3일 조지 로웬슈타인(George Loewenstein), 데이비드 해그먼(David Hagmann)과

진행한 인터뷰.

8   George Lakoff, *The Political Mind: A Cognitive Scientist's Guide to Your Brain and Its Politics* (New York: Penguin Books 2009); 'At the Instance of Benjamin Franklin: A Brief History of the Library Company of Philadelphia', Library Company, http://librarycompany.org/about/Instance.pdf; *How to Operate Your Brain*, directed by Joey Cavella and Chris Graves, performed by Timothy Leary, Retinalogic, 1994.

9   Paul McDivitt, 'The Information Deficit Model Is Dead. Now What? Evaluating New Strategies for Communicating Anthropogenic Climate Change in the Context of Contemporary American Politics, Economy, and Culture', *Journalism & Mass Communication Graduate Theses & Dissertations 31* (2016), https://scholar.colorado.edu/jour_gradetds/31.

10  "Post- truth' Named 2016 Word of the Year by Oxford Dictionaries', *The Washington Post*, November 16, 2016, https://www.washingtonpost.com/news/the-fix/wp/2016/11/16/post- truth-named-2016-word.of.the-year.by.oxford-dictionaries/?utm_ term =.f3bd5a55cb2f.

11  Allister Heath, 'Fake News Is Killing People's Minds, Says Apple Boss Tim Cook', *The Telegraph*, February 10, 2017, https://www.telegraph.co.uk/technology/2017/02/10/fake- news-killing-peoples-minds-says- apple-boss-tim-cook.

12  Nick Stockton, 'Physicist Brian Greene Talks Science, Politics, and... Pluto?" *Wired*, May 8, 2017, accessed March 4, 2022. https://www.wired.com/2017/05/brian-greene-science-becames-political-prisoner.

13  'The Key Moments from Mark Zuckerberg's Testimony to Congress', *The Guardian*, April 11, 2018. https://www.theguardian.com/technology/2018/apr/11/mark-zuckerbergs- testimony.to.congress-the-key-moments.

14  William Davies, 'The Age of Post-Truth Politics', *The New York Times*, August 24, 2016.

15  Elizabeth Kolbert, 'Why Facts Don't Change Our Minds', *The New Yorker*, February 19, 2017.

16  Julie Beck, 'This Article Won't Change Your Mind', *The Atlantic*, March 13, 2017.

17  *Time*, April 3, 2017.

**2장**

1   2장 내용은 주로 데이브 플라이셔 및 랩 관계자들과의 인터뷰를 토대로 했다. 랩 측에서는 기록물과 영상 자료도 제공했으며, 내가 그들의 시설에서 시간을 보내고 교육과 딥 캔버싱 활동에 참여할 수 있게 허락했다. 또 나는 그곳을 찾은 다른 방문객과 랩의 기법을 연구하는 과학자들도 인터뷰했다. 나는 2016년에서 2018년 사이에 랩을 세 번 방문했다.

2 Lynn Vavreck, 'How Same-Sex Marriage Effort Found a Way Around Polarization', *The New York Times*, December 18, 2014.

3 'The Prop 8 Report', The Prop 8 Report. http://prop8report.lgbtmentoring.org.

4 'The California Proposition 8 Initiative Eliminates Right of Same-Sex Couples to Marry', Ballotpedia, 2008, https:// ballotpedia.org/California_Proposition_8,_ the_%22Eliminates_Right_of_Same- Sex_Couples_to_Marry%22_Initiative_(2008).

5 Ta-Nehisi Coates, 'Prop 8 and Blaming the Blacks', *The Atlantic*, January 7, 2009. https://www.theatlantic.com/entertainment/archive/2009/01/prop.8.and-blaming-the-blacks/6548.

6 이 광고는 일명 '공주 광고'라고 불린다. 제안 8호 지지자들은 여기에 '이미 현실이 되고 있습니다'라는 부제를 붙였다. 이 광고는 이들의 유튜브 채널에서 볼 수 있다. https://www.youtube.com/user/VoteYesonProp8.

7 주민 투표 관련 세부 사항은 '제안 8호 보고서' 및 데이브 플라이셔와의 인터뷰를 토대로 했다.

8 Donald P. Green and Alan S. Gerber, *Get Out the Vote: How to Increase Voter Turnout* (Washington, DC: Brookings Institution Press, 2015).

9 Michael LaCour and Donald Green, 'When Contact Changes Minds: An Experiment on Transmission of Support for Gay Equality', *Science* 346, no. 6215 (2014): 1366~1369. doi:10.1126/science.1256151.

10 Benedict Carey, 'Gay Advocates Can Shift Same-Sex Marriage Views', *The New York Times*, December 11, 2014, https://www.nytimes.com/2014/12/12/health/gay-marriage-canvassing-study-science. html; 'The Incredible Rarity of Changing Your Mind', *This American Life*, January 31, 2018, https://www.thisamericanlife.org/555/the-incredible-rarity-of-changing-your-mind; Robert M. Sapolsky, 'Gay Marriage: How to Change Minds', *The Wall Street Journal*, February 25, 2015. https://www.wsj.com/articles/gay-marriage-how-to-change-minds-1424882037; 'Article Metrics and Usage Statistics Center', *Article Usage Statistics Center*. http://classic.sciencemag.org/articleusage?gca=sci%3B346%2F6215%2F1366.

11 브룩먼과 칼라의 보고서는 다음에서 읽을 수 있다. Irregularities in LaCour(2014), http://web.stanford.edu/~dbroock/broockman_kalla_aronow_lg_irregularities.pdf.

12 논문 철회 사건과 관련한 내용은 도널드 그린, 조시 칼라, 데이비드 브룩먼과의 인터뷰를 토대로 한다. 마이클 라쿠르도 인터뷰했지만 그것은 그의 부정행위 혐의가 세상에 알려지기 전이었고, 사건이 터진 후에 라쿠르는 입장을 밝히지 않았다. 그린과 통화한 것은 랩을 처음 방문한 이후 간간이 그와 연락하고 있었기 때문이다. 라쿠르는 처음에 자기변호를 한 이후로 어떤 공식 입장도 밝히지 않았다.

13 Betsy Levy Paluck, 'How to Overcome Prejudice', *Science* 352, no. 6282 (2016): 147, doi:10.1126/science.aaf5207.

14 David Broockman and Josh Kalla, 'Durably Reducing Transphobia: A Field Experiment on Door-to-Door Canvassing', *Science* 352, no. 6282 (2016): 220~224. doi:10.1126/science.aad9713.

15 Ed Yong, 'No, Wait, Short Conversations Really Can Reduce Prejudice', *The Atlantic*, April 7, 2016, https:// www.theatlantic.com/science/archive/2016/04/ no.wait-short-conversations- really-can-reduce-prejudice/477105.

16 Benoit Denizet-Lewis, 'How Do You Change Voters' Minds? Have a Conversation', *The New York Times*, April 7, 2016, https://www.nytimes.com/2016/04/10/magazine/ how.do.you-change-voters-minds- have-a-conversation.html.

17 Andy Kroll, 'The Best Way to Beat Trumpism? Talk Less, Listen More', *Rolling Stone*, September 15, 2020, https:// www.rollingstone.com/politics/politics-news/2020-presidential- campaign-tactic-deep-canvassing-1059531.

18 M. B. Wolfe and T. J. Williams, 'Poor Metacognitive Awareness of Belief Change', *Quarterly Journal of Experimental Psychology* (2006), U.S. National Library of Medicine, accessed November 27, 2021, https://pubmed.ncbi.nlm.nih.gov/28893150.

19 당시 공화당 전당 대회장 앞에서 판매된 플립플롭을 지금도 온라인에서 구매할 수 있다. 이 플립플롭은 '대선 관련 수집품'으로 여겨진다. 클럽 포 그로스 PAC(Club for Growth PAC)에서 제작한, 존 케리를 공격한 TV 광고는 유튜브에서 볼 수 있다.

20 Philip M. Fernbach, Todd Rogers, Craig R. Fox, and Steven A. Sloman, 'Political Extremism Is Supported by an Illusion of Understanding', *Psychological Science* 24, no. 6 (2013): 939~946, doi:10.1177/0956797612464058.

21 Virginia Slaughter and Alison Gopnik, 'Conceptual Coherence in the Child's Theory of Mind: Training Children to Understand Belief', *Child Development* 67, no. 6 (1996): 2967~2988, doi:10.2307/1131762.

22 A. M. Leslie, O. Friedman, and T. P. German, 'Core Mechanisms in 'Theory Of Mind,'' *Trends in Cognitive Sciences* 8 (2004): 528~533.

23 Lara Maister, Mel Slater, Maria V. Sanchez-Vives, and Manos Tsakiris, 'Changing Bodies Changes Minds: Owning Another Body Affects Social Cognition', *Trends in Cognitive Sciences* 19, no. 1 (2015): 6~12. doi:10.1016/j.tics.2014.11.001; Andrew R. Todd, Galen V. Bodenhausen, and Adam D. Galinsky, 'Perspective Taking Combats the Denial of Intergroup Discrimination', *Journal of Experimental Social Psychology* 48, no. 3 (2012): 738~745, doi:10.1016/j.jesp.2011.12.11.

3장

1	'What Color Is the Dress? The Debate That Broke the Internet', New Hampshire Public Radio, June 17, 2021, https://www.nhpr.org/ 2015.02.27./what-color-is-the-dress-the-debate-that-broke-the-internet#stream/0.

2	Terrence McCoy, 'The Inside Story of the 'White Dress, Blue Dress' Drama That Divided a Planet', *The Washington Post*, October 25, 2021, https://www.washingtonpost. com/news/morning-mix/wp/2015/02/27/the- inside-story-of-the-white-dress-blue-dress-drama-that-divided-a-nation.

3	나는 파스칼 월리시를 인터뷰할 때 드레스 사진의 배경 이야기를 처음 들었다. 더 자세한 설명은 다음에서 볼 수 있다. Claudia Koerner, 'The Dress Is Blue and Black, Says the Girl Who Saw It in Person', *BuzzFeed News*, February 27, 2015, https://www.buzzfeed-news.com/article/claudiakoerner/the-dress-is-blue-and-black-says-the-girl-who-saw-it-in-pers#.idKqgP3G2.

4	Adam Rogers, 'The Science of Why No One Agrees on the Color of This Dress', *Wired*, February 27, 2015, https://www.wired.com/2015/02/science-one-agrees-color-dress.

5	Mindy Kaling (@mindykaling), 'IT'S A BLUE AND BLACK DRESS! ARE YOU FUCKING KIDDING ME', Twitter, February 26, 2015, https://twitter.com/mindykaling/status/571123329328914433.

6	Jakob von Uexküll, *A Foray into the Worlds of Animals and Humans: With a Theory of Meaning*, trans. Joseph D. O'Neil (Minneapolis/London: University of Minnesota Press, 2010).

7	Thomas Nagel, 'What is It Like To Be a Bat?', *Philosophical Review* 83 (1974): 435~450.

8	Colin Blakemore and Grahame F. Cooper, 'Development of the Brain Depends on the Visual Environment', *Nature* 228, no. 5270 (1970): 477~478. doi:10.1038/228477a0.

9	3장의 뇌 가소성 관련 내용은 데이비드 이글먼과 다음 저서에 관해 나눈 대화를 토대로 했다. David Eagleman, *Livewired* (Toronto: Anchor Canada, 2021).

10	Bertrand Russell, *An Inquiry into Meaning and Truth* (Hoboken, NJ: Taylor and Francis, 2013).

11	Ludwig Wittgenstein, *Philosophical Investigations* (Oxford, UK: Blackwell, 1953).

12	Pascal Wallisch, 'Illumination Assumptions Account for Individual Differences in the Perceptual Interpretation of a Profoundly Ambiguous Stimulus in the Color Domain: "The Dress", *Journal of Vision* (April 1, 2017), https://jov.arvojournals.org/article. aspx?articleid=2617976; Pascal Wallisch and Michael Karlovich, 'Disagreeing about Crocs and Socks: Creating Profoundly Ambiguous Color Displays', arXiv.org, August

14, 2019, https://arxiv.org/abs/1908.05736.

13  'Exploring the Roots of Disagreement with Crocs and Socks', *Pascal's Pensees*, accessed November 27, 2021, https://blog.pascallisch.net/exploring- the-roots-of-disagreement-with-crocs-and-socks.

14  'Political Polarization in the American Public', Pew Research Center, April 9, 2021, https://www.pewresearch.org/politics/2014/06/12/political-polarization-in-the-american-public.

15  Mara Mordecai and Aidan Connaughton, 'Public Opinion about Coronavirus is More Politically Divided in U.S. than in Other Advanced Economies', Pew Research Center, October 28, 2020, https://www.pewresearch.org/fact-tank/2020/10/28/public-opinion-about-coronavirus-is-more-politically-divided-in-u-s-than-in-other-advanced-economies.

16  Erik C. Nisbet, P. S. Hart, Teresa Myers, and Morgan Ellithorpe, 'Attitude Change in Competitive Framing Environments? Open-/Closed-Mindedness, Framing Effects, and Climate Change', *Journal of Communication* 63, no. 4 (2013): 766~785. doi:10.1111/jcom.12040.

17  Leo G. Stewart, Ahmer Arif, A. Conrad Nied, Emma S. Spiro, and Kate Starbird, 'Drawing the Lines of Contention', *Proceedings of the ACM on Human-Computer Interaction* 1 (2017): 1~23, doi:10.1145/3134920.

18  Blaise Pascal, *Pensées* (New York: P.F. Collier & Son, 1910), 12~13.

**4장**

1  Steven Pinker, *How the Mind Works* (London: Penguin Books, 2015).

2  Mark Humphries, 'The Crimes against Dopamine', *The Spike*, June 23, 2020, https://medium.com/the-spike/the-crimes-against-dopamine-b82b082d5f3d.

3  Michael A. Rousell, *Power of Surprise: How Your Brain Secretly Changes Your Beliefs* (Lanham, MD: Rowman & Littlefield, 2021).

4  Stanislas Dehaene, *How We Learn: The New Science of Education and the Brain* (London: Penguin Books, 2021).

5  Jean Piaget, *Principles of Genetic Epistemology* (London: Routledge, 2011).

6  Robert M. Martin, *Epistemology: A Beginner's Guide* (London: Oneworld, (2015); Noah M. Lemos, *An Introduction to the Theory of Knowledge* (Cambridge, United Kingdom: Cambridge University Press, 2021).

7  Nassim Nicholas Taleb, *The Black Swan* (Tokyo, Japan: Daiyamondosharade, 2009).

8  Kathryn Schulz, *Being Wrong: Adventures in the Margin of Error* (New York: HarperCol-

lins, 2011).

9    Ray Lankester, *Diversions of a Naturalist*, 3rd ed. (Methuen & Co.: London, 1919).

10   Edward Heron-Allen, *Barnacles in Nature and in Myth* (London: Milford, 1928).

11   Sir Edwin Ray Lankester, *Diversions of a Naturalist* (New York: Macmillan, 1915).

12   Jerome S. Bruner and Leo Postman, 'On the Perception of Incongruity: A Paradigm', *Journal of Personality* 18, no. 2 (1949): 206~223.

13   Leo Postman and Jerome S. Bruner, 'Perception Under Stress', *Psychological Review* 55, no. 6 (1948): 314~323, doi:10.1037/h0058960.

14   Thomas S. Kuhn, *The Structure of Scientific Revolutions* (Chicago: The University of Chicago Press, 2015).

15   Jack Block, 'Assimilation, Accommodation, and the Dynamics of Personality Development', *Child Development* 53, no. 2 (1982): 281, https://doi.org/10.2307/1128971.

16   Jonathan Y. Tsou, 'Genetic Epistemology and Piaget's Philosophy of Science', *Theory & Psychology* 16, no. 2 (2006): 203~24. doi:10.1177/0959354306062536.

17   Richard G. Tedeschi and Lawrence G. Calhoun, 'Posttraumatic Growth: Conceptual Foundations and Empirical Evidence', *Psychological Inquiry* 15, no. 1 (2004): 1~18, doi:10.1207/s15327965pli1501_01.

18   Colin Murray Parkes, 'Bereavement as a Psychosocial Transition: Processes of Adaptation to Change', *Journal of Social Issues* 44, no. 3 (1988): 53~65, doi:10.1111/j.1540-4560.1988.tb02076.x.

19   Reynolds Price, *Whole New Life: An Illness and a Healing* (New York: Plume, 1995).

20   David Eagleman, *Incognito: The Secret Lives of the Brain* (Edinburgh: Canongate, 2016).

21   Leon Festinger, Stanley Schachter, and Henry W. Ricchen, *When Prophecy Fails: A Social and Psychological Study of a Modern Group That Predicted the Destruction of the World* (New York: Harper & Row, 1956).

22   David P. Redlawsk, Andrew J. W. Civettini, and Karen M. Emmerson, "The Affective Tipping Point: Do Motivated Reasoners Ever 'Get It'?", *Political Psychology* 31, no. 4 (2010): 563~593, 2010, doi:10.1111/j.1467-9221.2010.00772.x.

23   응용합리성센터(Center for Applied Rationality)의 공동 설립자 줄리아 갈렙(Julia Galef)은 '미결(abeyance)'이라는 용어를 이런 맥락으로 사용한 선구자라 할 만하다. 나는 그녀의 팟캐스트 '래셔널리 스피킹(Rationally Speaking)'에서 이 말을 처음 들었다. 그녀는 우리가 과학과 일상에서 변칙 현상을 한쪽으로 밀어놓는 경향을 설명하면서 이 용어를 사용했다.

**5장**

1    'Westboro Baptist Church', Southern Poverty Law Center, https://www.splcenter.org/

fighting-hate/extremist-files/group/westboro-baptist-church.

2    Andrew Lapin, 'A Properly Violent 'Kingsman' Takes on a Supervillain with Style', *NPR*, February 12, 2015, https://www.npr.org/2015/02/12/384987853/a-properly-violent-kingsman- takes-on-a-supervillain-with-style.

3    Melanie Thernstrom, 'The Crucifixion of Matthew Shepard', Vanity Fair, January 8, 2014, https://www.vanityfair.com/news/1999/13/matthew-shepard-199903.

4    Alex Hannaford, 'My Father, the Hate Preacher: Nate Phelps on Escaping Westboro Baptist Church', *The Telegraph*, March 12, 2013, https://www.telegraph.co.uk/news/religion/9913463/My-father-the-hate-preacher-Nate-Phelps-on-escaping-Westboro-Baptist-Church.html.

5    'Perpetual Gospel Memorial to Matthew Shepard', Westboro Baptist Church Home Page, https://www.godhatesfags.com/memorials/matthewshepardmemorial.html.

6    나는 이 '풍기 문란 정화 운동'을 다룬 과거의 지역 신문 기사를 다수 찾아 읽어봤다. 웨스트보로가 전국적으로 알려질 당시에 작성된 다음 기사를 참고하라. 'Holy Hell: Fred Phelps, Clergyman, Is on a Crusade', *The Washington Post*, November 12, 1995, https://www.washingtonpost.com/lifestyle/style/holy-hellfred-phelps-clergyman-is-on-a-crusade/2014/03/20/af0a3e52-b06b-11e3-a49e-76adc9210f19_story.html.

7    'Religion: Repentance in Pasadena', *Time*, June 11, 1951.

8    웨스트보로의 피켓 시위 일정 및 교회 관련 자료는 그들의 웹사이트 (godhatesfags.com)에서 볼 수 있다.

9    Adam Liptak, 'Justices Rule for Protesters at Military Funerals', *The New York Times*, March 2, 2011, https://www.nytimes.com/2011/03/03/us/03scotus.html.

10   2016년 2월 13일 잭 펠프스-로퍼와 진행한 인터뷰.

11   Mike Spies, 'Grandson of Westboro Baptist Church Founder is Exiled from Hate Group', *Vocativ*, April 23, 2015, https://www.vocativ.com/usa/us-politics/westboro-baptist-church/index.html.

12   저스틴과 런지는 실명이 아니다. 이들의 가명은 메건 펠프스-로퍼의 회고록에서 가져왔다. *Unfollow: A Memoir of Loving and Leaving the Westboro Baptist Church* (New York: Farrar, Straus and Giroux 2019).

13   Adrian Chen, 'Unfollow: How a Prized Daughter of the Westboro Baptist Church Came to Question Its Beliefs', *The New Yorker*, November 15, 2015, https://www.newyorker.com/magazine/2015/11/23/conversion-via-twitter-westboro-baptist-church-megan-phelps-roper.

14   이 부분을 비롯해 5장 전반에 나오는 메건의 이야기는 그녀를 인터뷰하며 직접 들은 이야기와 그녀의 회고록에 나온 회상을 조합해 구성했다.

15    프레드 펠프스의 태도 변화와 제명에 대한 내용은 잭 펠프스-로퍼와의 인터뷰를 토대
      로 했다. 웨스트보로를 떠난 신도의 수는 자료마다 조금씩 다르지만, 여기에 적은 숫자
      는 대체로 의견이 일치하는 숫자다. 더 자세한 내용은 다음 자료에서 볼 수 있다. 나는 메
      건이 교회를 떠난 과정과 관련해 이 글의 저자를 인터뷰했다. Adrian Chen, 'Conversion
      via Twitter', *The New Yorker*, March 10, 2018, https://www.newyorker.com/maga-
      zine/2015/11/23/conversion-via-twitter-westboro-baptist-church-megan-phelps-
      roper.

16    "I am Zach Phelps-Roper. I Am a Former Member of the Westboro Baptist Church.
      Ask Me Anything!", Reddit.com. https://www.reddit.com/r/IAmA/comments/2bvjz6/
      i_am_zach_phelpsroper_i_am_a_former_member_of_the.


### 6장

1     'Manchester Blue Tit', *Faunagraphic*, accessed November 28, 2021, https://www.fau-
      nagraphic.com/manchester-blue-tit-print.

2     Charlie Veitch, 'Charlie Veitch on Alex Jones Show (May 2009)', YouTube, October 25,
      2009, https://www.youtube.com/watch?v=Pd_Erw91uyE.

3     이 부분의 내용은 신경과학자 세라 김벨, 조너스 캐플런과 그들의 논문에 대해 나눈 대화
      를 토대로 한다. Sarah Gimbel, Jonas Kaplan, and Sam Harris, "Neural Correlates of
      Maintaining One's Political Beliefs in the Face of Counterevidence', *Scientific Re-
      ports* 6, no. 1 (2016), doi:10.1038/srep39589.

4     S. E. Asch, 'Effects of Group Pressure on the Modification and Distortion of Judg-
      ments', in H. Guetzkow, ed., *Groups, Leadership and Men* (Pittsburgh, PA:Carnegie Press),
      177~190.

5     Stanley Milgram, 'Behavioral Study of Obedience', *The Journal of Abnormal and So-
      cial Psychology* 67, no. 4 (1963): 371~378, doi:10.1037/h0040525.

6     Muzafer Sherif, *The Robbers Cave Experiment: Intergroup Conflict and Cooperation*
      (Norman, OK: University Book Exchange, 1961).

7     나는 『똑똑하지 않은 뇌로 똑똑하게 살아가기(You Are Now Less Dumb)』에서 로버스 케이브
      주립공원 실험을 소개했다. 정치심리학자 릴리아나 메이슨과 그녀의 저서에 관해 대화할
      때도 이 실험이 부족 충성심의 사례로 화제에 올랐다. Uncivil Agreement: How Politics
      Became Our Identity (Chicago: University of Chicago Press, 2018).

8     Henri Tajfel, 'Experiments in Intergroup Discrimination', *Scientific American* 223, no.
      5 (1970): 96~102, doi:10.1038/scientificamerican1170-96.

9     2021년 8월 브룩 해링턴과 진행한 인터뷰.

10    2017년 12월 4일 댄 카한과 진행한 인터뷰.

11  'Cultural Cognition Project—HPV Vaccine Research', *The Cultural Cognition Project*, http://www.culturalcognition.net/hpv-vaccine-research.

12  Dan M. Kahan, 'The Politically Motivated Reasoning Paradigm, Part 1: What Politically Motivated Reasoning Is and How to Measure It', in *Emerging Trends in the Social and Behavioral Sciences, eds. Robert Scott and Stephen Kosslyn* (Hoboken, NJ: John Wiley and Sons, 2017).

13  2018년 2월 11일 댄 카한과 진행한 인터뷰.

14  'Cultural Cognition Project—Cultural Cognition Blog—Who Distrusts Whom about What in the Climate Science Debate?', The Cultural Cognition Project, http://www.culturalcognition.net/blog/2013/8/19/who-distrusts-whom-about-what-in-the-climate-science-debate.html.

15  David Straker, *Changing Minds: In Detail* (Crowthorne: Syque, 2010).

16  Straker, *Changing Minds*.

17  Anni Sternisko, Aleksandra Cichocka, and Jay J. Van Bavel, 'The Dark Side of Social Movements: Social Identity, Non-Conformity, and the Lure of Conspiracy Theories', *Current Opinion in Psychology* 35 (February 21, 2020): 1-6, https://www.sciencedirect.com/science/article/pii/S2352250X20300245.

18  Jan-Willem van Prooijen and Mark van Vugt, 'Conspiracy Theories: Evolved Functions and Psychological Mechanisms', *Perspectives on Psychological Science 13*, no. 6 (2018): 770~788, https://doi.org/10.1177/1745691618774270.

19  Computathugz, 'Truth Festival|TruthSeekers|FreeThinkers', *Truth Juice*, September 19, 2014, http://www.truthjuice.co.uk/non-truthjuice-festivals.

20  DunamisStorm, 'The TruthJuice Gathering 2011 (Andy Hickie—Universal Mind)', YouTube, May 31, 2011, https://www.youtube.com/watch?v=UUssKyamG.Q.

21  Truth Juice Films, 'Truth Juice Summer Gathering Pt2', YouTube, September 22, 2010, https://www.youtube.com/watch?v=LBYKqzdDCxk.

22  Charlie Veitch, 'Kindness Offensive/ Love Police SUNRISE FESTIVAL COMPETITION 2011', YouTube, January 7, 2011, https://www.youtube.com/watch?v=xD-2PO4ECu8U.

23  Geoffrey L. Cohen, David K. Sherman, Anthony Bastardi, Lillian Hsu, Michelle Mcgoey, and Lee Ross, 'Bridging the Partisan Divide: Self-affirmation Reduces Ideological Closed-Mindedness and Inflexibility in Negotiation', *Journal of Personality and Social Psychology* 93, no. 3 (2007): 415~430, doi:10.1037/0022-3514.93.3.415; Kevin R. Binning, Cameron Brick, Geoffrey L. Cohen, and David K. Sherman, 'Going Along versus Getting It Right: The Role of Self-integrity in Political Conformity', *Journal of*

*Experimental Social Psychology* 56 (2015): 73~88, 2015. doi:10.1016/j.jesp.2014.08.008.

24 David K. Sherman and Geoffrey L. Cohen, 'The Psychology of Self-Defense: Self-Affirmation Theory', Advances in *Experimental Social Psychology* 38 (2006): 183-242, doi:10.1016/s0065-2601(06)38004-5.

25 Brendan Nyhan and Jason Reifler, 'The Roles of Information Deficits and Identity Threat in the Prevalence of Misperceptions', *Journal of Elections, Public Opinion and Parties* 29, no. 2 (May 2017): 1~23, doi:10.1080/17457289.2018.1465061.

26 Sherif, The Robbers Cave Experiment.

27 2016년 9월 13일 톰 스태퍼드와 진행한 인터뷰


## 7장

1 Mark Snyder and Nancy Cantor, 'Testing Hypotheses about Other People: The Use of Historical Knowledge', *Journal of Experimental Social Psychology* 15, no. 4 (1979).

2 나는 피터 디토를 직접 만나 그의 실험에 대한 이야기를 들었다. 해당 실험 내용은 다음 자료에서 볼 수 있다. Peter Ditto and David F. Lopez, "Motivated Skepticism: Use of Differential Decision Criteria for Preferred and Nonpreferred Conclusions', *Journal of Personality and Social Psychology* 63, no. 4 (1992): 568~584, doi:10.1037/0022-3514.63.4.568.

3 Daniel Gilbert, 'I'm O.K., You're Biased', The New York Times, April 16, 2006, https://www.nytimes.com/2006/04/16/opinion/im-ok-youre-biased.html.

4 Jonnie Hughes, *On the Origin of Tepees: The Evolution of Ideas* (and Ourselves) (New York: Free Press, 2012).

5 Dan Sperber, Fabrice Clement, Christophe Heintz, Olivier Mascaro, Hugo Mercier, Gloria Origgi, and Deirdre Wilson, 'Epistemic Vigilance', *Mind & Language* 25, no. 4 (2010): 359-393, doi:10.1111/j.1468-0017.2010.01394.x.

6 7장 내용의 많은 부분은 위고 메르시에와 당 스페르베르가 공저한 다음 논문을 토대로 한다. 'Why Do Humans Reason? Arguments for an Argumentative Theory', B*ehavioral and Brain Sciences* 34, no. 2 (2011): 57~74. doi:10.1017/s0140525x10000968.

7 Hugo Mercier and Dan Sperber, *The Enigma of Reason* (Cambridge, MA: Harvard University Press, 2017).

8 Christopher K. Hsee, 'Value Seeking and Prediction-Decision Inconsistency: Why Don't People Take What They Predict They'll Like the Most?', *Psychonomic Bulletin & Review* 6, no. 4 (1999): 555~561. doi:10.3758/bf03212963.

9 Eldar Shafir and Amos Tversky, 'Thinking Through Uncertainty: Nonconsequential Reasoning and Choice', Cognitive Psychology 24, no. 4 (1992): 449~740,

doi:10.1016/0010-0285(92)90015.t.

10　Emmanuel Trouche, Petter Johansson, Lars Hall, and Hugo Mercier, 'The Selective Laziness of Reasoning', *Cognitive Science* 40, no. 8 (2015): 2122~2136, doi:10.1111/cogs.12303.

11　Tom Stafford, *For Argument's Sake: Evidence That Reason Can Change Minds* (Amazon Digital Services, 2015).

12　David Geil and Molly Moshman, 'Collaborative Reasoning: Evidence for Collective Rationality', *Thinking & Reasoning* 4, no. 3 (1998): 231~248. doi:10.1080/135467898394148.

13　Cass R. Sunstein, 'The Law of Group Polarization', University of Chicago Law School, John M. Olin Law & Economics Working Paper No. 91, doi:10.2139/ssrn.199668.

14　Mercier and Sperber, *The Enigma of Reason*, 307.

15　Robert C. Luskin, Ian O'Flynn, James S. Fishkin, and David Russell, 'Deliberating Across Deep Divides', *Political Studies* 62, no. 1 (2012): 116~135, doi:10.1111/j.1467-9248.2012.01005.x.

16　Stafford, Tom, 'A Lens on the Magic of Deliberation', *Reasonable People* (blog), September 1, 2021, https://tomstafford.substack.com/p/a-lens-on-the-magic-of-deliberation.

## 8장

1　Frank Capra, *The Name Above the Title: An Autobiography* (New York: Bantam Books, 1972).

2　Prelude to War, directed by Frank Capra, United States: Special Services Division, 1942.

3　Carl Hovland, Irving Lester Janis, and Harold H. Kelley, *Communication and Persuasion: Psychological Studies of Opinion Change* (Westport, CT: Greenwood Press, 1982).

4　2018년 7월 8일 리처드 페티와 진행한 인터뷰.

5　Harold Lasswell, 'The Structure and Function of Communication in Society', in *The Communication of Ideas*, ed. L. Bryson (New York: Institute for Religious and Social Studies, 1948).

6　Joel Cooper, Shane J. Blackman, and Kyle Keller, *The Science of Attitudes* (New York: Psychology Press, 2016).

7　Richard E. Petty, John T. Cacioppo, and David Schumann, 'Central and Peripheral Routes to Advertising Effectiveness: The Moderating Role of Involvement', *Journal of Consumer Research* 10, no. 2 (1983): 135, doi:10.1086/208954.

8   Petty, Cacioppo, and Schumann, 'Central and Peripheral Routes.'

9   Alice H. Eagly and Shelly Chaiken, *The Psychology of Attitudes* (Belmont, CA: Wadsworth Cengage Learning, 2010).

10  2022년 1월 앤디 루트렐과 진행한 인터뷰.

11  이 섹션의 많은 내용은 조엘 쿠퍼(Joel Cooper)와 셰인 블랙먼(Shane Blackman), 카일 켈러(Kyle Keller)가 함께 저술한 『태도의 과학(The Science of Attitudes)』을 참고했다. 이 책은 태도 변화 연구에 대한 훌륭한 개관을 제공한다.

12  G. Tarcan Kumkale and Dolores Albarracin, 'The Sleeper Effect in Persuasion: A Meta-Analytic Review', *Psychological Bulletin* 130, no. 1 (2004): 143~172, doi:10.1037/0033-2909.130.1.143.

13  Francesca Simion and Elisa Di Giorgio, 'Face Perception and Processing in Early Infancy: Inborn Predispositions and Developmental Changes', *Frontiers in Psychology* 6 (2015), doi:10.3389/fpsyg.2015.00969.

14  Susan Pinker, *The Village Effect: How Face.to.Face Contact Can Make Us Healthier and Happier* (Toronto: Vintage Canada, 2015).

### 9장

1   William Richard Miller and Stephen Rollnick, *Motivational Interviewing: Helping People Change* (New York: Guilford Press, 2013).

2   Philipp Schmid and Cornelia Betsch, 'Effective Strategies for Rebutting Science Denialism in Public Discussions', *Nature Human Behaviour* 3 (2019), https://www.nature.com/articles/s41562-019-0632-4.

3   2021년 5월 로버트 버턴과 진행한 인터뷰.

4   Robert Alan Burton, *On Being Certain: Believing You Are Right Even When You're Not* (New York: St, Martin's Griffin, 2009).

5   Melanie C. Green and Jenna L. Clark, 'Transportation into Narrative Worlds: Implications for Entertainment Media Influences on Tobacco Use', *Addiction* 108, no. 3 (2012): 477~484. doi:10.1111/j.1360-0443.2012.04088.x.

### 10장

1   Marvin Harris, Our Kind: Who We Are, Where We Came From, *Where We Are Going*, (New York: Harper Perennial, 1991).

2   Kim Ann Zimmermann, 'Pleistocene Epoch: Facts About the Last Ice Age', *LiveScience*, 2017, https://www.livescience.com/40311- pleistocene-epoch.html.

3   빙하기가 문화적 진화에 미친 영향에 대한 자료는 2016년 12월 20일 피터 리처슨과 진행

한 인터뷰에서 얻었다.

4   Peter J. Richerson and Robert Boyd, Not by *Genes Alone: How Culture Transformed Human Evolution* (Chicago: The University of Chicago Press, 2006).

5   Lesley Newson and Peter J. Richerson, 'Moral Beliefs about Homosexuality: Testing a Cultural Evolutionary Hypothesis', *ASEBL Journal* 12, no. 1 (2016): 2~21.

6   Christie F. Boxer, Mary C. Noonan, and Christine B. Whelan, "Measuring Mate Preferences', *Journal of Family Issues* 36, no. 2 (2013): 163~187, doi:10.1177/0192513x13490404.

7   Virginia Pelley, 'The Divorce Rate Is Different than You Think', Fatherly, February 18, 2022, accessed March 4, 2022, https://www.fatherly.com/love-money/what-is-divorce-rate-america.

8   'Transcript: Robin Roberts ABC News Interview with President Obama', ABC News, May 9, 2012, https://abcnews.go.com/Politics/transcript-robin-roberts-abc-news-interview-president-obama/story?id=16316043.

9   Ro Suls, 'Deep Divides Between, Within Parties on Public Debates about LGBT Issues', Pew Research Center, October 4, 2016, http://www.pewresearch.org/fact-tank/2016/10/04/deep-divides-between-within-parties-on-public-debates-about-lgbt-issues; 'Two in Three Americans Support Same-Sex Marriage', Gallup, May 23, 2018, https://news.gallup.com/poll/234866/two-three-americans-support-sex-marriage.aspx.

10  Carolyn Lochhead, 'Gay Marriage: Did Issue Help Re.elect Bush?" SFGate, January 23, 2012, https://www.sfgate.com/news/article/gay-marriage-Did-issue-help-re-elect-Bush-2677003.php.

11  Elisabeth Bumiller, 'Same-Sex Marriage: The President; Bush Backs Ban in Constitution on Gay Marriage', *The New York Times*, February 25, 2004, https://www.nytimes.com/ 2004/02/25/us/same-sex-marriage-the-president-bush-backs-ban-in-constitution-on-gay-marriage.html.

12  Matt Viser, 'New 'Cottage' at Maine Compound for Jeb Bush', *Boston Globe*, May 23, 2015, https://www.bostonglobe.com/news/nation/2015/05/23/jeb-bush-having-new-house-built-for-him-family-compound-maine-even-prepares-for-campaign/mrVSwhPYkanfgL6nA4fRVK/story.html.

13  David Carter, *Stonewall: The Riots That Sparked the Gay Revolution* (New York: Griffin, 2011).

14  Carter, Stonewall.

15  Mark Z. Barabak, 'Gays May Have the Fastest of All Civil Rights Movements', *Los*

*Angeles Times*, May 20, 2012, http://articles.latimes.com/2012/may/20/nation/la-na-gay-rights-movement. 20120521; 'So Far, So Fast', *The Economist*, October 9, 2014, https://www.economist.com/briefing/2014/10/09/so-far-so-fast; Reihan Salam, "That Was Fast: Not Long Ago, Same-Sex Marriage Was a Cause Advanced by a Handful of Activists. Now It's the Law of the Land. How Did That Happen?" *Slate*, June 26, 2015, http://www.slate.com/articles/news_and_politics/politics/2015/06/supreme_ court_ gay_marriage_decision_why_politicians_and_judges_moved_so.html; Matt Baume, 'Gay Marriage Timeline for the US', About.com. 이 웹사이트는 현재 활성화되어 있지 않지만 구글 검색 결과에서 '저장된 페이지'로 볼 수 있다.

16  E.J. Graff, 'How the Gay-Rights Movement Won', *The American Prospect*, June 7, 2012, http://prospect.org/article/how- gay-rights-movement-won.

17  Molly Ball, "How Gay Marriage Became a Constitutional Right', *The Atlantic*, July 1, 2015, http://www.theatlantic.com/politics/ archive/2015/07/gay-marriage-supreme-court-politics-activism/397052.

18  Gordon Allport, *The Nature of Prejudice* (Oxford, UK: Addison-Wesley, 1954).

19  'Designated Driver Campaign: Harvard Center Helped to Popularize Solution to a National Problem', *Harvard School of Public Health*, June 1, 2010, https://www.hsph.harvard.edu/news/features/harvard- center-helped.to.popularize-solution.to.a.national-problem; "Harvard Alcohol Project: Designated Driver', Harvard School of Public Health, May 20, 2013, https://www.hsph.harvard.edu/chc/harvard-alcohol-project.

20  Kwame Anthony Appiah, *The Honor Code: How Moral Revolutions Happen* (New York: W. W. Norton & Co, 2011).

21  Steven Pinker, *The Better Angels of Our Nature: Why Violence Has Declined* (New York: Penguin Books, 2012).

22  Derek Penwell, 'How Did We Learn to Love Gay People So Quickly?" *The Huffington Post*, December 7, 2017, https:// www.huffingtonpost.com/derek-penwell/how-did-we-learn-to-love-gay- people-so-quickly_b_2980858.html.

23  'How Unbelievably Quickly Public Opinion Changed on Gay Marriage, in 5 Charts', *The Washington Post*, June 26, 2015, https://www.washingtonpost.com/news/the-fix/wp/2015/06/26/how- unbelievably-quickly-public-opinion-changed-on-gay-marriage-in-6-charts/?utm_term=.8283bd8a4590.

24  내가 인터뷰한 이들 중 이 점을 확인해준 사람은 정치학자 브렌던 니한, 조시 칼라, 데이비드 브록먼, 심리학자 데이비드 레들로스크와 제이슨 라이플러 등이다.

25  Frank Langfitt, 'The Fight to Change Attitudes toward Covid-19 Vaccines

in the U.K.', NPR, April 19, 2021, accessed March 4, 2022. https://www.npr.
org/2021/04/19/988837575/the-fight-to-change-attitudes-toward-covid-19-vac-
cines-in-the-u-k.

26    Frank Langfitt, 'The Fight to Change Attitudes toward Covid-19 Vaccines in the
U.K.', NPR, April 19, 2021, https://www.npr.org/2021/04/19/988837575/the- fight-to-
change-attitudes-toward-covid-19-vaccines-in-the-u-k. *Greg Satell, Cascades: How
to Create a Movement That Drives Transformational Change* (New York: McGraw-Hill
Education, 2019).

27    Mark Granovetter, 'Threshold Models of Collective Behavior', *The American Journal
of Sociology* 83, no. 6 (May 1978): 1420~1443.

28    Greg Satell, *Cascades: How to Create a Movement That Drives Transformational
Change* (New York: McGraw-Hill Education, 2019).

29    Clive Thompson, 'Is the Tipping Point Toast?', *Fast Company*, January 2, 2008,
https://www.fastcompany.com/641124/tipping-point-toast.

30    James Burke, *The Day the Universe Changed* (Boston: Little, Brown, 1995).

31    2016년 9월 9일 제임스 버크와 진행한 인터뷰.

**나가며**

1     David McRaney, 'YANSS 151—What We Can Learn about Our Own Beliefs, Biases, and
Motivated Reasoning from the Community of People Who Are Certain the Earth Is Flat',
*You Are Not So Smart*, July 22, 2019, https://youarenotsosmart.com/2019/04/09/yanss-
151-what-we-can-learn-about-our-own-beliefs-biases-and-motivated-reasoning-from-
the-community-of-people-who-are-certain-the-earth-is-flat.

QR코드에 접속하면 드레스 색깔 논쟁(106쪽), 기타오카 아키요시 착시 사례(121쪽), 양말과
크록스(129쪽) 사진을 확인할 수 있다.

# 찾아보기

옮긴이 **이수경**

한국외국어대학교 노어과를 졸업했고 전문번역가로 활동하며 인문교양, 경제경영, 심리학, 자기계발, 문학 등 다양한 분야의 영미권 책을 우리말로 옮겨왔다. 옮긴 책으로 『역설계』, 『위닝』, 『왜 그는 더 우울한 걸까?』, 『결정의 원칙』, 『마스터리의 법칙』, 『사람은 무엇으로 움직이는가』, 『존중받지 못하는 자들을 위한 정치학』, 『친밀한 타인들』 등이 있다.

## 그들의 생각을 바꾸는 방법

**초판 1쇄 발행** 2023년 3월 6일
**초판 4쇄 발행** 2024년 4월 1일

**지은이** 데이비드 맥레이니
**옮긴이** 이수경

**발행인** 이봉주 **단행본사업본부장** 신동해
**편집장** 김예원 **책임편집** 김다혜
**디자인** this-cover **교정** 이정현
**마케팅** 최혜진 이인국 **홍보** 반여진 허지호 정지연 송임선
**제작** 정석훈 **국제업무** 김은정 김지민

**브랜드** 웅진지식하우스 **주소** 경기도 파주시 회동길 20 웅진씽크빅
**문의전화** 031-956-7357(편집) 031-956-7089(마케팅)
**홈페이지** www.wjbooks.co.kr
**인스타그램** www.instagram.com/woongjin_readers
**페이스북** https://www.facebook.com/woongjinreaders
**블로그** blog.naver.com/wj_booking

**발행처** ㈜웅진씽크빅 **출판신고** 1980년 3월 29일 제406-2007-000046호

**한국어판 출판권** ⓒ ㈜웅진씽크빅, 2023
**ISBN** 978-89-01-26940-5 03300